保育者の協働性を高める
子ども家庭支援・子育て支援

「子ども家庭支援論」「子ども家庭支援の心理学」
「子育て支援」を学ぶ

西尾祐吾 監修

立花直樹・安田誠人・波田埜英治 編

晃洋書房

は じ め に

この教科書で勉強する人は，将来，保育者となって「乳幼児の養護と教育」に携わることを夢みているどることだろう．そんな皆さんには，是非ともソーシャルワークの基本を学んでほしいのである．

保育という仕事は，物を作ったり，売ったりする仕事ではなく，生きている人を相手にする仕事である．医療，看護，教育，介護，福祉，心理など，人を相手にする仕事をヒューマンサービスと言うが，そのような仕事では，人との接し方を学ぶ必要がある．保育もヒューマンサービスの重要な1つの領域である．

ヒューマンサービスに従事する者は，対象者の信頼を得なければ，本来の仕事ができない．信頼を得るには，高い専門性と，対象者を理解する能力が求められる．

対象者と密接に接し，対象者を理解する方法がソーシャルワークであり，カウンセリングマインドを基本とした発達段階やライフステージにおける心理的援助でもある．この本はソーシャルワーク並びに心理的援助の基本を学び，保育現場における児童や保護者との接し方を会得する本として編集されている．

とりわけ最近は，社会や保護者や児童が変化して，保育者の仕事が今までより難しくなってきた．これまでなら保育者は保育所・児童福祉施設や幼保連携型認定こども園・幼稚園へやってくる児童や保護者を待ちかまえていて保育すればよかったが，現在は児童を理解するため，保育所・児童福祉施設や幼保連携型認定こども園・幼稚園の中だけではなく，児童が生活している家庭や地域社会を理解する必要が増している．

現在では"食生活"をはじめとして，"しつけ"など生活全般に問題がある家庭も少なくない．極端な場合には児童虐待のケースも珍しくない昨今である．そのような家庭の児童には行動やパーソナリテイに偏りがみられ，愛着障害（対人関係障害）による情緒不安や依存などもみられるのである．また，児童を取り巻く状況としては"貧困""虐待""特別な配慮""不登校""いじめ""多様な性""日本語理解が困難"など，多様で複合的な問題が山積していることから，小学校・中学校では「スクールカウンセラー」や「スクールソーシャルワーカー」といった専門職が活躍し，多様な専門機関や専門職と連携する中で大きな成果を上げている．そこで，乳幼児の分野でも「心理的援助」や「ソーシャルワーク」を本格的に導入していこうという機運が高まっている．

あなたの保育が立派に行われ，児童と保護者の信頼を得て，児童の健全な発達に寄与できるよう，児童と保護者を理解し，児童に責任のない問題の解決もしくは緩和のノウハウとして，本書で「ソーシャルワーク」や「心理的援助」の基礎を学んでもらいたい．

最後に，あなた方は少子化社会に生まれ育ち，人との付き合い方や接し方が得意な人ばかりではない．本書で"ヒューマンサービスの理論"や"対人援助のノウハウ"を学ぶことは，あなたの人生にとってもきっと有益であろう．

2019年4月1日

執筆者を代表して　西尾祐吾・立花直樹

目　　次

はじめに

第1編　保育者に必要なソーシャルワークの要説

第1章　ソーシャルワークのシステム　　（3）
第2章　ソーシャルワークの創生と発展　　（8）
第3章　相談援助の理論・意義・機能・役割　　（15）
第4章　ソーシャルワークの専門基盤　　（22）
第5章　ソーシャルワークを実践する前に　　（28）
第6章　ソーシャルワークにおける方法と技術　　（35）
第7章　ソーシャルワークの基本的態度と面接技術　　（43）

第2編　子ども家庭支援

第Ⅰ部　子ども家庭支援の意義・役割・基本 ………（53）

第1章　子ども家庭支援の意義・目的・機能　　（53）
第2章　親子関係と家族・家庭の理解（家族・家庭とは何か）　　（60）
第3章　生涯発達の保障　　（67）
第4章　子育ての喜びと親育ち　　（73）
第5章　子どもの精神保健とその課題（生育環境とその影響・心の健康問題）　　（80）
第6章　地域の子育て力の向上のための保育者の支援　　（88）
第7章　保育者の資質向上とスーパービジョン　　（95）

第Ⅱ部　子ども家庭支援における詳説 ……………（102）

第8章　子ども家庭支援における実践・連絡・記録・評価　　（102）
第9章　子ども家庭支援における計画と環境構成　　（109）
第10章　多様な社会資源（関係機関）との連携・協働　　（116）

第11章　子育て家庭支援のための社会資源(専門職)との連携・協働　(125)

第12章　子育て支援施策・次世代育成支援施策の推進　(137)

第13章　子ども家庭支援に関する現状と課題　(143)

第3編　子育て支援

第Ⅰ部　保育者が行う子育て支援の展開 ……………(153)

第1章　保育者が行う子育て支援とは　(153)

第2章　保護者との相互理解と信頼関係の形成　(164)

第3章　保護者や家庭の抱えるニーズへの気づきと多面的理解　(170)

第4章　子ども・保護者が多様な他者と関わる機会や場の提供　(178)

第Ⅱ部　保育者の行う子育て支援の展開 ……………(184)

第5章　保護者による保育力の向上のための支援　(184)

第6章　子ども及び保護者に関する情報の把握　(192)

第7章　子育て支援における職員連携の方法　(199)

第8章　保護者に寄り添う子育て支援と連携方法(多職種・他機関・社会資源等)　(205)

第9章　要保護児童と家庭に寄り添う子育て支援　(212)

第4編　子ども家庭支援・子育て支援における多様な連携の実例

第1章　保育所における支援の事例　(221)

第2章　要保護児童及びその家庭に対する支援力を高める事例　(228)

第3章　子ども虐待の防止に向けた支援力を高める事例　(236)

第4章　いじめ防止に向けた支援力を高める事例　(246)

第5章　低所得世帯の児童や家庭への支援力を高める事例　(255)

第6章　障がいのある児童や家庭への支援力を高める事例　(261)

第7章　特別な配慮を要する児童や家庭への支援力を高める事例　(269)

第8章　多様なニーズを抱える子育て家庭への支援力を高める事例　(276)

資　料　国際ソーシャルワーカー連盟(IFSW)のソーシャルワークの旧定義　　(283)

ソーシャルワーク専門職のグローバル定義　　(285)

全国保育士会倫理綱領　　(289)

お わ り に　　(291)

参 考 文 献　　(293)

第1編

保育者に必要なソーシャルワークの要説

第1章 ソーシャルワークのシステム

> **学びのポイント**
>
> 近年，保育現場で重視されている「ソーシャルワーク（相談援助や相談支援）」とは何かを考える．また，子どもや保護者などに対して，ソーシャルワークを実践する際に必要な知識や技術が社会福祉全体の中で，どのような位置を占めているのか理解する．

第1節 社会福祉の2つの部分

社会福祉は2つの部分から成り立っている．1つは，法制度，機関，施設など見える（visible）部分であり，もう1つは，ソーシャルワークといわれる見えない（invisible）部分である．言い換えれば，前者はハードの部分であり，後者はソフトの部分である（図1-1）．

図1-1 社会福祉の構造

```
社 会 福 祉 ┬── 法制度，機関，施設（見えるハードの部分）
           └── ソーシャルワーク（見えないソフトの部分）
                   （社会福祉援助技術）
```

(出典) 西尾祐吾他編 (2005)『ソーシャルワークの固有性を問う』晃洋書房, p. 2.

第2節 法制度，機関，施設

社会福祉の法制度としては，基盤となる社会福祉法があり，そこから枝分かれするように，児童福祉法，老人福祉法，母子及び父子並びに寡婦福祉法，身体障害者福祉法，知的障害者福祉法などの各福祉法が制定されている．また，近年の保健・医療・福祉の連携の流れから，社会福祉に関する法律には，障害者総合支援法，精神保健福祉法，介護保険法，母子保健法などと連関した各種のサービスや事業が規定されている．そして，各々の法律に基づき，様々な種別の「ソーシャルワーク（相談援助）を行う機関」や「サービスを提供する施設」が設置・運営されている．

第3節 ソーシャルワーク

ソーシャルワークとは前節の法制度，機関，施設を効率的に運営し，困難に陥っている個人，集団，地域を効果的に援助するための知識，技術の体系であるといえる．

児童福祉を例にとって説明しよう．児童福祉法に基づいて児童相談所という機関が設置されている

表1-1　法制度，機関，施設のあらまし

法　　律	機関および団体	施　　設
社会福祉法	福祉事務所，社会福祉協議会	
児童福祉法	児童相談所	児童養護施設，保育所，児童自立支援施設，児童家庭支援センター，児童発達支援センターなど
老人福祉法	老人介護支援センター	特別養護老人ホーム，軽費老人ホームなど
母子及び父子並びに寡婦福祉法	母子・父子福祉センター	母子・父子休養ホームなど
身体障害者福祉法	身体障害者更生相談所，身体障害者福祉センター	障害者支援施設，視聴覚障害者情報提供施設など
知的障害者福祉法	知的障害者更生相談所	障害者支援施設など
障害者総合支援法	障害者地域生活支援センター	障害者支援施設など
精神保健福祉法	精神保健福祉センター	医療施設など
売春防止法	婦人相談所	婦人保護施設
介護保険法	地域包括支援センター	介護老人保健施設，介護療養型医療施設など
母子保健法	母子健康包括支援センター（子育て世代包括支援センター）	

（出典）筆者作成.

が，児童相談所には，児童に関するあらゆる相談，判定，福祉の措置（保護者の指導，施設入所の決定など），一時保護などの役割が課せられている．しかしこのような業務は素人には不可能であり，さまざまな児童に関する知識を身につけ，児童のニーズを的確に把握し，適切な方途を講ずることができる人材が必要である．そのため，児童相談所には医師，児童福祉司，児童心理司，保育士などの専門職が配置されている．同様に児童養護施設には被虐待などさまざまな背景と問題をかかえた児童が入所してくる．そこで，児童養護施設には保育士，児童指導員，家庭支援専門相談員，里親支援専門相談員，栄養士，看護師などの専門職が配置されている．

　もし，それら機関や施設を運営するに当たって必要な倫理観をもたず，さまざまな児童や家族，地域社会を深く理解できず，個別に適切な援助を提供できる知識と技術がなければ，最新の設備を兼ね備えた児童相談所も児童養護施設などの機関の施設も，単なる「箱」に成り下がってしまう．法制度や機関，施設を有効に機能させる価値，知識および技法がソーシャルワークであり，社会福祉の極めて重要な要素なのである．

　このような構造は医療や教育などの他の社会制度でも共通している．たとえば医療では病院や保健所が見えるハード面であり，そこで働く医師や看護師の業務は見えないソフト面である．もし医療専門職が提供する専門的サービスがなければ，病院や保健所はただの箱でしかない．教育においても同様に，学校や博物館なども専門的教育と訓練を受けた教員や学芸員が配置されてはじめて本来の機能を果たすことができる．

第4節　ソーシャルワークの誕生と歴史

　ソーシャルワークの歴史については第1編第2章において詳しく説明されるが，ここでは19世紀における無秩序で恣意的な慈善の弊害への反省から，ソーシャルワークが芽生えた事実を指摘するにとどめたい．1869（明治2）年ロンドンで誕生した慈善組織協会はまさにこの意味で重要な意義をもっ

ている．困難に陥っている人への援助は，対象療法的援助だけではなく，困難に陥っている原因を突き止め，根本的な対策が必要になる．開発途上国への援助も同様で，差し当たっての食料援助だけではなく，食料増産のノウハウの伝達，農器具・肥料などの援助を通じて，途上国の自立を助ける援助が求められているのと変わりはない．

第5節　直接援助と間接援助

ソーシャルワークは通常直接援助と間接援助とに分けて説明される．『現代福祉学レキシコン』（京極監修，1993）はその仕組みを軍隊モデルで説明している．直接援助は戦争の際の第一線部隊（front line）で，困難に陥っている個人，集団，地域社会を直接援助（face to face social work）する実戦部隊に位置付けている．間接援助は第一線部隊が直接援助を効果的に展開できるよう，資源を開発・調整する役割（behind the scenes social work）を担う．直接援助は多様多種の社会資源があって初めて有効な援助が期待できるのであり，一方，間接援助も第一線から情報のフィードバックがなければ業務の効果的な遂行が望めない．この両者は車の両輪のごとく互いに補い合いながらバランスよく遂行されないと，福祉の向上は期待できない．

直接援助と対比して間接援助は，直接援助が効果的に遂行されるよう，つまりケースワーカーやグループワーカーが活動しやすいように条件を整える業務である．間接援助は軍隊用語で兵站と呼ばれる任務に相当する業務で，第一線部隊に弾薬や食料を補給する役割を担うもので，兵站を軽視する軍隊は弱い軍隊である．同様にソーシャルワークでも，福祉制度の充実，福祉ニードの鮮明化，社会資源の創出，調整などを担当する部署が整備されていないと直接援助に携わるソーシャルワーカーは実力を発揮できない．

第6節　ソーシャルワーカー（社会福祉士）とは

これまで述べたように，ソーシャルワークは幅広い守備範囲をカバーしているが，ソーシャルワークを行うソーシャルワーカーについて，社会福祉士及び介護福祉士法は次のように定義している．

「専門知識及び技術をもって，身体上もしくは精神上の障害があること，または環境上の理由により日常生活を営むのに支障のある者の福祉に関する相談に応じ，助言，指導その他の援助を行う」．

社会福祉士がソーシャルワーカーであるとして，この法律では社会福祉士の業務としては，直接援助しか念頭に置いていないため，非常に狭い定義になっている．しかし国際的視点に立つと上記の幅広い活動領域がソーシャルワーカーの職務であるというのが一般的見解である．

たとえばアメリカの社会福祉学者 R. L. バーカー（Barker, 1991）の定義は次のとおりである．

「ソーシャルワーカーとは専門の大学を卒業し，または大学院修士課程を修了し，クライエント（個人，家族，集団，地域，社会など）の社会的援助を提供できる知識と技術を有する者である．そしてソーシャルワーカーは人々が抱える問題を解決する能力を向上させ，社会資源を活用させ，クライエントに他者や環境との関係を改善させるとともに，人々を結集させ，社会的施策を充実させ

る働きをする」.

また，国際ソーシャルワーカー連盟（IFSW：International Federation of Social Workers）は次のように定義している（ソーシャルワークのグローバル定義：本書巻末資料参照）.

「ソーシャルワークは，社会変革と社会開発，社会的結束，および人々のエンパワメントと解放を促進する，実践に基づいた専門職であり学問である．社会正義，人権，集団的責任，および多様性尊重の諸原理は，ソーシャルワークの中核をなす．ソーシャルワークの理論，社会科学，人文学，および地域・民族固有の知を基盤として，ソーシャルワークは，生活課題に取り組みウェルビーイングを高めるよう，人々やさまざまな構造に働きかける.
この定義は，各国および世界の各地域で展開してもよい」.

ブラジル人の教育学者であったP. フレイレ（P. Freire　1921-1997：エンパワメントの父）が，貧困地域で識字教育を推進する中で，「貧困を抜け出すために，言葉の読み書きを学習する中で，暮らしを変え，意識を変え，人生を変えていくこと」を貧民たちと共に実践し，成果を収めたことからエンパワメント（empowerment）という言葉が生まれた．その後，アメリカのB. ソロモン（B. Solomon 1934-）が，1976年に『黒人のエンパワーメント』を著し，ソーシャルワーク分野でのエンパワメントの重要性を指摘した.

今日では，「援助を必要としている人自身が，自らの生活状況や課題を改善する社会的・経済的・政治的能力を高め，自らの人生のあり方を決めることができるよう援助すること」をエンパワメントという.

第7節　ヒューマンサービスとソーシャルワーク

医療，保健，介護，教育（保育を含む），福祉などの人とのかかわり，人を援助する仕事をヒューマンサービスと名付けている．言い換えると，物を作ったり，修理したり，販売したりする職業ではなく，人を援助する職業である.

医療は病気に苦しむ人に対して治療を行い，保健は人の健康保持を手助けする．介護は日常生活に支障ある人を援助して，その人の日常生活を円滑にする．乳幼児に対する保育は，遊びや社会のルール・生活習得などを通じて，人間としての成長発達を援助する．教育はすべての年齢層の人に対して，知識・技術などを教え，人間に内在する素質や能力を発展させる．福祉は困難に陥っている人に対して，さまざまな社会制度を活用しながら，困難を解消もしくは軽減するため援助する仕事である.

これらの仕事に従事する人は患者やサービスを活用する人（援助対象者）の信頼をかち得て，相互の信頼関係を築かなければ，それぞれの仕事を効果的に果たせないのである．この信頼関係を社会福祉ではラポール（rapport）と呼んでいる.

人を援助する専門職が，援助対象者とラポールを形成するのに最も効果的なのは，ソーシャルワークの知識と技法なのである．ヒューマンサービスに従事する人は，この意味でソーシャルワークを学ぶ必要があるのである．保育者もまず，担当児童とその親との間にラポールを形成し，児童の保育や両親への援助が円滑に効果的に遂行されるように努めなければならない.

さらには，保護者との愛着関係が希薄な被虐待児は，情緒不安・過度の依存・自己否定や行動障がい等から対人関係に問題や課題が起きる可能性が高い．そこで，保育所・幼保連携型認定こども園や児童発達支援センター等の通所施設で従事する保育者も，社会的養護関係施設等の入所施設で従事する保育者も，一人ひとりの子どもの対人関係の問題や課題に着目し，保護者に代わって一部または大部分の愛着関係を深める機能を担っているのである．

つまり，保育者にはその本来業務を立派に果たすために，ソーシャルワークを学び，身につけることが求められている．

（西尾祐吾・立花直樹）

第2章

ソーシャルワークの創生と発展

> **学びのポイント**
>
> 本章では，ソーシャルワークの創生となった慈善組織協会の取り組み，セツルメント運動の内容，先駆者たちのソーシャルワークの定義を学ぶ．

第1節　ソーシャルワークの創生以前

1800年代における産業革命後のイギリスでは，不況による貧困や失業が社会問題として生じており，劣悪な状況で暮らすことを余儀なくされる多くの人々があった．公的には救貧法があったが，それは貧困者の自助解決を求めた，また，管理するためのものであったため，十分ではなかった．この状況を補うために，個人，教会および慈善団体による救済活動が行われた．代表的な救済活動としては，オクタヴィア・ヒル（O. Hill　1838-1912）によるものがあった．

ヒルは，生活改善のために，スラム街の住宅を買いとって住居管理を行い，住宅福祉の充実を図った．しかし，当時，慈善事業と呼ばれた支援は，篤志家各個人の意思に基づくものと考えられがちであったため，計画性のないままに広まった．これにより，ある地域には何度も支援がなされるが，別の地域には支援がなされないという状況を生じさせた．

ヒルは，このような慈善事業のありかたを憂慮し，1867（慶応3）年から1868（明治元）年における不況時に設立された慈善組織協会の前身である「貧困と犯罪防止のためのロンドン協会」の一員となった．地域における慈善事業を組織化し，慈善組織協会発足という先駆的な取り組みの一役を担った．この取り組みは，1869（明治2）年に，慈善組織協会（Charity Organization's Society）として，慈善に秩序と計画性をもたらすために発足することとなる．特に，支援を必要とする人々の家庭を訪問（友愛訪問）し，状況把握することでケース記録を作ったことは，ケースワークを発展させることとなった．これは，後にソーシャルワーク論を誕生させることとなる．

第2節　慈善組織協会

慈善組織協会は，「施しよりも友を」という救済理念のもとに，支援の必要な地区を細分化し，そこに友愛訪問員を配置した．友愛訪問員は自らの担当地区で各家庭を訪問して現状を調査し，要支援家庭であるかどうかを把握し，状況をカードに記録し，協会へ登録することから始めた．それに基づいて，濫救（支援の必要のない人が保護されること）の弊害や漏救（支援の必要な人が保護されないこと）の悲劇をなくすために各慈善団体間の連絡調整を図り，支援状況の把握に努め，平等に支援が行き届

くようにした．協会はこのような活動の中で貧困という罪から個人を救済しようとした．

　友愛訪問員は，各家庭を訪問し，支援する中で人々が貧困という状況にあるのは生活している環境に原因があると見いだした．ロウントリー（B. S. Rowntree　1871-1894）やブース（C. Booth　1840-1914）による貧困調査によっても貧困の社会的要因が発見された．これにより，慈善組織協会は，生活に関連する問題を抱える人々を支援する専門職員を雇い，慈善事業に秩序を与えることとなった．

　また，イギリスは，1905（明治38）年に「貧困及び失業者救済に対する王命委員会」を発足させ，貧困に対する支援制度をつくり，貧困防止策を練った．そして，専門機関による専門的サービスが必要であることを明らかにし，イギリスの近代的な社会福祉の体制を築いた．国家が貧困に対する策を講じ，イギリス慈善組織協会は，その後50年間，ロンドン以外で普及しない状況があった．

　しかし，アメリカは，自由放任と競争が原則の国家であったため，1877（明治10）年のバッファローで，イギリスにならって始めたこのような取り組みが全国的に広がった．自らの役割を明確にするためにソーシャルワークのなかのソーシャルケースワークに関する理論の体系化を図った．アメリカでは，慈善事業が専門職としての確立を目指して発展した．

第3節　セツルメント運動

　セツルメント運動は，中産階級の人々がスラム街に入り込み，貧困な状況にある人々と生活をともにしながら地域福祉の向上を図ろうとする運動であった．住み込み（Residence），調査（Research），改良（Reform）の活動を行った．1884（明治17）年，ロンドン東部に設けられたトインビー・ホールが有名である．そこでの実践が，ソーシャルワークのなかのソーシャルグループワーク，コミュニティワークの起源である．

　この活動も慈善組織協会と同様にイギリスだけでなく，アメリカでも発展し，1889（明治22）年にジェーン・アダムス（J. Addams　1860-1935）によってシカゴのスラム地区に「ハルハウス」が設立された．そのセツルメントハウス・ワーカーは，住民相互の助け合いに基づき，社会改良をめざして運動を展開した．これは，住宅や公衆衛生，雇用といった社会問題，子どもたちの教育問題に関心を向けたものであった．セツルメントハウス・ワーカーは，貧困家庭で生活する子どもたちのために，そこで勉強を教えたり，図書館や体育館を設置したりした．また，教育委員会に学校給食や学校保健の充実を求める，障がい児クラスをつくることを認めさせるような働きかけも行った．

第4節　慈善組織協会と科学的ソーシャルワーク

　1860年代後半から始まった慈善組織協会の友愛訪問員による貧困家庭への訪問は，彼らが生活環境を整える支援を仕事として専門的に行う必要性を生じさせた．協会は，有給の職員として友愛訪問員を雇用するようになった．これにより，その専門性を高めるための教育・訓練が必要となり，ソーシャルワークの中のソーシャルケースワークに関する教育がなされるようになった．20世紀になると大学の学部学科において福祉に関する教育課程が位置づけられるようになった．その後，福祉分野は大学院教育の対象として発展した．医療・教育・司法の分野でもそれぞれの専門職とサービスを利用する人がそれぞれの役割を果たすことができないとき，生活面に焦点をあてて支援を行うソーシャルワー

クが援用されるようになった．他の専門分野がソーシャルワークを第二義的に用いるようになった．病院で医療ソーシャルワーカー，精神科で精神医学ソーシャルワーカー，教育機関でスクールソーシャルワーカー，司法分野で司法ソーシャルワーカーが雇用されはじめた．患者の役割，生徒の役割などそれぞれの場に応じた役割を果たすことができないでいる人々の，それぞれの目的遂行のために生活基盤を整える支援をはじめた．これにより，ソーシャルワークの幅が広がり，理論構築が図られだした．20世紀に入り，ソーシャルケースワークを定義した代表的人物は，リッチモンド（M. Richmond 1861–1928）である．

第5節　アメリカにおけるソーシャルワークの発展

1　M. リッチモンド

リッチモンドは，1899（明治32）年に『貧困者への友愛訪問』，1917（大正6）年に『社会診断』，1922（大正11）年に『ソーシャルケースワークとは何か』を記した．

『貧困者への友愛訪問』では，友愛訪問における支援は貧困な状況にある家庭環境を知り，共感することであるととらえている．これは，相手を理解してソーシャルケースワークを用いるための土台理論である．『社会診断』では，生活関連問題を抱える人の状況を把握するために本人の状況と本人を取り巻く環境をとらえていくことが必要であることを述べている．『ソーシャルケースワークとは何か』では，ソーシャルケースワークを「人間と社会環境との間を個別に，意識的に調整することを通して，パーソナリティを発達させる諸過程からなっている」と定義している．ソーシャルケースワークとは生活関連問題を抱える人とそれを取り巻く環境との調整を行うことによりその人の人格を発達させるための支援技法であると定義づけている．人が生活において問題を抱えるのは，環境の影響によるので，人の生活環境，人間関係など彼らを取り巻く制度や文化を明らかにし，人と環境の調整を図り，人格の発達をもたらすということである．これにより，慈善事業から支援技術の体系化が図られた．ソーシャルケースワーク理論の確立は，ソーシャルワーカーという専門職の方向性のもとになった．

しかし，リッチモンドの理論は，個人と社会環境の両者に焦点をあてて構築を図ったものであるが両者の関係に焦点をあてたものではなかった．よって，人と環境との関係調整を明確にするには限界があった．そのため，ソーシャルケースワークは，第一次世界大戦後，精神医学や心理学の影響を受けてその理論構築を図ることとなった．

2　精神分析論が支配した時期

第一次世界大戦を契機として戦争神経症の人が増加し，その治療に必要な精神科医が不足したため，ソーシャルワーカーがその不足人材を補う役割をすることとなった．これにより，リッチモンドが主張する環境に焦点を当てたソーシャルケースワーク論よりも精神医学的ケースワーク論が重視されはじめた．生活関連問題を抱える人は，その問題の原因が彼らを取り巻く環境よりも，その精神の内面にあるとする把握の仕方がなされた．かくして，ケースワークは治療的要素の強い支援となっていった．これにより，今まで人と人を取り巻く生活環境の調整を図るというソーシャルワーカーの主な役割は欠落することとなった．

しかし，精神医学に傾斜したケースワークは，ソーシャルワーカーのもとに相談にくる人の問題に対して解決をもたらしたので彼らの専門職としての評価を高めることとなった．

その後，ソーシャルケースワーク理論や実際の活動を明らかにするために1923（大正12）年から1929（昭和4）年までの間，ミルフォード会議が開催され，ソーシャルケースワークについての議論がなされたが臨床的なケースワークへとソーシャルワーカーの支援が傾斜していった．これにより，精神医学をベースにしたケースワークが主流になっていった．

3　診断主義学派と機能主義学派

診断主義ケースワークは，リッチモンドのソーシャルケースワーク論をもとにしてフロイト（S. Freud　1856-1939）の精神分析理論を組み込んだ医学モデルである．これは，人の無意識の段階にまで踏み込んで支援するモデルである．この技術の特徴は，要支援者の心理面，発達に関連する生活史，面接中心の長期支援，支援者が主導的，調査・診断・治療を重視する点である．これは，ハミルトン（G. Hamilton　1892-1967）やホリス（F. Hollis　1907-1987）によって体系化がなされていった．これに基づくケースワークは支援者が要支援者に対して診断と治療を試みる技術である．これにより，支援が生活関連問題から心理的問題や家族関係の問題にまで広がり，ソーシャルワーカーに支援を求める人が増加した．

しかし，これに異を唱えて，機能主義ケースワークがなされ始めた．機能主義ケースワークは，少数派ではあったがランク（O. Rank　1884-1939）による人が問題と感じたもののみを支援するモデルである．この技術の特徴は，「疾病」よりも「成長」の心理学，「治療」よりも「援助」，機関でできる支援を行う，要支援者中心，開始・中間・終結の時間的展開を重視する点である．これは，ロビンソン（V. Robinson　1883-1977）らによって体系化がなされていった．これに基づくケースワークは，支援を必要とする人が支援者に対して支援を求める時に用いる技術である．

これらは，問題を抱えている人を支援し，その問題解決を目指すという点で両者は共通しているといえるが，人格の把握という点ではその視点は異なっているといえる．しかし，これらはどちらも人を取り巻く社会背景を重視していない．

4　F. P. バイステック

診断主義ケースワークが台頭する中で，バイステック（F. P. Biestek　1912-1994）は1957（昭和32）年に支援を必要とする人が望む要求を7つ挙げ，それに基づいてソーシャルワーカーとして守らなければならない原則を7つ打ち出している．これは，ケースワークにおける治療機能を高めるために明らかにされたものである．

支援の必要な人は，人として受け入れられたい，個人として取り扱われたい，自分の思いを伝えたい，抱えている問題を非難されたくない，共感的に理解してほしい，自分で決めたい，支援に関する内容を秘密にしておきたいと考えているととらえて7原則を打ち出している．それに伴い，ソーシャルワーカーは，支援を必要とする人を理解するために受け入れ，個人としてとらえ，伝えられる思いを理解し，思いを非難せず冷静に受け止め，要支援者の自己決定を図る．また，その過程での情報は秘密にしておく．バイステックは，それらをソーシャルワーカーと要支援者との間に生じる「要支援者の思い」，「ソーシャルワーカーの応答」，「要支援者の感知」という相互作用の3方向でとらえ，そ

れらと関連づける関係の中で 7 原則をあらわした.

5 診断主義と機能主義の折衷

2 つの理論が対立する中で，両者を折衷する者もあらわれた.

1) H. アプティッカー

アプティッカー（H. H. Aptekar 生没年不詳）は，基本的には機能主義学派であるが診断主義学派の理論を取り入れて折衷を試み，1955（昭和30）年に『ケースワークとカウンセリング』で両者が重複していることあらわした. ケースワークが心理学に基づくカウンセリングや精神医学に基づく治療的な技術も援用することがあるとあらわした.

2) H. パールマン（6つのP）

パールマン（H. H. Perlman 1906-2004）は，基本的には診断主義学派であるが，機能主義学派の理論を取り入れて折衷を試み，1958（昭和33）年に『ソーシャル・ケースワーク——問題解決の過程——』で問題解決モデルを構築した. このモデルの特徴は，生活することは問題解決を図るプロセスであり，問題を解決するのは要支援者であるということである.

また，パールマンはこの中で，ケースワークの構成要素を打ち出している. 要支援者自身で問題の解決を図ることが困難な人（Person），その人を苦しめる問題（Problem），要支援者を具体的に支援する福祉の支援機関（Place），問題解決のためのソーシャルワーカーと要支援者との間で進められる支援の初めから終わりまでの経過（Process）がその構成要素であり，これによって支援が成り立つということである. 1986（昭和61）年には要支援者と関わる支援機関の専門職ワーカー（Professional Person），要支援者の要求を満たすための支援の諸制度（Provisions）をその構成要素の中に加えている. この理論は，多様な問題を抱える家族への支援に応用できるものであったため，課題中心モデルや生活モデルの基礎をつくることとなった.

6 ケースワークは死んだ

診断主義ケースワークは確かに評価されたが，一方で社会環境を視野に入れた支援がなされていない状況にあった. マイルズ（A. Miles 1911-？）は，リッチモンドが唱えていた社会環境に重点を置いたソーシャルケースワークを回復させなければならないと考え，「リッチモンドに帰れ」と主張した. パールマンは，「ケースワークは死んだ」という論文を1968（昭和43）年に発表し，ソーシャルワーカーに対して自らの存在意義を振り返ることを求めた. 彼らは，ケースワークにソーシャルな特質を取り戻す必要性を訴えた.

それ以外にも，ケースワークが生活関連問題の本質的な解決をもたらすには限界があり無力であると述べる者もあった. これらのケースワークに対する批判から，ケースワークを含むソーシャルワーク理論の再編がなされるようになった.

1950年代以降のケースワークは，まず，精神医学や心理学の影響を受けている支援方法に対する課題を見いだし，診断主義と機能主義の折衷が図られた. 支援をする場合においては，要支援者の内面のみに対する支援ではなく，彼らを取り巻く環境もふまえて支援をしていく必要性が明らかにされるようになった. そしてシステム理論や生態学理論を取り入れた生活モデルに基づくソーシャルケースワーク論が構築された.

第6節　医学的モデルから生活モデルへ

1960年代までには，ケースワークのみならずグループワーク，コミュニティワークに関する実践理論の細分化が図られ，ケースワークの存在意義が唱えられるようになり，それを含むソーシャルワークの再編がなされ始めた．1969（昭和44）年にはケースワークに関連する代表的なモデルが9種類紹介された．

① 心理社会的モデル……伝統的な診断主義ケースワークを引き継ぐもの（調査・診断・処遇のプロセスを通して人格の発達と問題解決を目指すもの）．
② 機能的モデル……ソーシャルワーカーの所属機関において可能な機能を用いて要支援者の成長をもたらすもの．
③ 問題解決モデル……パールマンの6つのPに基づくもので，要支援者自身で問題に対処することができるようにするもの．
④ 行動変容モデル……学習理論に基づいて問題行動を改善しようとするもの．
⑤ 家族中心モデル……支援を求めない家族への計画的な接近をして解決を目指すもの．
⑥ 危機介入モデル……情緒問題に対して短期的な支援によって解決を目指すもの．
⑦ 成人社会化モデル……不適応の原因を社会学習の不十分さによるものと考え，社会的役割や責任を学ぶことを目指すもの．
⑧ 課題中心モデル……要支援者自身が解決を望んでいる課題に集中して短期間で処遇するもの．
⑨ 実存主義モデル……要支援者が直面する問題の意味を発見させながら人間の個性を発展させようとするもの．

また，グループワーク，コミュニティワークにおいても理論の細分化が図られた．これにより，ソーシャルワークとはどのような支援技術であるのかということに対する関心が高まり，ソーシャルワークの再編を行うために機能の統合化が図られた．

第7節　ソーシャルワークの再編の経過

ソーシャルワークの再編については，まず，コンビネーション方式（Combination Model）での支援理論の模索が図られた．この方式は伝統的ケースワーク・グループワーク・コミュニティワークの機能を強化するために問題状況に応じて使い分け，組み合わせた支援方式である．それぞれの機能を強化するために組み合わせて要支援者を支援する方法である．これは，医学モデルに基づく理論を組み合わせたものであり，ソーシャルワークの独自性を見いだすまでにはいたらなかった．

次に，多元的方式（Multi-method Model）での支援理論の構築が図られた．これは，さまざまに専門分化された支援モデルの共通点を見いだしてその共通基盤に基づく支援を行う方式である．この理論構築の代表者は，バートレット（H. Bartlett　1897-1987）であり，専門分化された技術の統合化によりソーシャルワークの本質についてあらわされた支援方法である．これも医学モデルの領域に基づいて構築されたものからその基盤を抽出したに過ぎず，ソーシャルワークの独自性を見いだすまでに

は至らなかった．ソーシャルワークは，人々の暮らしに焦点をあてて支援を行っていく専門職であり，治療的要素の強い医学モデルに基づく理論で見いだした考え方ではソーシャルワークの固有性は明らかにされないということである．

　ソーシャルワークを定義するために基礎となる理論が模索される中で，システム理論が導入され，ジャーメイン（C. B. Germain 1916-1995）が生態学理論を取り入れてソーシャルワークの理論構築を図りだした．

　それにより，統一的方式（Generic Model）に基づく支援理論が構築された．これは，要支援者に対して支援者が行うべきことを模索するための理論である．この理論構築のためにシステム理論や生態学理論を基礎として個人・集団・地域への介入方法が確立された．エコシステムアプローチとしてあらわされた．つまり，人と環境を一元的にとらえて支援するということである．ここから，1960年代から1970年代の間は，医学モデルから生活モデルへの移行期であったということができる．1980（昭和55）年において，ケースワーク・グループワーク・コミュニティワークとして支援方法を個別にとらえるというよりも支援方法をソーシャルワークとしてとらえ，生活関連課題に対して必要に応じて対応方法を考える生活モデルが構築されたのである．これは，ジャーメインとギターマン（A. Gitterman 1938-？）がエコシステム理論をもとにして体系化した人と環境の交互作用に焦点を当てた支援理論である．生態学の視点はソーシャルワークにおける生活理解の幅を広げることとなった．よって，ソーシャルワークは個人の内面をはじめとして社会福祉に関する施策までを含めて関与し，要支援者の最善の利益を求めて細分化された技術を一般化していくこととなった．かくして，ソーシャルワークは，個別の，集団の（特に家族の），地域における人と環境の調整を図り，「その人の暮らしに寄り添ってその最善の利益を求めて支援する専門技術」として生活のしづらさを感じた人を支援するときに用いる技術となった．

　1990年代以降は，根拠に基づいたソーシャルワーク実践が重視され，そのあり方が模索されている．

（中　　典　子）

第3章

相談援助の理論・意義・機能・役割

学びのポイント

　本章ではソーシャルワークの定義や意義，援助過程について述べている．定義ではソーシャルワークが人と環境とを調和する役割があることを学んでほしい．また意義では保育者がソーシャルワークを学ぶことで，子どもや保護者の問題を解決することを学んでほしい．そして援助過程では，現代の援助過程の流れを理解するとともに，それぞれの援助過程の内容と果たすべき役割を学んでほしい．

第1節　ソーシャルワークとは

　ソーシャルワークとは，ソーシャルワークの最も基本となる援助技術で，ケースワーク，個別援助技術とも呼ばれているが，正式にはソーシャルケースワークという．ソーシャルとは「社会的」という意味であり，個人や家族だけに対応するのではなく，社会環境とのかかわりの中で問題を理解，援助するという意味を含んでいる．ケースとは「個別的」「事例」，ワークとは「働きかけ」「仕事」を示す言葉である．つまりソーシャルワークとは，個人・家族の具体的問題に対して，個別に科学的分析を行うとともに社会資源の導入を図って解決・緩和と自立・自己実現を図っていくソーシャルワークであるとされている（成清，1997：47）．

　2014（平成26）年7月に国際ソーシャルワーカー連盟（IFSW）総会及び国際ソーシャルワーク学校連盟（IASSW）総会において，新しい『ソーシャルワークのグローバル定義』が採択された．

　ソーシャルワークのグローバル定義
　「ソーシャルワークは，社会変革と社会開発，社会的結束，および人々のエンパワメントと解放を促進する，実践に基づいた専門職であり学問である．
社会正義，人権，集団的責任，および多様性尊重の諸原理は，ソーシャルワークの中核をなす．
　ソーシャルワークの理論，社会科学，人文学および地域・民族固有の知を基盤として，ソーシャルワークは，生活課題に取り組みウェルビーイングを高めるよう，人々やさまざまな構造に働きかける．
　この定義は，各国および世界の各地域で展開してもよい．」

　ソーシャルワーク専門職は，さまざまな原理や知を基盤にして，人々や構造に働きかけることによって，「社会変革」，「社会開発」，「社会的結束」，「人々のエンパワメントと解放」を促進する．また空閑（2016）は，「これらの「社会変革」，「社会開発」，「社会的結束」，「人々のエンパワメントと解放」はソーシャルワークの中核業務とされている．誰もが社会の一員として，その権利が尊重され，差別

や抑圧また排除されることなく過ごせるための働きかけを主に子どもたちに行う．そしてそのような社会のあり方が制度や政策的にも重要視されることを求める．人々が相互のつながりを大切にして，かつそれぞれの自由で主体的な生活が支えられる環境整備に努めることがソーシャルワークの役割である．」としている．

第2節　ソーシャルワークと相談援助の関連と意義

　児童福祉機関や児童福祉施設では，ソーシャルワークが必要とされる具体的問題は数多くある．児童相談所や市町村に設置されている家庭児童相談室では，言葉の遅れや知的障がいを中心とした子どもの心身の障がいに関する相談，急増している児童虐待を中心とした子どもの養育相談や育成相談などにソーシャルケースワークが用いられている．児童養護施設でも，保育者が児童虐待や発達障がいのある子どもなど支援を必要とする子どもに対して，今までのケアワークによる支援に加えてソーシャルワークを用いた相談援助が次第に用いられるようになってきている．厚生労働省でも児童養護施設の職員配置を手厚くし，相談援助が適切に実施されることで子どもの福祉が守られることを目指している．

　相談援助は，特別な援助を必要としている子どもに対して児童福祉サービスや社会資源を用いて解決を図る．児童福祉サービスが存在するだけでは，児童問題が解決することにはつながっていかない．児童福祉サービスと特別な援助を必要としている子どもを児童福祉サービスが有効に機能するように結びつけることが必要であるが，それを結びつける技術がソーシャルワークであり，この技術を用いて問題解決を図ることが相談援助の意義の1つともなる．

　その他にも相談援助の意義としては，保育者がすべての子どもの人権擁護や自己決定を守れるように必要な相談援助や福祉サービスの提供を行い，子どもの権利を守ったり自己実現を図れるようにすることもあげられる．これらの相談援助を適切に行うことによってすべての子どもたちの生活の質の向上を目指すことが相談援助の意義である．

第3節　ソーシャルワークの過程

　ソーシャルワークの過程は，背景に持つ理論によって過程のとらえ方や表現方法は異なっており，1つにまとめることは困難である．たとえば伝統的ソーシャルワークでも診断主義派では，「インテーク→社会調査→社会診断→社会的処遇→終結」との枠組みで過程をとらえているのに対し，機能主義派では「初期の局面→中期の局面→終結の局面」との時間的経過によって区分されている．しかし具体的な援助過程や内容は，理論の違いを超えて共通する部分ももち合わせている．

　本節においては現代のソーシャルワークでの過程を中心にして，ソーシャルワークの展開過程を述べる．現代のソーシャルワークでの過程は，図3-1のように「インテーク→アセスメント→プランニング→インターベンション→モニタリング→エバリューション→ターミネーション→フォローアップ」との過程でとらえられている．

図3-1　現代のソーシャルケースワーク過程

（出典）小林芳郎監修，杉本敏夫編（2004）『社会福祉援助技術論』保育出版社，p.61，一部著者修正．

1　インテーク

　ソーシャルワークでの過程において最初の段階をインテークといい，その段階で行われる面接をインテーク面接という．インテーク面接はクライエントが初めて面接を受ける段階であることから，初回面接，受理面接とも訳されている．この面接は，通常1回〜2，3回で終了する．相談や面接を申し込むのは必ずしもクライエント本人とは限らず，家族や親族，児童福祉機関や施設職員の場合もある．またたとえ本人が申し込んだとしても，周囲からの勧めによって申し込んだ場合もあるため，本人が援助を利用する意思が本当にあるかどうか確認することも必要となる．

　インテークでの目的は，第1にクライエントの主訴を把握し，抱えている問題の概要やニーズを明らかにすることである．同時にクライエントのワーカビリティについての見極めも大切である．第2に訪れた機関，施設の役割や提供可能なサービスについてクライエントが理解できるよう説明をすることである．また援助を受けるための適格要件や手続き，利用料が発生する場合には利用料金についても説明することが必要である．第3には問題の解決，軽減のために援助関係をクライエントと結ぶことが適切であるかどうか，ソーシャルワーカーとクライエントとで確認をする．適切でないと判断された場合には，より適切であると思われる他の機関，社会資源などを紹介することが必要となる．

　インテーク段階では，担当したソーシャルワーカーには，前述したバイステックの7つの原則を忘れずに，大きな不安と期待をもっているクライエントと信頼関係を形成できるよう，打ち解けた雰囲気で面接ができるよう努力することが求められる．

2　アセスメント

　アセスメントは，問題解決のためのプランニングをするために，クライエント自身やクライエントを取り巻く環境，さらにはクライエントが抱えている問題の状況を正確に把握する過程である．これらの情報からクライエントの有する解決能力を見定め，問題解決の方針や方法を検討することから，事前評価とも呼ばれている．アセスメント段階では，情報収集と収集された情報の分析を行う．

　情報収集において大切な視点は，クライエントに総合的な援助をするためにもクライエントの生活を全体的にとらえることである．情報収集の方法はクライエントや機関によって異なってくるが，基本的にはクライエント本人と面接や家庭訪問をすることによって情報収集をすることとなる．またクライエントと関わりをもっている家族や友人，職場の同僚，上司から得ることもできるが，クライエント本人から事前に了解を得ておくことが必要である．情報収集の項目はケースによって異なるが，山辺はアセスメントで情報収集に一般的に必要とされる項目として，次のように述べている（山辺，1994：111）．

〈情報収集の項目〉
　①クライエント自身・パーソナリティなどについての項目

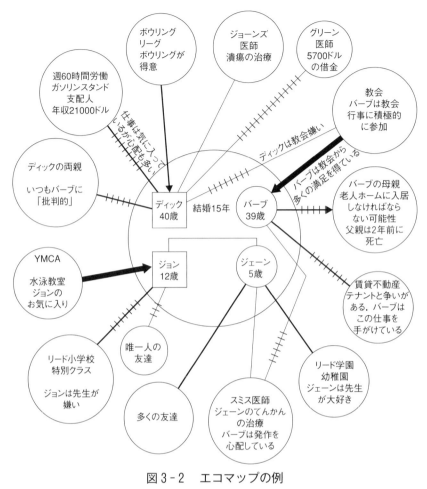

図 3-2 エコマップの例

(出典) Sheafor, Branford W. and Horejsi, charles R., *Techniques and Guidlines for Social Work Practice*, 2nd, Prentice Hall, p.223.

・生育史，生活歴，学歴・職業歴，家族歴，心身状態，既往歴，援助への動機づけ，文化的背景等
② クライエントの生活状況・生活環境などについての項目
  ・クライエントの生活状況全般
  ・クライエントの生活環境
    人的環境＝家族とのコミュニケーション，学校や職場での対人関係
    物理的，社会的環境＝住環境，経済生活状況，地域的状況，自然環境など
③ クライエントの問題状況についての項目
  ・問題状況全般
  ・クライエントと環境の相互作用，環境適応の不備など

　情報の分析では，集められた情報を整理し，クライエントが抱える問題とはどのようなものであるかを明らかにしていく．その情報を整理していくなかで，このケースで解決しなければならない問題

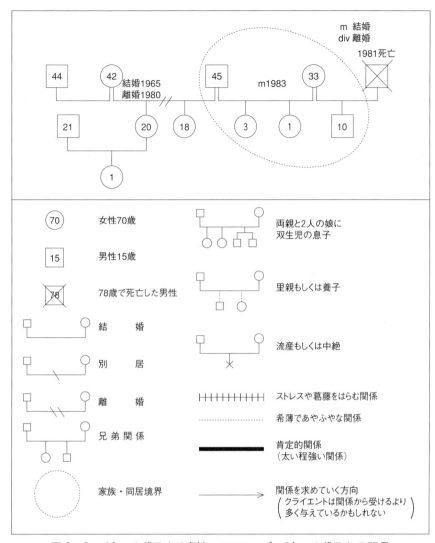

図3-3 ジェノグラムの例とエコマップ，ジェノグラムの記号

(出典) Sheafor, Branford W. and Horejsi, charles R., *Techniques and Guidlines for Social Work Practice*, Prentice Hall, 2 nd, pp. 221-222.

はどこにあるのか，そしてどのような形で問題が存在しているのか分析していくことが必要である．またこの分析が的確になされなければ，クライエントにとって適切な解決策のプランニングは困難となる．

なおアセスメントで分析を行うときに活用できる技法として，クライエントの環境を視覚的にみやすくしたエコマップ(**図3-2参照**)，家族状況をわかりやすく視覚化したジェノグラム(**図3-3参照**)，社会的支援マップなどがある．これらを活用することにより，一見して見やすく分かりやすい資料となるため，よりクライエントも参加しやすいアセスメントが可能となると思われる．

3 プランニング

プランニングとは，アセスメント段階で把握された情報にもとづいて，問題解決へ向けて具体的方

法を検討し，具体的な援助計画を立てることである．この段階では問題解決の最終目標を決定し，その最終目標を達成するための，いくつかの具体的で分かりやすい小目標を設定しなければならない．小目標には緊急性や取り組みやすさなどを考えて，優先順位がつけられる．すべての小目標を達成することが，最終目標の達成になるようにすることがよいプランニングになる．

さらに小目標の達成のためには，ソーシャルワーカーとクライエントがどのようなことを行っていくのか，他の協力者には何を依頼するのか，具体的な方針を立てて役割分担することも必要である．具体的には，第1に利用できる社会資源の可能性を追求すること，第2に関係機関，専門職種，協力者との調整を図ること，第3にクライエントの目標達成への動機づけへの努力と確認をすること，第4にクライエントに新しいプランニングに展望をもってもらうことである．なお最終目標や小目標はソーシャルワーカーが一人で決めるのではなく，自己決定の原則にもとづいてクライエントと一緒に考え，合意して決定していくことが大切である．

4　インターベンションとモニタリング

プランニングにしたがって，クライエントの問題を解決するためにソーシャルワーカーが働きかけることをインターベンションという．またインターベンションの段階では展開中の援助が適切であるかどうかを確認するモニタリングも同時に平行して行われる．

インターベンションは一般的には直接介入と間接介入に分類される．直接介入とは，主に面接での技法によってクライエントが自分自身の感情を話したり，クライエント自身が自分を洞察することでクライエントの情緒や行動上の問題解決への援助を図ることである．間接介入とは，クライエントのパーソナリティに関係する問題に直接介入するのではなく，クライエントを取り巻く生活環境での好ましくない要因を除去，軽減し，クライエントの主体性を尊重しながら援助することである．

モニタリングとは，プランニングにより実施された援助が効果をあげているかどうかを判断し，新たなアセスメントやプランニングを修正したりすることにつなげていくことである．モニタリングでは，利用者の権利が守られているか，利用者の生活は改善したか，プランニングの達成度はどの程度までであるのか，新たな社会資源を導入する必要性はないのか，支援に対するクライエントの感想などについて，ソーシャルワーカーとクライエント，必要に応じて関連機関や施設で話し合い，確認することとなる．モニタリングでは，ソーシャルワーカーとクライエント，関連機関や施設間で判断が異なることも予想される．そうした場合には，支援の評価について合意が得られるまで話し合うことが必要である．またソーシャルワーカーがスーパービジョンを受けることも効果的であると思われる．

5　エバリュエーション

エバリュエーションとは，インターベンションの結果，どのような効果があったかを判定することである．援助の最終段階では，目標がどの程度達成できたのかという援助への結果に対する評価と，取り組みの内容や方法がどのような意味をもったかという過程に対する評価を行う．

エバリュエーションを行う視点として，植田は次の5点を述べている（植田，1999：89）．第1に生活問題・困難へのアプローチの視点は正しかったのか．処遇はクライエントにどのような成果を生んだのか．第2にクライエントの主体性をどう発展させたのか，第3に地域関係機関，専門職種との連携・協力関係からの発展の芽を見つけ出し，その発展を有効なものにする方針を明らかにすることができ

たのか，第4に社会資源の何が不備で，どのような拡充・改善が図れたのか，第5に援助者集団としてどのようにかかわり，援助の「質」がどう高まったのか．ソーシャルワーカーはこれらの視点から援助過程を振り返り学び取っておく作業が必要である．

　植田のエバリュエーションを行う視点を取り上げたが，改善されてはきているが，まだ日本ではエバリュエーションの基準がはっきりとされておらず，ソーシャルワーカーの主観によってなされている場合もみられる．またクライエント中心といっても，クライエントの主観によるエバリュエーションでも効果的なエバリュエーションは行えない．よりよい援助を模索するためには客観的尺度によるエバリュエーションを実施することが必要である．

6　ターミネーションとフォローアップ

　クライエントの問題解決になった場合や援助期間が終了した場合，その援助はターミネーションとなる．ターミネーションは通常は，ソーシャルワーカーとクライエントの両者が納得した形で行われるものであり，肯定的な結果をもってなされるのが望ましい．ただ円満なケースがすべてではなく，これ以上援助を継続しても問題解決にはつながらないと判断されるケースやソーシャルワーカーとクライエントとの信頼関係が崩れてしまい，修復が困難となった場合もある．こうしたケースにおいてもエバリュエーションをしっかりとすることはもちろんのこと，他機関を紹介するなどの引継ぎなどの配慮をもすることも必要である．

　ターミネーションを迎えた後も，必要に応じてクライエントの状況を追跡し，問題が発生していないか，新たな問題が発生していないかなどについてフォローアップすることも大切である．フォローアップの結果，問題が再発したり，発生したりしている場合には，さらなる援助を行うこととなる．

　ただ現実にはこうしたフォローアップを実施することは，限られた人員配置，転勤などによる担当者の交代などの問題もあり，なかなか難しい面もある．しっかりとした引継ぎ，定期的なチェックや記録を活用することにより，少しでもフォローアップをしていくことが可能となる．

（安田誠人）

第4章

ソーシャルワークの専門基盤

> **学びのポイント**
>
> 　ソーシャルワークの専門性とは何か．本章では，特にソーシャルワークの専門職である
> ソーシャルワーカーを例に挙げながら，ソーシャルワークの専門性を構成する3つの基盤
> について整理した．3つの基盤の具体的な内容については，本章他，各章でも説明されて
> いるので丁寧に学んでほしい．また，本書の内容について一通り学修したうえで，改めて
> 「価値・倫理」「知識」「技術」の3つからなるソーシャルワークの専門基盤の重要性につ
> いて考えてみてほしい．

第1節　ソーシャルワークの「専門性」をどう考えるか

　専門性は専門性を構成するいくつかの要素によって成り立っている．これはソーシャルワークに限
定されるものではなく，保育者が実践する保育の専門性も同様である．本節では，ソーシャルワーク
の専門性を理解するうえで大切な視点を紹介する．

1　保育の専門性とソーシャルワークの専門性

　保育の場で実践されるソーシャルワークにおいて，ソーシャルワークの実践主体となるのは保育者
である．ところが，保育者はソーシャルワークの専門家ではない．一方で，子育て家庭が抱える課題
が多様化する現代社会において，保育者は保育の専門性に加え，ソーシャルワークの専門性をも活用
しながら多様化した課題に対応することが求められている．このことは，保育所保育指針解説書第4
章「子育て支援」において，保育者は保育の専門性を活かしながら子育て支援を行うこと，そればか
りではなくソーシャルワークの基本的な姿勢や知識などについて理解を深めたうえで支援を展開する
ことの重要性を示している．子育て支援に関して，保育所等および保育者が担う支援の範囲は多岐に
わたり，保育所等を利用している保護者に対する子育て支援にとどまることなく，保育所等が所在す
る地域における子育て支援も求めている．

　それでは，保育所保育指針解説で述べられている保育者が基盤とする「保育の専門性」とはどのよ
うな内容を指しているのか．保育所保育指針解説では，**表4-1**のように示されているので確認して
おきたい．

　保育者は，先に挙げた6つの知識や技術を状況に応じて活用することで，専門的な保育あるいは支
援を実現していくことが求められる．さらに「保育の専門性」を大切にしながらも，ソーシャルワー
クの知識や技術を活用することによって，保育者の主たる業務である「保育」と「子育て支援」の充
実を図ることが望ましい．

表 4 - 1　保育者の専門性

1	これからの社会に求められる資質を踏まえながら，乳幼児期の子どもの発達に関する専門的知識を基に子どもの育ちを見通し，一人一人の子どもの発達を援助する知識及び技術
2	子どもの発達過程や意欲を踏まえ，子ども自らが生活していく力を細やかに助ける生活援助の知識及び技術
3	保育所内外の空間や様々な設備，遊具，素材等の物的環境，自然環境や人的環境を生かし，保育の環境を構成していく知識及び技術
4	子どもの経験や興味や関心に応じて，様々な遊びを豊かに展開していくための知識及び技術
5	子ども同士の関わりや子どもと保護者の関わりなどを見守り，その気持ちに寄り添いながら適宜必要な援助をしていく関係構築の知識及び技術
6	保護者等への相談・助言に関する知識・技術

（出典）厚生労働省（2018）保育所保育指針解説をもとに作成.

2　ソーシャルワークの専門性を支える基盤

　ソーシャルワークとは，ソーシャルワークの知識や技術を用いて，生活課題を抱える人と一緒に課題の軽減や解決に取り組む活動のことをいう．そのためには，人とモノやサービスなどをつなぐ多様な工夫が求められる．必要に応じて支援に必要なモノやサービスを創り出すことが求められる場合もある．しかし，これらの諸活動はソーシャルワーカーの経験や勘だけを頼りに行われているわけではない．

　ソーシャルワークが専門的な援助であるためには，本書第1編第1章においても「価値，知識および技法がソーシャルワークであり，社会福祉の極めて重要な要素」と述べられているように専門的な実践の基盤となる「価値・倫理」「知識」「技術」が極めて重要である．

　太田（1935-　）は，各要素の関係性や重要性について「社会福祉実践方法のパラダイム変遷」（2002：68）の中で，3つの要素を分解し「価値」「知識」「施策」「方法」の4つとしたうえで次のように指摘している．

　　「科学的方法を持たない施策は，砂上の楼閣に等しく，専門的知識を欠いた方法は，暗中模索の慰めにすぎない．また支えあう福祉の心を忘れた知識の乱用は，人間疎外を誘発し，周到な施策や方法を持たない福祉の心は，自己満足に終始するだけだからである」．

　いずれの要素もソーシャルワークの専門基盤として欠かせない．そしてそれらは，いずれかが抜き出ていればよいという性質のものでもない．専門基盤を構成する3つの要素を丁寧に吟味しながらバランスを保つことによってソーシャルワークの専門性は向上し，ソーシャルワーカーは十分に専門性を発揮できるといってよい．

　また，H. M. バートレット（H. M. Bartlett1897-1987）は『社会福祉実践の共通基盤』（2009：80）において，ソーシャルワークの本質的な要素として，「価値・倫理」「知識」「技術」について述べたうえで，ソーシャルワークとは「価値・倫理」と「知識」の総体であると述べている．

　このように，専門家が専門的な援助を展開するためには，「価値・倫理」「知識」「技術」のそれぞれに関して自らを律し，常に確認し続ける姿勢が大切である．これら3つの要素の具体的内容については，他章で詳細が述べられている．よって本章では簡単に概要を述べるにとどめる．次節では，ソーシャルワークの「価値・倫理」「知識」「技術」それぞれの概要について説明する．

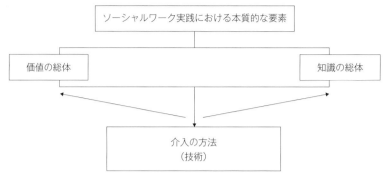

図4-1　ソーシャルワーク実践における共通基盤

(出典) バートレット, H. M. (2009)『社会福祉実践の共通基盤』小松源助訳, ミネルヴァ書房をもとに作成.

第2節　ソーシャルワークの専門基盤を構成する3つの要素

　前節では，ソーシャルワークの専門基盤を構成する3つの要素の重要性および3つの要素の関係性について述べた．本節では，専門基盤を構成する3つの要素である「価値・倫理」「知識」「技術」について概要を解説する．

1　ソーシャルワークにおける専門基盤としての「価値・倫理」

　「ソーシャルワークはすべての専門職の中でも最も価値に基盤を置いた専門職に位置している」．
　G. R. フレデリック（G. R. Freadcric1953- ）は著書『ソーシャルワークの価値と倫理』（2001：8）の冒頭でこのように述べている．ソーシャルワーク実践において価値や倫理は，専門職によるソーシャルワーク実践の行き先を左右し，さらにはソーシャルワーク実践において物事の優先順位を決定する際にも大きな影響を与えるからである．

　ソーシャルワーカーがソーシャルワーク実践の場において，何を観て，何を聴き，何を伝えるか，そして，何を選択するか，その1つひとつがクライエントの選択や意思決定に大きな影響を及ぼす重大な事柄である．ソーシャルワーカーの何気ない言動が，クライエントの人生に大きな影響を及ぼす可能性も否定できない．ソーシャルワーカーは，基本的な倫理観に加えて専門職としての倫理観も育むことによって，クライエントの主体性を大切にしたソーシャルワーク実践に近づくことができる．

　ソーシャルワークにおける専門職としての倫理規範を明示するものとしては，専門職団体が採択している倫理綱領がある．倫理綱領は，専門職が持つ専門性の維持向上を図る役割を持つとともに，社会に向けてソーシャルワークの専門職として担う責任について表明している一連の文書である．その中には，すべてのソーシャルワーカーが専門職として大切にすべき価値と倫理的原則についても触れられている．倫理綱領の存在が専門職にとってどれほどに重要であるかは，「ソーシャルワーカーは常に準拠すべき倫理綱領のコピーを持ち，そこに書かれていることを身近に感じなければならない」（ジョンソン，2012：68）と述べられていることからも理解できるだろう．

表 4 - 2　ソーシャルワークにおける価値と倫理的原則

価値	倫理的原則
人間の尊厳	ソーシャルワーカーは，すべての人間を，出自，人種，性別，年齢，身体的精神的状況，宗教的文化的背景，社会的地位，経済状況等の違いにかかわらず，かけがえのない存在として尊重する．
社会正義	ソーシャルワーカーは，差別，貧困，抑圧，排除，暴力，環境破壊などの無い，自由，平等，共生に基づく社会正義の実現をめざす．
貢　献	ソーシャルワーカーは，人間の尊厳の尊重と社会正義の実現に貢献する．
誠　実	ソーシャルワーカーは，本倫理綱領に対して常に誠実である．
専門的力量	ソーシャルワーカーは，専門的力量を発揮し，その専門性を高める．

(出典) 日本ソーシャルワーカー協会 (2005)『倫理綱領』をもとに作成．

2　ソーシャルワークにおける専門基盤としての「知識」

　ソーシャルワークの専門基盤となる 2 つ目の要素は，「知識」である．ソーシャルワーカーは，ソーシャルワーク実践において「価値・倫理」の実現を目指している．

　人々が生活する社会は，多様な知恵と工夫，文化と歴史に彩られている．ソーシャルワークの「価値・倫理」の実現に向けて，ソーシャルワーカーは，ソーシャルワーク固有の知識に加え，必要に応じて他分野の知識を獲得すること，獲得した知識を活用することが求められる．

　ソーシャルワーカーが獲得すべき知識について L. C. ジョンソン (1923–2016) は以下の 5 つを上げている (2012：62)．

① 幅広い教養の基盤を獲得する．人間社会や人間の状況の特質について説明してくれる社会学，心理学，文化人類学，歴史学，政治学，経済学などの社会科学の知識や自然科学を学ぶことは，科学的思考や人間の状況の物質的な側面の理解を提供してくれる．

② 情緒的，認知的，行動上，そして発達的な観点から見た人間についての基本的知識である．これには，人間の多様性，機能や発達における効果について考察することや，人間の深いレベルでの相互作用を理解することも含まれる．

③ 援助の相互作用，援助過程，状況やシステムの多様性に適した介入戦略などの本質に関する実践理論である．これには，クライエントに対するサービス提供のための専門職業的知識，社会的な構造や制度，ニーズを適切に充足するためのサービスの開発などについての知識が含まれる．

④ 特定の状況で特定のクライエントやグループを援助するのに必要な専門知識である．援助を必要とするクライエントやグループが抱える課題は多様である．ソーシャルワーカーは，クライエントやグループが抱える課題を解決するために，特定の分野に専門分化することもあり，どのような知識を選択して獲得するかは実践の状況やソーシャルワーカーに依拠している．

⑤ 多様な源泉から獲得した知識を用いる際に，思慮深く，想像力が豊富で，創造的になる能力である．これは，クライエントのストレングスを活用した援助を展開するために，人々と環境との交互作用や人々の強さを見極められるソーシャルワーカーの力量を意味している．

　以上のように，ソーシャルワーク固有の知識としては，ソーシャルワークの実践理論やアプローチなどがあげられる．そして他分野の知識としては，たとえば，医学，心理学，社会学，介護福祉学，

リハビリテーション学，経済学に関する知識の獲得と活用が求められるだろう．

　子どもを取り巻く環境にとどまらず，保育者を取り巻く環境も常に変化し続けている．新しい援助理論や新しい制度政策に対応することなど，保育者は常に新しい知識，必要な知識の習得と活用に気を配ることが大切である．

3　ソーシャルワークにおける専門基盤としての「技術」

　ソーシャルワークを実践するうえで必要とされる「技術」としては，保育者が子どもや保護者に直接働きかける「直接援助技術」，子どもや保護者に直接的に働きかけることはないが，地域や住民に働きかける「間接援助技術」，そして，子どもや保護者に対する支援を補完する技術として「関連援助技術」がある．

　直接援助技術では，クライエント本人や家族などを対象に支援が展開される「個別援助技術」，グループを対象に支援が展開される「集団援助技術」などの方法がある．

　間接援助技術には，人々が暮らす地域を対象に，住みよい街づくりを目指す「地域援助技術」，住みよい街づくりを目指す際に地域における課題が何であるかを確認する「社会福祉調査法」，住みよい街づくりを目指すために必要な方法や目的を明らかにする「社会福祉計画法」などがある．さらに，社会福祉に関連する施設や機関を適切に運営するための「社会福祉運営管理」，住みよい社会を作るために国や地方自治体に働きかける「社会活動法」がある．

　関連援助技術には，ケアマネジメントやカウンセリング，あるいは，スーパービジョンやコンサルテーションなどがあげられる．

　さらに近年では，ソーシャルワーク実践を展開する射程からマクロソーシャルワーク，メゾソーシャルワーク，ミクロソーシャルワークといったアプローチや，ジェネラリスト・ソーシャルワークなどの専門的技術も必要とされている．

第3節　保育者として「ソーシャルワークの専門性」を意識する

　全国保育士会倫理綱領の前文には次のように書かれている（本書巻末資料参照）．

「私たちは，子どもの育ちを支えます」
「私たちは，保護者の子育てを支えます」
「私たちは，子どもと子育てにやさしい社会をつくります」

　保育者は，必要に応じてソーシャルワークを活用しながら子育て家庭の支援を行う役割も担うが，ソーシャルワーク実践が主たる業務というわけではない．あくまで，保育者は保育者であり，保育所等において子どもの成長を支えることが中心ではある．しかし，全国保育士会の倫理綱領にあるように，「子どもの育ち」や「保護者の子育て」を大切に考える保育実践，そして「子どもと子育てにやさしい社会」の実現に向けた実践を考えたときに，保育者の関心は，より一層，社会や地域にむけて解放される必要があり，保育所等の施設内だけに留め置くことはできないといえるだろう．

　その解放された保育者の支援実践を支えるための専門的手法の1つがソーシャルワークであると考えてみてほしい．ソーシャルワークの専門性も保育者が持つ保育の専門性と同様に「価値・倫理」「知

識」「技術」を専門基盤として構成されていることは本章でお分かりいただけただろう.

　保育者は,「子ども」「保護者」「地域社会」にとってより良い子育ち環境が整えることができるように, 自らの専門性に加え, ソーシャルワークの専門性も活用しながら保育実践に取り組んでほしい.

（木村淳也）

第 5 章

ソーシャルワークを実践する前に

> **学びのポイント**
>
> 子どもを援助し保護者を支援する保育者を目指す学生にとって，以前から 3 H ＝「Head（知識）」「Hand（技術）」「Heart（価値観・倫理観）」の修得が必要といわれてきた．近年では，この 3 H に 2 H ＝「Health（健康）」「Human-relationship（人間関係）」を加えた 5 H が重要と言われている．最近では，さらに「Human-rights（人権意識）」を加えた 6 H が，21 世紀の保育者が目指す姿であるといわれている．
>
> 本章では，保育者として修得すべき素養である 6 H について，考えることにする．

第 1 節　ソーシャルワークを行う前に

保育者を目指す学生に，「保育者にとって何が一番大切ですか？」と尋ねた時に，「相手の気持ちを理解する」「あたたかさ」「思いやり」など，さまざまな回答が返ってくる．それらの回答は，どれも非常に大切であるが，そのような考えが無い人がいれば，「保育者を目指すことを諦めたほうがいい」と断言できる．つまり，保育者を目指す以前に，人間として当然身に着けておくべき見識といえる．

保育者を目指す学生は，その道を目指す理由として，「子どもが好きだから……」「障がいのある子どものために何かをしたいから……」など，さまざまな理由を明示する．しかし，「好きだから……」「何かをしたいから……」という情熱だけを持ち続けても，保育者になるのは難しい．見識や情熱に加えて，子どもの「生命や生活」を預かるという責任感や使命感などの専門職者としての素養を修得する必要が保育者にはある．では，保育者として修得すべき素養とはどのようなものだろうか．

第 2 節から第 7 節では，保育者として修得すべき素養である 6 H について，考えることにする．

第 2 節　Head（知識）

保育者は，得てして肉体労働を中心とする専門職として捉えられがちであるが，実は知識労働者として捉えられるべきである．

知識を修得するためには，本を読んで暗記をすればいいのではないかと，よく勘違いする人がいる．しかし，本から暗記して得たものは知識でなく，単なる情報である．情報が専門的な技能や職務と結びついた時に，初めて知識になる．たとえば，強制や押し付けの中で知識を修得しようとしても，「馬耳東風」な状況となり，左耳から右耳に流れていく「情報のBGM」にしか過ぎない．大学・短期大学・専門学校などにおける定期テストのために一夜漬けで覚えた「暗記情報」は，短期記憶であるため 1 週間もすれば多くの情報を失うことになる．一時的な「暗記情報（短期記憶）」ではなく，大学・

短期大学・専門学校などを卒業した後でも活用できる「専門知識（長期記憶）」とするためには，自らが保育者としての使命をもって自発的に学習する中で「知識修得の促進」を図る必要がある．

　そのためには，人に対して常に興味や関心を持つことのできる「知への探究心」を備える必要がある．したがって，保育者は，子どものみならず自分自身を好きになり「他者と自己を含めた人間そのもの」に興味や関心を持つことが重要である．保育者が，人間に対して興味や関心を持つことで，自らの知識量・技術力・人間性を客観的に洞察するだけでなく，子どもや保護者のニーズ（何を必要としているのか）を理解することに繋がっていく．

　特に，援助対象者のクライシス（危機的）な状況において，知識を利用する価値が高まる．たとえば，一般的な発熱の場合，子どもにはシロップ剤・錠剤・カプセル・坐薬などのさまざまな形状の「消炎鎮痛剤」が処方・使用される．しかし，インフルエンザ脳炎を発症している可能性のある子どもに対して，決して投与してはいけない薬物（消炎鎮痛剤）などがあるが，知識が無ければ誤用の危険性が高まり，生命の存続に影響を与える．

　つまり，知識は子どもの生命・健康や安全を守るためにも有用であり，常に最新で安全なものにリニューアルしていく必要がある．知識には使用期限が付随する可能性を念頭に置きながら，「知識を常に再確認する（リコンファーム）」「古い知識を捨て去る（リナウンス）」「新しい知識を学び直す（リラーン）」というサイクルを継続的に実行することが重要である（ドラッカー，1995）．事実，大学・短期大学・専門学校などの講義で学んだ知識は，数年経てば時代遅れのものになってしまう場合がある．そのためにも，職場内研修，職場外研修，自己啓発（書籍や視聴覚教材，研究会）の機会などを有効に活用することで，常に最新の知識を獲得し「知識向上」を図ることができる．さらに，修得した最新の知識を職場に持ち帰り，情報交換の場を持つことで，専門職間で最新の知識を効果的・効率的に共有することにつながっていく．

第3節　Hand（技術）

　修得した知識の利用価値は，実践の場に活用できたかどうかで測定される．つまり，新しい知識を毎日の保育活動に転換し，保育サービスという技術として提供できてこそ，価値が高まる結果となる．一時的でなく常に安定した保育サービスを提供できれば，技術が修得できたことになる．そのためには，保育者自らが使命をもって，技術向上の修練を図る中に「技術修得」が促進されるのである．

　特に，援助対象者のクライシス（危機的）な状況においては，技術を利用する価値が高まる．たとえば，転倒し流血した子どもに対して，迅速に止血し，安静な体位を保持し，その他の傷害状況の確認を行った上で，医療専門職と早急に連携できることが重要である．知識として認知していても，技能として利用できなければ有用とはいえない．状況に応じて冷静に知識を活用し，迅速に行動できることが技術といえる．

　また，同じ職場内であっても，保育者としての従事経験の長短により技術差が生じれば，提供する保育サービスにも大きな差が出現し，子どもにとっては「均質のサービスを受給できない」というデメリット（マイナス）が生じる．

　たとえば，子どもが「てんかん発作」を起こした場合，以前は舌を噛み切らないようにタオルやガーゼなどを口に詰め込むことが正しい対応技術として流布されていた．しかし，タオルなどを詰め込む

ことでかえって窒息の危険があり，現在そのような対応は推奨されていない．もし，子どもが「てんかん発作」を起こしたら，高所・機械・水場・火の気などの危険な場所から遠ざけ，楽な姿勢と呼吸ができる態勢（気道）を確保した上で，見守ることが重要であるといわれている．

　子どもの生命・健康や安全を守るためにも技術は有用であり，技術は時代と共に進歩するので，最新で安全なものにリニューアルしていく必要がある．「技術を常に再確認する（リコンファーム）」「古い技術を捨て去る（リナウンス）」「新しい技術を再修得する（リラーン）」というサイクルを継続的に実行することが重要である（ドラッカー，1995）．事実，大学・短期大学・専門学校などの演習や実習で学んだ技術が，数年経てば時代遅れのものになってしまう場合がある．そのためにも，職場内研修，職場外研修，自己啓発（視聴覚教材，講習会や研究会）の機会などを有効に活用することで，常に最新の技術を獲得し「技術向上」を図ることができる．また，修得技術を職場に持ち帰り，職場内研修の場を持つことで，技術は効果的・効率的に共有されることになる．

　現在，各現場において，運営資金やマンパワーだけでなく設備や機器などが限定された状況にある．確かに「資源は有限」であるが，「発想は無限」であることを信じ，有機的な連携を基にして，知識や技術を生かせれば，困難な状況を打破することができるはずである．卓越した技術や発想は，独自性や革新力を熟成させ，それを組織内の専門職で共有した時に，付加価値の高い保育サービスや援助として昇華していくのである．

第4節　Heart（価値観・人間観・倫理観）

　保育者には卓越した知識，技術が要求されるが，最も根源的な資質として重要視されるものが価値観といえる．保育者には，子どもの成長や人生の意味を包含した援助実践が求められており，多大な責任や使命を背負うことから，価値観が保育者の援助の基盤に置かれることになる．

　価値観とは，人間観や倫理観という言葉としても置き換えることができ，「多種多様な文化や生き方・考え方（価値観）を受容し，グローバルな視点をもって，保育や相談援助ができる資質」と定義することができる．

　保育者といっても，個々の考え方や性質が違うため，子どもや保護者などへのコミュニケーションやアプローチの方法が，当然異なる．このことは，保育士のみならず，介護福祉士，社会福祉士，精神保健福祉士など，すべての福祉専門職において同じといえる．

　今日，「無気力」「無関心」「無感動」に象徴される排他的利己主義が浸透し，物質至上主義への過度の偏向や，個人のモラルの低下，地域・社会における人間関係の希薄化などが問題視されている．また，多種多様な価値観が錯綜する現代社会では，社会福祉実践や日常生活の中で，保育者が選択や判断のみならず，調整を迫られる場面が少なくない．このような状況の中で，保育者は，遵守すべき価値観や判断基準を理念として一定共有する必要があり，全国社会福祉協議会・全国保育協議会・全国保育士会が協働で「行動規範のガイドライン」となる「全国保育士会倫理綱領」（本書巻末資料参照）を策定し，2003（平成15）年2月に採択している．

　ただし，単に「倫理綱領」を守れば良いというのではなく，保育者としての「価値観・倫理観」を修得し研磨するには，「観察力」や「感受性」が非常に大切になる．この「観察力」や「感受性」を磨くためにも，各組織において，日頃から全職員が専門職に求められる「価値観」について共に検討

し考察できる機会を設けることが非常に重要である．なぜなら，個々の専門職の価値観は，福祉サービスを提供する専門組織としての価値観・倫理観を代弁しているからである．

第5節　Health（健康）

確かな知識や技術が，福祉サービスを利用する子どもの健康や安全を確保することについてすでに述べてきた．万が一，保育者がインフルエンザに罹患(りかん)しても，医師の診断の下に処方してもらった薬剤を服用し安静にしていれば，1週間程度で回復する．けれども，乳児や重度の障がいを持つ子どもがインフルエンザに罹患すればどうなるだろうか．重篤な状態になりやすく，肺炎を併発して入院したり，インフルエンザ脳症を発症したり，場合によっては「死」に至ったりする危険性もある．インフルエンザに罹患した職員が，仕事の責任感から無理を押して出勤し，職場内にインフルエンザウイルスを持ち込めば，子どもがどのような状況になるか想像すると，非常に恐ろしくなる．さらに，子どもに留まらず，保護者や家族などにも影響が及ぶ危険性がある．そのため，多くの保育者は，子どもへの感染を防ぐために，流行の兆候が見られる時期になると，マスクを着用したり，インフルエンザワクチンを接種したりする等の対策をとっている．

しかし，何も子どもの健康の側面だけを指している訳ではない．一人の保育者の不健康な状況は，他の職員の不健康にも繋がる恐れがある．ウイルスなどによる感染性の病気であれば，他の職員にも伝染していき，他の職員の健康を侵害する危険性がある．もし，感染性の疾患でなく，罹患した保育者自身のみの疾病で留まったとしても，その保育者が休暇を取る期間については，他の職員が無理な負担をして仕事を担うことになる．つまり，他の職員の健康を損ねるリスクを増大させることに繋がるのである．

また，援助をする職員が不健康であれば，質の高いサービスを笑顔で提供することが非常に難しくなる．質の高いサービスを笑顔で提供するためにも健康は重要である．いうまでもなく，保育者自身が，常に「規則正しい生活」を心がけ，手洗い・うがい・消毒等を怠らないことが重要である．保育者一人ひとりの健康意識が，組織を健全で有機的な状態にし，質の高いサービスを提供することに繋がるのである．

第6節　Human-relationship（人間関係）

社会福祉士・介護福祉士・精神保健福祉士と同様，保育士は社会福祉の専門職であり，ソーシャルワークにも職務の基盤があることは周知の事実である．

1956（昭和31）年に創設された国際ソーシャルワーカー連盟（IFSW）は，2014（平成26）年7月のメルボルン大会で「ソーシャルワーク専門職は，人権と集団的責任の共存が必要であることを認識する．集団的責任という考えは，一つには，人々がお互い同士，そして環境に対して責任をもつ限りにおいて，はじめて個人の権利が日常レベルで実現されるという現実，もう一つには，共同体の中で互恵的な関係を確立することの重要性を強調する．……（以下省略）」と「ソーシャルワークの原則」を定義している（IFSW日本国調整団体，2015，本書巻末資料参照）．

事実，保育者が所属する専門機関の運営は，さまざまな人間関係によって成立している．援助や連

携において，「すべての人間関係が対等である」という認識から出発することが重要である．つまり，援助実践上において，保育者自身の人間観や倫理観を振りかざし，子どもや保護者などの言動や態度を批判し指導していくことが求められているのではない．

　人間関係を考える際，保育者自らを「我（私）」という軸においた「我（私＝A）－汝（あなた＝B）」の人間関係が思い浮かび，コミュニケーションと同様に，人間関係は「AとB」という2対象間の交互性で成立している（ブーバー，1978）．「我（私）－汝（あなた）」の人間関係の中で「汝（あなた）」という存在を思い浮かべただけでも，「子ども」，「子どもの家族」，「同じ職場の保育者」「同じ職場の他の専門職」「他機関（施設）の保育者」「他機関（施設）の他の専門職」「地域の人々」「自らの家族・友人」など，さまざまな人間関係を思い巡らせることができる．当然，保育者は，それらすべての人間関係を配慮しながら，行動する必要がある．

　また，保育においては「子ども同士」や「保護者同士」などの人間関係が円滑にいくように配慮しなければならない．もちろん，各施設や専門機関においては，さまざまな人間関係が円滑にいくことで，トラブルが減少し，組織運営がスムーズに行われる．そのため，保育者は，自らを中心とした人間関係のみならず，「汝（あなた）－汝（あなた）」という「BとC」との人間関係が円滑にいくように配慮することも求められる．

　さらに，援助実践における有機的な連携を考えるなら，「AとB」という2つの対象だけでなく，「我（私＝A）－汝（あなた＝B）－汝（あなた＝C）」や「汝（あなた＝B）－汝（あなた＝C）－汝（あなた＝D）」など，複数間の交互性における円滑な人間関係の成立が必要である．

　つまり，保育者には，グローバルな視野を持ち，さまざまな人間関係に「目配り・気配り・心配り」を実践することが求められている．

第7節　Human-rights（人権意識）

　保育者として，ソーシャルワークを実践する場合，「子どもの人権の尊重」に関する基本的な理念や視点をもつ中で，常に「子どもの最善の利益」を意識して，援助を実践する必要がある．

　しかし，少人数とはいえ，保育実践現場において専門的援助関係を破壊し，保育者が加害者となる事件が後を立たないことが，非常に残念でならない．保育者に対しては，以前から「自立や自己決定を重視する援助のあり方」など，社会福祉の専門職としての職業倫理が厳しく問われ続けてきたが，その倫理観を逸脱する悲しい事件が後を断たない現実がある．保育者が犯す「殺人」「傷害」「窃盗」「詐欺」「虐待」「抑圧」「性的暴行」などによる専門的援助関係の崩壊は，子どもの人権を侵害することに他ならない．「専門的援助関係の保持」とは，保育者がイニシアティブ（主導権）を握り，子どもの生き方や援助方針を決定する「主－従の関係（上下関係）」のことを指しているのではない．保育者と子どもが，1対1の人格的な触れ合いの中で生みだす「主－主の関係（対等関係）」を指している．この「主－主の関係（対等関係）」こそが，保育者と子どもとの間にある「専門的援助関係」であるといえる．

　どんなに崇高な理念を児童福祉施設や専門機関が掲げていても，社会化されていない閉鎖的な施設（地域住民などに，「設備等のハード面」や「運営等のソフト面」を開放していない施設）であれば，「井の中の蛙」となるだけでなく，パターナリズム（父権主義的・権威主義的・温情主義）な運営に陥りがち

である．また，保育者自身が非常に高い理想を持って，保育や福祉の世界に飛び込んだとしても，長年にわたり閉塞的な組織で従事していれば，「世間知らず」となるだけでなく，パターナリズムな援助に陥りがちである．このような状況下では，「子どもの最善の利益」を守るどころか，権利侵害を当然のものとして行う事態となってしまうのである．

　人権に関する正しい意識の蓄積が，人権への造詣を深めることにつながるのはいうまでもない．公的機関や人権啓発団体などが主催する研修会に参加し，人権の知識を蓄積することも1つの方法である．ただし，人権に関する知識だけを一時的に学習するよりも，継続的に磨いていく方法を検討しなければならない．また，一部の職員だけでなく，すべての職員が人権に関する学びを得ることが必要である．そのためには，人権啓発研修などに参加した職員が修得内容を職場内に持ち帰り，「伝達研修会」などを開催し，職員間で「人権意識」を共有する必要もある．もちろん，組織内で恒常的に「人権等の研修会」を開催し，日常的に「人権意識」を高める機会を設定することも非常に重要である．

　さらに，「人権感覚」という言葉があるように，保育者は新しい知識や技術などを身につけながら，常に自らの人権感覚を研ぎ澄ませる必要がある．もし，保育者が人権や倫理を遵守できないのであれば，その保育者には存在する意味がないだろう．

| ワーク | 日常よくある光景 |

　Nくん（仮名：男の子・5歳）は，軽度の発達障害（ADHD：注意欠陥・多動性障害）があるが，1日も休まず，桜こども園に通っている．Nくんは「ボクに，三輪車貸してぇ～」「ボクがスケーター使うのっ！」と言うと同時に，次々とお友達から取り上げてしまう．

　Tくん（仮名：男の子・5歳）は，非常に穏やかな性格で，あまり他のお友達とコミュニケーションをとらない．しかし，大変こだわりが強く，友達が「遊ぼぉ」と声を掛けてきても，絵本や遊びに夢中で気づかない．

　ある日，砂場でTくんがスコップで穴を掘って遊んでいると，そこにNくんが「ボクにスコップ貸してぇ～」とやってきた．直ぐにNくんはTくんのスコップを取り上げようとした．その時，Tくんはスコップで，いきなりNくんの頭を叩いた．すると，額に傷がつき，少しの血が流れたNくんは，びっくりして泣き出した．その横で，Tくんは興奮しスコップを持ったまま立ち尽くしていた．

　あなたは，他の保育者よりも先に，NくんとTくんの様子に気づいた．

A．あなたは，この時どの様に対応するのだろうか？　あなたが取らなければならない対応を5つ考え，対応すべき順番に優先順位をつけてみよう．

①

②

③

④

⑤

B．4人程度のグループになり，各自の5つの対応内容となぜその順位にしたかを発表しよう．また，他の人の発表内容から気づいた点を考えてみよう．

（立花直樹）

第6章

ソーシャルワークにおける方法と技術

学びのポイント

　この章では，保育者が活用できる相談援助（ソーシャルワーク）の技術を紹介する．子どもや保護者が抱えるさまざまな課題や問題を解決に導くために，① 直接援助技術，② 間接援助技術，③ 関連援助技術等が活用できる．また代表的なソーシャルワークのモデルである医学モデル，生活モデル，ストレングスモデルを紹介する．またこれらの技術を幅広く柔軟に活用するジェネラリスト・ソーシャルワークの理解を，学びのポイントとしている．

第1節　ソーシャルワークの技術を保育の現場で活用する

1　直接援助技術

　直接援助技術は，ソーシャルワーカーが対面的な面談やプログラム等を通して，支援を必要としている人や積極的に利用したい人（この章ではクライエントとする）に社会福祉の諸サービスを直接届ける技術である．

　直接援助技術とは，個々のクライエントや家族に対して働きかける個別援助技術（ケースワーク），何らかの目的を持つグループを対象にして働きかける集団援助技術（グループワーク），また介護福祉士やホームヘルパー等が高齢者施設や居宅支援で行う介護技術である介護福祉援助技術（ケアワーク）と規定されている．

　これに加え，保育者が子どもたちや保護者に対して行う，日々の保育実践や個別な働きかけも直接援助技術として考えることができる．

1）　個別援助技術（ケースワーク）

　クライエントやその家族を対象に，個別に行われる相談支援の方法である．ケースワークの支援方法は広く，利用できる資源の紹介やアドバイスを行う場合もあれば，共感的に悩みを聞くことで心理的精神的に支持する場合もある．在宅生活の継続のために，社会資源の調整や，他機関と連携を行う必要がある場合は，ケアマネジメントの手法（本章の「3　関連援助技術」参照）を活用し支援する．

　日々の保育実践の中では，子どもへの個別な発達支援，保護者からの子育てに関する相談などにケースワークの技術を活用することができる．バイステックの7原則や，カウンセリングの技術などを活用し，信頼関係を基盤に状況を把握し，支援の方法をクライエントとともに考えていく．クライエントの話を真摯に傾聴し，困っている状況の理解に努める姿勢は，クライエントにとって安心につながり，表面に現れている訴えの奥にある，クライエント自身も気づいていなかった課題が明らかになることもある．

ワーク1　ケースワークの事例

　3歳児クラスのNくんは最近急に落ち着きがなくなり，クラスでの活動も集中できず，すぐ飽きてうろうろしてしまう．排泄も間に合わないことが多く，何か生活に変化があったのかなと保育者が心配になり始めたとき，迎えにきた母親から，相談したいことがあると告げられた．
　母親の相談は，始めはNくんが最近いうことを聞かない，どうしたらよいかという内容であったが，よく話を聞いてみると，最近同じ保育園のNくんの友達の母親と，関係がよくなく，そのことで母親が悩んでいることがわかってきた．Nくんが不安定になっているのも母親の心理的なものが影響していると思われた．担任は母親の話を支持的に聞きながら，どうすれば関係がよくなるのかを話し合うことにした．

　クライエントの相談内容に取り組むとき，保育者は本人や家族だけでなく，生活圏域である地域（環境）にも視野を広げる必要がある．私たちは食料品など日常必要なものを買う店や，交通機関，病院，役所，学校，職場，近隣，友人，など，地域（環境）と関わりながら生活している．生活の中で生じる課題は，その家族間だけでなく，地域（環境）との関係の中で，起こってくるものと考えられる．身体的精神的状況，経済的状況，家族関係，生活歴，所属機関や地域の状況，利用できる資源などを把握し，クライエントとともにその環境との調整を行う．クライエントが主体的に問題に取り組む力を獲得することを促す働きかけも重要である．

2）　集団援助技術（グループワーク）

　集団（グループ）を対象に行う支援方法である．共通の課題をもつメンバーが集まり，グループワーカーが提供するプログラム活動を通して，その課題解決を図っていく技術である．広い意味でとらえると，保育者が子どもたちを集団で保育していくことも，子どもたちの養護や教育を目的に行われるグループワークである．また子育ての悩みをもつ保護者を集め，サロン活動やレクリエーション活動を行う時にもグループワークを取り入れることができる．当事者同士で自主的に集まり，お互いの課題を支援し合う自助グループの活動なども，グループワークの1つの形態である．

　こうした集団援助技術は，メンバー同士の間で，さまざまな交流が行われるところに個別援助技術にはない特徴がある．相互に交流が行われることで，グループのもつ特性がメンバー一人ひとりに影響を与え，逆にメンバー同士の関係がグループ全体に影響を与えていく．「グループ内でお互いに話を聞き合う」「何かしらの役割を担う」「助けあい励まし合える」そのような仲間の存在は所属の欲求やグループからの承認の欲求を満たし，個々のメンバーの成長や課題解決を促すことができる．グループワークはこれらの相互に影響し合う関係を用いて支援を行う技術である．

ワーク2　グループワークにおける事例

　3歳児検診で自閉的傾向があると言われたDくんの母親は，育て方が悪かったからだと自分を責め，どのように子育てをすればよいのか自信をなくしていた．相談に行った保健センターから，地域のある支援サークルを紹介された．そこにはDくんと同じ自閉的傾向をもつ子どもや保護者が集まっていた．母親はグループ活動を通して，自分と同じ不安や悩みを他のメンバーも持っていることに気づいた．また子育ての体験や工夫，大変さだけでなく喜びや，また将来の希望などを聞いた．辛いと思った時期を乗り越えた方もいることを知った．一緒にがんばりましょうと励ましのことばかけもあった．仲間の存在を感じたDくんの母親は，少しずつ子育てを前向きに，考えられるようになってきた．

グループの活動において，留意しておかなければならないことがある．集団は時にマイナスの影響をメンバーに及ぼすことがある．たとえばいじめや排除，特定のリーダーによる支配的な関係形成などがあげられる．集団援助技術を活用するとき，グループワーカーはマイナスの影響力に偏らないように，メンバーの関係性を調整する必要がある．グループのメンバー同士がお互いによい影響を及ぼせるような相互作用を意図的に活用していくような働きかけを行っていかなければならない．

2　間接援助技術

間接援助技術は，直接クライエントに働きかけることはないが，特定の地域やその住民全体に働きかけていく技術である．地域のニーズを把握し，住民とともに地域作りを目指す地域援助技術（コミュニティワーク）が中核となる．その他の間接援助技術として，社会福祉調査法（ソーシャルワークリサーチ），社会福祉計画法（ソーシャルプランニング），社会福祉運営管理（ソーシャルアドミニストレーション），社会福祉活動法（ソーシャルアクション）等があげられる．これらの技術はそれぞれの目的や技法があるが，地域援助技術を支えるための技術でもある．

1）　地域援助技術（コミュニティワーク）

生活の場である地域が住みよい街になるよう，環境を整えていく技術である．地域にはさまざまな人々が暮らしている．長年にわたり暮らしている住民，最近引っ越してきた住民，経済的に豊かな方もあれば低所得の方も生活している．高齢の方や障がいを持つ方，子育て中の家族，一人暮らしの人も住んでいる．それぞれの地域の状況や特色をふまえ，どのような課題がその地域にはあるのか，どのような解決方法があるかを，地域住民とともに考えていく方法がコミュニティワークである．

ワーク3　コミュニティワークの事例

> ある日，下校途中の低学年の子どもが不審者に声をかけられる事件が起こった．幸い近所の方が助けてくれたおかげで，何事もなかったが，今後同じような事件がおこらないように，自治会，学校，保護者，民生委員，社会福祉協議会のスタッフが集まり話し合いの場をもつことになった．子どもたちが安心して登下校を行えるよう，高齢者がボランティア活動の一環として見守り活動を行う．また保護者によるパトロールなど，地域住民ができることから実施していくことになった．そして今後も定期的に連絡協議会をもち，犯罪や事故に子どもたちが巻き込まれないように，地域の見守りネットワークを広げていくことにした．

コミュニティワークは社会福祉協議会のコミュニティソーシャルワーカーや保健所の保健師，地域の相談センターの職員，行政の職員等が中心となり取り組まれる．地域の自治会や民生委員・児童委員協議会，保育所，幼稚園，PTA，NPO法人，ボランティア団体等とネットワークを作り，定期的な連絡協議会等を持つことで，地域の情報を共有しながら，住みよい街作りを目指す．近年，社会問題となっている児童虐待や高齢者の孤独死，防災対策などについても，個々の家族の問題として捉えるのではなく，地域の全体の課題として，支え合える関係づくりに取り組まなければならない．保育者も子どもの成長を支援する一員として，地域住民や他機関と協働・連携しながら，地域のネットワークづくりに参加していく．

2）　社会福祉調査法（ソーシャルワークリサーチ）

特定の集団や地域に対し，データを集め整理し分析評価を行うための情報収集の方法である．調査

を行う地域の現状を把握し，問題点や課題を明らかにするために行われる．方法として，住民全体や子育てをしている家庭などにアンケート調査（統計的調査）や実際に会って話を聞く対面調査（事例調査）等がある．その地域の特徴や世代独自の状況を客観的に抽出することで，課題の分析や解決に向けての方策を考えることができる．

3） 社会福祉計画法（ソーシャルプランニング）

地域住民のニーズをもとに，課題解決に向けて策定される計画である．目標を設定し，どのような方法で取り組むのか方向性を明らかにする．

社会福祉計画の例として，各市町村において自主的に策定される市町村地域福祉計画があげられる．現在各自治体が取り組んでいるが，行政のみではなく当事者や住民，福祉関係者，地域のNPO法人や企業が策定委員として参画，ワークショップなどを開催し，それぞれの立場から意見や解決案を出していく．このように策定された計画書は数年単位で評価し，新たな課題や目標を設定し見直しが行われる．

4） 社会福祉運営管理（ソーシャルアドミニストレーション）

社会福祉における国や地方自治体の政策の策定から運営，民間の福祉施設や機関の経営・管理・運営も含む，社会福祉にかかわる事業展開を的確に進めるための，また質の高いサービスを提供するための方法である．運営委員会等を開き，計画を策定し，改善に向けた評価を行い運営主体へフィードバックする．社会福祉法には情報開示・提供，権利擁護事業の利用，苦情解決制度，サービス内容の評価等が明示され，開かれた運営管理が求められている．

5） 社会福祉活動法（ソーシャルアクション）

国や地方自治体など行政機関に対し，当事者だけでなく専門家，地域住民が組織化し，法律や制度の改善・新しい社会資源の創設を求める社会的な運動や活動である．住みよい街作りや，利用しやすい社会福祉の制度やサービス作りを目指して，募金活動や署名運動，陳情，デモ行進，訴訟などの方法を用い，世論を巻き込みながら，変革を求めていく活動である．

3　関連援助技術

関連援助技術には，1）ケアマネジメント（ケースマネジメント），2）カウンセリング，3）記録，4）スーパービジョン（第2編第1部第7章も参照）とコンサルテーション，5）ネットワーキングがあげられる．

1） ケアマネジメント

高齢や障がいなど生活に課題をもつ人が，最期まで住み慣れた地域で生活を続けるため，継続的にサービス利用をするための方法である．在宅で生活をするためには，食事や入浴，排泄，外出，掃除，洗濯，住宅のバリアフリー化，コミュニケーション支援，趣味の活動や地域とのつながり，その他さまざまな生活課題を充足させる必要がある．しかし個別なニーズに対し，社会資源もまた専門分化し複雑で利用方法や費用負担もわかりにくい．ケアマネジメントには，介護や家事の援助，行政の福祉サービスや医療機関のサービス，民間のさまざまなサービスを包括的に効率よく提供するため，橋渡しとなり，調整役となるケアマネジャーの存在が必須である．

日本におけるケアマネジメントは，高齢者分野において，2000年にスタートした介護保険制度に導入された．調整役である介護支援専門員（ケアマネジャー）が，アセスメントし抽出したニーズをも

とに「居宅サービス計画書（ケアプラン）」を作成する．障がい者（児）分野では，2006年の障害者自立支援法（2013年により障害者総合支援法）や児童福祉法の改正（2012年）により，ケアマネジメントが導入されている．障がい児が児童発達支援や放課後等デイサービスなど通所サービスを利用するために，障害児相談支援事業者が「障害児支援利用計画」を作成する．また居宅サービスを利用するためには指定特定相談支援事業者が「サービス等利用計画」を作成する．

　こうしたサービスの利用計画（ケアプラン）を介護保険ではケアマネジャーである介護支援専門員が，障害者分野では相談支援専門員が作成し，さまざまなサービス提供機関と連携調整を行う．また定期的にモニタリングを実施し，サービス利用状況を把握し，必要であれば修正をする．クライエントの生活を，地域の社会資源をマネジメントしながら継続的に支援しつつ，生活の質の向上を目指している．

　ケアマネジメントは本来，在宅での自立した生活を継続させるためのサービス提供の仕組みであるが，施設入所者に対しても，利用者のニーズを踏まえた自立に向けてのサービスを効果的に利用するため，また退所後の生活支援を目標にして，ケアマネジメントの手法が取り入れられている．児童分野においては，児童養護施設等で入所から退所後まで継続的に支援できるよう，また児童相談所を始め学校等と連携を推進できるよう，保護者や児童の意向を踏まえた個別の自立支援計画の策定が義務づけられている．

ワーク4　ケアマネジメントの事例

　児童養護施設に入所している高校2年生のM子さんは，卒業すると同時に就職し，一人暮らしをすることを希望している．施設ではリービングケア（退所準備）として自立援助ルームを用意している．担当の保育者は施設長や児童相談所の意見を聞きながら，M子さんとともに自立支援計画書を作成した．希望を実現するために，就職や一人暮らしをすることへの不安を解消できるよう，何を準備していく必要があるのかを話し合った．学校とのタイアップで就職活動を行いながら，料理や掃除の仕方，お金の管理など，M子さんはできることを取り組んで行くことにした．また施設側もM子さんには就職活動や一人暮らしなど，社会との接点を広げていくためのマネジメントを行っていくことを計画の中で明らかにしていった．M子さんは施設側の支援を受けながら，自分がこれから何をどのようにしていけばよいのか整理ができてきた．将来の見通しも少しずつ明るくなり，希望も具体的に描けるようになってきた．施設は今後も段階的に計画書を見直しながら，支援を継続させていく．

2）カウンセリング

　カウンセリングはクライエントの心の問題に焦点をあて，社会への適応や人間的成長を支える技術である．カウンセリングの技法はクライエントと初めて出会う（インテーク）時，早い段階での信頼関係の構築や，クライエント自身が気持ちを整理し課題を明確化することに役に立つ．傾聴や受容の姿勢を保つことで，クライエントは安心して自身の話をすることができる．またA. E. アイビィ（Ivey, AlleN E. 1933-）によるマイクロカウンセリングの技法は，面談を意図的に構造化する技法としてソーシャルワークのコミュニケーション技法として取り入れられている．

3）記録

　記録は日々の出来事や実践内容を，文字（音声や映像としての記録もある）に書き留めておくことである．記録を残しておくことで，いつ，誰が，どこで，どのようなことがあったのか等，常に確認す

ることができる．保育現場では，連絡帳の記録によって，その日の子どもの様子が保護者に伝えられる．

　専門職間においても連絡や情報の共有に利用されている．また記録は，支援状況の振り返りや評価の材料ともなる．このようにさまざまな目的に使用される記録は，必要なことを正確に整理しながら残しておく技術が必要となる．

4）　スーパービジョンとコンサルテーション

　スーパービジョンとは，同じ職種間でスーパーバイザーと言われる経験を積んだ熟練者から，スーパーバイジーである経験の浅いものが，よりよい支援を行うために指導や教育，心理的支持を受けることである．

　コンサルテーションは，他職種の専門家より助言や指示を受けることである．たとえば保育者が担当の子どもや家族のことで，医師や弁護士，臨床心理士等のコンサルタントから専門的なアドバイスを受けることを意味する．

5）　ネットワーキング

　ネットワークとは，さまざまな専門職や地域住民やボランティア等とのつながりであり，ネットワーキングは，連携を築き活動することそのものを意味している．「支援する」という共通の目的・目標を持ち，協働しながらそれぞれの役割を果たしていく活動である．地域の子育て支援においても，保育所だけでなく，行政や福祉施設等の公的なサービス，自治会の活動やボランティア，企業などの民間サービスが協働することで，安心して子育てができる街づくりが可能となる．

第2節　ソーシャルワークの方法の活用

　20世紀前半 M. E. リッチモンド（M. E. Richmond　1861-1928）の登場以降，アメリカのソーシャルワークはケースワーク，グループワーク，コミュニティワーク等それぞれの分野で専門性を高めてきた．しかし1970年以降，英米では3つの技術の統合化が進み，1990年代ではさまざまな技術や方法を状況に応じて柔軟に活用するジェネラリスト・ソーシャルワークが注目されるようになった．

　ここでは，保育の現場で活用できる代表的なソーシャルワークのモデルや，ジェネラリスト・ソーシャルワークの視点を紹介する．

1　代表的なアプローチ方法

1）　医学モデル

　医療における治療の過程（検査→診断→治療）をソーシャルワークに応用させたモデルである．1917年リッチモンドがその著書「社会診断」において提唱した．クライエントの生活問題の原因がどこにあるのか社会調査（情報の収集）し，問題の原因を社会診断（分析・評価）する．そして，その原因になるところを社会的に社会治療（処遇）するとした．しかし第一次世界大戦後，共産主義の台頭による社会改良運動の沈滞とフロイト（S. Freud　1856-1939）の精神分析の影響により，問題の原因をクライエント個人の性格や病気・障がいに求めるようになった．

　医学モデルにおいては，問題の直接的原因を客観的に探り，特定し，問題解決に向けて介入を行う．本人の思いや志向より，治療者側（ソーシャルワーカー）の判断に基づいて支援が行われることになる．

2）　生活モデル

1980年代以降，C. B. ジャーメイン（C. B. Germain　1917-1995）らにより，医学モデルに対立するモデルとして生態学（生物は環境と調和を保ち生存している）を基調としたモデルとして提唱された．生活モデルはクライエントが生活する環境にも視点を広げる点が特徴である．個人と環境とのバランスが保たれているかその関係性を重視する．バランスが崩れることで生活に支障をきたし生活課題が発生すると考える．クライエント自身が生活しやすいように環境との関係性を調整し，またクライエントの環境への対処能力をあげるよう支援する．生活モデルにおいては，クライエント本人の身体的・精神的状況，問題への対処能力，生活環境，社会資源，そしてそれらの関係性など，全体的な視点をもつことが必要となる．

ワーク5　アプローチの方法を学ぶ事例1

　2歳児のSくんは体重や身長が標準より少なく，言葉の発達も遅く，友達やおもちゃにあまり関心を向けず，いつも保育者にまとわりついている状態であった．Sくんは母親と2人暮らしで，保育所にSくんを預けて，毎日働きに出ている．送迎時の母親は疲れ切っているようにみえ，保育者がSくんの様子を話そうとしても，関心を示そうとしなかった．

医学モデルの考え方

　保育者「Sくんには発達の遅れがみられる．それは母親が育児を放棄しているためだと考えられる．早めに児童相談所に相談した方がよい．」医学モデルのアプローチのでは，Sくんの発達の遅れは母親の育て方が原因であるとし，支援者が解決方法を考えていく．

生活モデルの考え方

　保育者「Sくんは発達が遅れているように見うけられる．本来は母親と協力して働きかけや見守りが必要である．しかし母親は疲れた様子でSくんにあまり関心を向けていないように思われる．経済的なこと，育児，仕事，家族，健康等何か悩みがあるからなのかもしれない．母親とゆっくり話をする機会をもってみよう」．生活モデルでは，原因を母親だけに背負わさず，生活の状況の中に母親とSくんの関係に影響を与えている要因を話し合いながら探り，必要な調整を行っていく．Sくんの発達を支援しながら，母親自身が元気に子育てを行える環境とは何かを考えていくアプローチである．

3）　ストレングスモデル

　クライエントの強み，得意なことを基軸にして支援を展開するアプローチである．生活モデルと同様，医学モデルの批判から提唱されてきたモデルである．医学モデルがクライエントの問題点を探し治療を行うのに対し，ストレングスモデルは本人だけでなく，周りの環境においても強みや利用できる資源を探る．クライエントができること，やりたいこと中心に支援することで，課題への取り組む姿勢や達成感も変化する．

| ワーク6 | アプローチの方法を学ぶ事例2 |

事例1のDくんや母親のストレングスを考えてみると，Dくんは発達に遅れがあるかもしれないが，保育者へ愛着を示すことができる．母親はDくんへの働きかけが少ないのかもしれないが，毎日仕事にでかけDくんを育てようとしている．ストレングスアプローチを行う保育者は，母親が毎日仕事に行き，一人で育てていることを褒め支える姿勢を保つこと，Dくんには保育者とのつながりを基盤にし，他の子どもたちへとつなぐ関わりをもつなど，できることや強みを生かす支援を考えていく．

クライエントを問題のある人として捉えるのではなく，問題を抱えつつもこれまで努力し生活を続けてきた人として捉える．そしてクライエントと一緒に，できること（解決方法）を考えていくアプローチであるといえる．

2　ジェネラリスト・ソーシャルワーク

ジェネラリスト・ソーシャルワークについて，佐藤豊道（2001）は，直接援助（個別援助技術・集団援助技術）や間接援助（コミュニティワーク）といった形で援助の方法や対象を分けるのではなく，それらをバランスよく取り入れた効果的なソーシャルワークの介入方法であると説明している．また「介入のターゲットをミクロ（micro），メゾ（mezzo），マクロ（macro）というシステムのどこかに，あるいは複数のシステムに，いつ，誰と，何を用いて，どのように行うのかについての技法と創造性を必要としている」としている．

児童，障がい，高齢，低所得者など対象者や規定されている法・制度の枠を超え，個人（ミクロ）と環境（マクロ）とその接点を視野にいれ，状況に応じさまざまなアプローチを応用し展開できるソーシャルワークは，ジェネラリスト・ソーシャルワークであるといえる．

保育者はこれまで，子どもの養護や教育のスペシャリストとして捉えられてきたが，保護者の子育てにかかわる相談支援，被虐待児やその家族への対応，子育てしやすいまちづくりなど生活の場である地域（環境）づくりにも視野を広げ，ソーシャルワークの技術を状況に応じ使う，ジェネラリストとしての実践が求められている．

（楳原直美）

ソーシャルワークの基本的態度と面接技術

> **学びのポイント**
>
> ソーシャルワークにおける面接にとって必要となってくる専門知識・技術は「コミュニケーション」である．そこで，この章では，保育専門職としての「コミュニケーション」の本質をしっかり捉えた上で，「コミュニケーション」の種類・技法について説明する．

第1節　コミュニケーションとは

1　コミュニケーションの定義

普段，「私はコミュニケーションが得意（苦手）です」や「あの人はコミュニケーション能力が高い」など，「コミュニケーション」という言葉が出てくる．「なぜ」と尋ねると，多くの人は「話が好きだから」とか「人見知りをせずに話せる」など，「話し手」に着目した回答で返ってくる．"communication"を和訳すると「意思の疎通」という意味があり，一方的に情報を伝えるのではなく「聞き手が話し手の情報を理解できる」ということが大事になってくる．また，対人的コミュニケーションは，①刺激，②送り手，③メッセージ，④伝達経路，⑤受け手の5つの要素があり，「ある刺激があって，送り手がメッセージを送り，伝達経路を通り，受け手に伝わる」ということになる．つまり，保育専門職のコミュニケーションを定義するなら「子ども・保護者に対する情報発信等の働きかけを行うと共に，子ども・保護者から発信された情報を的確に受け取ることで，保護者が子ども・保護者の心の状態を把握，共感し，相互理解を促進させること．また，「情報を発信した側」と「受信した側」の双方が，内面や行動等を変化させる手段やプロセス」である．

2　コミュニケーションの本質

バードウィステル（R. L. Birdwistell　1918-1994）は，「二者間の対話では，言葉によって伝えられるメッセージは，全体の35％に過ぎず，残りの65％は，話しぶり，動作，ジャスチャー，相手との間の取り方など，言葉以外の手段によって伝えられる」（Birdwistell, 1970）と，指摘している．

また，メラビアン（A. Mehrabian　1939-　）は「印象や理解度が高まるのは，言語情報（言葉・文字）だけを用いるよりも，視覚情報（Visual Intelligence），聴覚情報（Vocal Intelligence）等の『非言語的な要素』が同時に用いられる場合である」という「メラビアンの法則」（Mehrabian, 1972）を結論付けた．

一般的に，言語的コミュニケーションは相手の神経の焦点を刺激し，非言語的コミュニケーションは相手の神経の周辺を刺激すると言われ，「言語的要素」と「非言語的要素」が補完性と互換性を保

持しながら，コミュニケーションは機能している．

第2節　言語的コミュニケーション

　言語的コミュニケーションとは，話しや書き言葉など言語を通じた言語的なコミュニケーションのことである．手話は身体表現を伴い，絵カードはイラストを用いるが，その動作やイラストの1つひとつに意味があるので言語的コミュニケーションに分類されている．

　私たちは日常生活の中で「会話」という手段を用いて対話を行い，双方の理解を深めている．会話の中では，「言葉の情報」の発信方法や受け止め方で，意思疎通が可能になるかが決まる．

1　傾聴と受容

　保育者が，子ども・保護者から話を聞く場合は，まず「傾聴」ということを第一に心がける．傾聴とは，相手の話にきちんと耳を傾け，自分から能動的な姿勢で聴くことを指す．単に言葉を耳から聞こえることでなく，心から理解しようとする姿勢と言える．そうすることで，相手の表情や視線を正面から受け止め，自然に身体を乗り出して話を聴くことができる．話を聞いている保育者の態度を，子ども・保護者は，しっかりと観察し敏感に感じ取っていることを忘れてはならない．

　さらに，傾聴する際には，話のペースを子ども・保護者に合わせる必要がある．子ども・保護者の性格や個別性に配慮しながら，話に耳を傾け，その内容に関してその場で評価したり，善悪を判断したりせず，受容することが重要である．子ども・保護者が語りたいことを語れるよう見守り，子ども・保護者が話している途中で，興味・関心による「余分な質問」「意見や感想」等を差し挟んで，話の腰を折ったり流れを変えたりせず，傾聴に徹することが受容につながる．

2　伝達と理解

　日常的に，子ども・保護者とコミュニケーションを図る際は，専門職間にしか理解できない用語（例：「マルトリートメント（＝不適切な関わり）」，「児相（＝児童相談所）」）を用いるのではなく，誰もが理解できる平易な言葉を用いることが基本であり，専門職としての当然の責務である．つまり，伝達においては，「保育者が，正しい情報を子ども・保育者に対して，きっちりと伝え，しっかりと納得の上で合意を得ること」，いわゆる「インフォームド・コンセント（informed consent）」が不可欠である．一方的な伝達はインフォームド・コンセントとはいえず，「インフォームド＝説明・理解」・「コンセント＝同意」のいずれかが欠落してもインフォームド・コンセントは成立しない．

　重要な内容の伝達やインフォームド・コンセントを行う際は，行き違いや勘違い等を回避するためにも，口頭だけでなく，文書も用いて確認しておくことが重要である．

3　言語的コミュニケーションの技法

　保育者と子ども・保護者の相互理解を促進し，福祉的援助を推進する「言語的コミュニケーション」においては，さまざまな技法がある．状況に応じて，保育者は，適切な技法を選択し活用することが求められている．

1）繰り返し技法

　繰り返し技法とは，子ども・保護者の言葉の一部，または全部，最後の文をそのまま繰り返すこと

である．例として，保護者から「今朝から，A子は食欲がないので，給食は少なめでお願いします」と登園時に伝えられた際，保育者が「A子ちゃんは食欲がないのですね．給食は少なめにしますね」と返事を行う．保育者がこの技法を用いることで，話を傾聴し受容している態度を示すことになる．また重要な場面での言葉や説明について，理解の相違がないか確認することにも用いることができる．さらに，保育者からの繰り返しによる応答を通して，子ども・保護者自らが，表層化されていない感情に気づくという意味がある．

言い換え技法とは，子ども・保護者が語った言葉や内容を整理し，「他の表現」に置き換えて返す技法のことである．例として，保護者からの「先日，子どもが泣き叫ぶので，つい子どもを叩いてしまいました．私は母親失格なのです……」という相談に対して，保育者が「泣いていたお子様に当たってしまったのですね……．そのことをとても後悔されているのですね」等と返事を行う．この技法は，相手の心意を映す「鏡」の役割を果たすため，子ども・保護者自身が，自己の思いを客観的に見つめ，「自己覚知（自分自身を知る）」していく糸口となる．

2）要約技法

要約技法とは，子ども・保護者の訴えたい内容（主訴・ニーズ）を保育者が簡潔にまとめ，伝える技法である．例として，保護者から「この子が乳児の頃は夜泣きがひどくて，とても子育てが辛かったのです．でも今は，とても子育てが楽しいです」と子育てのエピソードを聴いた時に，保育者は「お子様の乳児期は，子育てが辛かったようですが，今は楽しんでいらっしゃるのですね」と返事を行う．この技法を用いることで，子ども・保護者は「言いたいことを理解してもらっている」という安心感を持つだけでなく，自らの心の中を見つめて整理できるという意味がある．

3）解釈技法

解釈技法は，子ども・保護者の訴えたい内容（主訴・ニーズ）を把握するために，子ども・保護者の話の内容を原因と結果を結びつけて整理することである．例として，保護者から「病気になっても保育園で預かってもらえるでしょうか？　お恥ずかしい話なのですが，わが家は夫の収入だけでは生活できず，私がパートに出て何とかやりくりしているので，パートを休むとなると困るのです」と相談があった時に，保育者が「お母様としては，お子様が病気になって看護が必要になった時にパートを続けられなくなることが不安なのですね」と返事を行う．この技法を用いることで，子ども・保護者に寄り添おうとする保育者の誠実さが伝わる．さらに，子ども・保護者が表情や言葉の中に示す微妙な「違和感」を確認することで，相互理解における「ズレ」が修正され，信頼関係が深められていくのである．

4）共感の技法

子ども・保育者が「誰も私のことを理解してくれない……」といった場合に，保育者が「孤独感を感じているのですね……」と返す．子ども・保護者の語る言葉や感情・仕草等の中から，感情や思考を正確に理解し，その理解した内容を言葉で伝える中で，子ども・保護者の共感願望を満たし，自己開示へと導くことが「共感の技法」である．この技法を用いることにより，子どもや保護者は本質的に共感してもらえたと感じることができる．

5）質問の技法

「質問」は，保育者からの働きかけの場合，子ども・保護者が話したいと思っていることを差し置いて，保育者が確認したい関心事だけに偏ってしまう危険性がある．保育者が一方的に質問をすれば，

子ども・保護者の「主張したい権利」や「触れられたくない権利」を剥奪することになり，信頼関係は崩れてしまう．「質問の技法」には危険が潜んでいることを保育者が自覚し，「目的や意図」をもった適切かつ効果的な質問に努めなければならない．

保育者が子ども・保護者に質問する場合，「開かれた質問（Open-Question）」と「閉ざされた質問（Closed-Question）」を使用することができる．

「開かれた質問」とは，「どうして泣いていたの？」，「好きな果物は何ですか？」等，簡単に答えるのが難しい場合や子ども・保護者が考えていることを自由な言葉で自己選択しながら答える場合の質問方法で，「閉ざされた質問」の場合と比べて，より広範囲な情報（価値観や感性等）を得ることができるだけでなく，子ども・保護者が自ら問題と向き合う機会を持つことができる．しかし，子ども・保護者が語っている話題や問題点から免れて，別の方向に行く危険性があるため，保育者は，焦点のズレないように心がける必要がある．

「閉ざされた質問」とは，「お父さんを好きですか？」「お餅をいくつ食べましたか？」等，「はい」「いいえ」や「ひと言」でしか答えられない限定的な質問方法で，コミュニケーションを取るのが難しい利用者への質問や正確な情報を必要とする場合に用いる．しかし，「閉ざされた質問」を多用しすぎると，子ども・保護者は，「取り調べ」を受けているような感覚を持つようになり，不快感や抵抗感を覚える．

このように「閉ざされた質問」と「開かれた質問」のそれぞれには，メリットやデメリットがある．2つの質問方法を織り交ぜながら，必要に応じて上手に使い分けることが，質問技法の重要なポイントである．

6） 保証の技法

子ども・保護者が抱いている不安や恐れや苦しさ等の感情に理解を示すと共に，それらの感情から解放し，優しく包み，温かく守り，さりげなく勇気づけることが「保証の技法」である．「子どもが健診で，発達が遅れており，自閉傾向があると言われたのです」等，子どもや保護者が未経験の事態に直面した時，困難や問題を解決するために，壁やハードルを乗り越える必要がある．そのような状況で，保育者は，子ども・保護者が抱いている不安や恐れや苦しさ等に，共感し寄り添いながら「とても不安を抱き悩むのは誰でも同じです．あなたと一緒に解決方法を考えていますから……」等と安心感を与えて励ましを行う．しかし，「がんばれ！」等の安易な勇気づけは，非常に頑張ってきた子ども・保護者が「全く理解されない」等の感情を抱くことになるので，不用意な発言を控えるよう注意すべきである．

7） 沈黙の技法

子ども・保護者が言葉を発するまで，黙って待つことを「沈黙の技法」という．全く喋らないだけであれば，誰にでもでき，特に技法とは言わない．意図的に沈黙し経過を見守ることで，子ども・保護者が熟慮する時間を持ち，心を整理して真意を表現できるようにすることが，沈黙の技法の目的である．子ども・保護者が，急な困難や問題に直面した場合，「戸惑い」「苦痛」「悲観」等の心情を言葉で表現するのが難しいケースがよくある．その場合，意図的な沈黙により，子ども・保護者はある程度の時間を用いて熟慮でき，より深いコミュニケーションへと繋がってくのである．

第7章　ソーシャルワークの基本的態度と面接技術　*47*

第3節　非言語的コミュニケーション

　非言語的コミュニケーションは，話しや書き言葉など言語以外を使用したコミュニケーションのことである．具体的には，視覚情報を媒介としたコミュニケーション（顔の表情や視線，服装，身嗜み，姿勢，仕草，立ち振る舞い，身振り手振り），聴覚情報を媒介としたコミュニケーション（声の質・高低・大きさ，話す速さ・テンポ）などを指すと一般的に言われている．保育者が考えている以上に非言語的な表現（ノンバーバルな表現）は，メッセージを伝達する力に長けている．

　しかし，同じ非言語的コミュニケーションであっても，速度，タイミング，ジェスチャーの大きさ等，さまざまな方法があり，その仕方によっても意味は大きく異なる．さらに，非言語的コミュニケーションは，国や地域等による文化の相違で，指し示す意味が異なるので注意を払わなければならない．

　また，児童養護施設の子どもから「明日は，お母さんが迎えに来てくれるかもしれない！」と言われ，下を向いて小さい声で「そうだね，明日は来てくれるかもしれないね……」と答えた場合でも，言語的には「来る」「そうだね」と言っているが，非言語的な表現では「来ない」「無理だろう」と意思表示をしている．

　特に保育者の日常生活習慣で用いている非言語的コミュニケーション手段は無意識の内に援助場面で露呈されるので，スーパーバイザーによる評価や指導，日常的なトレーニングが非常に重要である．

1　顔の表情

　表情というのは，多彩に感情を表現している．口に出して言わなくても，表情から読み取れることを，「顔に書いてある」という．顔はノンバーバルなメッセージが表れやすく，「顔が紅潮する」等という表現があるように，顔の血色からも感情を読み取ることができる．また，「眉をひそめる」「頬が緩む」「口をとがらせる」等，顔の筋肉を無意識のうちに動かしながら，表情を変化させる．常に子ども・保護者が安心して，保育者と向き合ってコミュニケーションをとるためには，無表情を保持したり，顔を強張らせたりせず，笑顔等の安らかな表情で接することが重要である．そのためには，穏やかで柔らかな表情を常に作ることができるようにトレーニングをすることが必要である．

2　視線（アイコンタクト）

　「目は口程に物を言う」といった言葉がある通り，目は大きなメッセージを発し，視線を同じ高さに合わせることによって，話したいという熱意や興味，真剣に話を聞いているという意思表示，自分の好意を相手に伝えることができる．また，嘘をついた時は「視線を合わせない」という言葉を用いたり，羞恥心のある時には「伏し目がち」という言葉を用いたりする．このように，視線は相手に大きなエネルギーやメッセージを与え，相手の視線からも同様に感じとることができる．

　言語的コミュニケーションの難しい乳幼児や重度障がいのある子ども・保護者とは，アイコンタクトがコミュニケーションの生命線になることがある．

　アイコンタクトは，さまざまな子ども・保護者に援助者のメッセージを伝えられると同時に，子ども・保護者のアイコンタクトやボディランゲージを感じ取る目的がある．アイコンタクトが少ないと，一方通行のコミュニケーションを行い，相手のボディランゲージを見逃すことになる．そのため，さ

まざまな ADL 等の介助動作に入る前に，子ども・保護者の目線や状態を常に確認しながら，反応を見ながら介助することが信頼を深め，安心感の高い援助につながっていくはずである．

しかし，視線をしっかり合わせて話すことが，苦手な子ども・保護者もいる．凝視されるのが苦手な場合や自閉傾向等のために視線が合わせられない場合もあるので，「視線をたまに合わせる」「視線を合わさない」等の工夫を取り入れたコミュニケーションを図ることも念頭に置かなければならない．

3　姿勢

相談室などで，保育者と子ども・保護者が向かい合って椅子に座り，話をする場面を想像してみよう．子ども・保護者は身体をきちんとこちらに向けているのに，保育者が話を聞いてやっているという態度で椅子にもたれかかり，足を組んでいるとする．保育者の威圧的で横柄な態度を感じ取り，子ども・保護者は「とても話しにくいな」「話したくないな」等，マイナスな印象を持つだろう．反対に，保育者が逆に背もたれから離れ，少し身を前に乗り出すような姿勢であれば，「きちんと話を聞いてくれている！」というプラスの印象を持つはずである．

姿勢は，「心の写し鏡」といわれる通り，その人の心情が浮き彫りになる．ただ，真剣にコミュニケーションを図ろうとしていても，猫背・反り返り・腕組み・足組み等の日常の悪姿勢の習慣によって，子ども・保護者に不快感等の印象を抱かせることになる．つまり，保育現場以外の日常生活でも，保育者としてのプロ意識を姿勢に反映させる必要がある．

4　うなずき・あいづち

子ども・保護者が積極的に語ることができるように，「うなずき」「あいづち」を行う．保育者の「うなずき」「あいづち」等によって，子ども・保護者が「話を真剣に聞いてくれている」という安心感を持ち，積極的で自由に話ができるように導いていくことになる．「うなずき」「あいづち」等を用いる時は，適度な間隔で用いる必要がある．「うなずき」ながら，相手の反応を確認する余裕が，保育者には必要とされる．

5　言葉の発し方

言葉自体は言語的コミュニケーションに含まれるが，声や話し方（イントネーションやスピード，声の大きさ，間の取り方等）は非言語的コミュニケーションに含まれる．実は，「言葉」に「話し方」が加わることにより，メッセージの持つ情報量は大きく膨らむのである．

たとえば，高圧的で傲慢な態度で保育者が接した場合，声は大きく早口で言葉も強めになる．逆に，相手に共感し受容した状態で接したなら，声や話し方は穏やかで，ゆったりとしたテンポで話すだろう．

このように，言葉の発し方にはさまざまなバリエーションがあり，その組み合わせで，さまざまな心情や状況を相手に伝えることができる．

第7章　ソーシャルワークの基本的態度と面接技術　*49*

ワーク　コミュニケーション（言語・非言語）の理解

相談事例：「Mちゃん（4歳）からの相談事例」

　私，家にいたくないの．

　パパとママは，ケンカばかりしているの……

　パパがお家に帰ってきても，いつもママとけんかするから，最近，パパがお家に帰ってくる時間が遅いんだ．

　そのことで，ママがさらにイライラして，私に怒るの．

　パパが早く帰ってきて，もっとパパと一緒に遊びたいのに．

① 2人1組のペアを組み，2名の役割（相談者〔Mちゃん役〕，相談援助者〔保育者役〕）を決め，Mちゃん役は感情を込めずに，無表情で淡々と相談内容を読む．保育者役は反応しない．その際に，気づいたことを記入する．

②①で気づいたことを踏まえたうえで，非言語的コミュニケーションを駆使し，Mちゃん役がもう一度相談事例を読む．保育者役は非言語的コミュニケーションを駆使して行く．その際に，相談者および気づいたことを記入する．

③①・②で気づいたことを比較する．

（谷 村 和 秀）

第 2 編

子ども家庭支援

第Ⅰ部
子ども家庭支援の意義・役割・基本

第1章

子ども家庭支援の意義・目的・機能

学びのポイント

　社会の仕組みやライフスタイルが大きく変わり，祖父母世代と現役の子育て世代の子育てに対する考え方や仕事との両立の仕方，余暇の時間の過ごし方にも影響を及ぼしている．児童福祉法は2016（平成28）年改定で理念規定に初めて手が入れられ，保育所保育指針は2008（平成20）年改定で保護者に対する支援が組み込まれた（2018年改定で子育て支援とされた）．本章では，このような動きも追いながら子ども家庭支援が必要とされる社会的背景を理解した上で，保育者の視点から，子ども家庭支援の必要性とその役割について解説する．

第1節　子ども家庭支援の意義

1　子ども家庭支援が求められる社会状況

　共働き家庭の増加，多世代同居やきょうだいの減少，地域におけるつながりの希薄化など，家庭や地域における養育環境は急速に変化してきた．そうした養育環境の変化は，社会状況の変動に影響を受けながら，子育て世代にさまざまな生活課題をもたらすこととなる．

　子育てに不安を抱え，悩みの中で子どもと向き合う日々を過ごす保護者も少なくない．図1-1は，2006年と2016年の就学前児童の保育状況を比較したグラフである．就学前児童全体では，およそ3割が保育所や幼稚園，認定こども園以外の家庭等が日中の居場所となっているが，3歳を超えると保育所や幼稚園，認定こども園の利用率が高まるものの，3歳未満児の7割近くが日中の居場所は家庭等である．保育所の増加傾向から共働き世帯が増加していることが伺え，認定こども園も新たな受け入れ先施設になっていることが分かる（稲川，2018）．

　また，障がいのある子どもの育ちをともに歩む保護者の，わが子に対する受け止め方も一様ではない．顕在化する子ども虐待も増加の一途をたどっている．そして，子ども家庭支援のあり方は，地域性によっても大きく影響を受ける．経済的に困難を抱えている家庭や，一世帯の子どもの人数が減少する中で過保護・過干渉の傾向が見られる家庭もある．外国に由来のある家庭が多く在住する地域もある．

　子ども家庭支援の現代的意義を理解するためには，まず，子どもや保護者がどのような保育ニーズ

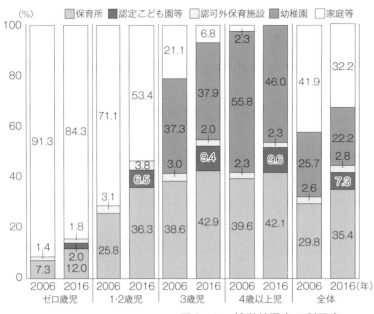

図1-1　就学前児童の利用率

(出典) 稲川登史子(2018)「子どもの年齢別保育の利用率」, 全国保育団体連絡会・保育研究所編『保育白書　2018年版』ひとなる書房, p.12.

を抱えているのか理解しなければならない．そのために保育者が持つべき視点は，子ども自身の特性から生じるニーズ，保護者の特性から生じるニーズ，子どもと保護者の生活環境から生じるニーズ，を把握し，その背景に何が潜んでいるのか，個々のケースから明らかにすることである（伊藤，2017：12-13）

　各家庭でさまざまに事情が異なるなかで，子どもの育ち，あるいは子どもの最善の利益という視点で見た時に，子ども家庭支援の必要性が垣間見える．

2　子ども家庭支援と児童福祉法における理念規定の見直し

　日本において，子ども家庭福祉の基本的な方向性は児童福祉法に示されている．児童福祉法は，1947（昭和22）年の制定以来，たびたび改正されてきたが，その理念規定については見直されることはなかった．しかしながら，児童が権利の主体であることや児童の最善の利益が優先されることが明確ではないという指摘を受けてきたことをふまえ，児童の権利に関する条約（通称，子どもの権利条約）を反映させて児童福祉の理念を明確にした改正法が，2016（平成28）年6月3日に施行されている．

　その第1条では，児童の権利に関する条約の精神を前提として，日本の子ども家庭福祉における基本的な子ども観が明記されている．

> 第一条　全て児童は，児童の権利に関する条約の精神にのっとり，適切に養育されること，その生活を保障されること，愛され，保護されること，その心身の健やかな成長及び発達並びにその自立が図られることその他の福祉を等しく保障される権利を有する．

　心身の健やかな成長及び発達が図られ，子どもの福祉が保障されるために，その基盤となるのが保護者・家庭である．保護者・家庭の生活基盤が揺らぐことは，子どもの心身に影響を及ぼすことをも

意味している．そこで第2条では，子どもを育む環境の重要性が規定されている．

保護者・家庭に安らぎが生まれ，幸せがもたらされることにより，子どもの心身にも安らぎと幸せがもたらされるという考え方を第一としている．同時に，国と地方公共団体，とりわけ基礎自治体である市町村には，子ども家庭支援に関する拠点としての役割整備をしていく必要性が求められている．

第二条　全て国民は，児童が良好な環境において生まれ，かつ，社会のあらゆる分野において，児童の年齢及び発達の程度に応じて，その意見が尊重され，その最善の利益が優先して考慮され，心身ともに健やかに育成されるよう努めなければならない．
　2　児童の保護者は，児童を心身ともに健やかに育成することについて第一義的責任を負う．
　3　国及び地方公共団体は，児童の保護者とともに，児童を心身ともに健やかに育成する責任を負う．

子どもを育む環境とは，子どもを取り巻く人やものすべてを指すと言っても過言ではない．子ども家庭支援の立場から述べるのであれば，保育所や幼稚園，認定こども園といった保育資源やそこで日々子どもや保護者とかかわる保育者は，保育の専門性を活かしながら子ども家庭支援を担うことができる「環境」であることを忘れてはならない．

3　子ども家庭支援の視点

複雑で多岐にわたる保育課題や生活課題の解決には，保育者だけの支援では限界がある．さまざまな施設・機関による連携や協働によって，子どもや保護者のニーズに応じた社会資源を見出し，支えていく必要がある．

●事例　ダブルケア（子育てと介護）に思い悩むひとり親家庭の母親のケース

Aさん（32歳）は夫の暴力がエスカレートしてきたことを機にBちゃん（男児・3歳）にも危害が及ぶことを危惧し，1年前に離婚している．Bちゃんを引き取って育てる，母子ひとり親世帯である．Aさんは病弱の母（64歳）とも同居しており，看病の日々が続いている．職場の理解もあって，なんとか仕事の時間をやりくりし，ダブルケアをこなしてきたが，最近，Aさんは心身ともに疲弊し，苛立ちが目立つようになってきた．Bちゃんや母にもきつく当たることもあった．保育所も，Aさんの疲れや苛立ちに気づいており，Bちゃんの不安定な様子も気がかりであった．

事例は，社会の構造的変化によって生じ，近年社会問題化しているダブルケア（ひとつの家庭に子育てと介護が同時に発生する状況）という生活課題を抱えているひとり親家庭のケースである．保育者には，子どもと保護者，そして地域の安定的関係性を支える役割があるが，その関係性に支障が生じた時には，安定の回復に向けて個別の支援活動や社会資源の調整，他の施設や関係機関などと有機的な連携を図ることにより，子どもと保護者を支える環境を作っていく必要がある．時として，社会資源の開発も必要となることがある．こうしたケースに出会うと，保育者にも地域の社会資源として，子ども家庭支援の視点がより一層求められるようになっていることが分かる．

第2節　子ども家庭支援の目的と機能

1　子ども家庭支援の目的

　保育は，生活のなかで子どもの健やかな育ちを支える営みであると同時に，子どもの成長と共にあろうとする保護者を支える営みをも含んでいる．子どもと保護者は，地域社会の一員として生活基盤を築こうとしており，保育は地域を支える営みでもある．このことを理解して，子どもの生活基盤となる保護者・家庭の安定を図るために継続的に支え続けることが必要となる．

　たとえば，保育所保育指針では，2008（平成20）年改定により「保護者に対する支援」（第6章）が新しく規定され，2018（平成30）年改定では「子育て支援」（第4章）と改められた．先に述べたように，保護者が抱える保育ニーズは多様化しており，特別な支援を必要とする子どもや保護者・家庭もある．

　厚生労働省が2018（平成30）年2月に告知した改訂『保育所保育指針解説』の「第4章　子育て支援」では，「保護者と連携して子どもの育ちを支える視点」の重要性が説かれる．ここで述べられる視点は，子ども家庭支援の目的として読み替えることができる．

　保護者に対する子育て支援に当たっては，保育士等が保護者と連携して子どもの育ちを支える視点をもって，子どもの育ちの姿とその意味を保護者に丁寧に伝え，子どもの育ちを保護者と共に喜び合うことを重視する．保護者の養育する姿勢や力の発揮を支えるためにも，保護者自身の主体性，自己決定を尊重することが基本となる．

　そのため，子育て支援を行うに当たっては，子どもと保護者の関係，保護者同士の関係，子どもや保護者と地域の関係を把握し，それらの関係性を高めることが保護者の子育てや子どもの成長を支える大きな力になることを念頭に置いて，働きかけることが大切である．

　このように，子ども家庭支援において保育者のかかわりの基本は，個別の事情を抱える保護者・家庭に対する理解的態度を保持しながら，保育者が有する専門性を発揮し，保護者と共に子どもの成長を喜び合うことなのである．こうした保育者のかかわりの蓄積が，保護者の養育力を高め，保護者としての成長を支えることに結びついていくのである．

2　子ども家庭支援の機能

　図1-2は子ども家庭支援の機能を表す概念図である．子ども家庭支援には，次の5つの機能があると考えられる．地域の保育資源をはじめとする関係機関・施設，行政（特に基礎自治体である市町村）が連携・協働しながら，子どもと保護者・家庭を持続的に支えなければならない．保育者には，子どもと保護者・家庭の身近な立場から，子育ての"伴走者"としての役割が期待される．

　（1）子どもの願いや思いに関心を寄せ，その最善の利益を護る

　保育者として子ども家庭支援を考えるとき，もっとも射程に入れなければならないことは「子どもの最善の利益」である．その実現のためには，保護者・家庭や社会全体が子どもの願いや思いに関心を向けることが必要である．子どもの願いや思いを抜きにした子ども家庭支援はあり得ない．

　（2）保護者の親としての成長と一人の人間としての成長を支える

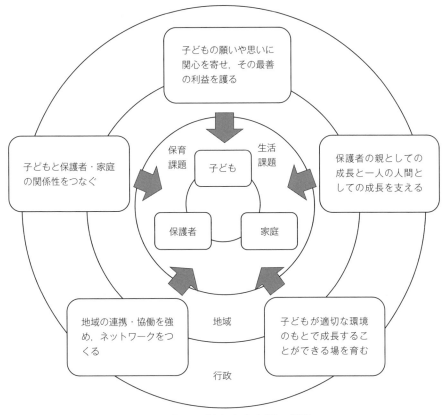

図1-2　子ども家庭支援の機能

(出典) 筆者作成.

　保護者には，子どもの親として自律と成長が望まれる．養育力の低下が指摘されるなか，子育ての現実に直面し，悩み，戸惑う保護者も多い．最初から子育ての達人はいない．保護者が子育てを楽しみ，自信を持つことができるよう，持続的に支えることが必要である．同時に，保護者には一人の人間としての歩みがある．人間としての成長を支える側面も子ども家庭支援の大切な営みなのである．

（3）子どもと保護者・家庭の関係性をつなぐ

　さまざまな保育課題や生活課題に直面しながらも，子どもと保護者・家庭が安定的な関係性を保持することができるよう支援する．子どもの成長にとって，最も大きな影響を及ぼす存在は保護者であり，子どもの生活基盤となる家庭である．子どもの発達過程を受け入れられない保護者・家庭もある．ささやかな言葉がけであっても，子どもの姿が持つ意味を適切に伝えていくことにより，子どもに対する見方・見え方が変わり，安心感を持つこともできる．保育者の専門性を活かし，関係性をつなぐということを大切にしたい．

（4）地域の連携・協働を強め，ネットワークをつくる

　利用しやすい保育施設や子育て関係機関が地域の中にあれば，保護者・家庭が安心感をもって子育てしやすい地域環境になるであろう．特別な配慮を必要とする子どもや保護者・家庭では，特に，地域の関係機関・施設の連携を強化し，専門職の垣根を越えた協働性を高める努力が求められる．市町村が中心となって地域の社会資源をコーディネートしていくが，その子ども家庭支援ネットワークの

一員として，保育者にも自覚と責任が求められる．

（5）子どもが適切な環境のもとで成長することができる場を育む

　子どもと保護者が生活を営む家庭や，家庭が存在している地域といった，子どもが育つ場を適切な環境にしていく責務が保育者にはある．社会的養護であれば，家庭に代わる場として子どもの心身の安定に貢献する場なっている必要がある．子どもが安心して育つことのできる"場"を育んでいくことに，子ども家庭支援は貢献する．例えるなら，芽が成長することを願いつつ畑を耕すようなものである．

第3節　行政の動きと切れ目のない子ども家庭支援の必要性

　保育者は，地域に位置づく社会資源として，さまざまな保育課題や生活課題に対応するため，先に述べたような子ども家庭支援の目的と機能を理解しておかなければならない．本節では，子ども家庭支援における行政の動きを理解しておくことで，保育者としての今後の活動に役立てたい．
　2012（平成24）年8月に成立（2015年4月本格施行）した子ども・子育て支援法は，「第4章　地域子ども・子育て支援事業」の第59条第1号に基づき，基礎自治体である市町村の責務として利用者支援を位置づけている．

　子ども及びその保護者が，確実に子ども・子育て支援給付を受け，及び地域子ども・子育て支援事業その他の子ども・子育て支援を円滑に利用できるよう，子ども及びその保護者の身近な場所において，地域の子ども・子育て支援に関する各般の問題につき，子ども又は子どもの保護者からの相談に応じ，必要な情報の提供及び助言を行うとともに，関係機関との連絡調整その他の内閣府令で定める便宜の提供を総合的に行う事業．

　このように，同法においても，子ども家庭支援の必要性は明らかである．
　また，厚生労働省は，2016（平成28）年9月2日付で「切れ目のない保育のための対策について」を発表している．このため，子育て支援領域と母子保健領域の両側面から支援できるシステムとして，母子健康包括支援センター（通称，子育て世代包括支援センター）を設置することとされ，2020（平成32）年度末まで全国展開を目指すこととされた．つまり，子ども・子育て支援法における利用者支援事業，児童福祉法における子育て支援事業，母子保健法における母子保健事業に基づく支援を実施することができるシステムである．とりわけ，子育て期においては，保育所や幼稚園，認定こども園，社会的養護を担う施設なども子育て世代包括支援センターと連携しながら，きめ細やかな支援を行い，子どもを育てる家庭が安心感を持って育児に臨むことができるような体制を作ることを目指している．妊娠・出産期から出産後・子育て期へと，一貫・継続した切れ目のない支援に向けた環境づくりである．
　その後，2017（平成29）年3月31日に，厚生労働省雇用均等・児童家庭局長通知として，「『市町村子ども家庭支援指針』（ガイドライン）について」が出されている．
　さらに，同年8月2日には，厚生労働省の新たな社会的養育の在り方に関する検討会により，「新しい社会的養育ビジョン」が取りまとめられている．これに基づき，都道府県は，2011（平成23）年の「社会的養護の課題と将来像」により策定した社会的養育に関する推進計画を，2018（平成30）年度末までに見直すことになったのである．
　保育者は，こうした子ども家庭支援を取り巻く社会的システムを理解し，保育資源や社会的養護の

担い手である保育者が，こうしたシステムの中にどのように位置づき，保育者として何ができるかを，日々の実践の中で，子どもや保護者・家庭の姿を身近に感じながら見出していく努力が必要なのである．

ワーク　協同学習により子ども家庭支援の意義を見い出す

　子どもと保護者・家庭が置かれた状況とその状況を読み解くために必要な情報や事例，課題解決のために考えられる社会資源について，文字や図表を用いて可視化し，下記に挙げる協同学習の方法のうちいずれかを用いて，個人やグループごとにプレゼンテーションしなさい．対面でグループ作業や発表を進めやすい４名ほどのグループで行うことを推奨しますが，クラスサイズや学修状況によっては５～７名のグループで実施することもできます．

方法１：紙芝居ワーク
進め方：各自にＡ４サイズの用紙を必要枚数（あらかじめ制限枚数を指示）を配布し，配布された用紙の範囲内で学習課題について手書き資料を用意し，紙芝居のように用いて説明する．個人ワークとして作成しグループ内で発表するパターンもあれば，グループワークで作成したものを他のグループに向けて発表するパターンもある．グループを単位として他のグループに向けて発表する時は，発表するグループと聴講するグループの組み合わせを変えながら進行していく．

方法２：ポスターツアー
進め方：模造紙を用意し，グループでプレゼンテーション用のポスターを１枚作成する．必要な情報をどのようにレイアウトすれば，見やすく，分かりやすいポスターになるかを検討して，ポスターを作成する．この方法は，大人数でも可能な方法であるが，演習クラスでは２名ほどで１枚のポスターを作成することにしてもよい．第１グループで数セッションの発表機会を設けて，後半で発表する第２グループはセッションごとにポスターを回って説明を聞き，記録を作っていく．ポスターを回る順序や１発表の聴講時間をあらかじめ設定しておくと分かりやすい．人数が多い場合は，第１発表グループ分をまず掲示しておき，発表が終了した後，入れ替え時間を設けて第１グループのポスターを下ろし，第２グループのポスターを掲示することにしてもよい．

方法３：シナリオ作成とロールプレイ
進め方：先に挙げた二つの方法とは異なり，アクションメソッド（演劇的な行為を用いた手法）を用いた方法である．新聞やニュースなどを参考にしながら，事例シナリオを作成する．シナリオを作成するときは，その事実が起こった背景を想像したり，その台詞が発せられるときの状況や，一方の役の台詞から得られる言語や非言語の情報からどのような影響を受けてもう一方の役の台詞につながったのかを，よく考えてシナリオを作成する．作成されたシナリオに基づき，ロールプレイ（役割演技法）を行い，クラス全体で問題が起こった背景について検討してみる．

（渡邊慶一）

第2章

親子関係と家族・家庭の理解（家族・家庭とは何か）

> **学びのポイント**
>
> 　子どもと，その保護者を支援する保育者にとって，家族・家庭とは何かを理解することは基本であり，その上で現在の家族の形態を理解することは重要である．そこで，この章では家族・家庭の定義と，家族形態の変化，家族の機能について説明する．

第1節　家族・家庭とはなにか

1　家族とは

　この本を手にしている人に，「あなたには家族がいますか」と質問すると，「はい」と答える人が大半だろう．しかし，「家族」と聞いて想像するものは，一人ひとり違うのではないだろうか．同居している親や兄弟を想像する人，別居している祖父母や，離婚などで別居している親を想像する人，または人間だけではなくペットなどを想像する人もいるのではないだろうか．このように誰を自分の家族と考えるかは，それを考える人の意識の中にあるため，個人によって異なる．

　「家族（family）とはなにか」については，多くの専門家がさまざまな定義をしている．『広辞苑』によると，家族とは「夫婦の配偶関係や親子・兄弟の血縁関係によって結ばれた親族関係を基礎にして成立する小集団」とされている．つまり「夫婦関係」や「親子，きょうだい」といった血縁関係を前提として，血縁関係のない男女の夫婦関係を基礎にして，親子や兄弟姉妹などの血縁関係によって形成される親族関係の集団と定義されていると考えられる．

　しかし，最近では婚姻関係のない男女や同性愛のカップルが家族であると主張し，それを認めようとする考え方もあるなど，従来の定義に当てはまらない家族の形も増えている．このように多様な家族の考え方がある中で，森岡清美は，家族とは「夫婦・親子・きょうだいなど少数の近親者を主要な成員とし，成員相互の深い感情的かかわりあいで結ばれた，幸福（well-being）追求の集団である」（森岡・望月，1993：196）と定義しており，これが現在最も一般的に用いられる家族の定義と言える．

　人は誰もが家族の中に生まれ，親子関係によって出自を証明され，命名されて新しい家族成員として法的・社会的に認知された存在になる．生まれてきた子どもにとって，家族は最初に出会う社会であり，子どもの成長や発達をうながす環境の土台である．家族はさまざまな形態があるが，成員一人ひとりの幸福を支えるものであると言える．

核家族の例：波野家（サザエさん）　　　　直系家族の例：さくら家（ちびまる子ちゃん）
父：ノリスケ　母：タイコ　子：イクラ　　祖父：友蔵　祖母：こたけ　父：ひろし　母：すみれ　子：さきこ　子：まる子

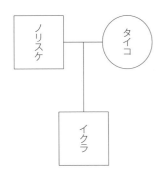

図2-1　核家族――夫婦と未婚の子のみの世帯例のジェノグラム

（出典）筆者作成.

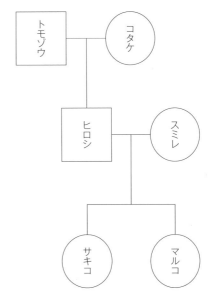

図2-2　拡大家族――三世代世帯の例のジェノグラム

（出典）筆者作成.

2　家族のタイプと世帯の類型

（1）　家族のタイプ

日本においては，「一人暮らし」「核家族」「拡大家族」「その他」の主に4つの家族のタイプに分類されている．

1）一人暮らし
2）核家族
　①夫婦のみの家族，②夫婦と未婚の子のみの家族，③ひとり親と未婚の子のみの家族（ひとり親家庭：母子家庭，父子家庭）
3）拡大家族
　①親と子どもと未婚の孫の家族（三世代家族），②親と子どもと孫と未婚のひ孫の家族（四世代家族）など
4）その他
　ステップファミリー（どちらかに子どものいる者が再婚し，新しく築かれた家庭），同棲，同性婚など

（2）　世帯類型

日本においては，「単独世帯」「夫婦のみの世帯」「ひとり親と未婚の子のみの世帯」「三世代世帯」「その他の世帯」の主に5つの世帯類型に分類されている．

1）単独世帯
2）夫婦のみの世帯
3）未婚と未婚の子のみの世帯

4）ひとり親と未婚の子のみの世帯

5）三世代世帯

6）その他の世帯

　　四世代世帯，複合家族世帯など

3　家庭とは

　家族と類似した言葉で，家庭という言葉がある．家庭（home）とは，家族がともに集い，日常生活を営む場や空間のことである．

　一般的に家庭という言葉からは，家族の団らんなどの温かさや協力などのイメージが連想される．そのように家庭は生活の場であり，情緒的な関係を満たす場でもあると言える．

　家族関係は定位家族の歴史や価値観によって異なり，他の成員の行動や心理状態に大きな影響を与える．親からの文化や価値観，子育て観などが受け継がれ，それぞれの家族の雰囲気や家庭環境が形成される．

第2節　家族の変容

1　産業構造の変化

　戦後，日本では社会環境に大きな変化があった．特に産業構造の変化は人々の生活に直接的な影響を与えた．1950年代以降の高度経済成長期を経て，約半数を占めていた第1次産業と分類される農林漁業従事者の割合が減り，工業や建築業などの第2次産業や，商業，運輸，金融，サービス業などの第3次産業の従事者が増加した．

　このような産業構造の変化は，第2次産業や第3次産業が集中する都市部への大規模な人口移動につながった．それにともない，特に都市部に暮らす人々の生活は変化があり，農林漁業などの第1次産業では，家庭生活と労働は同じ場所で行われていたが，第2次・第3次産業では家庭から会社などの職場に通うというように，家庭と労働の場が切り離されるようになり，子どものいる家庭では主に男性が会社に勤め，女性が育児や家事を担う夫婦による性別役割分業が行われてきた．

2　家族形態の変化

　日本では産業構造の変化による工業化や，都市化の影響が家族形態にも大きな影響を与えた．家族の定義はさまざまで明確に決められていないために，ここでは，「世帯」という概念を用いて家族を把握する．

　1986（昭和61）年から2017（平成29）年までの世帯構成別数の年次推移（**表2-1**）によると，一貫して拡大家族（三世代家族）が減少し続けていることがわかる．一方で，核家族（夫婦のみの世帯，夫婦と未婚の子のみの世帯，ひとり親と未婚の子のみの世帯）の世帯数は増加している．あわせて，単独世帯も増加している．その影響から，平均世帯人員が年々減少している．つまり，現在の日本では，家族の小規模化が進み，地域の中で子どものいる世帯が減少していること，家族の中で子どもが経験できる人間関係も減少していると考えることができる．

第2章　親子関係と家族・家庭の理解　　63

表2-1　世帯構成別，世帯類型別世帯数及び平均世帯人員の年次推移

年　次	総　数	世　帯　構　造						世　帯　類　型				平均世帯人員
		単独世帯	夫婦のみの世帯	夫婦と未婚の子のみの世帯	ひとり親と未婚の子のみの世帯	三世代世帯	その他の世帯	高齢者世帯	母子世帯	父子世帯	その他の世帯	
		推　　　計　　　数　（単位：千世帯）										（人）
昭和61年(1986)	37 544	6 826	5 401	15 525	1 908	5 757	2 127	2 362	600	115	34 468	3.22
平成元年（'89)	39 417	7 866	6 322	15 478	1 985	5 599	2 166	3 057	554	100	35 707	3.10
4　（'92)	41 210	8 974	7 071	15 247	1 998	5 390	2 529	3 688	480	86	36 957	2.99
7　（'95)	40 770	9 213	7 488	14 398	2 112	5 082	2 478	4 390	483	84	35 812	2.91
10　（'98)	44 496	10 627	8 781	14 951	2 364	5 125	2 648	5 614	502	78	38 302	2.81
13　(2001)	45 664	11 017	9 403	14 872	2 618	4 844	2 909	6 654	587	80	38 343	2.75
16　（'04)	46 323	10 817	10 161	15 125	2 774	4 512	2 934	7 874	627	90	37 732	2.72
19　（'07)	48 023	11 983	10 636	15 015	3 006	4 045	3 337	9 009	717	100	38 197	2.63
22　（'10)	48 638	12 386	10 994	14 922	3 180	3 835	3 320	10 207	708	77	37 646	2.59
25　（'13)	50 112	13 285	11 644	14 899	3 621	3 329	3 334	11 614	821	91	37 586	2.51
26　（'14)	50 431	13 662	11 748	14 546	3 576	3 464	3 435	12 214	732	101	37 384	2.49
27　（'15)	50 361	13 517	11 872	14 820	3 624	3 264	3 265	12 714	793	78	36 777	2.49
28　（'16)	49 945	13 434	11 850	14 744	3 640	2 947	3 330	13 271	712	91	35 871	2.47
29　（'17)	50 425	13 613	12 096	14 891	3 645	2 910	3 270	13 223	767	97	36 338	2.47
		構　　　成　　　割　　　合　　　（単位：%）										
昭和61年(1986)	100.0	18.2	14.4	41.4	5.1	15.3	5.7	6.3	1.6	0.3	91.8	・
平成元年（'89)	100.0	20.0	16.0	39.3	5.0	14.2	5.5	7.8	1.4	0.3	90.6	・
4　（'92)	100.0	21.8	17.2	37.0	4.8	13.1	6.1	8.9	1.2	0.2	89.7	・
7　（'95)	100.0	22.6	18.4	35.3	5.2	12.5	6.1	10.8	1.2	0.2	87.8	・
10　（'98)	100.0	23.9	19.7	33.6	5.3	11.5	6.0	12.6	1.1	0.2	86.1	・
13　(2001)	100.0	24.1	20.6	32.6	5.7	10.6	6.4	14.6	1.3	0.2	84.0	・
16　（'04)	100.0	23.4	21.9	32.7	6.0	9.7	6.3	17.0	1.4	0.2	81.5	・
19　（'07)	100.0	25.0	22.1	31.3	6.3	8.4	6.9	18.8	1.5	0.2	79.5	・
22　（'10)	100.0	25.5	22.6	30.7	6.5	7.9	6.8	21.0	1.5	0.2	77.4	・
25　（'13)	100.0	26.5	23.2	29.7	7.2	6.6	6.7	23.2	1.6	0.2	75.0	・
26　（'14)	100.0	27.1	23.3	28.8	7.1	6.9	6.8	24.2	1.5	0.2	74.1	・
27　（'15)	100.0	26.8	23.6	29.4	7.2	6.5	6.5	25.2	1.6	0.2	73.0	・
28　（'16)	100.0	26.9	23.7	29.5	7.3	5.9	6.7	26.6	1.4	0.2	71.8	・
29　（'17)	100.0	27.0	24.0	29.5	7.2	5.8	6.5	26.2	1.5	0.2	72.1	・

注　1）平成7年の数値は，兵庫県を除いたものである.
　　2）平成28年の数値は，熊本県を除いたものである.
（出典）厚生労働省（2018)「平成29年国民生活基礎調査の概況」3頁.

3　家制度家族から近代家族へ

　戦前の家族は「家制度」により，戸主が家族員を統率すること，長男が家督を相続し跡取りとなり，労働力として子どもをたくさん生んで親と同居しながら第1次産業に従事し，家や土地を守るというシステムが中心であった.

　戦後，民法の改正により家制度が廃止となり，男女平等で民主的な家族を目指す「近代家族」と呼ばれる現代的な家族のモデルが広まった. 近代家族は，次の4点の特徴があげられる. ①情緒の強調：家族は互いに愛情に結ばれているべきである. ②核家族境界の強調：夫婦と子どもの集団境界が明確化・強化される. ③子ども中心主義：家族内の子どもの存在に注意が向けられる. ④近代的性別分業：「夫は仕事，妻は家庭」の役割分担を前提とする.

　近代家族では，父親が家庭外で仕事に専念し，母親が家庭で家事や子育てに専念しはじめ，性別役割分業が一般化した. そして，今までは家族や地域の人がかかわっていた子育てを，母親が一人で引

き受けることが多くなった．同時に母親への子育ての負担が大きくなり，子育てへの不安やストレスといった現象が見られるようになった．

4　現代の家族

1960年代以降，高学歴女性を中心に近代家族の性別役割分業に疑問を持ち，共働き家族が登場し，現在は「家事・子育ては母親の役割」という固定観念に違和感を覚える人が増え，共働き化が進んでいる．しかし，母親の職場進出は進んだものの，父親の家庭進出は決して進んでいるとはいえず，現実的には夫婦のうち母親のほうが，家事・子育ての主たる担い手になっている場合が多く，母親は家事・育児に加え仕事まで分業するようになり，以前にも増して過重な負担を強いられるようになっていることも多い．

また，現代は個人の主体性や選択を尊重する考え方が主流になり，家族の多様化が進んでいる傾向にある．家制度時代には存在していた「家族とはこういうもの，こうあるべきだ」という規範が薄くなり，一生独身で過ごすこと，離婚，ステップファミリー，未婚の出産などについても，多様な家族のあり方として社会的に容認されやすくなっている．ただ，それらの家族に対して差別や偏見が全くないとは言えず，尊重されるようになる必要がある．

5　家族の機能への影響

家族の機能とは「家族が社会の存続と発展のために果たさなければならない様々な活動（それを怠ると社会が消滅・崩壊の危機を迎えるような活動），および内部の家族メンバーの生理的・文化的欲求を充足する活動」を意味する．

子どものいる家庭においては，次の世代を育成するという考え方から，子どもの養育は，家庭の重要な役割であり，機能であると言える．近年，家庭における養育機能が脆弱化したと耳にすることが多い．その原因として核家族化や少子化などを指摘する意見が多い．第1次産業が中心であった時代の家族は，アニメ『サザエさん』のような拡大家族が多かった．タラオの養育をマスオとサザエだけで行うわけではなく，子育て経験者の波平やフネが子育てに関する知識や経験を継承し，きょうだいであるカツオやワカメが子育てを手伝う機会がある．このようなサポートは，子育てを初めて経験するマスオやサザエにとって心強く，子育ての不安を軽減させる役割を果たしていたと言える．

現代の家族形態の変化は，地域のさまざまな社会資源による子育て家庭への支援が必要とされていると考えられるのではないだろうか．

第3節　親子関係

子どもが誕生した時から親は,生まれてきた子どもの保護と養育の第一義的責任を負うことになる．それは当然のことのように考えられるが,親として子どもを養育する責任を引き受けて,子育てを行っていくことは決して容易ではない．親は,大人の世話が無ければ生きていけない無力な乳児を目の前にして,生活を自分中心の時間の使い方から,子ども中心の時間の使い方にするなど一変させなければならない必要に駆られることとなる．

1　親子関係の変容

　親は，子どもとかかわり，子どもが成長する姿を見て実感し，親として成長することができる．しかし，現代は核家族化や少子化の影響から，自分の子どもの誕生前に，子どもを抱いたり，世話をしたりした経験のないなど経験を通じて親になるための準備をすることができなった親も少なくない．拡大家族のような家族ならばサポートも得られるが，現実は母親一人が子育ての役割を担っている家庭が多い．そのため多くの親が乳幼児の対応に悩み，育児不安や子育ての不安を経験する．子育ての知識やスキルの不足，生活状況や健康状態の悪化から適切な養育ができない場合，親が自分を無力であると自信を失い子どもへの虐待行為につながることもある．

　子育てを最初から完璧にできる親はいない．自分の子どもを育てていく経験を通して親として育っていくものである．親の身近に子育てのアドバイスや支援をしてくれる存在がいない場合，保育者などは，その専門性を発揮しながら親の成長に寄り添う支援を行うことや，地域の社会資源を紹介するなどの支援が求められる．

2　少子化の影響

　2017（平成29）年現在，日本の合計特殊出生率は1．43である．つまり，きょうだいの数は減少しており，一人っ子が増加している．一人っ子は，きょうだいのいる子どもを比べ，家族の中では親との関係しかないために，人間関係づくりが不得手であると言われる．また，協調性がない，引っ込み思案，慎重，競争心がない傾向が強いとも言われる．

　反面，親が一人っ子にかける関心と期待は大きく，年少時からスイミング，ピアノなどの習い事や塾通いをさせることが多い．しかし，子どもには得手不得手があるために過度の期待はストレスになる可能性もある．アニメ『ドラえもん』の主人公の，のび太は現代の日本に多い核家族の一人っ子である．ドラえもんの存在は，きょうだいのようである．親子関係以外の人間関係を構築できるように配慮することも大切である．

66   第Ⅰ部　子ども家庭支援の意義・役割・基本

ワーク　家族・家庭について理解する

① あなたにとって，家族と考えられる人（もの）を全て書き出してみよう．

② あなたが理想と考える将来の家族構成を思い浮かべて，ジェノグラムを書いてみましょう．

③ テキストに出てこない家族の形はまだあります．〔(例) 直系家族，定位家族など〕なるべくたくさん
　調べて，その家族がどのような特徴を持つ家族なのかを書いてみましょう．

（　　　　　　　　　）家族

説明：

④ 時代によって，家族の特徴や機能は変化しています．それぞれの時代に，どのような変化があるか書
　いてみましょう．

（藪　一裕）

第 3 章
生涯発達の保障

> **学びのポイント**
>
> 　保育者の対象は，乳幼児期が中心となる．乳幼児期は人格形成の基礎を培う重要な時期であることは言うまでもない．そして，乳幼児期の発達は，その後の人生に大きな影響を与える．
> 　しかし，人の人生は，乳幼児期を土台にその後も続いていく．そこで本章では，乳幼児期の発達を基本に，その後生涯にわたりどのような発達過程をたどり，成長や変化や衰退していくのかについて学んでいくこととする．

　発達とは，これまで，人の誕生から死に至るまでのあいだの，後戻りのきかない（非可逆的な），進歩や発展，向上，充実などの方向性を持ち，複数の構造的な節目を持った行動的，人格的な変化の過程であると定義づけられていた．しかし，保育者が持つ視点として「人の生涯は，乳幼児期だけでなく，学童期，青年期，成人期，老年期と区分が進む中で，成長だけでなく，退行のある過程である．一方向としての縦断的な発達だけでなく，自己の葛藤を繰り返し経験して，揺り戻しがあったり，他者と共生していく中で，いのちを引き継いでいく育ち・育てる営みや，文化を継承していくことなどの過程も含め包括的に発達をとらえる」ことが重要である．

　とりわけ，乳幼児期の発達は，人の一生涯の出発点である．保育者は，人間形成の基礎となる乳幼児の育ちについて，深く学び，その発達がどのように進んでいくのかについて理解する必要がある．

　保育所保育指針第1章1の（2）保育の目標には，「保育所は，子どもが生涯にわたるに人間形成にとっての極めて重要な時期に，その生活時間の大半を過ごす場である．保育所の保育は，子どもが現在を最も良く生き，望ましい未来を創り出す力の基礎を培うために，次の目標を目指して行われなければならない」（以下略）と示されており，保育所保育の目標は，乳幼児期の子どもが生涯の発達における重要な時期であることを示唆している．乳幼児期の発達の土台が，未来（学童期・青年期・成人期・老年期）へとつながっていく，連続的なものとなっている（表3-1）．また，近年のOECD（経済協力開発機構）などによる縦断的研究を受けて，保育所保育指針では，身体的・認知的な発達だけでなく，心の育ち（非認知能力）を育てていくことが，その後の人生へと大きく影響していくということを示している．その基本となるのが，アタッチメントであるといえる．

第1節　アタッチメントと生涯発達

　アタッチメント（愛着関係）とはボウルビィ（J. Bowlby 1907-1990）が提唱した，子どもと養育者（多くは母親）との間に形成される情緒的な関係（絆）のことである．その関係を安全基地とし，子どもは，好奇心旺盛に興味関心をもって探索活動（遊びや学び）を繰り返していく．そして，失敗した

第Ⅰ部 子ども家庭支援の意義・役割・基本

表3-1 発達の区分

発達の区分	年齢	備考
胎児期	受精から出生まで	卵体期，胚芽期，胎児期に区分される
乳児期	出生から1歳	最初の1か月は新生児期
幼児期	1歳から6歳	小学校就学前まで
児童期	6歳から12歳	小学生
青年期	12歳から22歳くらい	中学校就学から大学卒業まで
成人期	おおよそ22歳以降	45歳までが成人前期，45歳以降が成人後期
老年期	おおよそ65歳以降	

（出典）若尾良徳他（2010）『発達心理学で読み解く保育エピソード』北樹出版，p. 13に
筆者加筆．

り，怖い思いをしたり，不安を抱いた時には，安全基地（アタッチメントの対象）に戻って，ひっつくこと（身体的・情緒的なつながり）で安心感を得，心の栄養を補給して，また次の活動へと挑戦していくのである．これまで，アタッチメントの対象は，保護者（特定の養育者）に限ると考えられていたが，祖父母であっても保育者であってもその対象となりうることができるのである．しかし，このアタッチメントは，誰彼ともなくひっつくというのではなく，特定の他者にくっつくということが重要である．怖い思いや不安など，負の感情や経験により，身体的にも緊張したり心拍数が上がったり，痛い思いをしたり，そのような時に心を落ち着けてくれる存在が乳幼児期の発達には極めて重要となる．

　何かあっても守ってくれる人がいる，このようなアタッチメント理論の考えは，何も乳幼児期の子どもに限ったことではない．大人であっても不安や恐怖を感じた時には，安心を感じるため，心の安定を図るために人にくっつくことは重要である．乳児期にしっかりとひっつくことができた子どもは，その後の人生においても自己を大切な存在であると意識的にも無意識的にも受け入れ，社会へと活動を広げていくことができる．このようにどんな時でも受け入れてもらえる自分，すなわち大切に育てられていることを無意識的にも意識的にも実感することで，自己肯定感を持ち，自尊感情を高めていくのである．そして，安全基地があることで，自分で何かやってみようという自立心や自立性が育まれていくのである．保育者はそのことを十分に意識し，ありのままの子どもを受け入れ，アタッチメントの関係を持てるようにすることで，「保育所（社会・世界）って楽しい」「もっと○○してみたい」「他の人とも関わってみたい」というような社会性を身につけていくのである．逆に言えば，安全基地を持っていない（人を信じることができないなど）ことになれば自分自身を受け入れることができず，社会へ目を向けることも極めて難しい．アタッチメントが健全に形成されていない状態をアタッチメント障害と呼び，不適切な養育や虐待を受けた状態の子どもに見られる．発達上の課題としてその後の人生に大きな影響を及ぼす．

第2節　胎生期から乳児期，幼児期から児童期前期にかけての発達

　人の発達は，胎生期（妊娠2か月の終わりごろから出生までの時期）から始まっており，母親の胎内から身体の機能は出来上がっており，お腹の中から子どもは，音を聞き，身体を動かし，発達してい

第3章　生涯発達の保障　*69*

表3-2　発達現象による発達段階の違い

	出生～3か月	3か月～6か月	6か月～8か月	8か月～1歳	1歳～1歳半	1歳半～2歳	2歳～3歳	3歳～4歳	4歳～	7歳～	12歳～成人
エリクソンの発達段階	信頼 vs 不信				自律性 vs 恥・疑惑		自主性 vs 罪悪感			勤勉性 vs 劣等感	青年期：同一性 vs 同一性拡散　成人前期：親密 vs 孤立　成人期：世代性 vs 自己陶酔　老年期：統合性 vs 絶望
ピアジェの発達段階	感覚運動期					前操作期			具体的操作期		形式的操作期
フロイトの発達段階	口唇期				肛門期		男根期		潜伏期		性器期

（出典）前掲書，pp. 16-17より抜粋し筆者作成.

る．この時期の聴覚情報などの経験は，出生後覚えていることもあるというように，心の機能の発達がすでに始まっている．胎児期に聴覚機能が発達していることが解明されていることから，胎教と呼ばれるように，音楽を流し刺激を与えることなどが盛んに取りざたされているが，心の発達という側面から考えると，妊娠を喜び，周囲からの肯定的な声を胎内に届け，いのちの誕生を心待ちにし，準備している思いや姿勢が重要であるといえる．そして，出生した時に「うまれてきてくれてありがとう，おめでとう」というメッセージが，その後の自己肯定感や自尊感情へとながっていくのである．

　次に乳幼児期の発達については，それぞれの発達区分によって，発達段階があり，発達の現象を質的にとらえた段階（時期）は，いくつかの種類がある．ここでは，エリクソン（E. H. Erikson 1902-1994）（心理社会的），ピアジェ（J. Piaget 1896-1980）（認知発達），フロイト（S. Freud 1856-1939）（性心理）の発達段階ごとの特徴について上の表にまとめている（**表3-2**）．

　乳幼児期の発達は，一人ひとり個人差があり，それをその人らしさ"個性"としてとらえる視点も必要である．保育所保育指針には，年齢に分けて「ねらい」や「内容」が記述されているが，厳密にとらえるのではなく，おおむね何歳頃というふうに幅を持たせてとらえることが必要である．保育において大事なのは，歴年齢ではなく発達の連続性，順序性，つながり，生活環境であるといえる．

　昨今の子育て環境を考えると，家庭での子育ては，時に閉鎖的で孤立しがちとなることが考えられる．保育所等の保育・幼児教育施設は，子育て支援の専門機関として子どもの発達と保護者の支援を支えていくことが求められている．子どもの基本的な発達段階を理解しておくことで，助言をしたり，適切な保育指導を行ったりすることができるのである．1日の中で家庭と保育所等，さらには違う環境を過ごす子どもたち，生涯発達を保障していくために切れ目のない，断片的ではない連続的なつながり，さらにはコミュニケーション等による重なりが欠かせないのである．

　また，保育所等の特長を考えると家族・家庭から出て，初めて出会う他人とのつながりを経験する社会であり，親子関係で培ったアタッチメントを基礎に保育者や他児とのかかわりを通して，自己を認識し，他者との社会性を育む非認知能力を育むのである．乳幼児期に非認知能力を育み，高めることは，学童期（小学校就学以降）からの教育の土台となることがさまざまな研究により明らかになっている．

　家族のもとで経験した基本的信頼関係は，排せつ時などの不快な感覚や感情を泣くことで，表現し，

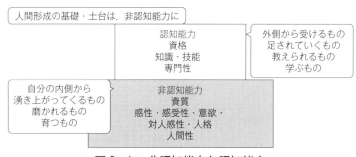

図3-1 非認知能力と認知能力

(出典) 筆者作成.

その感情に寄り添い理解してもらう経験をすることで，守られている，大切にされている実感をえて，基本的信頼関係が築かれていくのである．

保育所は，集団の特性を生かし，人と関わる社会性を身につける場となる．それは，先に述べた自己を受け入れてもらい，自分がしてもらったことを他者にもできるということでもある．社会性には，人を思いやる，人を信用し認める，集団の中での協調性，仲間と関わりやり取りする（道徳性），環境に感心を寄せることなどがある．

子どもは好奇心が旺盛であることは，本能的なものであるが，常に持ち合わせているものではなく，その感情を受け入れてもらい，探究心を駆り立てられる環境があるからこそ，探索できるのである．ということは，乳幼児期の保育室の環境は，そのような子どもの心の性質を考えると，意図的に触れてほしいもの，刺激を受けてほしものを構成することで，子どもの注意を惹きひきつけられていくのである．他児との関係でも，保育者が仲立ちとなって，一緒に遊んだり，子どもの心を言葉で表現することで，お互いの気持ちを理解し，人間関係を経験しつながりを楽しむのである．子どもの心を言葉で表現するということは，「楽しいね」「いやな気持がしたんだね」「みんなで食べるとおいしいね」「痛かったよね」「寂しかったね」など保育者がごく当たり前に言葉にしていることである．人の気持ちを理解することは，乳幼児期の経験値でもって，自らに置き換え，他者への理解へと結びついていくものである．子どもたちは，このように測ることのできない力，教えられ身につけるものではない力，つまり非認知能力を高めていくことが，自分の心の土台となり，遊びと学びから教育（認知能力など）へとつながっていくのである（図3-1）．

児童期前期は，小学校に入学し，身体的な発達が目覚ましく，環境の変化も著しい．多くの場合，さらに社会（人的環境，物理的環境）が広がり，新しく出会った仲間や大人との関わり合いを強めていくことになる．親や大人から離れる時間も次第に増え，ますます自立性の範囲が広がっていく．そのような中から自分の得意なものや苦手なもの，できる事や出来ない事に気づきながら能力を獲得し，向上心を持って高めていったり，逆に失敗を経験する中で，自分の力を感じ次へとつなげていく．これがエリクソンの発達段階にある「勤勉性」と「劣等感」である．勤勉性というのは，勉強のことだけでなく，乳幼児から持ち上がってきた好奇心"意欲"によって「もっとしたい」「こんなことをしてみたい」という学びを深める探究心ということができる．この時期は，学校という社会的組織に見守られながらも，自分をとりまく外社会について関心が強くなり，自分の意思で，参加してみたいと感じる時期でもある．小学校の授業で自分の名前の由来，家族のこと，学校区のこと，町のこと，市・県・国のことなど少しずつ広がりを見せていく．このことが，さらに社会への帰属意識，市民教育へとつながっていく．また，自分の挑戦した事が周りの人からしっかりと受け入れられ，ほめられ，励まされた時，これまで頑張れたことすべてが，自分の心の中で受け入れられるようになり，「有能感」を育んでいく．逆に有能感を経験することが少なく，人と比べられたり，認められる，褒められる，

受け入れられる経験が少ないと「劣等感」を抱くようになる．そして，そのことが自己肯定感や自尊感情を下げてしまうことにつながるのである．

第3節　児童期後期から青年期にかけての発達

　児童期後期から青年期は，思春期前期とも呼ばれ非常に多感な時期で，身体的な成長，2次性徴，心と身体の葛藤，認知発達，対人関係の広がりなど，さまざまな発達課題があり，乳幼児期と同じように個人差も大きい．そして，自分への関心，自我の発見・形成の時期でもあり，子どもから大人への移行期ともいえる．

　児童期後期には，複雑な思考や集団での活動，ルールのある遊びが増え，遊びを通して，さらに自主性が育っていく時期である．乳幼児期の土台ができていれば，論理的思考や知識・技術を獲得し，認知能力を高めていく．

　青年期は，アタッチメントの安心感の輪を広げ探索活動がより大きく広くなることにより，親からの独立，親や社会への反発・反抗と自立（将来）への憧れや期待と不安と緊張の感情が混在する．対人関係は広がり，これまでの経験を通して，自分自身で選択し，決定して人生を進んでいく機会も増え，自我の確立を達成していくための準備・猶予期間ともいわれる．

　保育者を目指す学生の中でも児童養護施設等の社会的養護関係施設について理解できるようになれば，児童期から青年期の発達のイメージがしやすいのではないだろうか．本章第1節で述べたように，基本的な土台がしっかりできていれば，多少の困難や課題と向き合っても自律性や自制心があれば，また道徳性や規範意識が育まれていれば，時間をかけて，乗り越え向き合っていくことができるのであるが，社会的養護関係施設の入所している子どもの多くは，不適切な養育などによるものである．そのことは，子どもの心を阻害し，傷つけ，心だけでなく脳にも身体的にも影響を及ぼすこともある．少しずつ家族と過ごす時間よりも，社会で過ごす時間が増え，多感な時期であるからこそ，環境の影響を受けて，不安や恐怖，失敗や挫折を経験した時には，家族や保育者が受け入れることにより，心の栄養を補給をする．そして，何かあった場合には，受け止めてくれる人がいるのだと感じることができる関係づくりが大切である．児童養護施設の運営指針では，社会的養護の原理の1つとして「ライフサイクルを見通した支援」が定義されている．ライフサイクルを見通すということは，入所前（過去）の育ち・育ての傷つきを特定の保育者（養育者）とのアタッチメントから回復に導き，ありのままの現在を受け入れ，あたりまえの生活を経験することによって，未来（自立後，退所後）へとつなげていくことである．未来は，継続して見守り続けられ，何かあったら帰ってこれる居場所となり，自分自身が子育てをしていく立場（児童虐待の世代間連鎖ではなく，適切な子育て）としての肯定的に生きることへのプロセスである．

第4節　成人期・老年期における発達

　成人期は，医学的には発育が完了し，大人の身体になったということである．成人期というのは大きく分けて，①壮年期，②中年期，③老年期に分けることができる．壮年期には更年期が含まれ，壮年期は成熟した身体の維持と，社会・精神活動を図る時期である．森上ら（2010）らによると「この

時期は，職業，配偶者の選択，家庭生活の確立，子どもの養育，社会，家庭での多くの役割の遂行，自分の価値志向，後輩の指導など社会的責任の達成など社会的に自立し，安定した時期とされる」と示されている．自分自身が新たな家族を築き，社会的にも責任を持ち，自分自身の価値観も磨かれ研ぎ澄まされていく，まさに円熟した時期である．自らが子育てしていくということは，決められたマニュアルはない．1人ひとり，また1家庭ひと家庭に固有性があって個性がある．その方向目標として，乳幼児期に育てたいのは安全・安心のアタッチメントと非認知能力である．

　この時期は，後ろに続く老年期との境が明確ではない．老年期は，身体的低下（視力，張力，皮膚感覚など）の受容をする時期で，精神活動の充実を図り，職業からの退職・老年期への準備期間である．この他，知的能力，記憶力などの低下や人格が確立したことによる人格行動上の特徴化（頑固，猜疑，保守性，心気性など）の心理的老化も見受けられる．しかし，ここでも個人差は大きい．老年期は，これまでの自分自身の人生をとらえ，振り返り，現在，自分がいる段階やこれから迎える段階の特徴をとらえることが必要となる．老年期を迎えると身体の機能や運動能力，知的な能力は衰えていく一方，自己覚知し，他者との社会での経験や学びを通して，人間として熟達し，後世へ経験と知恵，を伝搬し継承していく力を持っている．近年は，看取り—看取られる機会も減ってきているが，いのちを知る，死生観を培っていくことも生涯を知るうえで重要であると考える．

　このように，人の生涯には境界があるわけではなく，連続性を持っており，年輪のように重ねあわせ輪が広がり，さまざまな経験やそれらを通して価値観を育て，年齢という時間軸の上に積み上げられていくのである．その基礎となるのが，保育者となる皆さんが最も多くかかわることになる乳幼児期である．そして，基礎がなければ，その上に教育も職業も乗せることができない．その基礎を強固にするために保育者は，家族や地域とともに子育ち・子育て支援をおこなってほしい．

ワーク　心を育てる保育を考える．

　図3-1に示したように，感性や感受性，意欲を育てるかかわりには，どのような保育内容や援助が求められるだろうか，考えてみよう．

	育ってほしい心	保育内容や場面	あなたの援助
感性	きれい・美しいを感じてほしい		
感受性	思いやりを育てたい		
意欲	失敗しても挑戦する		

（明柴聡史）

第4章

子育ての喜びと親育ち

> **学びのポイント**
>
> 本章では，日々の子どもたちとの保育場面だけでなく，保護者等との関わりの中で，保育者に求められる子どもたちの成長による喜びを共有することで，相互により良い人間関係が構築されることを理解する．時には，個々の保護者と子どもにとって，どのような親子関係や養育環境が最も良いかは必ずしも理解できていない場合もある．また，子どもの成長は分化と未分化を繰り返すために，その子どもにとってどのような環境が良いか，保護者や保育者が試行錯誤しながらも信頼し共感しつつ，その子どもに応じた育児方針や保育方針を模索し，より子どもへの理解を共に深めようとする気持ちや姿勢が大切であることを学ぶ．

第1節　個々の子どもの豊かな成長に必要な保育者の支援とは

1　保護者支援に必要な専門的視点

　子どもの成長の個人差とともに，保護者や保育者にもいろいろな育児や保育の方法がある．それらを相互に認め尊重し，必要に応じて助力や助言をしながら助け合うことが大切である．特に，子どもに成長の遅れや育児不安など何か問題がある場合は，周囲の人々に支えられ適切な環境で育てられることで，その問題は子どもの成長とともに解消していくことも多くみられる．保護者にとって子どもの成長段階は1人ひとりの子どもで異なり，他の子どもの成長と比較して一喜一憂することもある．そのような場合，保育者は相談支援専門職として下記の理由から，その子ども独自の成長が保護者の幸せにつながるように心掛けるべきである．

① 成長の個人差

　　1人ひとりの子どもの成長は，心身のそれぞれの部分で早い遅いがあることが普通である．乳幼児の場合は，成長の1つの発達指標（その年齢でできるようになっていること）ができなくても，関連する他の指標ができていれば個人差の範囲内でのことが多い．保育者は保護者に，子どものできることに着目し，できないことについて過度な不安を与えない配慮が大切である．

② 環境との相互作用

　　子どもの成長は，母親，父親などの保護者などの環境との相互作用により促される．また，保護者からいろいろ世話を受け育てられる子ども自身がその性格の違いにより保護者の養育態度に多くの影響を与え，その養育環境の中で子どもは成長していく．保育者は，個々の子どもの環境には何が良いか悪いかではなく，個々の子どもに適した環境を整えることを何よりも心掛けることが大切である．

74　第Ⅰ部　子ども家庭支援の意義・役割・基本

2　保育場面に必要な知識と技術

　保育者は，保育の専門職としての視点から子どもの成長を理解，評価して保護者との連携した保育を心がけなくてはならない．具体的には，子どもの成長の個人差，母子・父子との相互作用，親子の関係，発達・発育の評価（運動，精神，言語，情緒面等），社会性の発達，児童虐待の防止，未熟児や低出生体重児，多様な障がい児への対応など，子どもの保育場面におけるさまざまな気づきについて専門的な知識と技術から子どもへの状況理解と受容を行うことである．そして，保護者に対して子どもの成長を相互に理解し，共感するために適切な関係を構築することである．そのためには，対人援助技術の基本を習得し活用することが必要である．

ワーク1　こだわりの強い子どもへの対応〈背景〉

　両親が児童相談所へ相談に行き，Ａちゃんは3歳時に高機能自閉症と診断されている．Ａちゃん（4歳）は，普段から一人でいることが多いが，小学校低学年程度の漢字が読めるので，昆虫図鑑などを読んでいる時は機嫌がよい．今日も廊下の角で，他の子どもとＡちゃんがぶつかり双方が泣き出した．2人から理由を聞くと双方ともわざとぶつかったのではないので，あなたは双方から「ごめんなさい．」をするように話した．しかし，片方の子どもは理解して謝ったが，Ａちゃんは「自分は悪くない」と絶対に謝らない．母親はＡちゃんの障がいについて，入園前は受容することに抵抗感が強かったが，最近は，幼稚園入園後，Ａちゃんが他の子どもたちと関わることで，笑顔を見せることも多くなったと喜んでいる．しかし，新卒採用として4歳児クラスの担当教諭になったあなたは，幼稚園生活の多くの場面でこだわりが強くて他の子どもたちとトラブルになるＡちゃん（男児）のことが気になっている．一番の心配は，卒園後の就学先や将来の進路であることを連絡ノートに記している．

① Ａちゃんに対する日常の保育場面において，配慮すべきことは何でしょうか．

② Ａちゃんの保護者に対する対応で，注意すべきことは何でしょうか．

　＊ワーク1の事例の問①②に関する対応例は，本章第3節（77〜78頁）に記載

第2節　子どもの年齢に応じた成長段階への理解

　下記のような，子どもの成長段階について，保育者は正しい知識を理解することが重要である．同時に，子ども，保護者，地域に対する適切な対応技術が求められ，また，成長段階は個別的であることも十分に理解することが求められ，同時にそれらを保護者に伝えることも重要である．

1 新生児（生後4週間まで）の成長

　母親の胎内という良好な環境下で，母体を通じてさまざまな体験をしていた新生児は，出生後に，別々の個体となっても互いに深い関係を持つことになる．たとえば，母親は新生児に母乳を与えたり，抱いたり，話しかけたり，おむつを替えたり，沐浴をさせたりする．新生児は，その際の母親を見つめたり，母乳を吸いながら母親の体温や母乳の味やにおい，温もりを感じ，また，泣いて種々の情報を送り，何かを要求したり，母親からの触れ合いに気持ち良さそうにする（母子相互作用）．時には授乳中に，母親の眼と新生児の視線が合い微笑んでいるように見えることもある．このように，まだ言葉のない新生児にもいろいろな表情や動作がみられる．医学的には，新生児の神経系は，まだ発達途上にあるので，それらが大人と同じような意識レベルで行われているとは考えられていない．しかし，新生児も，泣いたり，微笑んだりしてさまざまな感情を表情や表出を通して周囲の人たちにいろいろと働きかけている．

　また，新生児は，空腹時やおしめが濡れたりすると泣いて保護者に訴える．その泣き声を聞いた保護者は新生児のために，授乳やおしめの交換をして快適な状況に戻すことを行う．そのような関わりの中で，新生児は安心し保護者に対して信頼を高めていくことになる．また，自分を見つめて笑ってくれるわが子と接する時，保護者は心の底から喜びを感じる．そして思わず微笑みを返したり，抱いたり，さまざまな触れ合いを通じて愛情を深めていく．このような親と子の相互作用は，子どもにとってその後の種々の人間関係の基礎を作っていくことになる．新生児と関わる保育者は，このような親子の関係を理解，尊重した保育に携わることが求められる．決して，すべての場面において保護者の代替は出来ないが，新生児にとって安心し信頼できる保育者であることを忘れてはならない．

2 乳児（満1歳以下）の成長

　乳児は，日々，泣いたり，微笑んだり，周囲の人たちに積極的な働きかけをしている．そして日々成長し，物事の理解力も高まってくる．保護者や保育者も乳児の成長を敏感に感じて喜びを実感する．たとえば，乳児が何か動作をやろうとして失敗したら一緒に残念がり，少し手伝い，本人が望むように導き関わっているうちに愛着が強くなり，相互の信頼関係が増していく（母子相互作用）．また，乳児は，まだ言葉でのコミュニケーションが未成熟なので，多様な動作，表情や声で周囲の人たちとの意思疎通を行っている．保護者，保育者は，そのような乳児との関わりを通じ，徐々にそれぞれの乳児とのコミュニケーションが上手に深まっていく．たとえば，乳児の鳴き方の違いで空腹なのかおしめの交換が必要なのかが理解されてくるかなど，自然な育児行動をする中で保護者，保育者は，乳児とのコミュニケーションの方法を自然に身につけていくことになる．このように周囲の人たちがそれに反応してくれれば，乳児はその反応を期待して，また必要なときに泣くようになる．このようなことが，乳児にとって初期の人間関係，ことに親子関係をかたちづくる上に大切である．また，保護者にとっては，このような育児行動を通して母親（父親）らしさがだんだん備わり良き保護者となっていくことも保育者は深く理解しておく必要がある．

　乳児初期に泣くことは，やがて喃語に発展し，言葉の発達となっていく．また，周囲への微笑は子どもの社会性や情緒発達の基礎ともなる．乳児の側からそうした行動がみられた際に周囲が対応し，それらの活動を優しく受け止め，声をかけたり，あやしたり，笑いかけたりして応えている場合には盛んに現れるようになる．しかし，それらの乳児からの関わりに対して無視をしたり，タイミングが

ずれて反応していると，そうした乳児からの働きかけは少なくなる．乳児からの働きかけを，相手となる人間が温かく受けとめることが，子どもの行動を積極的にさせ，情緒・社会性の発達を促す意味で大切である．この時期では保護者，保育者は，しっかりと乳児からの合図を読み取り，活発な，あるいは静かな刺激によって乳児の興味をひき，乳児にとって安心できる環境のもとで集中させてその関心を受け止めることが必要であり，その結果，乳児が視覚，聴覚，触覚，動きなど，多様な身体的感覚的方法で外界を模索することを促すことにつながっていることを深く理解する必要がある．

　また，近年では母親だけでなく，父親の育児への関わりが重要であることが理解されている．これまで，家庭の経済的基盤を支え，子どもの社会化を支援し，子どもにとって学習の男性モデルとなることが，一般的に父親の役割といわれている．しかし，父親が積極的に乳児と接触する機会をもつことにより，父親自身が父性を確立していくことにもなり，それが乳児，母親との豊かな家族関係を構築することを保育者も理解しておくことが重要であり父親の育児への積極的な関わりを求めることも必要である．

3　幼児（学齢まで）の成長

　1歳を過ぎ幼児自身の意思がより明確になってくると，子どもたち同士での遊ぶ場面を求めるようになり，互いに意識をするような社会性がしだいに高まってくる．つまり，幼児同士の接触が大切になり，集団での保育を経験する利点が多くなる．2歳代になると，その傾向は一層高まり，子どもたち同士の関わり中でしっとしたり，すねたり，はにかんだり，照れたりするといった情緒面で複雑な感情がよりはっきりしてくる．同時に，保護者や保育者などの身近な大人に対して，道路や店の前で寝ころんで抵抗し反抗することもあるといった自己主張を表現する場面もある．3歳位になると子どもたちとの友達遊びも次第に上手にできるようになり，同年齢の子どもたちとの遊びの中で，いろいろな体験を増やすことが子どもの人格形成を進めることになる．また，家庭での生活を基盤にしながらより広い社会生活を経験し始め，その新たな喜びや葛藤体験の中で社会性を発達させていくことにもなる．就学が近づく4，5歳になると子どもはいろいろの規則も理解し，日常生活や遊びの中で，周囲の大人たちに対する信頼感，自発性，喜びや悲しみの豊かな感情，物事に対する興味や関心，物事を深く考える思考力，多様な表現力などの基礎が養われていく．この時期の保護者や保育者は，このようなこの子どもの成長を理解し，周りの世界に関心と親しみの目を向けさせる体験をさせて興味や疑問に応えられるように配慮する必要がある．そのためには，幼児にとってゆとりある生活リズム，周囲の温かい人間関係，自然環境との豊かな触れ合いなどが大切になる．

　保育所や幼稚園で行われる保育は，個々の子どもたちにとって人間の生涯にわたっての教育の基礎となる．親しい大人に，自分をかけがえのない大切な存在として受け入れられていると確認した幼児は，その大人への信頼感をもち，以後，他の人々への関わり方のモデルともなる．また，幼児期の子どもたちには，自主性や独創性の発達とともに，周囲の人たちの話す言葉にも耳を傾け協調する態度を身につけさせることも望まれる．保育者は子どもたちへの正しい保育と保護者への支援と共同が，今後の子どもの個別的な成長を促すことを忘れてはいけない．

第4章　子育ての喜びと親育ち　77

ワーク2　孤立がちな保護者への対応〈背景〉

　昨年春に，他都市から父親の転勤でこの街に転居してきたBちゃん家族は，両親とBちゃんの3人家族で母親は専業主婦である．入園後，時々Bちゃんの送迎時に「近くに何でも話し合える知り合いがいないので淋しい」と話しているのが印象にあった．3歳児になりとても活発になったBちゃんはクラスでも人気者であるが，時々自分の思い通りにならない場面では暴力を振るうときもある．先日，園庭の遊具の順番争いでBちゃんは同じくらいの男の子をたたいてしまった．怪我はなかったが，その経過について連絡ノートで母親に伝えると，母親は大変な驚きと「Bちゃんの家庭での育児にも不安がある」と返事に書かれていた．3歳児クラスを担当する保育者2年目のあなたは，Bちゃん（男児）の母親のことが気にかかっている．

①Bちゃんに対する日常の保育場面において，配慮すべきことは何でしょうか．

②Bちゃんの保護者に対する対応で，注意すべきことは何でしょうか．

　＊ワーク2の事例の問①②に関する対応例は，本章第3節（78頁）に記載

第3節　事例の解説と理解

1　事例からの学び

（1）ワーク1の事例について

① 保育者として，望ましい対応例

　Aちゃんは言葉だけでの関わりでは十分な理解が難しいと思われる．2人がぶつかった時の場面を絵で描き子どもたちに分かりやすい説明をして理解させた．また，先輩の保育者にも相談して，今後の保育場面でもAちゃんが理解しやすいように言葉での伝達だけではなく，絵や文字を利用して保育場面でのAちゃんが積極的に参加できるように工夫を心掛けた．今後の保育内容については，専門家や親の会などに相談，指導を受けてAちゃんの保護者にも説明を行い，今後もAちゃんの成長を共に支えることを確認し，クラスの子どもたちと保護者にも理解と協力を求めた．また，Aちゃんのような子どもをもつ親たちの会について情報を得て，参加を促すなど，Aちゃんの生育と適切な保育への知識と技術を高めることも有効である．

② 事例の解説

　ワーク1の事例は，発達障がいのある子どもの保護者が，育児の中で感じたさまざまな感情を保育者が適切な相談支援とともに共感し子どもの成長の喜びを共有する事例である．この事例を通じて，専門職である保育者として相談援助の支援場面に求められる知識と技術を理解することが求められる．特に，このワークのような発達障がいのある子どもたちは増加しており，その対応については，個々の障がいの特質に応じた保育内容が提唱されている．発達障がいのある子どもたちは，その特徴のある行動やコミュニケーションの困難さや偏ったパーソナリティー等から時には，周囲の人たちに誤解を与えトラブルになることも多い．保育者は，健常児と障がい児が共に成長をする統合保育（インテグレーション）の意義を理解し，個々の子どもたちの状況に適した保育を行えるよう知識と技術を習得しなければならない．

（2）ワーク2の事例について

① 保育者として，望ましい対応例

　転居で慣れない土地で生活し，育児にも相談相手のいない母親への相談・支援の事例である．また，初めての育児体験であり，自我の発達が目覚しいBちゃんへの対応は母親にとって不安と驚きの日々である．保育者は，出来るだけ時間を設けて，母親の話を十分に聞く機会を作り，共にBちゃんの成育を見守るという姿勢を示す必要がある．その際には，対人援助の基本でもあるバイステック（F. P. Biestek 1912–1994）の7原則に沿った対応を忘れてはいけない（本書第3編第I部第2章第2節を参照）．

　これらの原則は，対人援助場面において支援者として求められるものであり，保育者もさまざまな相談・支援場面において，自らの専門職としての知識と技術を活用する基盤として習得する必要がある．また，地域で行われている子育て支援に関する情報やサービスについて保育者自身が日常から積極的に知っておき，関与することも必要である．

② 事例の解説

　ワーク2の事例は，育児不安のある母親に対して，保育専門職としての相談・支援に関する事例である．保護者は，子どもの成長に伴ってさまざまな喜びや驚きを感じているが，時には思いがけない子どもの言動で不安を感じる場合もある．その際に身近に相談できる機関や人物があればいいが，慣れない環境ではそれらが分からない，もしくは存在しないために，余計に不安を感じてしまう．保育者は，子どもとの日常の関わりから保護者のそういった心情を把握し，積極的に共に子どもの成長を支えることを伝えることが必要である．また，地域の子育て支援に関する社会資源（子育て支援センター等）や子育てサークル等の情報を保護者に提供し，参加を促すなどで保護者の孤立感を和らげていくことも大切な支援内容となる．

　今日の相談援助・相談支援には，従来の専門職による支援だけではなく，専門職支援という機能を活用しつつ，併せて当事者相互による支援（セルフヘルプグループ）という機能も重視されている．ワーク1の事例の場合は，発達障がい児親の会，ワーク2の事例では各地域の子育てサークルがそれらに該当する．保育者は，地域のそれらの社会資源の情報を把握して適切に保護者に提供できることが求められる．

2 子どもの成長の喜びの共有に必要な保育者の姿勢

子育ては，保護者にとって多くの喜びでもあるが不安な場面もあることを述べてきたが，そのような不安の軽減に保育者の関わりは不可欠である．しかし，若い保育者にとっては年長で経験も豊富な保護者に対する関わりには躊躇することもあるだろう．しかし，保育の専門職として関わる際には，自らの知識と技術を基盤にした子どもの利益と成長のために最善の行動が求められる．特に，子どもに障がいがある場合や保護者が子育てに無関心であるとか虐待の疑いがあるなどの場合は，その対応として保育者は積極的に保護者に関わり，子どもの成長を共に支える役割が必要となる．保護者のさまざまな家庭状況を的確に把握し，どのような相談支援が出来るのかを保育所全体で確認する．必要があれば，他の専門機関や専門職との連携も取りながら，今後の対応を計画することになる．自らの意見を十分に表現できない子どもたちの成長を保護者とともに見守り，子どもと保護者を支えることが大切である．

今日の子どもたちを取り巻く環境が大きく変化する中で，子どもの健やかな成長を育むことは，子どもの家庭だけが負うべきことではなく，社会全体で子どもたちの成長をしっかりと支えることが必要である．その中で，保育の専門職である保育者は，保護者，地域住民との連携をソーシャルワークの知識と技術を活用していくことが大切である．

（佐々木勝一）

第 5 章
子どもの精神保健とその課題
（生育環境とその影響・心の健康問題）

学びのポイント

　保育年齢の子どもは身体的・知的な発育が目まぐるしいことは知られているが，人格形成の基礎にとっても重要な時期であることはあまり強調されていない．基本的信頼感・自己肯定感・意欲向上を生み出す人格基礎部分の上に，安定的な人間関係・社会的達成感が積み上げられ，新しいことに挑戦する人生を可能にする．安定した人格を持つことは，深刻な精神障がいを軽減することにもつながる．

第1節　子どもの精神保健に対する認識

　子どもののびやかなふるまいは，「いのちそのもの」と感じられるところである．ほんの40年前までは，子どもが困ったことに立ちすくむことは多々あったとしても，自分たちの力や大人の支援を得ていたいてい乗り越えていくし，つらかった体験も寝たら忘れていくと一般的に信じられていた．子どもの精神保健上の問題は，ダウン症候群等の遺伝子に起因する疾患と，原因が特定できない知的障がいか，原因不明の自閉症ぐらいであった．子どもが思い悩んで神経症になったり心身症になったりすることは専門的には知られていたが，一般的にはそのようなものは「クセのある子」「おなかの弱い子」程度の了解であった．

　しかし今日では，子どもも乳幼児期から人生課題に直面し，それを乗り越え成人になっていくことが認識されるようになった．対応困難な場面に遭遇すると，子どもも大人と同じように神経症症状を示し，子どもの頃のこころの傷がこころの病につながりうることも，広く知られるようになった．中には，園でのけがや子ども同士のやりとりが，取り返しのつかない「こころの傷」になるのではないかと心配して，憤然と園に抗議する保護者も出てきている．

　「こころの傷」になるかどうかということは，不快な体験に遭っただけで決まるわけではない．本章第3節で詳細に取り上げるが，① 子どもが出来事を認識把握できるか（対象化），年齢不相応な事柄でないか，② 子どもなりに対応できたと思うことができるか（自己防衛能力の有能性），③ 周りが状況を知っていたか等の要素が関係してくる．特に，③ の周囲の気づきは重要である．人はある程度まとまった自我を持っているが，環境と分かちがたく影響を受けている．特に保育年齢においては，特別の配慮が必要で子どものできることは多くないが，同時に「十分にできるようになった」と思える体験も子どもの自尊心形成のために必要である．当然，その自尊心を許容し側面から支援している大人の存在がなくてはならず，子どもの体験している「自分」は，実際には乳幼児自身とその養育を

担っている人によって成り立っている．よって，養育者自身の健康やタイミングの良い応答，安定的な家庭生活などが一体となって，子どもの健康な精神を形成しているといっても過言ではない（エムディ，2018）．

そういう点で，子どもの精神保健についての認識は，少し前の楽観的な時代より一歩進んで，子どもも精神的に不調をきたすことがあるということが認識されるようになってきたといえる．しかし，そのデリケートさを実は養育者や家庭環境が支えているという事実は，十分普及していないようだ．

第2節　子どもの精神的発達の段階

就学前の子どもが発達上乗り越えていくべき心理—社会的危機を，E. H. エリクソン（E. H. Erikson 1902-1994）の発達段階をもとに考えてみよう図5-1に，E. H. エリクソンの理論を乳幼児期の発達が精神保健に与える影響を強調する図に作り変え，示す．

エリクソンは，人生に8つの心理社会的危機を想定し，それぞれの発達の危機が第Ⅴ期の青年期のこころのありようにどのように影響してくるかを説いた（エリクソン，1982：113-186）．

保育年齢はⅠ～Ⅲ段階があてはまる．Ⅰ段階は「信頼対不信」であり，青年期に「自分や社会が信用に値する」ものかどうかを分ける危機が発生する段階である．乳児期に自分の欲求に応じてくれる環境を体験できていると，その体験が「自分は存在するに値する」「自分に必要なものが常に準備されている社会は信頼に値する」という確信を持つ．すぐに出てこなくても待っていたら必ず与えられる体験のつみ重ねから，生きている時間を現実的に把握する感覚を身につけることにもなる．そのため生活は乳児中心で営まれる．第1子を迎える家庭や出産直後から仕事との両立を維持しようとする家庭，自分自身の柔軟性に不安をもつ養育者は，乳児の欲求のために自分自身が破壊されそうな危機

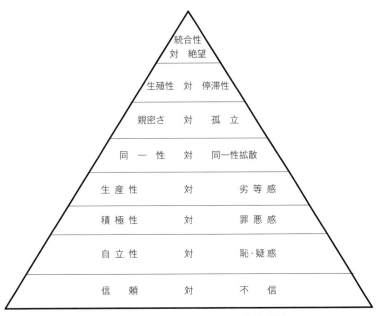

図5-1　エリクソンによる発達段階

(出典) エリクソン（1982）を改変．

を感じる．その思いがこじれてくると児童虐待につながりやすくなる．

Ⅱ段階は自律性と恥・疑惑の危機であり，自分の内外からの要請に主体的にどう対応するかということにまつわる危機を体験する．「外からの要請に応じているうちに自分がなくなる」「自分を貫くと周りが引く」という不安に駆られることなく，相互にメリットのある交流が可能という展望を持てるようになると，自立した個としての自分に自信が持てるようになる．十分にはできないのにやりたがる第一反抗期の自己主張は，このような課題に取り組む一場面といえよう．

Ⅲ段階は積極性と罪悪感の危機である．模倣遊び等を通して，社会にある様々な役割に自分を重ね，将来いろいろな社会的役割が担えるだろうと夢を見るようなる．

以降は，Ⅳ期学童期で勤勉対劣等感，Ⅴ期青年期は同一性対同一性拡散，Ⅵ期成人前期は親密性対孤立，Ⅶ期成人期は世代性対停滞性，Ⅷ期老年期は統合性対絶望と続く．

このようにみると，人が世の中で暮していくための基本的なこころの構えは，就学前の保育年齢までに出来あがっていることになる．子どもの精神機能は柔軟であっという間に多くのものを吸収することができるが，さまざまな知識を吸収する前に，基本的信頼感・安全な相互交流感・積極的な役割取得をしっかり根づかせていくことが，以後の課題達成に役立つ．欧米では，関わりを通して意欲や自己肯定感を育てるような就学前教育を重視している．

1980年代に精神医学で注目された人格障害は，対人関係トラブルを起こし破滅的な人生選択をしてしまう人の人格脆弱性にまつわる障がいである．その障がいに大きく影響を与えるのが，乳幼児期に形成された「見捨てられ不安」だといわれている．乳幼児期の精神的発達の不十分さは，青年期や成人期になって自分らしさの不全感や生きにくさとして現れてくるのである．

第3節　こころの傷と影響

子どもも大人と同じように刺激をストレスと感じ，心身の均衡を保つ自己調整能力を生まれながらに備えている．しかし，子どもの場合，事態を受け止める人格の未発達さや精神機能の発達途上ために，誰かが解決の糸口を提供してくれないと，数少ない初歩的な防衛手段の中で孤軍奮闘していくことになる．

図5-2は，こころの傷が人格に与える影響を比ゆ的にイラストにしたものである．

各年齢層の人格の強度を水平面の面積の広さと仮定する．こころの傷といわれる出来事が同じぐらいのインパクトで発生しても，それを受け止める人格の強度との割合で相対的にダメージが大きくなったり小さくなったり（水平面に占めるマークの面積比率で表現）する．ダメージを小さくしようとして，実年齢以上に人格の強度を上げることもできる．知識を得え，洞察を深めることがそれにあたる．孤軍奮闘の負荷が，自助能力を高めその子を年齢以上に大人にするかもしれない．しかし，実際には，自分の感情を味わい理解する機会を失ったり，「なかなか人は助けてくれない」という思いに駆られ近くにある援助の手が視野に入らなかったりすることになってしまう．

事態に対応するためには，まず自分を不快にする状況について知ることである．何がいつどのようにつらくなるのか把握できないと，どんな恐怖がいつ襲ってくるか常に警戒し続けないといけない．その年齢によく起こることならば，保育者等が気づき伝えてあげることができる．例えば，おもちゃを取り合っているうちに頭部に痛みを感じたようなことは，相手が「怒って叩いたんだよ」と教える

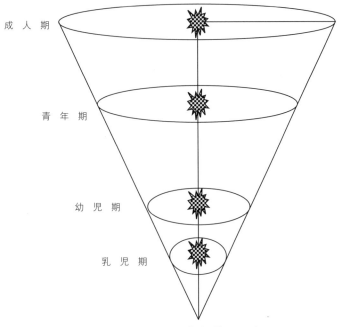

図5-2 こころの傷とダメージ

(出典) 筆者作成.

ことができる．体調不良やけいれんなども同様である．一方で，家族内の不和やその年齢で理解できない事態に対しては，子どもはその出来事を名づけることができない．おさまりの悪い感覚に急ぎ結論を見出そうとして，「自分が悪い子だったから」事態を招くことのなったのだという意味づけなどもよくする．事態収拾に対処しない子どもが考える原因は空想上のもの（例えば妖怪のせいなど）でもよいのだが，子どもの周りで起こる不快な体験をことごとく他者のせいや子ども自身の責任に帰することは自己価値観を損ねる．そのようなこじつけすらできない状態は，こころの中に納まりが悪く，安定が乱れたときに過剰にこころをかき回すことになる．最も衝撃的なものとしては，性的被虐待体験である．

●事例　性的被虐待体験

> 性行為の意味を知らない時期に，性的体験を強いられてしまうと，その出来事と衝撃をどのように受け止めていいのか錯乱に近い混乱に陥る．自分が失われるかもしれないという恐怖から，その出来事そのものを自分の記憶から排除して，なかったことにしなければとても正常さを維持できそうもない．経験が持続している間は体験の排除に必死で，出来事が過去になっても自分に取り扱えない部分が自分の中にある違和感をずっと持ち続けることになる．中には，排除した部分だけでひとつの人格を形成していく人もいる．隠蔽された出来事を告発し，体験の人格への再統合を求める無意識的な動きなのだ．性的虐待は，「口止めされたから」「親を裏切ることになるから」という理由以上に，どのようにそれを称していいのかわからないという事情から被害を訴えにくい．被害者にとって，助けという他者とのつながりを形成できないだけでなく，自分自身とのつながりを損傷されるという点で，生涯にわたって持続する重大な外傷といえる．

84 第Ⅰ部 子ども家庭支援の意義・役割・基本

次に，対処法である．どのような行動を取ったらそれが解消するのかがわからないと，その出来事にこころが負けてしまう．子どもなりに，不快対象を遠ざけてみたり，視野から消し去ってみたり，感じないことにしたり，魔法の呪文で消し去ったつもりになる努力をする．子どもがそのような試行錯誤している間に，養育者や周囲の大人が気づいて不快場面を取り除いてくれたら，子どもは「自分なりにどうにかできた」と思え，安心できる．

それでもどうにもならない困難状況は発生する．たとえば，地震・台風等に被災，家族の喪失などである．そのような場面では，どんな大人も被害や喪失を解消してあげることができない．ただ，「大変だったね」「かわいそうに」と言って寄り添うことしかできない．しかし，このような寄り添いがあることで，自分の身に起こったことを少しずつ理解して，子どもたちは自分を取り戻していく．被災体験を子どもの目線で描写する．

●**事例　子どもが体感する震災**

> 少し前まで家族は着の身着のままでさまよっていた．目に映る景色は石，岩，がれきの山で，空気はちり混じりで息がしづらくもあった．これが現実とは到底思えず，映画のセットの中にいるようにいるようだ．ただ，握られた手についていくしかない．手を離さなかったらどうにかなる．やっと腰を下ろす．「頑張ったね」とくるまれた毛布の肌触りで，目の前の世界に色がついた．「ああ，これで大丈夫」と何かが緩んだ．避難所のがやがやした音が一気に耳に入ってきて，がれきを歩いてきた足が痛い．

最終的に事態に対応できたと思えるには，自分なりに対応できるという手ごたえを得た時である．ケアを一方的に受けているうちは回復した感覚には至れない．子どもの場合できることが限られるが，たとえば，避難所で「大人の手伝いができた」「周りの人を笑わせた」等周りに良い変化をもたらす経験をすることが，自分の対処能力に気づき，今後もどうにか対処していけるのではないかという自信になる．

こころの傷を考えるときに，事実の有無・大小だけではなく，事実が発達上不適切だったか，どのくらいの衝撃を与えたか，子ども自身の対処法が功を奏したか，周囲はその出来事に気づいていたか，何か手当てをしたか等も同時に考慮する必要がある．気づきや手当てによって，子どもが受けるダメージは変わってくる．

出来事と気づきの関係は連環する．変化に敏感で理解のある環境だと，子どもは小さなことでも不適応のサインを表出し，早い段階で周囲の大人にどうにかしてもらうことができる．逆に，周囲が子どもの異変に気づくゆとりがなかったり，保護者自身の不調で応じることができなかったりすると，子どもはつらさを訴えにくい．気づいてもらえないうちにさらに事態が深刻化する．事が大ごとになってから対応を求められると，養育者は困り，十分受け止められず不適切な対応をしてしまって，かえって事態がこじれる可能性が高まってしまう．

第4節　保育の課題

1　生育環境とその影響

子どもの精神保健を，疾患別・障がい別にみていく方法もあるが，本章では，あえて事態と子ども

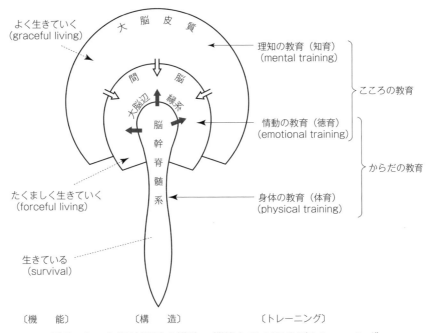

図5-3 中枢神経系の構造・機能とその区分別トレーニング
(出典) 猪飼道夫・須藤春一 (1968)『教育生理学』第一法規, p.181.

と受け止める環境との関係で捉えている．なぜならば，乳幼児期の精神状態は環境と不可分であり，家族と子どもが現状をどう認識したかによって負担感が変わってくるからである（ウィニコット，1993）．つまり，ケアされるべき事態だけでなく，環境の受けとめる能力についても慎重な見極めが必要だからである．たとえば，乳児期の昼夜問わずの母乳要求も，抱える側が限界を感じている時，乳児の存在自体を拒否したいほど許しがたい思いに駆られる．発達障がいの特性が，家族によっては「個性」と認識されているところもある．言葉を発せなくても家族とは意思疎通が可能であるなどのこともその例である．

2 子どものこころの健康に関わる問題

　支援をしていく際には，当事者の困難の種類や領域の分類も必要であるが，本人の「困り感」やニーズを基にアプローチすることが大切である．それは子どもにおいても同様である．さまざまな社会資源があり地域で社会資源の利用しやすさの差もあると思われるが，子どもの困っている気持ちにちょうどよく手を差し伸べることは発達促進にもつながる．子どもの支援の場合は，どのようなものを欲しているのか，子ども自身の口から聞くことはまれである．時に保護者が心配することは本人の助けてほしいことではないということがある．たとえば，運動会の練習ができない，落ちつきがない，いつもひとりであそんでいる等みんなと同じように振る舞えないことで先生に注意を受けることを気に病んでいる保護者と，当の本人はわざとしていないのに，自分なりに頑張っているのに，いつも母親から叱られる，言い分を聞いてもらえないでつらいということがある．その場合，子どもの感じていることを認め子どもの違和感に耳を傾けることで，問題の本質が見えてくる．そして，親子のコミュニケーションが行き違っていることを修正することができる．（プルスアルハ，2015：16-27）以上のよ

うなすれ違いは時々起こりうるので，本章では，あえて当事者の目線で事例等を提示してきた．子どものこころの声を推察しながら，支援を模索することが，遠回りの近道といえる．

　保育所保育指針では，「十分に養護の行き届いた環境の下に，くつろいだ雰囲気の中で子どもの様々な欲求を満たし，生命の保持及び情緒の安定を図ること」としている．（厚生労働省，2017：4）人生選択において，決断を後押しするのは情動（ヒトとしての喜び・悲しみ・恐怖・怒り・欲求等）であり，それらが実感されてこそ，それらをどうコントロールするかという次の課題が可能になってくる．脳の仕組みから考えると，情動をつかさどるのは，間脳の部分である．（**図5-3**を参照）

　生きる基本的な機能を支える脳幹部分と，よりよく人らしく生きていくために機能する大脳皮質をつなぐ，間脳部分の活性化が，豊かな情動を育む．（猪飼道夫，1968：174-180）今日の保育現場では，各園の特徴づけや保護者からの要望などで，知育の取り入れが盛んである．自分の痛みを知りその痛みを人が体験することがないように心を砕く情緒的な豊かさは，評価としては拾いにくい面があるが，思いやりや子どもの安心感のためにも，小さなエピソードを拾って共有しておく必要がある．

　保育にまつわる今般の心配としては，子どもの独自性を尊重するあまり大人並みの自己解決を子どもに求める傾向や，保護者が「良い親であろう」とするあまり先回りして子どもの困難場面を解決してしまう傾向がある．子どもが事実に直面する際の負荷は，子どもが新鮮さをもって出来事に向き合い，自分なりに対処する気になれる程度のものが適切である．結果もさることながら，対処しようとした努力や次への意欲が，事態対処能力を継続的に修得できるか，自分の人生を責任もって楽しめるかを左右する．ここ十数年ほど，精神疾患ではなく，また大きな外傷体験もないようなのに，「何をしたいのかわからない」「世界が無味乾燥したように感じる」という訴えでカウンセリングなどを求めてくる青年が増えてきた．達成経験の不足や場面場面で生き生きとした情緒を体験しそこなったことが，影響しているのではないかと推測される．

　ひと昔多くの人は子どもの精神保健について無知であった．しかし，何が子どもに起こっているか知らなくても，泣いている子はどこの子でもなだめ，なぐさめ，なんらかこころを寄せていた．今はさまざまな知識が流布し，早期に療育につなげる機会も増えてきた．専門的な力を借りるのは大切だが，子どもを障がい名から観察し，困って心細い思いでいる子どものこころに距離を置いてしまっている面も見受けられる．目の前の困っている子どもに寄り添うことが，子どもの自己修復力を培う初めの一歩である．

| ワーク | 災害時の精神保健を視野に入れた対応 |

〈ケースの概要〉

　朝6時半にこども園のある地域で震度4の地震がありました．園では書類や本などが数冊床に落ちた程度で大きな被害はありませんでしたが，地域の状況を考慮して今日は休園にしようということになりました．朝7時すぎに一斉メールで園から休園のお知らせをしましたが，午前中出勤した職員が手分けして，園児の安否確認をしようということになりました．

① 電話が通じたとして，最初にどのようなことから話し出したらいいか，切り出しの言葉を考えてみましょう．

② 保護者と少し話ができる状況の時に，子どもと家庭について把握しておきたい事柄はどんなことがありますか．項目を挙げてみましょう．

③ ある母親から「子どもがくっついてきて，トイレにも行けない」という嘆きをきかされました．この状況をどのように理解して，どのように助言しますか．セリフの形で，応答を考えてみましょう．

（津田尚子）

第6章

地域の子育て力の向上のための保育者の支援

> **学びのポイント**
>
> 　今日，保育者にはその専門性を活かして，地域の子育て家庭に対する必要に応じた支援を積極的に行うことが求められている．本章では，地域の子育て力を向上させるために大切な保育者としての支援のポイント，支援者としてのあり方について学ぶ．また，本章内にて取り上げる事例，ワークを通して，保育者が行う地域の子育て力の向上のための支援に必要な知識とスキルについて理解を深め，それらを身につけていくための取り組みのきっかけとしてほしい．

第1節　保育者が行う地域の子ども家庭支援の役割

　保育所は，保育所保育指針の保育所保育の基本原則，保育所の役割の中において，「入所する子どもを保育するとともに，家庭や地域の様々な社会資源との連携を図りながら，入所する子どもの保護者に対する支援及び地域の子育て家庭に対する支援等を行う役割を担うものである」とその役割が規定されている．また，同指針の第4章（子育て支援）3にある地域の保護者に対する子育て支援の項においては，「保育所は，児童福祉法第48条の4の規定に基づき，その行う保育に支障がない限りにおいて，地域の実情や当該保育所の体制等を踏まえ，地域の保護者等に対して，保育所保育の専門性を生かした子育て支援を積極的に行うよう努めること」とし，地域の子育て，子育て家庭に対する支援は，保育所の，つまり保育士（者）の重要な役割であると定め，保育者がその役割を適切に果たすことを求めている．

　保育者が行う地域の子ども家庭に対する支援の中心的役割として，大きく分けて以下の2つが求められていると言えるだろう．

1　地域の子育て家庭を支える拠点における支援者としての役割

1）地域の子育て家庭への保育所の機能の開放，具体的には園庭開放など施設や設備の開放，体験保育や保育参観の実施
2）子育て家庭の交流の場の提供と交流の促進
3）子育てに関する相談・援助の実施
4）地域の子育て家庭への支援に関する情報の提供
5）子育てに関する講習会等の実施

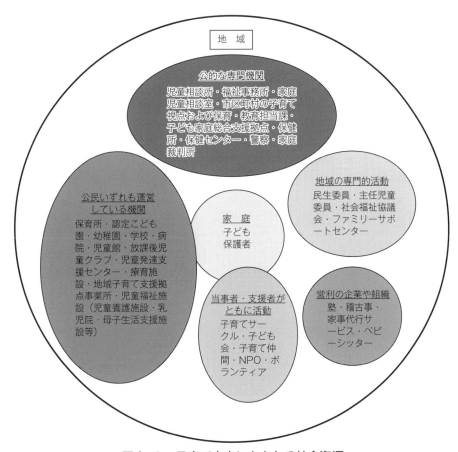

図6-1 子育て家庭にかかわる社会資源

(出典)秋田・馬場(2018)『保育士等キャリアアップ研修テキスト6 保護者支援・子育て支援』p.43をもとに一部改変.

2 一時保育(預かり)の実施による子育て家庭を支える支援者としての役割

　地域の子育て支援拠点における支援者としての5つの役割を果たし,地域の子育て家庭への支援,ひいては地域の子育て力の向上の支援を実践していくためには,保育の専門性をその軸としつつも,必要に応じてはソーシャルワーク等の知識・技術を用いて,専門機関との連携,地域の社会資源の把握と活用を図り,組織的に支援に取り組むことが効果的な支援の実践のために必要である.

第2節　地域の子育てにかかわる社会資源の理解と活用

1　社会資源とは何か

　個人や集団(グループ・家族)のさまざまなニーズを満たしたり,抱えている困りごとを解決へと導くために活用することができるありとあらゆるもののことを社会資源という.子育て家庭への支援にかかわる社会資源とは,子育て家庭が抱えている多様なニーズに応え,困りごとの軽減や解決のために,有用な支援を提供することができるあらゆる機関・施設・組織,制度や資金,知識,スキル,情報,人(人的資源)等も含んでいる(図6-1).

第Ⅰ部　子ども家庭支援の意義・役割・基本

表6-1　フォーマルな社会資源とインフォーマルな社会資源

フォーマルな資源	社会制度としての資源（保育所・児童福祉に関する法律・制度等） 専門的な施設や機関（児童相談所・保健センター・警察・保育所・子育て支援センター等） 公的な人的資源（保育士・社会福祉士・医師・保健師・弁護士・民生委員・主任児童委員等）
インフォーマルな資源	インフォーマルな社会資源としての人的資源（家族・友人・ボランティア・セルフヘルプグループ・サークル仲間等） 社会資源を利用するための資源（交通手段・情報端末・情報等）

(出典) 秋田・馬場（2018）『保育士等キャリアアップ研修テキスト6 保護者支援・子育て支援』p.43をもとに筆者がまとめなおした.

　表6-1のように，社会資源には大きく二分して，フォーマルな社会資源（制度化されている資源，公的な資源）とインフォーマルな資源（制度化されていない資源，私的な資源）とがある．それらは，フォーマル，インフォーマルを問わず，人々のニーズを満たし，また課題の解決へと導くうえで有用なものである．

2　社会資源の活用

　社会資源とは何かを理解したならば，次に大切になってくることは，保育者として子育て家庭を支える社会資源を実際に活用する術を知るということであろう．そのためにはまず，保育者が地域に存在する社会資源について熟知しておくことが重要である．自身が勤務する地域に子育て家庭への支援に関係する社会資源はどのようなものがあるのか，また，それらの特徴とは何かを把握しておくこと，そしてそれらの社会資源の情報について保育者が自ら随時アップデート（更新）を行い，常に最新の情報にアクセスできるよう準備を整えておくことが有効な社会資源の活用のためには不可欠である．また，日常行う保育に支障がない限りにおいて，保育者は地域に足を運び，地域の機関・施設・組織や人との信頼関係とネットワークの形成に努めることも子育て家庭を支えるための地域の連携力を向上させるために必要な要素であることを理解しておきたい．

　次に社会資源の具体的な活用という視点においては，地域の既存の社会資源を熟知しておき活用することは当然のこと，地域にあるものの，いまだ活用されていない，活用の機会が与えられていない，いわば「眠っている」「埋もれている」資源の掘り起こし，つまり「社会資源の発掘」も，子育て家庭を支援し，地域の子育て家庭の支援力を向上させるための保育者としての重要な働きである．たとえば，まだ表には出ていない場合でも，実はさまざまな能力・スキルを持った人々が地域に点在していることが多い．そのような場合，保育者はそれらの人々がそれぞれに持っている能力・スキルを使って地域の子育て家庭への支援のために貢献できるよう，ボランティアを募るなどして「力の活用」の場を提供したり，人と人とをつなぐ等，積極的に働きかけていくことが重要である．

　さらに，社会資源の活用として言うならば，もう一歩進んで，必要な場合には新たな社会資源を保育者自身が，もしくは，ニーズを持っている当事者たちと保育者が協働して生み出すという，「社会資源の開発」という視点とその実践スキルを養うことが大切である．

第6章　地域の子育て力の向上のための保育者の支援　　*91*

●事例1　地域の子育て家庭を支援するための保育者による社会資源の開発

今年の4月に転居してきたS子さん．A保育所が園庭開放を行っていることを知り，1歳6カ月になる子どもをつれて時々訪れるようになった．園庭開放を通して担当保育者とかかわる中で，S子さんから，転居して間もないため地域についてわからないことが多いこと，また家族，親類もいない中で孤独感を感じていること，また，近所ではなかなか年齢の近い子どもを持つ母親との出会いがないこと，自分も同じような年齢の子どもを持つ母親たちとの交流を持ちたいといった思いを打ち明けられた．以前にも他の幾人の母親から同じような話を聞いていた保育者は，地域の関連機関などを通じて地域の子育て家庭支援に関する情報収集を行った結果，近隣地域では子育て支援等の拠点事業や子育て広場の活動が活発ではないことが分かった．そのことを受け，保育者は保育所に掛け合い，話し合いの結果，保育所内において新たに地域の子育て家庭支援のための資源として育児サークルを立ち上げることとなった．

　前述のように，地域にある既存の社会資源を知り活用することが地域の子育て家庭への支援の実践において大切なポイントではあるが，もし活用可能な資源が少ない，あるいは存在しないような場合においては，地域の子育て家庭のニーズに沿って，新たに社会資源を開発することも保育者の重要な役割であり，具体的で有効な支援のあり方であるということを理解しておくことが重要である．新たな資源の開発といってもすぐさまそれを実現化することは容易なことではないだろう．しかし，地域の人的資源とのつながりを活用するなどして，「無いのであれば，新たに作る」といった資源開発のために労を惜しまない粘り強い姿勢が地域の子育て家庭を支え，地域の子育て力を向上させていくために求められる姿である．そのためには，保育所は地域の中に存在するという視点，そして保育者自身は地域になくてはならない重要な人的資源であるという自覚を持つことが重要である．

第3節　地域の子育て家庭支援の実際

　現在，各市区町村において，地域の特性に即したさまざまな子育て支援・子育て家庭支援が展開されている．先にも述べたが，保育者は自らが勤務する地域においてどのような支援が実施されているかを熟知しておくこと，つまり，その実際を知っておくことが必要である．地域の子育て・子育て家庭支援としては多様な活動，事業（**表6-2**）があることをよく理解したうえで，保育所自体も地域の子育て家庭の子育て力向上をその目的として，地域にとっての1つの重要な社会資源としての役割を全うしていくことが求められている．連携を密に持ち，地域の子育て家庭の支援に効果的に役立てることができるよう，近隣地域の状況についてはしっかりと把握しておく必要がある．

　本章第1節においても説明したように，保育所の持つ地域の子育て家庭の子育て力を向上させるうえでの役割機能としては，地域の子育て家庭を支える拠点としての役割と一時預かりの実施によって子育て家庭を支える役割とがある．いずれにしても，保育所が地域と地域の子育て家庭に対してより開かれた「場」となっていくことが重要な役割として求められていることを理解しておきたい．

　地域の子育て家庭を支える拠点としての役割を果たしていくためには，① 地域の親子・子育て家庭の交流の場の提供と交流の促進，② 子育てに関する相談とアシストの実施とそれらが気軽にできる場の提供，③ 地域の子育て家庭への役に立つに情報の提供，④ 子育てに関する地域のニーズに沿った講習会等の実施等を通して，その地域に合った形で地域全般と地域の子育て家庭の子育て力の向上を図り，保護者自身が学び成長できる環境を生み出し整えていくことが保育者としての支援のあり方

表6-2 地域子ども・子育て支援事業一覧

事業名	内　容
利用者支援事業	子ども又はその保護者の身近な場所で，教育・保育施設や地域の子育て支援事業等の情報提供及び必要に応じて相談・助言等を行うとともに，関係機関との連絡調整等を実施する事業
地域子育て支援拠点事業	乳幼児及びその保護者が相互の交流を行う場所を開設し，子育てについての相談，情報の提供，助言その他の援助を行う事業
妊婦健康診査	妊婦の健康の保持及び増進を図るため，妊婦に対する健康診査として，① 健康状態の把握，② 検査計測，③ 保健指導を実施するとともに，妊娠期間中の適時に必要に応じた医学的検査を実施する事業
乳児家庭全戸訪問事業	生後4か月までの乳児のいる全ての家庭を訪問し，子育て支援に関する情報提供や養育環境等の把握を行う事業
養育支援訪問事業	養育支援が特に必要な家庭に対して，その居宅を訪問し，養育に関する指導・助言等を行うことにより，当該家庭の適切な養育の実施を確保する事業
子どもを守る地域ネットワーク機能強化事業（その他要保護児童等の支援に資する事業）	要保護児童対策地域協議会（子どもを守る地域ネットワーク）の機能強化を図るため，調整機関職員やネットワーク構成員（関係機関）の専門性強化と，ネットワーク機関間の連携強化を図る取組を実施する事業
子育て短期支援事業	保護者の疾病等の理由により家庭において養育を受けることが一時的に困難となった児童について，児童養護施設等に入所させ，必要な保護を行う事業
ファミリー・サポート・センター事業（子育て援助活動支援事業）	乳幼児や小学生等の児童を有する子育て中の保護者を会員として，児童の預かり等の援助を受けることを希望する者と，当該援助を行うことを希望する者との相互援助活動に関する連絡，調整を行う事業
一時預かり事業	家庭において保育を受けることが一時的に困難となった乳幼児について，主として昼間において，認定こども園，幼稚園，保育所，地域子育て支援拠点その他の場所で一時的に預かり，必要な保護を行う事業
延長保育事業	保育認定を受けた子どもについて，通常の利用日及び利用時間以外の日及び時間において，認定こども園，保育所等で保育を実施する事業
病児保育事業	病児について，病院・保育所等に付設された専用スペース等において，看護師等が一時的に保育等を実施する事業
放課後児童クラブ（放課後児童健全育成事業）	保護者が労働等により昼間家庭にいない小学校に就学している児童に対し，授業の終了後に小学校の余裕教室，児童館等を利用して適切な遊び及び生活の場を与えて，その健全な育成を図る事業
実費徴収に係る補足給付を行う事業	保護者の世帯所得の状況等を勘案して，特定教育・保育施設等に対して保護者が支払うべき日用品，文房具その他の教育・保育に必要な物品の購入に要する費用又は行事への参加に要する費用等を助成する事業
多様な事業者の参入促進・能力活用事業	多様な事業者の新規参入を支援するほか，特別な支援が必要な子どもを受け入れる認定こども園の設置者に対して，必要な費用の一部を補助する事業

（出典）内閣府『地域子ども・子育て支援事業の内容』
　　　　〈http://www8.cao.go.jp/shoushi/shinseido/faq/pdf/jigyousya/handbook7.pdf〉

としてしっかりとおさえておく必要がある.

　一時預かりによる支援は，「家庭において保育を受けることが一時的に困難となった乳幼児について，主として昼間において，認定こども園，幼稚園，保育所，地域子育て支援拠点その他の場所において，一時的に預かり，必要な保護を行う事業」という位置づけに基づいて実施されるが，保育者は，地域の子育て家庭への支援を実施するにあたって，一時預かりによる支援の意義と留意点についてよく理解しておくことが必要である.

一時預かりの意義としては，以下の４つをあげることができるだろう（秋田・馬場，2018：55）．

① 緊急事態にも保護者と子ども双方のウェルビーイングが保障される

② 保護者は短時間もしくは不定期の就労等の活動が保障される

③ 育児疲れによる保護者の心理的・身体的負担から，一時的に解放されることにより，子育ての負担軽減を図り，リフレッシュすることができる

④ 子どもにとっては保護者以外の人とかかわることにより，良好な保育環境が整備され，発達保障の場が確保される

●事例２　一時預かりの利用に対しためらいを示す保護者の例

　　２児（４歳の女児と８カ月の男児）の母親であるM子さんの連日見るからに疲れきった様子が気になっていた保育者は，まだ保育を受けていない８カ月の子どもを対象に，園が実施している一時預かり事業を利用してはどうかと会話をする中ですすめてみた．するとM子さんは，「親から離して子どもを預けひとりにするなんて，この子がかわいそうですよね」「この子から離れて何かをする自分なんて，母親として失格なのではないかと思うんです」と答えた．

　この事例のように，一時預かりに対してためらいを示す保護者もいることも理解しておく必要がある．そのような場合，まずその保護者の思いや考えに共感し，感情を受容することが大切である．それとともに，保護者に理解を示しつつ，上記の一時預かりの意義（もたらされる良さ）について丁寧かつ分かりやすく説明することが大切な基本的姿勢である．罪悪感を覚えている保護者に対しては，保護者自身もひとりの完璧ではない人間であること，短くともリフレッシュする時間を取ることを大切にしてもよいということ，そのことによって心身ともに余裕をもって子どもと接することが可能になること，それが，子どもにとっても保護者自身にとってもよりよいかかわりにつながることを伝え，保護者であると同時にひとりの人であり，その自分自身をいたわり大切にすることは決して自己中心的なことではないことを保護者に伝え，優しく励ましていく支援者としての姿勢を大切にしたいものである．

　一時預かりによる支援を行う際には，緊急な場合も含めて，預けられる子どもは新たな環境におかれること，また，事情によっては，何らかの喫緊の事態がその背景としてあることも考えられることから，子ども自身が心身的にも不安定な状況におかれることも考えられる．例をあげるならば，保護者と離れた経験が少ない場合や，月齢・年齢が低い子どもが多いことことから，人や場所等の環境に慣れることが難しく情緒的に不安定になりやすい，そもそも普段から集団に慣れ親しんでいないといった場合である．そのため，一時保育による子ども・子育て家庭への支援を行う保育者は，まず子どもが安心して安全に過ごすことができる快適な環境を提供することを心がけてかかわることが重要である．子どもがゆったりとした環境の中でその時を過ごすことができるよう，家庭的な雰囲気を作り出すことを大切にし，それぞれの子どもの独自性，特徴を尊重したうえでそれに応じたかかわりを心がけることが重要になる．

第Ⅰ部　子ども家庭支援の意義・役割・基本

ワーク1　地域にある子育て家庭への支援に関連する資源を知る

　スマートフォン・ダブレット・パソコン等を使用して，あなたが住んでいる地域にある子育て家庭への支援に関連する社会資源を調べてみよう．さらにグループになって調べた内容を共有してみよう．

ワーク2　地域子ども・子育て支援事業の実際を知る

　表6-2「地域子ども・子育て支援事業一覧」の中から幾つかの事業を選び，あなたが住んでいる地域においては，それらの事業はどこが主体となり，どのような形で行われているかをスマートフォン・ダブレット・パソコン等を使用して調べてみよう．さらにグループになって調べた内容を共有してみよう．

ワーク3　ロールプレイ（援助的なかかわり，言葉がけとは？）

　事例2を読んだうえでペアをつくり，一人が保護者役，もう一人が保育者役になってロールプレイを行ってみよう．保育者役になった人は，援助的なかかわりを心がけ，どのような言葉がけをすれば良いかを考え対応してみよう．ロールプレイが終了したら，保護者役の人からのフィードバックをもらい，よりよい対応について考えるきっかけとしよう．その後，役割を交代して再度前述の手順でロールプレイを行ってみよう．

（小山　顕）

第7章

保育者の資質向上とスーパービジョン

> **学びのポイント**
>
> 本章では，ソーシャルワークにおけるスーパービジョンとは何なのか，何のために実施するのかなど目的や意義を理解した上で，理論や方法を学び，保育の現場での活用を考えたい．まずは，章末のワーク1に取り組み，本文を通してスーパービジョンについて整理した後，最後にワーク2に取り組んでほしい．

第1節　保育におけるスーパービジョンとは

　みなさんが目指している保育者は広義に捉えると対人援助職といえる．対人援助職には，ほかにも看護師や社会福祉士などさまざまな専門職が含まれる．それぞれ基盤となる資格や理論，技術などは異なるが，いずれも人の生活や命を支える援助を行う専門職である．言い換えると，対人援助職は，援助を必要としている人の生活や命に大きな影響を与える存在でもあるため，援助の媒体となる対人援助職自身の専門性や資質の向上が求められる．

　では，専門性や資質とは，どのようなものなのだろうか（「ワーク1」で整理した内容を基にしながら考えてほしい）．たとえば，児童福祉法第18条の4で「この法律で保育士とは（中略）専門的知識及び技術をもつて，児童の保育及び児童の保護者に対する保育に関する指導を行うことを業とする者」とされている．また，児童福祉施設の設備及び運営に関する基準では，第7条「児童福祉施設に入所している者の保護に従事する職員は，健全な心身を有し，豊かな人間性と倫理観を備え，児童福祉事業に熱意のある者（以下略）」とされている．つまり，保育者という対人援助職には，保育や教育に関する専門的な知識や技術だけではなく，心身の健康，人間性，社会性，価値観など多岐にわたる専門性や資質が問われることになる．

　このような専門性や資質を，多くの保育者は，養成校に通ったり，自学したりして身に付ける．しかし，それだけでは，到底現場で通用しないだろう．なぜなら，援助の対象は「人」であり，その「人」は誰一人として同じではないからである．自分の想像以上の出来事も多々起こる．養成校で学んだ理論さえも十分でなかったり，通用しなかったりする場合もある．自分の援助が正しいのかわからない，援助による成果が見出せないことも多いだろう．だからこそ，自分が出会う子どもや保護者と向き合い，関係性を形成しながら，養成校で学んだ理論と現場での実践を結びつけていく経験を積み重ねることが，より適切な援助へとつながる．援助は一日にして成らず．保育者としての生涯を通して学び，対象や援助に向き合い続けていくことが必要なのである．このことは，児童福祉施設の設備及び運営に関する基準（第7条の2）においても，「児童福祉施設の職員は，常に自己研鑽に励み，法に定める

図7-1 保育におけるスーパービジョンの関係
(出典) 筆者作成.

それぞれの施設の目的を達成するために必要な知識及び技能の修得、維持及び向上に努めなければならない」と示されている.

援助者（保育者等）[注]が専門職として成長し続けることは容易ではないだろう. そのため、対人援助の領域では、援助者の成長を支え、より質の高い援助を目指していくスーパービジョンを活用することが多い. スーパービジョンには、「助言をする者＝スーパーバイザー」と「助言を受ける者＝スーパーバイジー」が存在する. たとえば、保育園でいうと、園長あるいは主任がスーパーバイザーとなり、1年目の新任保育士が「スーパーバイジー」となって保育に関するスーパービジョンが行われる、という形となる. もちろん、園外からスーパーバイザーを招く場合もある. 園長や主任等から助言をもらうことは日常的に行われているだろうが、スーパービジョンは単なる上司からの一方的な指示や単発的な指導ではない. 保育におけるスーパービジョンとは、子どもや保護者により質の高い保育や援助を提供するために、スーパービジョンの目的を共有した上で、スーパーバイザーがスーパーバイジーの保育者としての成長を組織的に支援するプロセスであるといえる (図7-1).

また、スーパービジョンは、専門職養成段階で実施される実習でも活用される. 実習生が実習で経験したケースやエピソードについて、施設内の実習指導担当者や養成校の教員からスーパービジョンを受ける. すでに社会福祉士や看護師養成段階に関しては、施設と養成校との連携が図られ、実習におけるスーパービジョン体制が整えられている. 保育者養成に関しても、徐々にスーパービジョン体制が重視されつつある段階である.

第2節　スーパービジョンの機能

スーパービジョンでは、援助者が専門職として育っていくことを大きな目的とし、それが最終的には援助や保育の質の向上につながることが見通されている必要がある. この目的を達成するために、スーパービジョンには主に3つの機能があるとされている (図7-2).

まず、援助者個人がもつ専門的知識や技術を高めていくための「教育的機能」である. 保育者では、保育に関する知識や技術はもちろん、保育観や子ども観のような保育者としての価値観、さらには倫理観などを高めていく. 専門職として成長するという視点では、教育的機能がスーパービジョンの最もわかりやすい機能かもしれない.

しかし、前節で述べたように援助の対象は「人」であるが、逆にいうと、援助を提供する援助者も「人」である. そのため、援助者自身も仕事や私生活においてストレスを抱える場合や、援助者自身

注) 援助者とは、子どもや保護者を援助する保育士など. また、障がいのある子どもを援助する人.

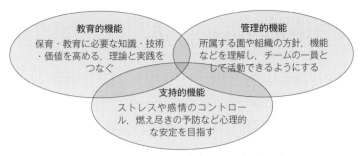

図7-2　スーパービジョンの主な機能

(出典) 筆者作成.

にも好き・嫌い，得意・不得意があって感情のコントロールが難しい場面もあるだろう．近年では，対人援助は「感情労働」であるともいわれている．たとえば，どんなに保育者が苦手だと思う保護者であっても笑顔で挨拶をしなければならない．倫理的に求められていることを遂行しようと思えば思うほど，そこにストレスがかかってくる．適度なストレスは意欲ややりがいにつながるが，対処しきれないほどの過剰なストレスになると，急激に意欲が低下したり，身体的な症状に現れたりして，仕事を続けることができなくなる場合もある．いわゆるバーンアウト（燃え尽き症候群）である．このような状況になると，専門的知識や技術を積み重ねることさえできなくなるため，援助者自身の心理的な側面を支える役割が必要となる．それが「支持的機能」である．保育者の離職率が注目されている昨今，仕事を続ける意欲を保つためにも，この支持的機能はスーパービジョンの基盤となる機能といえる．

　3つ目は「管理的機能」である．対人援助職のほとんどは，何らかの「組織」に属している．たとえば，保育者も「○○保育園の△△先生」として働き，○○保育園という「チーム」で保育を提供する．当然だが，そのチームは複数の保育者から成り立つため，チームとしてのルールや方針が必要となる．保育者たちが同じ方向性を向いておらず，対応が一貫していないと，子どもや保護者が混乱してしまうことは容易に想像できる．保育者個人のやり方や価値観も大切ではあるが，同時に，組織の一員として，自分の所属する組織の理念や方針，組織が自分に何を求めているのか，組織の中で自分がどのような立場なのかなどを理解しようとすることも重要である．保護者が保育園を決める時，「△△先生に指導してほしい」という要望よりも「○○保育園に通わせたい」という要望が多いのではないだろうか．あるいは，みなさんが就職先を決める場合も「貴園の□□という理念に感銘を受け……」などとアピールすることもあるのではないだろうか．逆に「自分のやりたい保育と園での方向性が異なる」という理由で離職する場合もある．したがって，スーパービジョンを通して，自分の思いや価値観を大切にしつつ，チームの一員として組織を理解することが，専門職としての成長及び援助の質の向上につながるといえる．

　このように，スーパービジョンの機能は3つの視点から捉えられているが，それぞれの機能が独立しているわけではなく，重なる部分や絡み合う部分が存在したり，スーパーバイジーの特性や状況によってそれぞれの機能の重みづけも変わったりする．

第3節　スーパービジョンの形態

1　個別（個人）スーパービジョン

スーパーバイザーとスーパーバイジーの1対1で行われるスーパービジョンが個別スーパービジョンである．最も基本的な形態であり，2者間でのやり取りになるため，スーパーバイジーが話しやすい環境を柔軟に設定することができる．時間や場所などを設定し，定期的に行うような構造化された形態もあるが，特別な設定をせず，日常の業務の合間に（立ち話のような形で）行われることもある．また，スーパーバイザーとスーパーバイジーの間で安定した関係を形成できる可能性も高いため，スーパーバイジーの自己覚知を促したり，課題を明確にしたり，ケースを掘り下げたりするなど，スーパーバイジーの個々のニーズを充たしやすいといえる．

一方で，両者の相性が合わなかったり，両者のスーパービジョンに対する理解が不十分だったりすると，すれ違いが生じたり，両者の関係が悪化してしまったりする場合もある．また，1対1という形態は取り組みやすいため，スーパーバイザーもスーパーバイジーもスーパービジョンであるという認識が低くなり，スーパービジョンが成立しない状況にもなりかねないので気を付けてほしい．

2　グループスーパービジョン

スーパーバイザーとスーパーバイジーが数名を含み，集団で行われるスーパービジョンがグループスーパービジョンである．ケースカンファレンスや職員会議，園内研修などで活用されることが多いが，個別スーパービジョンと同様に，スーパービジョンだと認識されずに進められている場合もある．グループスーパービジョンでは，グループダイナミクスのようなグループワークの理論や技術を活用できることが大きな特徴といえる．同じ立場である複数のスーパーバイジーがいるため，互いのケースに対する議論や意見交換，スーパーバイザーによる助言等を通して，自分のケースに置き換えて考えたり，スーパーバイジー同士での共感や助け合いなどの意識も芽生えたり，多面的な視点でスーパービジョンを展開することができる傾向が高い．

しかし，場合によっては，単なる報告に留まってしまい，スーパービジョンの本来の目的が達成されないこともある．また，集団であるため，時間や場所の設定が難しくなり，定期的・継続的な実施につながらない可能性も出てくるだろう．

3　その他

明確なスーパーバイザーとスーパーバイジーが存在せず，同じ仲間同士でスーパービジョンを展開し合う「ピア・スーパービジョン」がある．上司などのようなスーパーバイザーが存在せず，メンバー全員がスーパーバイザーであり，スーパーバイジーであるため，より自己開示しやすい，話しやすい環境で行うことができる．逆にいうと，スーパービジョンを管理する存在がいないため，目的が曖昧になったり，互いの批判が中心になったりする場合もある．

その他，実際の援助場面でスーパーバイザーが自らモデルを示して行われる「ライブ・スーパービジョン」，援助者自身が自分で行う「セルフ・スーパービジョン」など，多様な形態が展開されているため，スーパービジョンの目的や状況に応じて選択し，各形態の特長と留意点に考慮しながら実施

図7-3 スーパービジョンの主な展開過程
(出典) 筆者作成.

する.

第4節　スーパービジョンの展開過程

　スーパービジョンは，多くの場合，図7-3のような流れで行われる．第1段階としては，スーパーバイザーとスーパーバイジーの間で誤解やすれ違いのないように約束事や確認事項を共有していく．スーパービジョンも援助と同様，闇雲に行うのではなく，計画的に実施されることが望まれる．具体的には，スーパービジョンの目的，形態，時間，頻度，全体の回数，期間，倫理的配慮などを話し合いながら決め，互いに納得した上でスーパービジョンが開始される．このような作業は，スーパーバイザーもスーパーバイジーもこれから「スーパービジョンが始まる」という「意識」をもつためにも重要な段階である．

　第2段階では，契約の内容や計画に基づいてスーパービジョンが実施される．スーパーバイザーもスーパーバイジーも，第2節で示した機能を意識しながら進めていく．特にスーパーバイザーは，次の第5節で示すような技術も意図的に活用していく．基本的には，毎回スーパーバイジーが自分の課題やケースの概要，困難を感じている状況などを整理して資料を作成する．可能であれば，事前にスーパーバイザーに提出しておくと効率的である．スーパーバイジーはその資料に基づいて説明をした後，質問のやり取りやスーパーバイザーからの助言がある．終了後は，議論や助言の内容，感じたこと，気づいたことなどを，スーパーバイザーとスーパーバイジーがそれぞれに記録を残し，次回につなげていく．この繰り返しによって，課題の解決やスーパーバイジーの成長が促される．

　第3段階では，計画された期間や回数が終了し，スーパービジョンの総合的な評価，まとめを行う．当初の目的の達成度，その他どのような成果が得られたか，スーパーバイジーにはどのような成長があったのかなどについて，スーパーバイザーとスーパーバイジーがそれぞれに整理し，場合によっては次の課題を見出していく．さらにスーパーバイザーは，スーパーバイザーとしての態度や助言の内容などがスーパーバイジーにとって適切であったかなどについても振り返ると，スーパービジョンの質の向上にもつながるだろう．

　第4段階は終結である．スーパーバイジーの成長過程や課題を整理するためには，区切りをつけていくことが大切となる．終わりを迎えることで，気持ちの切り替えができることもある．評価の結果を基に，課題がある程度解決されたのであれば，スーパービジョンはそのまま終結し，課題が残されているのであれば，スーパービジョンの新たな開始になる場合もある．

第5節　スーパービジョンに必要とされる技術

　スーパーバイザーとスーパーバイジーの関係は，援助者と利用者あるいは保育者と子ども・保護者

との関係によく似ている．保育者が子ども・保護者を支えるように，スーパーバイザーもスーパーバイジーを支える存在である．つまり，スーパーバイザーには，基本的に援助で活用されている技術を基にスーパービジョンを展開していく．たとえば，ケースワークにおけるバイスティックの7原則をはじめ，スーパーバイジーが話しやすい環境（座る位置・距離への配慮，音や光の調整，プライバシーの確保など）や受容・共感を示す態度（視線，うなづき，あいづち，姿勢など），スーパーバイジーの課題の整理や自己覚知を促すための面接技術（繰り返し，感情の反射，閉ざされた質問，開かれた質問など）が求められる（第1編第7章などを参照）．

グループスーパービジョンを行う場合には，ケースワークの技術に加えて，グループワークの技術も駆使する（第1編6章参照）．さらに，スーパービジョンの形態に限らず，スーパーバイジーの課題を解決するためには，組織全体とのバランスを考えたり，組織を動かしたりする技術が必要になる場合もある．たとえば保育園では，園全体の保育計画はもちろん，園内外研修体制，人事管理体制，安全・危機管理体制，就業規則など，園の運営に関する理解や技術も重要となる．

このように，スーパーバイザーには多面的かつ高度な技術が求められ，スーパービジョン体制を整えるためには，スーパーバイザーを養成していかなければならない．保育の領域でも，保育の質を保つために，保育者不足の解消や保育者の資質向上への取り組みが不可欠となっている．今後，保育者を支えるスーパーバイザーの養成や園内でのスーパービジョン体制の整備に関する研究や実践が積み重ねられていくことに期待したい．

ワーク1

　保育者に必要な専門性や資質とは何だろうか？　また，その専門性や資質を向上させるためにはどのようにすればよいだろうか？　自分なりの考えをまとめてみよう．さらに，グループになって共有してみよう．

保育者に必要な専門性や資質	専門性や資質を向上させる方法
〔自分の考え〕	〔自分の考え〕
〔他者の考え〕	〔他者の考え〕

ワーク2

実習やボランティアで経験したエピソードの中で，失敗した経験や困難を感じた経験をあげて，学生同士のピア・スーパービジョンに取り組んでみよう．

① ２人組あるいは複数名でグループを作る
② スーパービジョンに関する約束事を確認し，スーパーバイジーの順番を決める
③ 各自ワークシートのA～Cまでを記入する
④ ②で決めたスーパーバイジーの順番に沿って，１名ずつA～Cまでを説明し，他のメンバーから助言を受ける
⑤ 最後に，DとEを記入し，スーパービジョンを振り返る

ワークシート

Aエピソードの概要，状況	
Bその時の自分の思い，感情	
C自分が考える疑問点や問題点，検討してほしい点	
D受けた質問や助言の内容	
E助言を受けての気づきや感想，今後への課題	

（青井夕貴）

第Ⅱ部

子ども家庭支援における詳説

第8章

子ども家庭支援における実践・連絡・記録・評価

学びのポイント

　本章では子ども家庭支援において必要なものとして，その実践のあり方や記録のとり方，支援内容の評価方法について説明する．地域のつながりが希薄化している昨今において，子育てに関する身近な支援者として，保育者の役割が増々高まってきている．保育者が地域の子育て支援を担う専門職者であるなら，その支援はこれまでに培われてきた理論や方法論に基づいた一貫性のあるものでなければならない．ここでは，そうした専門職者としての支援の視点について学んでほしい．

第1節　子ども家庭支援における実践について

　保育所保育指針では保育所保育に関する基本原則として「入所する子どもを保育するとともに，家庭や地域の様々な社会資源との連携を図りながら，入所する子どもの保護者に対する支援及び地域の子育て家庭に対する支援等を行う役割を担う」とある．つまり，保育所に通う保護者に対する個別的支援と共に，地域の繋がりを生かした，総合的な子育て支援の拠点となることを保育所に求めている．今や保育所は地域の子育て支援の重要な役割を担っている．

　保育者は，日常の保育活動を通して子どもの変化にいち早く気づくことができる立場にある．例えば，保育相談や連絡ノート，送迎時の会話，保護者懇談会や保育参観や運動会，生活発表会などの機会を通して，保護者の子育ての状況や家庭環境について知ることができる．このような保育所の特性や保育環境を生かし，家庭内や育児についての悩みや問題が保護者にある場合は，保育者は保護者の受容，自己決定の尊重，プライバシーの保護や守秘義務などのソーシャルワークを活用した基本的姿勢が必要である．そして，子どもと家庭の実態や保護者の心情把握に努め，保護者自身が納得して解決に至るように関わっていくことが大事である．

　保育所を利用している保護者及び地域の保護者などに対する子育て支援については保育所保育指針の第4章「子育て支援」において具体的に示されているので**表8-1**として掲載しておく．

第8章　子ども家庭支援における実践・連絡・記録・評価　*103*

表8-1　保育所に入所している保護者に対する支援

保育所を利用している保護者に対する子育て支援	地域の保護者などに対する子育て支援
（1）日常の保育に関連した様々な機会を活用し子どもの日々の様子の伝達や収集，保育所保育の意図の説明などを通じて，保護者との相互理解を図るよう努めること． （2）保育の活動に対する保護者の積極的な参加は，保護者の子育てを自ら実践する力の向上に寄与することから，これを促すこと． （3）保護者の就労と子育ての両立等を支援するため，保護者の多様化した保育の需要に応じ，病児保育事業など多様な事業を実施する場合には，保護者の状況に配慮するとともに，子どもの福祉が尊重されるよう努め，子どもの生活の連続性を考慮すること． （4）子どもに障害や発達上の課題が見られる場合には，市町村や関係機関と連携及び協力を図りつつ，保護者に対する個別の支援を行うよう努めること． （5）外国籍家庭など，特別な配慮を必要とする家庭の場合には，状況等に応じて個別の支援を行うよう努めること． （6）保護者に育児不安等が見られる場合には，保護者の希望に応じて個別の支援を行うよう努めること． （7）保護者に不適切な養育等が疑われる場合には，市町村や関係機関と連携し，要保護児童対策地域協議会で検討するなど適切な対応を図ること．また，虐待が疑われる場合には，速やかに市町村又は児童相談所に通告し，適切な対応を図ること．	（1）保育所は，児童福祉法第48条の4の規定に基づき，その行う保育に支障がない限りにおいて地域の実情や当該保育所の体制等を踏まえ，地域の保護者等に対して，保育所保育の専門性を生かした子育て支援を積極的に行うよう努めること． （2）地域の子どもに対する一時預かり事業などの活動を行う際には，一人一人の子どもの心身の状態などを考慮するとともに，日常の保育との関連に配慮するなど，柔軟に活動を展開できるようにすること． （3）市町村の支援を得て，地域の関係機関等との積極的な連携及び協働を図るとともに，子育て支援に関する地域の人材と積極的に連携を図るよう努めること． （4）地域の要保護児童への対応など，地域の子どもを巡る諸課題に対し，要保護児童対策地域協議会など関係機関等と連携及び協力して取り組むよう努めること．

（出典）「保育所保育指針」を基に筆者作成．

第2節　子ども家庭支援における連絡・連携について

1　職員間での連絡・連携

　子育てに関するニーズが多様化する昨今，保護者支援において，担当の保育者だけでは解決することが困難なケースも存在する．こうした場合，一人で抱え込まず，所属する長を中心として，他の職員と共にケース検討などを行い，連携しながら問題解決に取り組む体制を構築する必要がある．

　ケース検討にあたっては，保育者の専門性という視点から情報収集とアセスメントを行い，その上で活用する社会資源を選択し支援計画を立てることが重要である．収集する情報としては保護者の意向や思い，家族の状況，関係する社会資源，子どもの発達や行動の特徴，生活リズムや生活習慣，そして保育所における子どもの行動特徴，送迎時や連絡帳の記述等に見られる親子関係などがある．また，必要な社会資源のない場合は，開発するといったことが必要となる場合もある．

2　他機関との連絡・連携

　子ども家庭支援において，問題となっている内容によっては保育所だけでは対応できないケースや，他機関において支援を受ける方が適切である場合もある．前者においては，他機関との連携をとりながら支援計画を立て，子どもや保護者を支援する体制の構築が重要となる．特に，児童虐待やマルトリートメントが疑われる場合は，状況によっては保護者と保育者との間で意見の不一致が起こり，対立して関係が損なわれることもある．そうならないために保育者は，常に保護者に寄り添う姿勢を保

ち，子どもや保護者のもつストレングスに注目し，エンパワメントしていくことが大切である．しかしながら，子どもの心身に危険が生じると予測される場合は，第1に子どもの最善の利益を考慮し，児童相談所や要保護児童対策地域協議会などの関係機関への連絡を行い，連携していくことが強く望まれる．

第3節　保護者支援における記録の必要性について

1　記録の意義

保育者の仕事は，子どもと直接かかわる保育業務が大半を占めるが，それだけではなく日誌や指導案，個別支援計画の作成なども重要な職務の一つである．では，なぜこうした記録をとる必要があるのであろうか．それは，記録つけることで，情報を整理したり，職員間で共有することができ，根拠のある支援につなげることができるからである．したがって，記録をつけない支援は専門職者が行う支援とはいえない．

記録をとることにより，家族の取り巻く社会的環境を客観的に捉えることが可能となり，必要な社会資源の選択や真のニーズをつかむことができるのである．

支援計画は，得られた情報を整理，記録し，それらに基づき策定し，実行していくことが基本である．また，支援過程においても常に記録をとることで，解決へと向かっているのかをモニタリングすることができ，計画過程を評価することができるのである．さらに，書き留めた記録は，より適切な支援につなげていくための貴重な資料となる．記録を事例検討などで活用することで，専門職者としての援助技術を向上させていくことができるのである．

2　記録様式

記録の様式には，客観的事実を時系列に沿って記録するものと，事実と共に記録者の主観的な解釈や分析が加えられたものがある．ここでは，それらの様式のうちの① 叙述体，② 要約体，③ 説明体について取り上げることとする．

① 叙述体

ケースワーク面談などで使われる最も基本的な記録方法である．「叙述」とは順を追って物事を述べることである．保護者との面接過程等で起こった出来事，保護者や保育者の発言や行動など，客観的事実に従い整理し，それらを時間的順序に沿って記述していく文体である．叙述体には，さらに圧縮叙述体と過程叙述体に分けられる．

圧縮叙述体は，支援過程を圧縮して，要点をまとめ，比較的端的に記述していく文体である．過程叙述体は，支援過程についての出来事，やりとり，動作，行動などを詳細に記述するもので，スーパービジョンなどの教育訓練でよく用いられている．

② 要約体

「要約」とは要点をまとめるということである．要約体は，支援過程や内容，その他の情報を素材とし，系統立てながらポイントを明確にしていく文体である．叙述体とは違い，保育者の思考を通して支援過程の全体の概要が把握できるように要約されるものである．

③ 説明体

「説明」とは，ある事柄を分かるように述べることである．説明体は，客観的事実と共に，保育者の解釈や分析，考察などの主観的見解が加わった記録のことである．なお，記録にあたっては，事実と意見とを明確に区別できるように記述していく必要がある．

第4節　保護支援における評価について

子ども家庭支援は，保育者のもつ専門的知識と技術に基づいて意図的・計画的に行われるものである．したがって，その問題が解決に向かって支援が進んでいるのか，ニーズが満たされているのかを客観的に評価し，判断する必要がある．支援効果を測定し，評価することで，有効かつ合理的に支援を進めていくことができるのである．評価の方法としては ① 保育者による評価，② 保護者による評価，③ 所属する保育現場による評価，④ 第三者機関による評価などがあるが，ここでは，保育現場で有効である効果測定の方法を 2 つ紹介する．

1　行動変容アプローチによる評価方法

行動変容アプローチとは，行動に焦点を当て，それらの行動に伴って起こる一連の関連性に注目することで，その行動の変容を図るという技法である．たとえば，暗い部屋に入る際に電灯のスイッチを押し，部屋を明るくする．という行動の中には，「暗い→スイッチを押す→明るい」という一連の流れがあり，スイッチを押すという「行動」は直後にもたらされる明るさを得られるという「結果」に影響を受けている．結果を変えて，スイッチを押しても明かりが得られないようになると，スイッチを押す行動は無くなっていくだろう．こうした行動の法則に基づきながら支援していくものが行動変容アプローチである．

この技法の基本的な効果測定の方法は，標的とする行動に着目し，その行動の頻度を調べることである．まず，普段どれくらいその行動が起こるのかを明らかにし，介入によってその行動頻度がどのように変化したのかを調べることで，介入効果の検証を行う．目に見える行動に焦点を当てることで，客観的に評価ができる点がこの測定方法の特徴の 1 つである．

単一事例研究法

この研究法は，測定する対象者 1 名から調査することができるため，子ども家庭支援での個別ケースなどに大いに活用できる．測定の基本は，ベースラインと呼ばれる，支援を行う前の期間とインターベンション（介入）と呼ばれる支援開始後の期間の 2 つのフェーズを比較することによって介入効果を評価するものである．単一事例研究法には，いくつかの方法があるが，基本形として AB デザインがある．

AB デザインは，A をベースライン，B をインターベンションとして，この 2 つから成る最もシンプルなデザインである．A と B を比べることによって効果を検証できるという点で比較的作業は容易である．しかし注意すべき点として，介入期間にこちらが意図していない，別の変数が標的行動に影響を与えている可能性があるので，この点は注意が必要である．たとえば，他児を叩いてしまう C 児の行動頻度について介入による効果を調べる際，介入期間に叩く行動に減少がみられたが，その期間にいつも叩かれていた D 児が偶然欠席しており，このことが行動頻度に影響を与えたといった可

能性を排除できないのである．評価の際は，こうした点を十分留意しておく必要がある．

●事例1　ABデザインを用いた事例

> 送迎時，ある保護者が保育士に「実は，息子のことでどうしたら良いのかわからなくて」と疲れ切った表情で話しかけてきた．詳しく話を聞くと，長男のSくん（5歳）が妹のMちゃん（4歳）に対して，叩いたり，蹴るなどの暴力をふるって困っているとのことであった．Sくんがこのような行動を起こすたびに，いつもきつく叱ってはいるが，全く効果がないとのことであった．そこで，保育士は保護者に1週間にどれくらい叩く，蹴る行動があるのか，記録を取ってみるように伝えた．記録を取る時間は，問題とする行動がよく起こる夕食後の18：00～20：00とし，何回起こったのかをカウントすることとした．その結果，1週間に叩く，蹴る行動が平均約4回起こっていることがわかった．また，妹とは仲良く一緒に遊ぶこともあり，常にケンカをしているわけではないとのことであった．そこで，保護者と保育士が話し合い，「叩くなどの行動をした時には，Sに対してできるだけ注目を与えず，妹と仲良く遊んでいる時（問題が起こっていない時）に大いに注目して，褒める」といった介入を行ってみることにした．すると，介入後，行動回数を測ったところ，叩く，蹴る行動が減少し，問題行動が消失した．

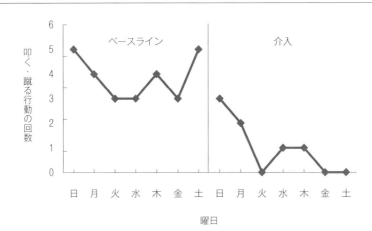

図8-1　ABデザイン（仮想データ）

(出典) 筆者作成．

2　解決志向アプローチによる評価方法

　解決志向アプローチとは，短期心理療法の一種で，心理，医療，福祉，教育現場などにおいて幅広く活用されている対人援助技法である．この技法の特徴は問題の解決の手段として，「原因」に焦点を当てるのではなく，「解決」に焦点を当てるという点である．原因に焦点を当てる手法では医療現場で用いられる医学モデルがある．医学モデルとは，患者の病因を探り，見つけ出すことで身体の問題の解決を図るという考え方である．これに対し解決志向アプローチは，「原因」を見ず「解決」に注目する．つまり，その人の持っている解決へつながる「カケラ」やヒント（リソース）を拾い集め，それらを積み重ね，エンパワメントしながら「解決を構築」していく技法である．

　この技法の中には，いくつかのユニークな質問法があるが，その中の1つにクライエント自身が現在の状態について点数（評価）を付けるスケーリングクエスチョンと呼ばれるものがある．数値は実測したものではなく，行動変容アプローチで用いられるような効果測定の評価とは異なるが，点数を手がかりに解決へ向けた会話に弾みをつけるための有効な方法であり，シンプルで応用が効くため保

育現場において幅広く活用が期待される.

スケーリングクエスチョン

スケーリングクエスチョンは，保護者が面接時などに現在の状態について，点数を付け，評価をする質問法であり，以下のような質問を行う.

「今までで一番悪い状態を1点，最も良い状態を10点とすると現在，何点でしょうか」

非常にシンプルな質問であるが，工夫することでさまざまな場面において適用することができ，数概念が理解できるのであれば子どもに対しても使用できる.

スケーリングクエスチョンの特徴は，曖昧で抽象的な事柄についても数字に置き換えて評価することで，スモールステップを設定し，解決に向けた具体的な取り組みについて段階的に進めていくことができる点である. たとえば，現在の状態が4点と答えた場合，どのようなところから4点あるとわかるのか，そこまでに至るまでに助けとなったこと，支えとなったことなどを具体的に挙げてもらい，褒め，ねぎらいながらそれらを，解決のかけら（リソース）として保護者にフィードバックする. また，現在の点数よりも1点上がった状態は，今と比べて何が違っているのか，差異を尋ねることで，解決像を明確にしていく. 以上のことを確認した上で，解決に近づくために新たにやってみたいこと，継続すべきことなどを話し合い，それを課題として次回の面接へとつなげていくのである.

このように，スケーリングクエスチョンは現在の状況を数値化し，その数値に基づいて解決への具体的な事象について話しを進めていくことができる有効なツールでとして使用できる.

●事例2　スケーリングクエスチョンを用いた事例

保育者：今までで一番悪い状態を1点，最も良い状態を10点とすると今，何点でしょうか.

保護者：4点くらいかな. 今日も，ついカッとなって叱りつけてしまったので.

保育者：4点分はどんなところから付けたのですか.

保護者：以前と比べると，感情的に叱ることが少なくなったので.

保育者：そうなんですか. それは以前と比べてどのような変化があったのでしょうか.

保護者：大したことではありませんが，叱る前に1回深呼吸するようにしてみたんです. そうすると，いつもより激しく叱ることが減ったような気がします.

保育者：それは良い方法ですね. 続けてみる価値はありそうですね. では，今の4点が1点上がって，5点になったら今とはどのように違っていると思いますか.

保護者：うーん，今よりもいつもイライラしていなくて，褒めることが多くなっているかな.

保育者：そうなるために，今日から試せそうなちょっとしたことはないでしょうか.

保護者：そうですね……. 叱る前に，落ち着いた口調で質問してみるというのはどうかな. たとえば，いつもは脱いだ服をそのままにしているのを見て，カッとなって叱ってしまうのですが，まず深呼吸してから，落ち着いた口調で「その服はそこに置いといて良いのかな？」というふうに聞いてみるのはどうでしょうか.

保育者：それは良いですね. 早速，今日から試せそうですね. では，次にお会いする時に，どのような変化が起こったか教えて下さいね.

保護者：はい. 今日から試してみて，また来週先生に報告します.

第Ⅱ部　子ども家庭支援における詳説

ワーク　スケーリングクエスチョンをやってみよう

　事例を参考に，3人1組（相談者役，相談を受ける役，観察者役）になってスケーリングクエスチョンによる解決に向けた会話（ソリューショントーク）の練習をしてみよう．

　相談する側は，困っていることを1つ決めておくこと．相談を受ける側は，困っている内容を聞いた上で，どのようになれば解決したことになるのかを確認してから，スケーリングクエスチョンを行うこと．また，スケーリングクエスチョンを手がかりにして，できるだけ多くのリソース（解決への手がかり）を相談者から引き出すように努力すること．観察者は，一連のやりとりを観察し，最後に気付いた点について2人にフィードバックする．

〈進め方〉

① スケーリングクエスチョンを行い，相談者の付けた点数について，その内容（内訳）について聞く．なお，点数の「ある」部分について焦点を当てて尋ね，なぜ◯点しかないのかなどマイナスの部分に注目しないように注意すること．また，「そのことについて，詳しく教えてください」「その他にありませんか」などの質問を行い，できる限り多くのリソースを引き出すように努力すること．

② 付けた点数よりも1点上がっている状態は，今とどのように違っているのか，その差異について尋ね，解決への未来像を膨らませる．

③ 今の点数よりも1点上げるためにやってみたいことを尋ねる．課題の選択は相談者自身が行うが，現実的で実行可能な内容となるように注意すること．

（河野清志）

第9章

子ども家庭支援における計画と環境構成

> **学びのポイント**
>
> 　本章では子どもや保護者に関する各般の問題につき，家庭その他からの相談に応じ，子どもが有する問題又は子どもの真のニーズ，さらには子どもの置かれた環境の状況等を的確に捉えるために必要とされる計画と環境構成について，具体的事例を含めて理解を深めることを目的とする．特に個々の子どもやその家庭に最も効果的な支援を行うための計画の意義や環境のあり方を考えることは，子どもの最善の利益を保障する，さらにはその権利を擁護するためには今後ますます重要な視点となるからである．

第1節　なぜ「子ども家庭支援」が必要となるか──その背景を問う

　保育所における保育の対象は「保育を必要とする」乳幼児である．近年では保育を実施する場として幼保連携型認定こども園が増加しつつあるが，認定こども園においても保育所同様，豊かな人間性を持った子どもを育成するという点では，その役割は揺ぐことはない．乳幼児の他，子どもを取り巻く保護者や家族，あるいは子育て中の家族が保育の場では支援の対象となる．また支援の場面や方法も多様となるなか，質の高い保育を実践するためには保育の理念や基本を十分理解することが保育者にとって，あるいは保育所にとっても極めて重要なこととなる．

　さて「子ども家庭支援」の意義や重要性については本書第2編第2部において詳細に説明されているところであるが，ここでは「子ども家庭支援」へのさらなる理解を深めるために若干の補足を行いたい．少子高齢化社会の本格的な到来に伴い，近年の家族形態はさらに多様化している．2015（平成27）年実施の国勢調査によると，「核家族」世帯が全体に占める割合は半数以上となっている（55.9％）．その内訳をみると「夫婦と子供から成る世帯」が26.9％，「夫婦のみの世帯」は20.1％，「ひとり親と子供から成る世帯」は8.9％となっている（**表9-1，9-2**参照）．さらに「ひとり親と子供から成る世帯」のうち「女親と子供から成る世帯」（母子世帯）が7.6％，「男親と子供から成る世帯」（父子世帯）が1.3％がとなっている．「母子世帯」，「父子世帯」で占める子ども数の割合は「母子世帯」，「父子世帯」ともに2人いるという世帯は全体の約9割を占めている．さらに年齢別にみると「母子世帯」における「6歳未満の幼児」の世帯が17.5％，「父子世帯」では6歳未満の幼児の世帯が7.4％となっている（**表9-3**参照）．このことからも特に就学前の子どもがいる家庭が多くなるなか，支援の多様性がますます求められるのである．

　その点に関しては，「保育所保育指針」（以下，「指針」と略）での「第4章　子育て支援　2　保育所を利用している保護者に対する子育て支援」として「（2）保護者の状況に配慮した個別の支援」，さらには「（3）不適切な養育が疑われる家庭への支援」としてのポイントが示されている（**表9-4**

第Ⅱ部　子ども家庭支援における詳説

表9-1　総世帯数，一般世帯数及び施設等の世帯数の推移—全国（平成12年〜27年）

世帯の種類・世帯の家族類型	実数（千世帯）				割合（%）			
	平成12年	17年	22年	27年	平成12年	17年	22年	27年
総世帯 1)	47,063	49,566	51,951	53,449				
一般世帯 2)	46,782	49,063	51,842	53,332	100.0	100.0	100.0	100.0
単独世帯	12,911	14,457	16,785	18,418	27.6	29.5	32.4	34.6
うち65歳以上の単独世帯	3,032	3,865	4,791	5,928	6.5	7.9	9.3	11.1
核家族世帯	27,273	28,327	29,207	29,754	58.3	57.7	56.4	55.9
夫婦のみの世帯	8,823	9,625	10,244	10,718	18.9	19.6	19.8	20.1
夫婦と子供から成る世帯	14,904	14,631	14,440	14,288	31.9	29.8	27.9	26.9
ひとり親と子供から成る世帯	3,546	4,070	4,523	4,748	7.6	8.3	8.7	8.9
男親と子供から成る世帯	535	605	664	703	1.1	1.2	1.3	1.3
女親と子供から成る世帯	3,011	3,465	3,859	4,045	6.4	7.1	7.5	7.6
その他の世帯	6,598	6,278	5,765	5,024	14.1	12.8	11.1	9.4
（再掲）3世代世帯	4,716	4,239	3,658	3,023	10.1	8.6	7.1	5.7
（再掲）母子世帯	626	749	756	755	1.3	1.5	1.5	1.4
（再掲）母子世帯(他の世帯員がいる世帯を含む)	867	1,055	1,082	1,063	1.9	2.1	2.1	2.0
（再掲）父子世帯	87	92	89	84	0.2	0.2	0.2	0.2
（再掲）父子世帯(他の世帯員がいる世帯を含む)	193	213	204	182	0.4	0.4	0.4	0.3
施設等の世帯	102	100	108	117	100.0	100.0	100.0	100.0

注）平成12年及び17年の数値は，22年以降の家族類型の定義に合わせて組み替えて集計している.
1 ）平成12〜17年は，世帯の種類「不詳」を含む.
2 ）平成22年及び27年は，世帯の家族類型「不詳」を含む.
（出典）総務省統計局HP「平成27年国勢調査　世帯構造等基本集計結果」
　　　　（https://www.stat.go.jp/data/kokusei/2015/kekka.html）2018年10月確認.

表9-2　総世帯数，一般世帯数及び施設等の世帯数の増減の推移—全国（平成12年〜27年）

世帯の種類・世帯の家族類型	増減数（千世帯）			増減率（%）		
	平成12年〜17年	17年〜22年	22年〜27年	平成12年〜17年	17年〜22年	22年〜27年
総世帯 1)	2,504	2,384	1,498	5.3	4.8	2.9
一般世帯 2)	2,280	2,780	1,489	4.9	5.7	2.9
単独世帯	1,546	2,327	1,633	12.0	16.1	9.7
うち65歳以上の単独世帯	833	926	1,137	27.5	24.0	23.7
核家族世帯	1,054	880	548	3.9	3.1	1.9
夫婦のみの世帯	802	619	474	9.1	6.4	4.6
夫婦と子供から成る世帯	−273	−192	−152	−1.8	−1.3	−1.0
ひとり親と子供から成る世帯	525	453	225	14.8	11.1	5.0
男親と子供から成る世帯	70	59	38	13.2	9.8	5.8
女親と子供から成る世帯	454	393	187	15.1	11.4	4.8
その他の世帯	−320	−513	−741	−4.8	−8.2	−12.9
（再掲）3世代世帯	−476	−582	−635	−10.1	−13.7	−17.4
（再掲）母子世帯	123	7	−1	19.7	0.9	−0.2
（再掲）母子世帯(他の世帯員がいる世帯を含む)	187	27	−19	21.6	2.6	−1.8
（再掲）父子世帯	5	−4	−5	5.6	−3.9	−5.3
（再掲）父子世帯(他の世帯員がいる世帯を含む)	20	−9	−23	10.5	−4.1	−11.1
施設等の世帯	−1	8	9	−1.3	7.9	8.0

注）脚注の説明は表9-1と同様.
（出典）総務省統計局HP「平成27年国勢調査　世帯構造等基本集計結果」
　　　　（https://www.stat.go.jp/data/kokusei/2015/kekka.html）2018年10月確認.

第9章　子ども家庭支援における計画と環境構成　*111*

表9-3　母子世帯，父子世帯に占める子供の数別割合及び最年少の子供の年齢別割合─全国（平成27年）

子供の数, 最年少の子供の年齢	実数（世帯）		割合（%）	
	母子世帯	父子世帯	母子世帯	父子世帯
総数	754,724	84,003	100.0	100.0
（子供の数）				
1人	406,006	48,125	53.8	57.3
2人	268,807	28,504	35.6	33.9
3人以上	79,911	7,374	10.6	8.8
（最年少の子供の年齢）				
6歳未満	132,108	6,175	17.5	7.4
6〜14歳	401,481	42,880	53.2	51.0
15〜17歳	153,784	22,679	20.4	27.0
18〜19歳	67,351	12,269	8.9	14.6

（出典）総務省統計局HP「平成27年国勢調査　世帯構造等基本集計結果」
（https://www.stat.go.jp/data/kokusei/2015/kekka.html）
2018年10月確認.

表9-4　保育所保育指針における「保護者に対する子育て支援」（関連箇所抜粋）

第4章　子育て支援
　2　保育所を利用している保護者に対する子育て支援
　……　略　……
　(2)保護者の状況に配慮した個別の支援
　ア　保護者の就労と子育ての両立等を支援するため，保護者の多様化した保育の需要に応じ，病児保育事業など多様な事業を実施する場合には，保護者の状況に配慮するとともに，子どもの福祉が尊重されるよう努め，子どもの生活の連続性を考慮すること.
　イ　子どもに障害や発達上の課題が見られる場合には，市町村や関係機関と連携及び協力を図りつつ，保護者に対する個別の支援を行うよう努めること.
　ウ　外国籍家庭など，特別な配慮を必要とする家庭の場合には，状況等に応じて個別の支援を行うよう努めること.
　(3)不適切な養育等が疑われる家庭への支援
　ア　保護者に育児不安等が見られる場合には，保護者の希望に応じて個別の支援を行うよう努めること.
　イ　保護者に不適切な養育等が疑われる場合には，市町村や関係機関と連携し，要保護児童対策地域協議会で検討するなど適切な対応を図ること.また，虐待が疑われる場合には，速やかに市町村又は児童相談所に通告し，適切な対応を図ること.

（出典）厚生労働省（2017）「保育所保育指針」より抜粋.

参照）以上の点からも「ひとり親世帯」を含めて，個別的かつ多様な世帯に対する支援が極めて重要となってくる.

第2節　子ども家庭支援における計画と環境構成

　保育所，認定こども園における保育の実施については，保育所ならば「指針」，認定こども園ならば「幼保連携型認定こども園教育・保育要領」（以下，「教育・保育要領」と略）で明示されていることを踏まえたえで，各園での保育理念や方法，地域の実情を勘案されて実践されなければならない．特に保育実践では計画性のある保育を実施することが求められている．ただし，「指針」解説書で指摘されているように，計画通りに保育を実践するのではなく，子どもの発達やその時々の実態に即した形で保育実践することが求められている．その文脈内には子どもを取り巻く環境構成を柔軟に変化し

112 第Ⅱ部 子ども家庭支援における詳説

ていくことも当然のことながら含まれており，保育は子どもや保育者との多様な環境との相互のかかわりによって展開されるものである．

ところで保育という営みから子ども家庭支援における計画や環境構成をとらえる場合であっても，その基本は不変である．その基本とは子どもの最善の利益に配慮した個別性や多様性である．「指針」において保育所は一人一人の子どもの家庭環境や生育歴，保育時間等が異なることは自明であるとし，それだけに保育所は一貫性をもって保育を体系的に構成し，全職員の共通認識の下，計画性をもって実行していくことが求められている．それゆえに個別性や多様性を前提とした支援の計画や環境構成が重要視されるのである．そして保育所では，子ども家庭支援における多様な実践について丁寧に評価を行い，その結果に基づいて，支援の計画や環境構成を継続的に構想し直すことが常に求められる．これも「指針」で示されている基本であり，方向性でもある．

第3節では事例を通じて具体的な支援の計画や環境構成のあり方について検討する．なお，本章で紹介する事例はプライバシー保護の観点から本旨を逸脱しない範囲で修正が加えられていることを付す．

第3節　事例から子ども家庭支援における計画と環境構成を考える

●事例1　ひとり親家庭（父子）における支援

父親T雄（40歳）は父子世帯歴が3年8ヶ月であり，現在は政令指定都市の隣町であるO市で生活をしている．T雄は自動車整備工場に勤務している．子どもは2人おり，知的障がいのある8歳の長男と健常である5歳の長女がいる．長男は地元の小学校の特別支援クラスへ通い，学校終了後は放課後等児童デイサービスにて預かってもらっている．長女は地元の晃洋保育所に通っている．仕事の都合でT雄が迎えに来られない場合はファミリーサポートの方に依頼している．T雄の仕事が父子世帯になった背景は，妻の浮気が原因で家を出て行ったため，現在離婚調停中となっている．父子世帯となったのは，妻が子どもに対して無責任であり，特に障害のある長男のことを考えると子どもを妻の下に置くことに不安を感じたためである．最近，晃洋保育所で長女の様子が荒れてきており「落ち着きがない」，「すぐに手を出す」などの問題行動が見られるようになったため，担任と主任とで長女へのかかわり方を検討した．まずは父親であるT雄との面談をもった．T雄の仕事が多忙になってきたことに比例して，長女の気持ちに落ち着きがないことがわかったため，晃洋保育所では長女の情緒の安定を第一に考えての計画を立案した．

事例1のT雄は保育所での面談の折，育児に手を抜いてはいけないとの思いが強いことがわかった．住宅ローンを返済するため，帰宅は夜10時を過ぎることもあり，仕事を変えることができない状況にあることもわかった．ファミリーサポートの方の力を借りているものの，近くに育児支援をしてくれる親族もおらず，孤立しているようである．長女の通う保育所ではまず気持ちを落ち着かせる方向での計画を立てることとした．特に帰りが遅くなるときには意図的に長女との触れ合いを増やし，子どもの不安を少しでも和らげるような環境構成を工夫した．その結果，長女は保育者との信頼関係も深まり，活き活きと園生活を過ごすことができようになった．**事例1**のように保育所での個別支援計画が機能する場合とそうでない場合が考えられる．**事例1**では父親との面談を重ねることで状況を的確にとらえ，人的環境としての保育者のあり方を深くとらえることで解決に向かうことができた．計画を立案し，実行するだけではなく，どのような環境を構成すればよいかを含めて，個別支援を考

えていきたい.

●事例2　ひとり親家庭（母子）における個別支援

母親U子（28）はK美（2歳児）が誕生直後，夫と離婚．原因は夫のギャンブル癖とDVである．U子が勤めに出なければならないため，保育所へは0歳から入所している．そのせいか保育者との関係は母子ともに良好であり，普段の保育中も特段，問題は見当たらない．K美は保育標準時間で保育所を利用しているが，K美の母親U子はほぼ毎日のように降園時間である午後6時30分を過ぎて迎えにくる．お迎えの時間になるとK美は不安になるのか，いつも保育者にまとわりついている．担当保育者が園長に相談したところ，U子はフルタイムで仕事をしている．そのため，5〜10分程度の遅れならばしかたがないが，折をみてU子になるべくお迎えの時間を守るよう園長から話をするとのことであった．ところが，別の保護者から「K美の母親がパチンコ店から出てきているのを何度も目にした」との話が保育者の耳に入ってきた．その点も含めて園長がU子と面談した際，「最近は，残業しなければ金銭的に苦しいことも多く，ギリギリの時間になって本当に申し訳ない．パチンコはストレスがたまったので，たまたま入っただけ」とのことであった．

事例2ではK美は保育中，特に目立った問題行動も見られず，安定した関係が保育者と構築されている．降園の間際，K美は保育者に近づき，抱かれながら窓の外を眺めている様子を別の保育者が確認している．もちろん，保育所よりも家庭のほうが子どもにとって居心地のよいことには変わりはない．早く家庭へ戻りたいと思うのは，K美の本心であることは容易に察することができる．その点からみれば，K美にとっての家庭は安心できる場として機能しているともいえる．

ところが本事例では，K美ではなく，むしろ母親であるU子自身の行動とU子に対する保育所側のかかわりが焦点となる．子どもの立場からすれば，一刻も早く迎えにきてほしい，家庭に帰りたいという気持ちが強く，周囲はその実現にむけて努力することが子どもにとって最もよいこととなる．しかし母親の立場のからは，残業を重ねているとの話から生活は楽ではなく，ひとり親世帯であるがゆえに誰にも頼ることができない状況にあることが推測される．パチンコにU子が通っているところからは何らかの強いストレスを抱えているとも考えられる．本保育所のように，K美の背景にあるU子への支援を意識的に計画し，強めていくことでU子への気持ちに寄り添うことが可能となるのではないか．さらに面談を重ねていくことで，経済的支援を要する案件が出た場合は関係機関へつなぐなど，U子の育児に対する思いを受け止めつつ，K美の家庭での生活を保障する点からも継続した関係性の構築が求められる．

●事例3　障がいのある保護者家庭への支援

母親R美（45歳，無職）は中2男児D助を筆頭に，小4男児K太，保育所4歳女児M奈の4人家族である．M奈は保育所へほぼ毎日登園するが，服装は毎回同じであり，洗濯されていないせいか色も黒くなっている．朝食も摂っていないのか，給食やおやつの時にかなりの量を食べている．母親によるネグレクトも疑われたため，園長経由で市の担当課へ報告がなされた．同時期にM奈の兄D助，K太が通う小学校・中学校でも同様の様子が見られ，さらに学校の諸費用を未納であることから，同様の報告が学校から担当課へなされた．担当課では早々に検討され，ネットワーク会議が開催される運びとなった．関係者からの報告によると母親のR美は軽度の知的障がいがあり，家事がきちんとできないだけではなく，金銭面でだらしがないところがあるとのこと．支援の方向としてK太とM奈の発育・発達の確認及び母への育児指導については保育所と保健師を中心に行うこととなった．金銭面の指導は福祉事務所が行うこと

となり，経過を見守ることとなった．さらに母方祖母が近くに転居し，育児を手伝ってくれることになり，サポート体制が整ったように思われた．しかしR美は，各機関の支援を受けながらも異性交流を優先させる生活を加速するようになり，育児は母方祖母任せとなっている．さらにR美は，育児力が大幅に不足している上に，精神的にも不安定で，不定愁訴（頭痛，疲れやすいなど，何となく体調が悪い症状），感情失禁（感情をコントロールすることができず，ささいなことで泣いたり怒ったりすること）があったため，保健師のすすめで精神科を受診し，服薬治療を行っている．

事例3において，いくつか支援のポイントがみられる．そのひとつは子どもたちが通う保育所，小学校，中学校での連携である．事例では詳しくは触れられていないが，きょうだいの虐待が疑われた時点でほぼ同時に市の担当課への報告がなされている．おそらく各所で子どもたちのことを丁寧に観察し，子どもの状況に応じた適切なかかわりがなされてきた結果であると推測される．保育所を含めて，個別計画を作成し，実行する際，どうしても突発的な出来事を避けることはできない．その折は計画そのものをひとまず置いておき，子どもの利益を優先する支援を行うことが重要となる．もちろん子どもの背景にある親の存在は無視できるものではないが，事例3のように，子どもの生命の危機に及ぶことが予想される場合は子どものことを守ることが最優先される．その点，専門職は肝に銘じておきたい．

●事例4　外国籍家庭における支援

　ある地方都市にある県営住宅に住む外国籍家庭M一家．父親と母親，小学生6年生女児を筆頭に3年生男児，3歳児男児Sの5人家族である．父親は数か月前に母国へ一時帰国している．母親は明るい性格ではあるが，陽気な性格からか，日頃から重大なことが抜け落ちることが多々見られる．日本語は理解できないところがあり，細かなところは6年生の長女に通訳を頼んでいる．ある日のこと，Sが晃洋保育園へやってきておらず，家庭からの連絡もない．そこで副園長が一家の暮らす団地を訪れてみると，ドアの鍵が掛かっていない．副園長がドアを開け，声をかけると，奥から裸のままのSが駆け足でやってきた．Sに「ママはいるの？」と尋ねても要領が得ない．実はM家の「子ども置き去り」は今に始まったことではなく，以前にも似たようなことを園は経験しているため，慌てず園長に連絡を入れてみる．園長からは「やってはいけないことであるが，状況が状況だけに上がって様子をみてみなさい」との指示を受けて，M家に上がっても親がいる気配はない．このままSをひとりで置いていくわけにもいかず，再び園長に連絡したところ，とりあえずは手紙を置いてSを晃洋保育園に連れてくるようにという指示があった．その間，園長は母親の携帯電話へ連絡を入れてみるが通じない．さらにはSのきょうだいが通う小学校に連絡してみたところ，きょうだいは学校には登校していることがわかった．事件性もないようではあるが，念のため，地元の警察と団地自治会長には一報を入れておいた．夕方Sの母親がいつもと同じように保育園へ顔を出した．事情を話したところ，母親はSを保育園へ送り出すことを忘れてしまい，そのまま出掛けてしまったとのことである．とにかく，何事も起こらず，園長，副園長ともに胸をなでおろすが，母親にはどのような形で理解を促していけばよいか，悩みが絶えない．

　一口に外国籍といっても多種多様な国籍を有する人々が保育所を利用する．保護者が育った文化や背景も一様ではないなかでの支援は保育現場での努力は計り知れない．外国籍児を含めてのかかわりの視点として「異文化理解」の概念がある．その点について堀（1998）は異文化を理解するためには「他者」を理解することが基盤となることに加えて，「自己理解」，つまり自分自身の理解という視点が求められることを指摘する．保育の場でも子ども，保護者という「他者」理解は欠かせないが，同

時に保育を行う保育者や現場が「自身」のことをより深く理解することで，相手に寄り添うことが可能となるのである．計画立案時，自分たちはどのような保育を実施するか，あるいはどのような理念に基づいて支援を行うか，足元を常に確認していくことで，外国籍児やその保護者，ひいては様々な困難を抱える子どもや保護者への本当の意味での支援が可能となるのである．

第4節　ま　と　め

本章では「子ども家庭福祉」の視点から，計画や環境構成について検討を行った．いくつからの事例が示唆するように，どれが正しく，どれが間違っているか，判断が早計に下せないものばかりである．また保育所としての立場から計画立案や環境構成，支援の方法やあり方を考えても，子どもや保護者の立場からそれらを眺めた場合，相容れないケースも想定される．今後，さらにますます支援のあり方が複雑化，多様化するなか，保育の場にいる者は保育の基本である「社会福祉」の確固たる理念を念頭に活動を進めていくという姿勢が必要となる．その理念とは，前述のとおり，子どもの最善の利益を基盤としつつ，子どもの健全育成を資するという強い意志である．よって保育者は倫理観や使命感を忘れず，絶えず自己研鑽する姿が要求される故である．

ワーク

①「子ども家庭支援」を実施する際，個別性が極めて重要となるが，園ではどのような点に留意して計画立案や環境構成を考えていけばよいかをグループで話し合ってみよう．

②事例1～4について，グループで役割分担をして，ロールプレイしてみよう．プレイ後，感じたこと，気づいた点についてグループで話し合ってみよう．

③事例1～4について，あなたならばどのような計画や環境構成を考えられるだろうか．また，あなたが考えたことについて，グループで話し合いを行い，気づいた点を考えてみよう．

（堀　　建　治）

第10章

多様な社会資源（関係機関）との連携・協働

学びのポイント

　子どもや保育を取り巻く問題は，子育て支援，障がい児支援，虐待対応等，複雑化，多様化している．単独の機関や従来型のサービスだけではその問題を解決することは困難である．保育に関係する諸機関が相互の機能を活用し連携し支援にあたる必要がある．この章では，円滑な連携を図るために必要な関係機関の機能や制度について把握し，ネットワーク作りのための知識を深めていくことが学びのポイントとなっている．

第1節　関係機関との連携の必要性

1　社会の変化と保育の可能性

　社会の近代化とともに，家庭や地域社会が持っていた子どもを守り，育てる力が低下してきた．近年，保育の専門職は子どもの保育と同時に保護者，地域への支援，指導を行うことが求められている．また子どもを取り巻く問題が深刻化する前に早期発見し，早期に問題に取り組み，潜在化しがちな家庭内の問題に対しても，きめ細やかな対応と継続的な支援，積極的な介入が期待されている．特に専門職である保育士が担う役割は重要であり，2001（平成13）年の児童福祉法一部改正により，社会福祉士や介護福祉士等と同様に国家資格になったことからも社会からの期待の大きさがわかる．

2　連携の重要性

　保育者に新たに求められる役割として，地域の子育てを積極的に支援することがあげられる．しかし家族や地域が持っていた問題解決能力の低下，保育や育児等，家族機能の低下や児童虐待の増加，障がい児童の増加など，保育をめぐるニーズは複雑化，多様化している．より高度な専門性が求められ，一人の保育士，単独の保育所だけで解決を図ることは難しくなっている．地域に根ざす課題を解決していくためには，フォーマルな社会資源，およびボランティアやNPO法人等のインフォーマルな社会資源が相互の機能を十分に理解し一体的に連携することが必須である．有機的な連携体制の構築とともに，各々の機関が有する専門性を発揮し，問題解決を図らなければならない．

第2節　保育に関係する社会資源の種類と機能

　連携を行うために必要となる，主だった機関やその機能を紹介する．

1 国，都道府県・市町村の役割

2016（平成28）年の児童福祉法改正により，それぞれの役割・責務について，児童福祉法の総則に規定し，明確化された．

国は，市町村・都道府県の行う業務が適正かつ円滑に行われるよう，体制の確保，助言及び情報提供の措置を講ずる．

都道府県は，市町村に対して，助言や援助を行い，一時保護や施設入所，行政処分としての措置など，広域な対応が必要な業務を行う．

市町村は，児童のもっとも身近な場所における支援として「児童家庭相談」を適切に行うよう明記されている．「児童家庭相談」とは，子どもに関する家庭からの相談，児童虐待の対応，地域の子育て支援，妊娠期及び乳幼児期の支援等，子どもの福祉に関する様々な相談援助である．また支援のためのネットワークの構築（要保護児童対策地域協議会の設置）なども行っている．

2 児童相談所

児童相談所は，児童に関する専門的な知識および技術を必要とする相談に応じる機関である．すべての都道府県および政令指定都市（2006年4月より個別に政令で指定する市＝児童相談所設置市，2017（平成29）年4月より特別区にも設置可能）に，最低1カ所以上の児童相談所が設置されている．児童相談所では，障がい児の相談，未熟児や虚弱児の保健相談，養育困難児や被虐待児などの養育相談，家出や触法などの非行相談，不登校などの育成相談などの相談を受けている．そうした家庭や他の機関からの相談に対し，専門的な知識及び技術を必要とするものについて，総合的に調査・判定し，関係機関等を活用しながら支援や指導を行う．

また児童相談所では，市町村相互間の連絡調整や市町村に対する情報の提供，児童家庭支援センターへの指導委託，子どもを家庭から離して一時保護を行い，要保護児童を児童福祉施設等に入所（措置）させたり，里親に委託する等の機能や養子縁組に関する相談支援等の権限を持っている．

「児童虐待の防止等に関する法律」では，児童虐待を受けたと思われる児童を発見した者は，速やかに福祉事務所・児童相談所に通告しなければならないとされている．児童相談所長は，通告を受けた児童・保護者に対し，通所または，在宅において指導するか，市町村に委託し指導させることもできる．しかし，児童の安全確認が困難な場合等，都道府県知事が必要と認める場合の出頭要請，裁判所の許可により家庭等に立ち入り臨検・捜索し，一時保護することができる．

3 福祉事務所

福祉事務所とは，地域の住民の福祉を図るため，福祉六法に定める事務を行う身近な社会福祉の行政機関である．都道府県及び市（特別区を含む）は設置が義務付けられており，町村は任意で設置することができる．児童福祉関係では，子育ての支援や，家族関係の相談業務を行う．また保育所の利用申し込み，児童手当の支給や母子保健，子育て支援，母子父子家庭福祉等に関する事務を行っている．児童家庭相談体制の充実を図るため，市の福祉事務所は，「家庭児童相談室」を設置し児童家庭相談体制の強化を行う一方，都道府県が設置する福祉事務所は，町村の後方支援や都道府県の担う専門的な相談を児童相談所とともに行っている．

4 要保護児童対策地域協議会

市町村が設置する要保護児童対策地域協議会は，虐待等の要保護児童や要支援児童，もしくは特定妊婦に対し，児童相談所，児童家庭支援センター，保健所・保健センター，警察，学校等の関係機関の調整や協力要請を行い，支援の進行状況の確認や評価を行っている．2016（平成28）年の児童福祉法改正により，市町村に対し，要保護児童対策協議会の調整機関に専門職の配置や研修を義務付け，虐待や非行児に対する早期発見・早期対応，関係機関の連携を機能の強化を図っている．

5 保健所

保健所は，保健，衛生と健康に関する業務を行う行政機関である．地域保健法に基づき市町村保健センター，福祉事務所などと統合され「保健福祉センター」「健康福祉センター」といった名称が用いられることがある．都道府県，政令指定都市，中核市その他指定された市又は特別区に設置されている．

児童関係においては，妊産婦の検診や障がい児，長期にわたる療養を必要とする子どもとその家族に対する支援，虐待に関する業務も行っている．2011（平成23）年7月厚生労働省の「児童虐待防止対策等に関する通知」に基づき，妊娠期からの相談・支援体制の整備・充実，虐待の早期発見のための対策強化を図っており，子どもの安全確認・安全確保の徹底が図られている．

6 母子健康包括支援センター（通称：子育て世代包括支援センター）

2016年の児童福祉法の改正による母子保健法の改正により，2017（平成29）年4月から，市町村は「母子健康包括支援センター（通称：子育て世代包括支援センター）」を設置するよう努めなければならないとされた．

妊娠期から子育て期にわたるまでの様々なニーズに対して，ワンストップ相談窓口において，妊産婦，子育て家庭の個別ニーズを把握し，情報提供，相談支援を行い，必要なサービスを円滑に利用できるよう支援すること，地域の様々な関係機関とのネットワークを構築し，必要に応じ社会資源の開発等を行うことを要件としている．事業の実施については，市町村保健センターや地域子育て支援事業を行っている施設等が行う．

7 児童福祉施設

児童福祉法による「児童福祉施設」は以下の12種類である．

1） 助産施設

保健上必要があるにもかかわらず，経済的理由により入院助産を受けることができない妊産婦から申込みがあったとき，その妊産婦を助産施設に入所させて助産を受けさせるための施設．主に産科病院や助産所が助産施設として指定されている．

2） 乳児院

保護者がいない，または保護者の事情で家庭での養育ができない乳児（1歳未満），また特に必要と認める場合には小学校就学に達するまでの児童を入院させ養育する施設．短時間の利用や，子育てに関する相談なども行っている．

3）　母子生活支援施設

18歳未満（場合によっては20歳未満）の子どもを養育していて，何らかの生活課題を抱える母子家庭（諸事情で離婚の届出ができない場合も利用可能），の母親と子どもが一緒に入所できる施設．DVなどの被害者の一時保護も行っている．また生活の安定のための相談や援助を行いながら，自立支援を行っている．

4）　保育所

保護者や同居の家族，その他親族等が仕事や病気などの理由によって，乳幼児を家庭で保育が必要とされるときに，保護者に代わって保育をする施設．利用者のニーズに応じて，延長保育，夜間保育，一時保育，休日保育などのサービスを提供している場合もある．「地域子育て支援拠点事業」（地域機能強化型）の一環として，地域の子育て家庭のために，育児相談などを行っている施設もある．

保育所では，毎日の保育活動中などに児童虐待の早期発見が可能であることから，日頃から他機関との連携を密にし，要保護児童の通告が早期に図られるよう体制を整えておかなければならない．

5）　幼保連携型認定こども園

就学前の乳幼児に対し，教育（幼稚園）・保育（保育所）を一体的に行う施設である．就学前の子どもに幼児教育及び保育を提供する機能と地域における子育て支援機能を合わせもつ教育・保育施設である．

6）　児童養護施設

保護者のない児童，虐待されている児童，その他環境上養護を要する児童を入所させて，養護や退所後の相談や自立支援を行う施設．1歳から18歳までの児童が入所できる．ただし，特に必要がある場合は，乳児（1歳未満）の入所や22歳までの入所延長ができる．親の病気などの理由により一時的に家庭での養育が困難となった児童を預かる「子育て短期支援事業」（ショートステイ，トワイライトステイ）も行っている．

児童養護施設や児童自立支援施設等の退所後の自立を図るために「児童自立生活援助事業」として地域で共同生活ができる「自立援助ホーム」（22歳の年度末までの大学等就学中の者も対象）を利用することができる．

7）　障害児入所施設

身体に障がいのある児童，知的障がいの児童又は精神に障がいのある児童（発達障がい児を含む）を対象とし，入所させて支援を行うことを目的とした施設．福祉サービスを行う「福祉型」と，福祉サービスに併せて治療を行う「医療型」がある．

（1）「福祉型障害児入所施設」知的障がい・自閉・盲ろうあ・肢体不自由児を対象とし，障がいの特性に応じて，保護，日常生活の指導及び知識技能の付与を目的としている．

（2）「医療型障害児入所施設」・「指定医療機関」自閉・肢体不自由・重症心身障がい児対象とし，障がいの特性に応じ，保護，日常生活の指導及び独立自活に必要な知識技能の付与の他，専門医療の提供，リハビリの提供など専門的な支援を行っている．

8）　児童発達支援センター

障がい児を保護者の下から通わせ，支援を提供することを目的とする施設．福祉サービスを行う「福祉型」と，福祉サービスに併せて治療を行う「医療型」がある．

（1）「福祉型児童発達支援センター」

① 児童発達支援

日常生活における基本的な動作の指導，知識技能の付与，集団生活への適応訓練などを行う．

② 放課後等デイサービス

学校の授業の終了後又は休業日に，通所により，生活能力の向上のための必要な訓練，社会との交流の促進等を行う．

③ 居宅訪問型児童発達支援

通所型の児童発達支援や放課後等デイサービスを利用することができない重度の障害児（人工呼吸器を装着している等）に対し，在宅で発達支援を行う．

④ 保育所等訪問支援

保育所など児童が集団生活を営む施設等に通う障害児につき，その施設を訪問し，障害児以外の児童との集団生活への適応のための専門的な支援などを行う．

（2）「医療型児童発達支援センター」上肢，下肢または体幹の機能の障害のある児童に対する児童発達支援及び治療を行う．

9）児童心理治療施設（旧：情緒障害児短期治療施設）

保護者等の虐待，家庭や学校での人間関係等が原因となって，心理的に不安定な状態に陥ることにより，社会生活への適応が困難となった児童（20歳未満）を短期間入所させ，または通所させ，専門医や心理療法士によるカウンセリングなどによる心理治療や生活指導を行い，社会生活の回復を支援する施設．2016年の児童福祉法の改正により，情緒障害児短期治療施設より名称や対象が変更された（2017年4月1日施行）．

10）児童自立支援施設

不良行為を行ったり，行うおそれのある児童や家庭環境等に問題があって生活指導などが必要な児童（20歳未満）を入所させ，必要な指導を行う施設．学科指導，職業指導なども行われている．退所後の児童に対しても必要な相談や援助を行う．

11）児童厚生施設

「児童館」と「児童遊園」がある．児童のために健全な遊びを与え，その健康を増進し情操を豊かにする場である．「児童館」では，放課後児童健全育成事業（通称，学童保育・放課後児童クラブ）の実施主体として，保護者が労働等により昼間家庭にいない10歳未満の児童に対し，小学校授業の終了後に適切な遊びや生活の場を与え，その健全な育成を図っている．また「地域子育て支援拠点事業」（連携型）の一環として，施設に親子が集う交流の場を設け，子育て支援のための取組を実施している．

12）児童家庭支援センター

子育ての悩み事など地域の子ども福祉に関する相談を，24時間365日体制で行っている施設である．児童相談所からの委託を受けて相談支援するものとして，児童福祉施設等に付置されている．各施設が持つ専門性を活用し，子どもに関するさまざまな相談に対応し，児童相談所と連携しながら助言・指導，調整を行う．

第10章　多様な社会資源（関係機関）との連携・協働　121

8　子育て支援センター

　子育て支援のための地域の総合的拠点（地域子育て支援事業の実施拠点）である．地域子育て支援センターでは，家庭で子育てをしている人を対象に，親子で自由に利用できる施設である．子どもが安全に遊べる場所の提供や子育て中の親子の出会いと交流の場，子育てサークル等に対する活動支援や，子育てに対する不安を抱える妊婦に対するサポートなど幅広い子育て支援を行っている．

9　社会福祉協議会

　社会福祉協議会は，福祉サービスや幅広い民間の福祉に関する活動や事業を推進することを目的とし，社会福祉法により定められた地域福祉を推進する団体である．市区町村社会福祉協議会では，子育て支援として，学童保育（放課後児童健全育成事業）や児童館，子育て支援センターの運営，また就学前の子どもを対象に仲間作りや親同士の交流等を目的とした子育てサロンを実施している．

10　幼稚園

　幼稚園は，義務教育及びその後の教育の基礎を培うものとして，幼児を保育し，幼児の健やかな成長のために適当な環境を与えて，その心身の発達を助長することを目的とする「学校教育法」に基づく教育施設．対象は満3歳児から小学校就学の始期に達するまでの幼児であるが，幼児期の教育に関するさまざまな問題に対して，保護者及び地域住民その他の関係者からの相談に応じ，必要な情報の提供及び助言を行うなど，家庭及び地域における幼児期の教育の支援に努める役割も担っている．

11　認定こども園

　認定こども園は，2006年に制定された「就学前の子どもに関する教育，保育等の総合的な提供の推進に関する法律」に基づく施設．幼稚園・保育所のうち，就学前の子どもに幼児教育・保育を提供する機能と，地域におけるすべての子育て家庭を対象とする子育て支援を行う機能を備え，都道府県知事から「認定こども園」の認定を受けた施設である．地域の実情に応じて多様な種別がある．

① 幼保連携型（児童福祉施設）　認可幼稚園と認可保育所とが連携して，一体的な運営を行うことにより，認定こども園としての機能を果たすタイプ．

② 幼稚園型　認可幼稚園が，保育に欠ける子どものための保育時間を確保するなど，保育所的な機能を備えて認定こども園としての機能を果たすタイプ．

③ 保育所型　認可保育所が，保育に欠ける子ども以外の子どもも受け入れる等，幼稚園的な機能を備えることで認定こども園としての機能を果たすタイプ．

④ 地方裁量型　幼稚園・保育所いずれの認可もない地域の教育・保育施設が，認定こども園として必要な機能を果たすタイプ．

12　地域型保育事業

　2015（平成27）年4月より，市町村の認可事業として，地域型保育事業（① 家庭的保育事業，② 小規模保育事業，③ 事業所内保育事業，④ 居宅訪問型保育事業）が実施されている．0歳から2歳の子どもを，少人数で保育する事業で，地域の実情に応じて，多様な保育の場を確保することを目的としている．① 家庭的保育事業は，家庭的な雰囲気のもとで，少人数（〜5人）を対象に保育を行う．②

小規模保育事業は, 少人数 (6〜19人) を対象に, 家庭的保育に近い雰囲気のもと保育を行う. ③事業所内保育事業は, 企業が主として従業員への仕事と子育ての両立支援策として保育を行う. ④居宅訪問型保育事業は, 子どもの住む自宅で, 1対1を基本とする保育を行う.

13 認可外保育施設 (無認可保育所)

「認可保育所」以外の子どもを預かる施設の総称.「無認可保育所」と総称され, 駅前保育所, ベビーホテル, 院内保育所等があげられる.「保育所」のように市区町村の入所の制限はなく, 自由に入所の申し込みができるが, 保育料は自由設定となっているため施設によって異なる.

14 学　校

学校とは, 学校教育法に基づく教育を行う機関. 日常的に子どもや親と接することで, 体の傷や情緒の変化等虐待の早期発見ができる場でもある. 被虐待児童の見守り, 心のケア, 発育・発達・学習の保障等, 子どもの観察や問題行動に配慮して, 担任以外の養護教諭, スクールカウンセラー, スクールソーシャルワーカー等が連携して支援を行う. また保護者からの教育やしつけ等に関するさまざまな相談に応じ, 必要に応じ児童相談所と連絡を取り合いながら対応する.

15 教育委員会

教育委員会は, 都道府県及び市町村等に設置され, 生涯学習, 教育, 文化, スポーツ等の幅広い施策を展開している. 近年は深刻な社会問題である児童虐待に対して早期発見・早期対応, 被害を受けた児童の適切な保護に向け生徒指導担当, 家庭教育支援担当等, 関係機関間の連携が求められている. またいじめ問題に関して学校の実情把握に努め, 学校や保護者からいじめの訴えがあった場合は, スクールソーシャルワーカーを配置し, 学校への支援や当該保護者への対応を行っている.

16 家庭裁判所

憲法第76条が定める下級裁判所で, 家庭に関する事件の審判・調停, 離婚や認知等の人事訴訟の第1審の裁判, 少年保護事件の審判, 少年の福祉を害する成人の犯罪に係る第1審の裁判などを行う. 虐待を受けている子どもの安全を図るため, 保護者の意思に反してでも子どもを保護者から引き離さなければならないような場合, 家庭裁判所は申し立てを受け, 子どもを児童福祉施設に入所させたり, 里親に委託するなどの措置の承認を行う.

17 医療機関

病院や診療所の小児科等は病気やけがの治療機関であるが, 障がいや疾病など療育や福祉による援助が必要な子どもの存在が把握される場でもある. また不自然な怪我や発育不良等, 分娩の際や, 受診時の子どもの状況, 親の言動から虐待発見につながることがある. 生命の危険のある場合や症状が重篤な場合は, 児童相談所等に通告し, 子どもを親から離して安全を確保することもある.

18 民間団体NPO等

児童の福祉向上を目的とする民間の団体にNPO (特定非営利活動法人) がある. 病児保育, 児童養

護施設に対する支援，子どもの健全育成に取り組む団体，児童虐待防止を目的とする団体，里親支援を行う団体等多様な活動を行う団体がある．公的サービスと連携を図る事例が増えつつあり，連携機関として重要である．

第3節　連携における専門的な関わり

これまで紹介してきた機関以外に，婦人保護施設，保護観察所，警察，知的障害者更生相談所，発達障害者支援センター等多数の機関が存在し，各々の機関が子どもや家庭をめぐる問題に対応している．ソーシャルワークを展開する際には，個々の機関の機能や仕組みを把握した上で，当事者にとってより利益となる方向で活用することが求められる．

複数の機関が円滑に連携を行い，援助を行う場合に留意すべきこととして，どの機関が中心となって支援を行うのか拠点の明確化が必要である．また問題を解決するプロセスや進捗状況を相互に共有することがあげられる．援助内容の合理性を確認しつつ，児童・保護者が抱える問題を明確にしながら問題解決に向けた連携を行う必要がある．

専門家は情緒的な関わりや経験則に頼った問題解決を行うのではなく，根拠と理論に基づいた科学的手法を駆使することが求められる．

守秘義務やプライバシー保護を励行しなければ専門的な関わりとはいえないが，複数機関が連携するためには情報の共有をすることが必要となる．2016年の児童福祉法の改正により，児童相談所長等は医療機関や児童福祉施設，学校等の民間の機関や職員等から，児童の虐待の防止に関する資料を求めることができるようになった．今後はより一層情報の共有化がなされ，児童の福祉を支援できるものとなるよう期待される．

近年，社会問題化している児童虐待をはじめ，子どもを取り巻く問題は家庭内で発生するため，早期の発見が困難なケースや対応が遅れることが少なくない．多様な問題を複数抱えているケースが多く，援助にあたる関係機関が連携して専門性を発揮することが求められる．

ワーク

事例：K市役所の福祉事務所にある児童家庭相談室にB保育所からネグレクトの疑いのあるＡ子（3歳）の相談があった．Ａ子は最近保育園を休みがちで，登園してきても元気がなく，一人でいることが多い，服装も汚れているとのこと．速やかに相談員はＡ子の母親と会い話を聞いた．最近離婚し母子家庭となり，生活費を稼ぐため週に何回か夜勤をしているという．夜勤の日Ａ子は一人で夜中過ごしている．また翌日は体が辛くＡ子を保育園に連れていくこともできないという．

① Ａ子と母親の生活状況を考え，課題をいくつか出してみよう．

② Ａ子と母親を支援するためには，どのような社会資源や関係機関の連携が必要であるか，関係図（エコマップ）を作成してみよう．

（福 嶋 正 人）

第11章

子育て家庭支援のための社会資源(専門職)との連携・協働

> **学びのポイント**
>
> 保育に関する相談援助・相談支援では、専門職をはじめ、さまざまな支え手・担い手が社会資源としてそれぞれの役割を果たしている。本章ではそのような保育に関わる多様な社会資源(専門職)について学ぶとともに、相談援助・相談支援のための相互の連携や協働の意義についても理解を深めて欲しい.

第1節 児童福祉施設における専門職

1 保育士

保育士は、児童福祉法第18条の4で「都道府県知事の登録を受け、保育士の名称を用いて、専門的知識及び技術をもって、児童の保育及び児童の保護者に対する保育に関する指導を行うことを業とする者」とされている.

職場には公私立の認可保育所、乳児院、児童養護施設、障害児入所施設、児童発達支援センター、認可外保育所などがある.

資格要件については、高等学校を卒業して、厚生労働大臣が認定する保育士養成施設(2年以上)で所定の単位を履修し、登録を受ける、あるいは、都道府県で実施する保育士試験を以下の受験資格により受験し、資格を取得する方法もある. ①大学に2年以上在学し、62単位以上を取得した者、②高等学校卒業後、児童福祉施設での2年以上(総勤務時間数が2880時間以上)の実務経験を有する者、③児童福祉施設での5年以上(総勤務時間数が7200時間以上)の実務経験を有する者、などである.

なお、幼保一元化あるいは幼保一体化の議論の中で、特例として新たな「幼保連携型認定こども園」制度の施行・促進に向け、学校教育と保育を一体的に提供する保育教諭の資格が創設され、2015(平成27)年度から2019(平成31)年度末までの5年間、幼稚園教諭として3年以上かつ4320時間以上の勤務経験と共に養成校指定科目8単位の履修あるいは指定科目の受験による合格でも取得可能とされている.

2015(平成27)年からは国家戦略特別区及び構造改革特別区域法の一部を改正する法律により、地域限定保育士制度が創設され、2016(平成28)年度より本格実施されている.

資格取得した都道府県で3年間勤務すれば、全国で「保育士」として働くことが可能である.

2 保育教諭

保育教諭は，2012（平成24）年8月に成立した子ども子育て関連3法のうちの認定こども園法改正に伴い，学校及び児童福祉施設としての法的位置付けを持つ単一施設として創設される「幼保連携型認定こども園」に配置され，学校教育と保育を一体的に提供する専門職である．したがって幼稚園教諭免許状と保育士資格の両免許資格の所有を原則とする．

ただし，2015（平成27）年度より2019（平成31）年度末までの5年間は，いずれかの免許・資格で保育教諭となることができる経過措置が設けられている．

3 児童自立支援専門員・児童生活支援員

児童自立支援専門員と児童生活支援員は，児童自立支援施設で非行を犯した少年や非行を犯すおそれのある少年達と寝食を共にし，生活指導，学習指導，職業指導などを行う．

資格要件としては，児童自立支援専門員は「医師で精神保健に関する学識経験を有する者，社会福祉士有資格者，養成施設を卒業した者，教育学，心理学，社会学の専修課程を卒業した1年以上の児童自立支援事業の実務経験者，小・中学校・高校の教諭資格を有し，規定の職務経験に従事した者」，児童生活支援員は「保育士資格を有する者，社会福祉士の資格を有する者」などとなっている．

4 児童指導員

児童指導員は，児童養護施設や障害児入所施設，児童発達支援センターといった児童福祉施設で生活指導や自立促進などの業務にあたる．

任用要件としては「養成施設を卒業した者，社会福祉士，または精神保健福祉士の資格取得者，大学で社会福祉学，教育学，心理学，社会学を修めて卒業した者，小・中学校・高校の教諭資格を有し，厚生労働大臣または都道府県知事が適当と認めた者」などとなっている．

5 母子支援員・少年指導員

母子支援員は，母子生活支援施設において，母親への就労支援や育児相談，関係機関との連絡調整などを行う．任用要件としては「養成施設を卒業した者，保育士・社会福祉士・精神保健福祉士の資格を有する者，高校卒業後，2年以上の児童福祉事業従事者」などとなっている．

少年指導員は母子生活支援施設において，子どもの生活指導や学習指導などを行う．

任用要件は特にないが，児童指導員任用資格の取得を条件にすることが多い．

6 児童の遊びを指導する者（旧：児童厚生員）

児童の遊びを指導する者は，児童厚生施設である児童遊園や児童館などにおいて，子どもの健全育成に向けて屋内外の施設，設備を活用しながら，遊びに関する指導を行う．

任用要件としては「養成施設を卒業した者，保育士や社会福祉士の資格を有する者，教諭となる資格を有する者，大学・大学院で社会福祉学，心理学，教育学，社会学，芸術学，体育学を修めて卒業した者」などとなっている．

7　家庭支援専門相談員（ファミリーソーシャルワーカー）

　家庭支援専門相談員は，虐待等の家庭環境上の理由により入所している児童の保護者等に児童の早期家庭復帰，里親委託等への相談・支援，入所児童の早期退所や親子関係の再構築を行う．乳児院，児童養護施設，児童心理治療施設及び児童自立支援施設に配置される．

　資格要件については，社会福祉士，精神保健福祉士，児童養護施設などでの児童の養育への5年以上の従事者，児童福祉法第13条第2項各号のいずれかに該当する者などとなっている．

8　里親支援専門相談員（里親支援ソーシャルワーカー）

　里親支援専門相談員は，児童養護施設及び乳児院の入所児童の里親委託の推進，退所児童のアフターケアとしての里親支援，所属施設からの退所児童以外を含む地域支援としての里親支援の充実，委託の推進を図る．児童養護施設及び乳児院に配置される．

　資格要件については，社会福祉士，精神保健福祉士，児童福祉法第13条第2項各号のいずれかに該当する者，児童養護施設（里親を含む）において児童の養育に5年以上従事した者などとなっている．

9　心理療法担当職員

　心理療法担当職員は，乳児院，児童養護施設，児童自立支援施設，母子生活支援施設などで，児童への心理療法，生活場面面接，施設職員への助言及び指導，ケース会議への出席などの業務にあたる．

　任用要件としては，「大学で心理学を修めて卒業した者」などで，児童自立支援施設での配置の場合は，それに加え「大学院への入学を認められた者であって，個人及び集団心理療法の技術を有し，かつ，心理療法に関する1年以上の経験を有する者」などとされている．

10　個別対応職員

　乳児院，児童養護施設，児童心理治療施設，児童自立支援施設及び母子生活支援施設に配置され，被虐待児童等の特に個別対応が必要な児童への個別面接や当該児童への生活場面での1対1の対応，当該児童の保護者への援助を行う．

第2節　児童福祉分野の行政機関の専門職

1　社会福祉主事

　社会福祉主事は，社会福祉法第18条および第19条で定義付けられており，都道府県，市町村の設置する福祉事務所において，社会福祉関係法に基づき，児童福祉施設の入所やひとり親家庭などでの生活保護世帯に関する相談援助業務などにあたる．公務員が福祉関係部署に配属されてはじめて働くことのできる任用資格でもある．

　児童福祉施設の相談援助職の採用条件に準用されることもある．

　資格要件については，満20歳以上の者であって，「大学等で厚生労働大臣の指定する社会福祉に関する科目を修めて卒業した者，厚生労働大臣の指定する養成機関又は講習会の課程を修了した者，社会福祉士，厚生労働大臣の指定する社会福祉事業従事者試験に合格した者」などとなっている．

2 児童福祉司

児童福祉司は，児童福祉法第13条において「児童相談所長の命を受けて，児童の保護，その他児童の福祉に関する事項について，相談に応じ，専門的技術に基づいて必要な指導を行う等児童の福祉増進に努める」とされる専門職で，児童相談所の中核的な職種である．

近年深刻化する児童虐待への対応のみならず，子育てをめぐるさまざまな相談に応じ，サポートを行う．

2016（平成28）年10月より児童相談所の体制強化として，概ね5年以上勤務した者は専門的技術に関する指導・教育を行うスーパーバイザーとして配置されることとなり，2017（平成29）年4月より，厚生労働大臣が定める研修を受けることとなった．

また，児童虐待対応のため，政府は2022（平成34）年度までに約2020人増員することを柱とした児童虐待防止対策体制総合強化プラン（新プラン）を2018（平成30）年12月に決定し，児童福祉司を約5200人に拡大することとなった．

任用要件については「都道府県知事の指定する養成施設を卒業又は指定する講習会を修了した者，大学で心理学，教育学，社会学の専修学科を卒業し，1年以上児童その他の者の福祉に関する相談援助などの業務に従事した者，医師，社会福祉士・精神保健福祉士，社会福祉主事として2年以上児童福祉事業に従事した者」などとなっている．

3 婦人相談員

婦人相談員は，売春防止法に基づき，都道府県や市に設置される婦人相談所で，ドメスティック・バイオレンスの被害者や要保護女子への相談・指導を行う．また，配偶者からの暴力の防止及び被害者の保護に関する法律に基づき設置された配偶者暴力相談支援センターで婦人保護施設，母子生活支援施設，民間シェルターでの一時保護や入所などの被害者支援の役割を担う．

任用要件については，売春防止法により「社会的信望があり，かつ，婦人相談員の職務を行うに必要な熱意と識見を持っている者」とされている．

4 家庭相談員

家庭相談員は，福祉事務所内の家庭児童相談室に配置され，子育て支援や虐待防止など，家庭児童福祉に関する相談支援を行う．

任用要件については，厚生労働省により「大学で児童福祉，社会福祉，児童学，心理学，教育学，社会学の学科・課程を修めて卒業した者，社会福祉主事として2年以上児童福祉事業に従事した者，医師，社会福祉士，これらに準じ家庭相談に必要な学識経験を有する者」などとなっている．

5 母子・父子自立支援員

母子・父子自立支援員は，福祉事務所において，ひとり親家庭の親の就職や経済不安，子どもの教育などさまざまな生活不安への相談支援を行う．

任用要件については，母子及び父子並びに寡婦福祉法第8条により，都道府県知事，市長（特別区の区長を含む）及び福祉事務所を管理する町村長により，社会的信望があり，かつ，所定の職務を行うのに必要な熱意と識見を持っている者のうちから委嘱されることとなっている．

資格要件は特になく，原則として非常勤だが，常勤の場合は社会福祉主事や児童福祉司の経験が求められる場合が多い．

6　児童心理司

児童心理司は，児童相談所で子どもや保護者の相談に応じ，心理判定などを行う専門職である．心理学を専攻する学科を卒業後，都道府県などの採用試験に合格してその職務に就く任用資格である．

児童虐待対応のため，政府は2019（平成31）年度までに児童心理司を1740人に増員し，2018（平成30）年度中に新プランを策定し，児童福祉司の約2000人の増員に応じた児童心理司のさらなる増員を盛り込むことになった．

任用要件については，「厚生労働大臣の指定する児童福祉司，もしくは児童福祉施設の職員を養成する学校その他の施設を卒業し，または厚生労働大臣の指定する講習会の課程を修了した者，大学において，心理学，教育学，もしくは社会学を専修する学科またはこれらに相当する課程を修めて卒業した者」などとされており，こうした有資格者がそれぞれ一人以上含まれることが児童福祉法の配置条件となっている．

7　保健師

保健師は，保健師助産師看護師法で「厚生労働大臣の免許を受けて，保健師の名称を用いて，保健指導に従事することを業とする者」と定められ，地方自治体の保健所や保健センターなどに配置されている．

乳児や妊産婦に対する訪問指導，療育指導，健康相談，保健指導などの業務を行う．

周産期・出生時の親子と向き合う機会も多く，児童相談所と連携して虐待の発生予防や早期発見などの役割も期待される．

資格要件については専門の養成施設で必要科目を修得し，保健師国家試験及び看護師国家試験に合格する必要がある．

第3節　関連領域の専門職

1　幼稚園教諭

幼稚園教諭は，学校教育法に基づく幼稚園において，3歳から小学校に入学する学齢までの未就学児である幼児の健やかな成長や心身の発達を助長すべく教育や保育を司る．

資格要件については，① 養成施設の教員養成課程を履修後卒業する，② 保育士業務3年以上で教員資格認定試験に合格する，③ 隣接校種の免許を取得し，6年以上の教職経験後，検定試験に合格するなどとなっている．

なお，特例として，新たな「幼保連携型認定子ども園」制度の施行・促進に向け，学校教育と保育を一体的に提供する保育教諭の資格が創設され，2015（平成27）年度から2019（平成31）年度末までの5年間，保育士として3年以上かつ4320時間以上の勤務経験と，養成校指定科目8単位の履修でも取得可能とされている．

2 臨床心理士

臨床心理士は，学校教育機関や医療機関，行政機関，民間企業等で，利用者の精神的・心理的な課題の解決にあたる民間の心理専門職である．文部科学省により，スクールカウンセラーの任用要件ともされている．

児童相談所や児童福祉施設に採用され，児童の心身の発達に向けた心理判定，カウンセリングなど保護者や児童などに対し心理的側面から支援する．

資格要件については，心理学を専攻する指定された大学院修士課程を修了後，年1回の筆記・口述試験に合格することなどにより，財団法人日本臨床心理士資格認定協会が認定する．

3 スクールカウンセラー

スクールカウンセラーは，学校教育機関において，児童・生徒や保護者などに対し，福祉専門職であるスクールソーシャルワーカーとも連携するなどして，いじめや不登校など，さまざまな悩みの相談に応じ，教員のサポートを行う心理領域の専門職である．1995（平成7）年から，文部科学省により，事業展開が始まった．勤務形態は自治体によって異なる．

任用要件については心理学の専門知識をもつ臨床心理士などが配置されることが多い．

4 家庭裁判所調査官

家庭裁判所調査官は，家庭裁判所において未成年者の非行や犯罪などの少年事件や，離婚，相続問題，親権問題など，さまざまな家庭内紛争についての家事事件について調査や資料の作成などを行い，解決までの援助を行う．

虐待などを行った保護者が，子どもの児童福祉施設入所などに同意しない時，児童相談所は児童福祉法第28条に基づき，家庭裁判所への措置承認への申し立てを行う．また，虐待や不適切な関わりを行う保護者に対し，児童相談所や子どもなどは民法に基づき，家庭裁判所に親権の喪失や停止の審判の請求を行う．さらに，子どもの安全確認・確保のため，住居に立ち入る臨検や住居などで子どもを捜し出す捜査を行うため，児童相談所は家庭裁判所に許可状の交付を求める．それら一連の勧告や処分，許可にあたっての調査にも携わり，事案の解決にあたっている．

裁判所職員採用総合職試験（院卒・大卒，人間科学区分）に合格し，2年間の研修を終了後に調査官補から調査官に任命される．

5 医 師

医師は，医師法の第1条で「医療及び保健指導を掌ることによって公衆衛生の向上及び増進に寄与し，もつて国民の健康な生活を確保するものとする」と定義され，第17条では「医師でなければ，医業をなしてはならない」とされている．

児童相談所や保健所などの行政機関や乳児院や母子生活支援施設，保育所，児童養護施設などの児童福祉施設において専任あるいは嘱託として配置される．入所児童の健康の保持，成長・発達の支援，疾病および障がいのある児童への療育指導などにまつわる診断や治療，児童虐待をめぐる医療ケアを通じた子どもや保護者の治療や支援など様々な課題に対して福祉や保育の専門職と連携して対応する．

資格要件については，医師国家試験に合格する必要があるが，受験資格として，① 大学で医学の正規の課程を修めて卒業した者，② 医師国家試験予備試験に合格後，1 年以上の診療および公衆衛生に関する実地修練を経た者，③ 外国の医学校を卒業し，または外国で医師免許を得た者で，厚生労働大臣が適当と認定した者，などとなっている．

6　看護師

看護師は，保健師助産師看護師法で「厚生労働大臣の免許を受けて，傷病者若しくはじょく婦に対する療養上の世話又は診療の補助を行うことを業とする者」と定められている．

乳児院や障害児入所施設，児童発達支援センターなど様々な児童福祉施設，病院や診療所といった医療機関などにおいて，看護業務を通じて保護者の相談に応じたり，保育士と共に子ども達の支援の役割を担っている．児童虐待防止のための医療ケアの役割も求められる．

資格要件については，専門の養成施設で必要科目を修得し，看護師国家試験に合格する必要がある．

7　理学療法士

理学療法士は，理学療法士及び作業療法士法に基づき，厚生労働大臣の免許を受け，身体障がい児・者に対し，医師の指示のもとに運動療法，電気刺激や，温熱，マッサージなどの物理療法を行い，日常生活上の基本動作能力の回復をはかる国家資格の専門職である．

障害児入所施設などといった児童福祉施設でも障がいのある児童への当該業務に従事する．

資格要件については，専門の養成施設で必要科目を修得し，国家試験に合格する必要がある．

8　作業療法士

作業療法士は，理学療法士及び作業療法士法に基づき，厚生労働大臣の免許を受けて，身体障がい，知的障がいといった身体又は精神に障がいがある者の状況に応じ，医師の指示の下，各種の作業を行い，応用的動作能力や社会適応能力の回復をはかろうとする国家資格の専門職である．

障害児入所施設などといった児童福祉施設でも障がいのある児童への当該業務に従事する．

資格要件については，専門の養成施設で必要科目を修得し，国家試験に合格する必要がある．

9　言語聴覚士

言語聴覚士は，言語聴覚士法に基づき，言語機能，音声機能，聴覚に障がいのある者などに対し，訓練や検査，助言，指導その他の援助を行う国家資格の専門職である．1997（平成 9）年制定の言語聴覚士法により，国家資格化し，「言語療法士」「言語治療士」などの名称から統一された．

障害児入所施設や児童発達支援センターなどといった児童福祉施設でも障害のある児童への当該業務に従事する．

資格要件については，専門の養成施設で必要科目を修得し，国家試験に合格する必要がある．

10　視能訓練士

視能訓練士は，視能訓練士法に基づき，医師の指示の下に，両眼視機能に何らかの障がいのある者に対する機能回復のために必要な矯正訓練，検査などを行う国家資格の専門職である．

障害児入所施設といった児童福祉施設や保健所などでも障がいのある児童への当該業務に従事する.

資格要件については,養成施設で必要科目を修得し,国家試験に合格する必要がある.

11　義肢装具士

義肢装具士は,義肢装具士法に基づき,医師の処方の下に,四肢に何らかの障がいのある者に対して,義肢や装具などを身体に適合させる,あるいは製作することを業とする国家資格の専門職である.

義肢装具の製作会社に所属する者が多く,障害児入所施設といった児童福祉施設などでも障がいのある児童への当該業務に従事する.

資格要件については,養成施設で必要科目を修得し,国家試験に合格する必要がある.

第4節　その他の担い手

1　社会福祉士

社会福祉士は,社会福祉士及び介護福祉士法に基づき,身体上,精神上の障がいがあること,または環境上の理由により日常生活を営むのに支障がある者の福祉に関する相談に応じ,助言,指導,福祉サービスを提供する者,又は医師その他の保健医療サービスを提供する者その他の関係者との連絡及び調整その他の援助を行う国家資格の専門職である.

社会福祉関連施設・機関のみならず保健医療,教育の領域など活動の場が広がっている.

資格要件については,養成施設で必要な科目を修得して国家試験に合格するか,学歴及びそれに伴う実務経験(1～4年)に応じて養成施設で必要科目を修得し,国家試験に合格した者となっており,児童福祉司として職務に従事する際の資格要件ともなっている.

2　介護福祉士

介護福祉士は,社会福祉士及び介護福祉士法に基づき,身体上又は精神上の障がいがあることにより,日常生活を営むのに支障がある者につき,心身の状況に応じた介護を行い,並びにその者及びその介護者に対して介護に関する指導を行う国家資格の専門職である.高齢者や障がい者関係の施設,事業所などで業務に従事している.

障害児入所施設といった児童福祉施設などでも障がいのある児童への当該業務に従事する.

2016(平成28)年度(第29回)国家試験から実務経験ルートには実務者研修が義務づけられることとなった.

また,2017(平成29)年度から2021(平成33)年度までの養成施設卒業者に与えられる介護福祉士資格は,5年間の期限付きの資格となり,5年以内に国家試験に合格するか,5年間連続して現場の実務に従事しないと国家資格は失われる.2022(平成34)年度の卒業生からは国家試験の受験が義務となる予定である.

資格要件については,これまで,一定の実務経験を経て国家試験に合格する,あるいは,養成施設で必要科目を修得すれば国家資格の登録が可能であった.

3　精神保健福祉士

精神保健福祉士は精神保健福祉士法に基づき，精神障がいの医療を受け，又は精神障がい者の社会復帰促進施設を利用している者の相談に応じ，必要な訓練その他援助を行う国家資格の専門職である．

児童養護施設や障害児入所施設，児童発達支援センターといった児童福祉施設で生活指導や自立促進業務に従事する児童指導員の任用資格ともなっている．

精神保健福祉センターや保健所，精神障がい者福祉施設，精神科病院あるいは企業などにも配置されている．

資格要件については，養成施設で必要科目を修得し，国家試験に合格する必要がある．

4　民生委員・児童委員・主任児童委員

民生委員は，民生委員法に基づき，各市町村の区域に配置され，社会奉仕の精神で地域住民の相談，援助を行い，社会福祉の増進に努めることを任務とする民間の奉仕者である．

高齢者，保護の必要な人などへの相談，助言，指導，地域福祉活動推進に向けたネットワークづくりへの諸活動の実施など，社会福祉施設，福祉事務所をはじめとする関係機関などと連携しながら活動する．

都道府県又は政令指定都市もしくは中核市の長の推薦により，厚生労働大臣が委嘱する．

児童福祉法に基づき，児童委員を兼ねるとされている．児童委員は，地域の児童や妊産婦の健康状態や生活状態を把握し，必要な援助や福祉サービスが受けられるよう連絡調整することを職務としている．児童委員のうちから厚生労働大臣により主任児童委員が指名され，児童福祉機関や児童委員との連絡調整などを行う．

5　保護司

保護司は，保護司法に基づき，法務大臣により委嘱され，犯罪や非行を行った者を保護観察したり，更生について支援，又は地域の予防活動を行い，個人及び公共の福祉に寄与する役割を担っている．

家庭裁判所の少年法に基づく20歳未満の男女への児童自立支援施設や児童養護施設への一連の保護手続きの際の保護観察の役割も担う．

2年ごとの任期であり，保護観察所に置かれる保護司選考会により選出され，法務大臣が委嘱するが，地域で信望があり，子育て・公務員経験者，宗教家，自営業者などが多く，76歳以上の者へは再委嘱はしないこととなっている．

6　人権擁護委員

人権擁護委員は，人権擁護委員法に基づき，国民の基本的人権が侵犯されることのないように監視し，もし，これが侵犯された場合には，その救済のため，すみやかに適切な処置を採るとともに，常に自由人権思想の普及高揚に努めることをその使命とする公職である．

いじめや児童虐待，児童買春など児童や家庭をめぐる人権問題が多様化・深刻化する中で，その対応をめぐって児童福祉施設や児童相談所などとも連携し，支援活動などを行う．

法務大臣により委嘱され，市町村に配置される．任期は3年で，公務員の退職者などに委嘱されることも多い．

7 スクールソーシャルワーカー

スクールソーシャルワーカーは，学校教育機関においていじめや不登校などの課題を抱えた児童・生徒を取り巻く環境への働きかけを行い，さまざまな関係施設・機関などとも連携しつつ，相談・支援を行う福祉専門職である．

2008（平成20）年4月からは文部科学省もスクールソーシャルワーカー活用事業を導入し，全国に順次配置されることになり，2014（平成26）年8月の政府の「子供の貧困対策に関する大綱」では，当時の1500人から5年をかけ，2019（平成31）年度までに1万人に増やし，全国の市区町村に置くことを掲げている．任用要件は自治体によって異なる．

資格要件については社会福祉士や精神保健福祉士などの有資格者の他，教育や福祉分野の経験者などさまざまである．

社団法人日本ソーシャルワーク教育学校連盟では，一定の設置要件を満たす学校をスクールソーシャルワーク教育課程と認定し，当該課程修了者で社会福祉士などの有資格者に修了証を交付する仕組みを導入している．

8 ベビーシッター

ベビーシッターは，一般に保護者が外出時にその求めに応じ，直接乳幼児の保育をしてくれる人である．近年，従来の業務と共に，家庭教師的な役割や公共交通機関を利用した送迎サービスなど，その役割も多様化している．

2016（平成28）年4月施行の子ども・子育て支援法の一部を改正する法律により，仕事・子育て両立支援事業が創設され，企業主導型ベビーシッター利用者支援事業として，労働者のベビーシッター派遣サービス利用に関する助成や，サービス従事者への研修・啓発活動も行われることとなった．

公益社団法人全国保育サービス協会では，協会が実施する研修会を受講した実務経験者で認定試験に合格した者などに「認定ベビーシッター」資格を付与する制度を設けている．

9 家庭的保育者

家庭的保育者は，自宅の一部を開放し，3歳未満の子どもの保育を行う．子育て経験者で保育士や看護師，保健師，教員といった資格をもつ，あるいは所定の研修を受けて，終了した者，保育が可能な家庭環境であり，育児室を提供できるといった要件が概ね必要である．

家庭福祉員や保育ママとも呼ばれ，2010（平成22）年4月施行の児童福祉法の改正に伴い，家庭的保育事業として法定化されている．

10 里 親

里親は，児童福祉法により，保護者がいない，あるいは保護者に監護させることが不適当と認められる児童の養育を希望し，都道府県知事が適当であると認めた者をいう．

2009（平成21）年度より，家庭的養護促進のための小規模住居型児童養育事業（ファミリーホーム）も創設された．

里親制度は愛情や理解のある大人との愛着関係の中での家庭環境の下で子どもの健全育成を図ろうとする制度で，養育里親や専門里親，養子縁組を希望する里親，親族里親などがある．

第11章　子育て家庭支援のための社会資源（専門職）との連携・協働　　135

2016（平成28）年6月の児童福祉法改正にともない，2017（平成29）年4月より里親の普及啓発から里親の選定及び里親と児童との間の調整並びに児童の養育に関する計画の作成までの一貫した里親支援が都道府県（児童相談所）の業務として位置付けられることとなった．

11　子育てサポーター・子育てサポーターリーダー

子育てサポーターは，地域における公民館といった社会教育施設や学校などで，子育てに関して悩みや不安を抱える親の相談に応じたり，子育て支援交流事業への参加や協力，子育てに関する情報提供などを行う．

文部科学省の「家庭教育に関する施策等」における「子育て支援ネットワークの充実」事業の具体的施策として，2001（平成13）年度より開始され，自治体が開催する養成講座を受講し，認定を受け委嘱されている．

さらに，2004（平成16）年度からは家庭教育支援の充実に向け，子育てサポーターの資質向上をはかり，関係機関との連携を促進するリーダー格としての子育てサポーターリーダーの養成が文部科学省の家庭教育支援総合推進事業として，自治体が開催する講座などにより実施され，委嘱されている．

12　子育て支援員

子育て支援員は，政府が2015（平成27）年度より設けた資格である．地域における保育や子育て支援などの各事業に従事しようとする育児経験や職業経験などを有する者が，多様な子育て支援分野に必要となる知識や技能などを修得し，保育所や学童保育，放課後児童クラブや児童養護施設などでの保育士のサポートなどの業務に従事する．

これにより，保育の担い手確保に向けての整備と，子育て中の女性をはじめ，主婦の社会進出へのバックアップの役割も期待されている．

都道府県または市町村により実施される基本研修と従事する分野別の研修を終了し，修了証書の交付を受ける必要がある．

13　利用者支援専門員

利用者支援専門員は，子ども・子育て支援法に基づき，子ども又は保護者の身近な場所で教育・保育その他の子育て支援の情報提供，相談・助言，関係機関との連絡調整などの業務にあたる．

資格要件としては，利用者支援事業の「基本型」と「特定型」のそれぞれに該当する「子ども・子育て支援に関する事業（地域子育て支援拠点事業など）の一定の実務経験を有する者で，子育て支援員基本研修及び専門研修（地域子育て支援コース）を修了した者」などとなっており，「基本型」と「特定型」の事業所でそれぞれ1名以上配置することとなっている．

14　子育てサークル

子育てサークルは，子育て中の保護者らが主に地域の子育て支援センター，児童館，社会教育施設などに集まり，子育てをめぐる悩みなどの相談や親子での遊びや情報交換を通じて子育て不安を解消していこうとするグループである．

活動形態もさまざまであり，各地域の保育士や保健師，児童委員などが主導して活動したり，保護

者による自主的な運営により活動している所もある.

第5節　連携の必要性

2015（平成27）年4月から「子ども・子育て支援新制度」がスタートし，幼児期の学校教育，保育，地域の子ども・子育て支援を総合的に推進し，「量的拡充」や「質の向上」が図られることとなった.

2017（平成29）年6月，内閣府は，2018（平成30）年度から2022（平成34）年度末までの5年間で，女性就業率80％に対応できる32万人分の保育の受け皿を整備する「子育て安心プラン」を打ち出した.さらに，待機児童解消を目指し，このプランは前倒しされ，2020（平成32）年度末までに32万人分の受け皿整備を行うことになった.今後は，それに応える保育体制構築に向けた専門職の資質向上が求められる.また，近年さらに深刻さを増す児童虐待の防止や早期発見・早期対応のための地域のネットワークづくりの強化も不可欠である.

特に，保育をめぐる子育て家庭を取り巻く社会的状況は変化しており，地域における人間関係の希薄化は，子育て家庭の孤立化を引き起こす要員ともなっている.また，育児疲れや夫婦間の不和，貧困なども子どもの虐待要因につながる危険性がある.こうした各家庭の多様な保育ニーズを早期に発掘し，課題解決を図る上でも，各関係職種間の連携による相談援助・相談支援体制が求められる.

ワーク　社会資源（専門職）の役割

① あなたの住んでいる自治体での子育て支援に携わる社会資源（専門職）とその役割について詳しく調べてみましょう.
② 保育に関するさまざまな支え手・担い手のうち，ひとり親家庭支援に携わる社会資源（専門職）とその役割について調べてみましょう.
③ 児童虐待について，どのような社会資源（専門職）が連携・協働して支援しているか，詳しく調べてみましょう.
④ 幼保一元化・一体化に向けた社会資源（専門職）の役割や課題について考えてみましょう.
⑤ 社会資源（専門職）についての法的根拠や活動の場・役割についてそれぞれさらに詳しく調べてみましょう.

（上續宏道）

第12章

子育て支援施策・次世代育成支援施策の推進

> **学びのポイント**
>
> 　いわゆる「1.57ショック」は，わが国の少子化対策そして子育て支援対策の契機となる出来事だった．そして，少子化対策は行政だけでなく事業主も加わる次世代育成支援という考え方による施策の推進が図られ，子育て支援対策は「保育に欠ける」子どもの保育を中心に拡充されてきた．これらの対策を充実させるため，2012（平成24）年「子ども・子育て関連3法」が成立し，認定こども園制度が見直され，2015（平成27）年からは「子ども・子育て支援制度」が施行されている．
> 　子ども家庭支援の施策は新しい段階に入りつつある．

第1節　子育て支援施策

　1997（平成6）年，政府はエンゼルプランを策定し，その後，新エンゼルプラン，少子化対策プラスワン，少子化社会対策大綱や子ども・子育てビジョンなどの子育て支援施策を次々に策定した．

　その後，2012（平成24）年に成立した子ども・子育て関連3法（子ども・子育て支援法，認定こども園法の一部を改正する法律，子ども・子育て支援法及び認定こども園法の一部を改正する法律の施行に伴う関係法律の整備等に関する法律）の制定により，保護者が子育てについて第一義的に責任を有するという認識のもとに「子ども・子育て支援制度」が2015（平成27）年4月より施行，翌年4月には子ども・子育て支援法が改正され，「仕事・子育て両立支援事業」が創設された．

1　子ども・子育て支援制度

　子ども・子育て支援制度は「社会保障と税の一体改革」の一環として行われるものである．消費税の使途は，これまで「高齢者3経費（基礎年金，老人医療，介護）」に限定されていたが，その使途について全世代型の社会保障制度へ転換を図り，子ども・子育て支援が対象に含まれることになった．財源には消費税の増収分が充てられることになり，子ども・子育て支援に使う財源を増やし，保育，子育て支援サービスを中心に給付を行う仕組みとして，子ども・子育てを社会全体で支援する体制を構築した．

　実施主体は市町村で，これまで省ごと，事業ごとに行われていた財政支援を一元的なシステムとして一本化し，「子ども・子育て支援給付」として児童手当と教育・保育給付が給付される．教育・保育給付には「施設型給付」（認定こども園，幼稚園，保育所を通じた共通の給付），「地域型保育給付」（地域における小規模な保育を対象）が含まれ，さらに充実が必要となる地域の子育て支援について「地域子ども・子育て支援事業」が位置づけられている．

また，内閣府に「子ども・子育て会議」が設置され，有識者，地方公共団体，事業主代表・労働者代表，子育ておよび子育て支援当事者等が，基本指針，具体的な実施体制，設備運営基準，公定価格等について検討した.（都道府県および市町村でも，子ども・子育て会議の設置が努力義務とされ，子ども・子育て支援事業計画を策定し，それに基づき給付を行う仕組みとなっている）

　子ども・子育て支援制度は，人口減少地域での教育・保育の需要に応えること，待機児童問題の解消や保護者の働く状況が変化しても地域の子どもが同じ施設に通えるようにすること，幼児期教育の振興があげられ，いずれの教育・保育施設に通う場合も3歳以降の教育の質が確保されることを目指している．また，幼保連携型認定こども園は教育基本法に基づく学校，児童福祉法に基づく児童福祉施設および社会福祉法に基づく第二種社会福祉事業としての位置づけをもつ施設とされた．

2　地域子ども・子育て支援事業の概要

　地域子ども・子育て支援事業は，市町村が地域の実情に応じて進める事業である．以下に，それぞれの事業について説明する．

1）利用者支援事業

　子どもまたは保護者にとって身近な場所で，教育・保育施設や地域の子育て支援事業等の情報提供を行い，必要に応じて相談・助言を行うとともに，関係機関との連絡調整等を実施する事業である．子ども・子育て支援制度で用意されたメニューを適切に利用者につなげていくために不可欠な事業で，その内容は，個別の子育て家庭のニーズを把握し，適切な施設・事業などを円滑に利用できるように支援する「利用者支援」と，子育て支援関係者と連絡・調整をし，必要な地域での社会資源の開発などを行う「地域連携」の2つである．

　利用者支援事業には，「基本型」「特定型」「母子保健型」の3つの類型がある．「基本型」は，子育て家庭を包括的に支援するもので，地域子育て支援拠点において利用者支援専門員が相談支援を行う．「特定型」は，市町村において保育所などの利用を希望する保護者の相談に応じ，情報提供や利用に向けての支援を行うもので，「母子保健型」は市町村保健センターにおいて保健師等が相談支援を行い，各種ネットワークや医療機関等につなげる．

2）地域子育て支援拠点事業

　乳児または幼児およびその保護者が相互の交流を行う場所を開設し，子育てについての相談，助言その他の援助を行う事業で，常設の地域の子育て拠点で実施される「一般型」と子育て支援に関する施設に親子が集う場を設けて実施される「連携型」の2つがある．

3）一時預かり事業

　家庭で保育を受けることが一時的に困難となった乳児または幼児を対象に，保育所その他の場所において一時的（昼間）に預かり，必要な保護を行う事業である．「一般型」「幼稚園型」「余暇活用型」「地域密着Ⅱ型」「居宅訪問型」の5つの類型がある．

4）乳児家庭全戸訪問事業

　原則，4カ月未満の乳児のいるすべての家庭を訪問することで，子育てに関する情報の提供，乳児およびその保護者の心身の状況，養育環境の把握等を行い，養育に関する相談，助言その他の援助を行う事業である．

5） 養育支援訪問事業・子どもを守る地域ネットワーク機能強化事業

「養育支援が必要」と市町村が認めた家庭に保健師等が訪問し，養育に関する相談，指導，助言その他必要な支援を行う事業である．また，要保護児童対策地域協議会（子どもを守る地域ネットワーク）の機能を強化するため，調整機能職員の強化とネットワーク間の連携を図る取り組みを行う子どもを守る地域ネットワーク機能強化事業も行われている．

6） 子育て短期支援事業

保護者の疾病等の理由で，家庭での養育が一時的に困難になった児童を児童養護施設などに入所させ，必要な保護を行う事業で，短期入所生活援助（ショートステイ事業）と夜間養護等事業（トワイライトステイ事業）の2つがある．

7） 子育て援助活動支援事業（ファミリー・サポート・センター事業）

子どもの一時的預かりや，子どもの外出時の移動支援を希望する者と育児支援を行いたい者との連絡や調整等を行う事業である．市町村に設置されているファミリー・サポート・センターにはアドバイザーと呼ばれる職員が配置され，会員募集などの会員組織業務，相互援助活動の調整，講習会の開催などを行っている．

8） 延長保育事業

通常の利用および利用時間帯以外の日・時間に認定子ども園，保育所等で引き続き保育を受けた時に保護者が支払うべき時間外保育の費用を助成し，必要な保育を確保する事業である．保育施設等で引き続き保育が行われる「一般型」と子どもの自宅で行われる「訪問型」がある．

9） 病児保育事業

疾病にかかっている乳幼児，または学童で家庭において保育を受けることが困難な子どもを病院，認定子ども園，保育所等で保育を行う事業である．「病児対応型」「病後児対応型」「体調不良児対応型」「非施設型（訪問型)」などの類型がある．

10） 放課後児童健全育成事業（放課後児童クラブ）

労働等により保護者が昼間家庭にいない小学生に対して，授業終了後に小学校の空き教室や児童館等を利用して適切な遊びおよび生活の場を与え，健全な育成を図る事業である．

11） 妊婦健康診査

妊婦の健康の保持および増進を図るため，妊婦に対する健康診査として，①健康状態の把握，②検査計測，③保健指導を実施し，妊娠期間中，必要に応じた医学的検査を実施する事業である．

12） 実費徴収に係る補足給付を行う事業

保護者が特定教育・保育施設等に支払うべき教育・保育に必要な物品の購入に要する費用や行事への参加に対する費用を助成する事業である．

13） 多様な事業者の参入促進・能力活用事業

特定教育・保育施設等への民間事業者の参入の促進に関する調査研究その他多様な事業者の能力を活用した特定教育・保育事業等の設置・運営を促進する事業である．

3　仕事・子育て両立支援事業

仕事・子育て両立支援事業は，仕事と子育ての両立に資する子ども・子育て支援の提供体制を充実させるために，国が主体となって，事業主による拠出金を財源に事業主が雇用する労働者の子どもの

保育を行う設置者への助成や援助を行う事業である．平成28年度，子ども・子育て支援制度に創設された．

以下に，それぞれの事業について説明する．

1）企業主導型保育事業

企業主導型の事業所内保育を中心に，休日や夜間，延長や短時間の保育などの多様な就労形態に応じた保育サービスの拡大を図ることを目的としている．利用対象者は実施事業者の従業員枠に加え，地域枠（従業員以外の子ども）を設けることもできるほか，複数の企業が設置したり，保育事業者が複数の企業を対象に設置することもできる．

企業主導型保育事業は市町村の計画整備とは別枠で整備できることから，市町村の関与を受けずに設置・利用を進めることができ，その柔軟性や多様性から待機児童の解消を促進することが期待されている（認可外保育施設として都道府県への届出が必要）．

2）企業主導型ベビーシッター利用者支援事業

労働者等がベビーシッター派遣サービスを利用した場合に，その利用料金を助成するとともに，ベビーシッター事業者やベビーシッター事業に従事する者の資質向上のための研修等を行う事業である．

第2節　次世代育成支援施策

1971（昭和46）年から1974（昭和49）年にかけての第二次ベビーブーム以降，わが国の出生数は減少している．特に，多くの人に少子化対策の必要性が認識されたのは，1990（平成2）年の1.57ショックである．これを契機に政府は合計特殊出生率の低下と子どもが減少傾向にあることを問題として認識し，仕事と子育ての両立支援等の子どもを産み育てやすい環境づくりに向けて対策を始めた．すでに1966（昭和41）年，出生数と合計特殊出生率が最低を記録していたが，この年は「ひのえうま」による出生の低下として受け止められた．ところが，1989（平成元）年に最低値（1.57）を更新したことで少子化問題として広く受け止められる契機となった．

1　少子化対策

政府は，1.57ショックを契機に本格的な少子化対策に取り組むことになった．1994（平成6）年12月に少子化対策および仕事と子育ての両立支援を目的とした「今後の子育て支援のための施策の基本的方向について（エンゼルプラン）」，1999（平成11）年12月に少子化対策推進基本方針と，この方針に基づく具体的計画として「重点的に推進すべき少子化対策の具体的実施計画について（新エンゼルプラン）」を策定，2002（平成14）年9月には，これまでの少子化対策に加えて，さらなる少子化対策の必要があるとして「少子化対策プラスワン」を提言し，総合的な対策である「次世代育成支援対策」を打ち出した．

2　次世代育成支援対策

2003（平成15）年7月，少子化対策基本法が制定され，内閣総理大臣を会長とし全閣僚によって構成される少子化社会対策会議が内閣府に設置された．また，2015（平成27）年までの時限立法として

次世代育成支援対策推進法が制定された．これまでの子育て支援は，主に地方公共団体が子育て支援対策に取り組んできたが，同法では，行政だけでなく事業主も次世代育成支援のため行動計画を策定し実施していくことが規定された（なお，次世代育成支援対策推進法は2025（平成37）年３月末まで期限が10年間延長されている）．

その後，2004（平成16）年に「少子化社会対策大綱」，2010（平成22）年に「子ども・子育てビジョン」が策定され，2015（平成27）年には新しい「少子化社会大綱」が，３つ目の大綱として閣議決定された．この「少子化社会対策大綱（2015年）」では，少子化の危機は克服できる課題であり，社会全体で行動を起こすべきであると位置づけている．基本的な考え方として，①結婚や子育てしやすい環境となるよう，社会全体を見直し，これまで以上に対策を充実，②個々人が結婚や子供についての希望を実現できる社会をつくること，③結婚，妊娠，出産，子育ての各段階に応じた「切れ目のない取組」と「地域・企業など社会全体の取り組みを両輪としてきめ細かく対応，④2015（平成27）年から５年間を「集中取組期間」と位置づけ，重点課題を設定し，政策を効果的かつ集中的に投入，⑤長期的展望に立って，子供への資源配分を大胆に拡充し，継続的かつ総合的な対策を推進といった考え方が示された．

このように，少子化対策は次世代育成という考え方のもとで進められてきた．次世代育成支援は育ちを対象に乳児期から青年期に渡って働き方，保育・教育，子育て支援，母子保健，経済的支援などの課題に対する支援制度の組み合わせとして取り組まれている．

ワーク　子育て支援サービスの活用に向けて

　専業主婦のKさん（27歳，女性）は，長男が小学生になったらパートタイマーとして働きに出ることにした．Kさんは地元の会社で事務員として働いていたが，出産を機に務めていた会社を退職し，専業主婦として生活をしてきた．退職時には「もう少し働き続けたい」と思っていたことから，「子どもが小学生になったら，再び働きたい」と考えていた．夫は安定した仕事に就いていたので生活費に困ることはないが，今後の子どもの教育費等のため，子育て支援サービスが利用できれば家計を楽にできるような仕事をパートタイマーで探そうとしている．

　この事例から，どのような課題が見えてくるでしょう．

2015（平成27）年の少子化社会対策大綱では，取り組むべき重点課題を5つ設定している．

1）　子育て支援施策を一層充実

生活費を確保するために保育サービスを活用して働きに出たい人もいれば，Kさんのように家計を補うために保育サービスを活用する人もいる．ニーズの多様化に対して一時預かりなど多様な保育サービスを充実させていくことが求められている．

2）　若い年齢での結婚・出産の希望の実現

若年者の雇用の安定や，結婚に対する支援など，必要な生活基盤を整備していくことが重要である．Kさんのような若年者がライフイベントに際して希望の持てる社会の実現が求められている．

3）　多子世帯へ一層の配慮

子育て・保育・教育・住居などへの負担軽減や，地方自治体，企業，公共交通機関などによる多子世帯への配慮・優遇措置の促進が求められている．

4）　男女の働き方改革

Kさんだけでなく，Kさんの夫が仕事と家庭生活や子育てを人生の中でどのようなバランスで考えていくかが重要である．「男性の意識・行動改革」「ワーク・ライフ・バランス」「女性の活躍」を社会全体で考えていく必要がある．

5）　地域の実情に即した取組強化

「地方創生」という考え方から，子育て支援には，地域が持つさまざまな資源を活用しながら，地域の必要性に合わせた創意工夫が求められている．

以上の5つの重点課題を設定し，きめ細かな少子化対策の推進が進められている．

（森合真一）

第13章

子ども家庭支援に関する現状と課題

> **学びのポイント**
>
> 現在社会の子どもや家庭を取り巻く環境は複雑であり，多くの生活課題などが混在化している．
> 2016（平成28）年には出生数が100万人を下回った．しかし，児童虐待の対応件数は13万件を超えて増加の一途をたどっている．その章では，子ども家庭支援の現況と課題を理解しながら学んで欲しい．

第1節 社会状況

1 第二次世界大戦後の社会状況の変化

1945（昭和20）年に第二次世界大戦が終戦した．戦争後の混乱期はGHQ（連合国総司令部）の指導の下に復興に向けて歩み出し，1947（昭和22）年から1949（昭和24）年の3年間を第一次ベビーブームが訪れて出生数も大幅に増加した．その後，1955（昭和30）から高度経済成長期に突入し，金の卵とよばれた中学卒業した人々が労働者として都会に集団就職をする時代になり，都市化・過疎化現象が現れ始めた．家族形態も拡大家族から核家族へと変化していった．1973（昭和48）年には第一次オイルショックがおこり，高度経済成長は終わり経済低成長へと移っていった．また，同時期の1971（昭和46）年から1974（昭和49）年に第二次ベビーブームが到来した．しかし，その後は，少子化の一途をたどり，2005（平成17）年には合計特殊出生率が1.26（出生数は1,062,530人）と最低を記録した．現在も少子化現象は解消されず子ども人口は減少をしている．

2 近年の出生数動向

近年の出生数の動向を見ていくと，1989（平成元）年は1,246,802人と第二次大戦後初めて130万人を下回った．1990（平成2）年1,221,585人であったが，1997（平成9）年には，1,191,665人と120万人を下回り，2005（平成17）年には，1,062,530と110万人を下回った．そして，2016（平成28）年には出生数が100万人を下回り，976,978人，2017（平成29）年は946,065人と減少を続けている（**図13-1**）．

出生数を母の年齢（5段階級）・出生順別にみると，1985（昭和60）年の出産数は1,431,577人であった．その内訳として，15～19歳は17,854人(0.12%)，20～24歳247,341人(1.72%)，25～29歳は682,885人(47.7%)，30～34歳は381,466人(26.6%)，35～39歳は93,501人(0.65%)40～45歳は8,224人(0.05%)であった．2000（平成12）年になると，出産数は1,190,547人と減少している．その内訳として，15～19歳は19,729人 (0.16%)，20～24歳は161,361人 (1.35%)，25～29歳は470,833人 (39.5%)，30～

第Ⅱ部　子ども家庭支援における詳説

表13-1	人口動態総覧の年次推移	
年	次	出　生　数
1989	平成元年	1,246,802
1990	2	1,221,585
1997	9	1,191,665
2016	28	976,978
2017	29	946,605

（出典）厚生労働省（2017）「平成28年（2016）人口動態統計（確定数）の概況」p5.

表13-2　母の年齢（5歳階級）・出生順位別にみた出生数

母の年齢	昭和60年	平成12年	平成29年
総　数	1,431,577	1,190,547	946,065人
15〜19	17,854	19,729	9,861人
20〜24	247,341	161,361	79,264人
25〜29	682,885	470,833	24,933人
30〜34	381,466	396,901	216,936人
35〜39	93,501	126,409	52,101人

（出典）厚生労働省（2017）「平成28年（2016）人口動態統計（確定数）の概況」p13.

34歳は396,901人（33.3％），35〜39歳は126,409人（1.06％）40〜45歳は14,848人（0.12％）．前年度の2017（平成19）年の出産数は946,065人であり，出生数は10万人を割った．その内訳として，15〜19歳は9,861人（0.01％），20〜24歳は79,264人（0.83％），25〜29歳は24,933人（25.6％），30〜34歳は345,419人（36.5％），35〜39歳は216,938人（22.9％）40〜45歳は52,101人（0.05％）となった（**表13-2**）．

　出生数を母の年齢（5段階級）・出生順別で比較すると，30歳から45歳で出産する割合が増加していて，30歳以下で出産する割合が減少していることが顕著であることがわかる．

3　世帯数の現状

　2017（平成29）年6月1日現在における全国の世帯総数は504,2000世帯となっている．世帯構造をみてみると「夫婦と未婚の子のみ世帯」が14,891,000世帯（全世帯の29.5％）で最も多く，次いで「単独世帯」が13,223,000世帯（全世帯の27.0％），「夫婦のみの世帯」が12,096,000人（全世帯の24.0％）となっている．世帯類型をみると，「母子世帯」は767,000世帯（全世帯の1.5％），父子世帯は97,000（全世帯0.2％）となっている．そして，2017（平成29）年6月1日現在の平均世帯数は2.47％であった．

4　婚姻数と離婚数

　婚姻数1972（昭和47）年1,099,984人をピークに減少している．1978（昭和53）年には80万件を切り793,257件になったが，その後の減少の一途をたどり2011（平成23）年には70万件を切り661,895件なり，2017（平成29）年には606,866件であった．また，離婚数をみると，1971（昭和46）年に103,595件と初めて10万件を超え，2981（昭和56）年に154,221件，1982（昭和57）年は163,980件，1983（昭和58）年179,150件，1996（平成8）年206,955件と20万件を増加した．離婚数が一番多かった2002（平成14）年289,836件を堺に減少し始め，2017（平成17）年は212,262件であった．つまり，2017年度だけをみると，60,866件（人口千対4.9％）の婚姻数に対して，212,261件（人口千対1.70％）が離婚しているので，婚姻数に対して離婚率は約35％と高くなっている．

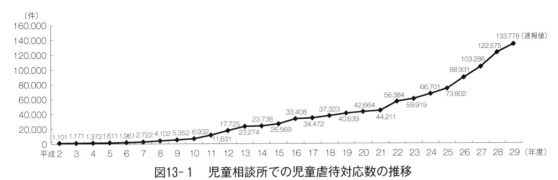

図13-1　児童相談所での児童虐待対応数の推移

（出典）厚生労働省子ども家庭局家庭福祉課（2018）「平成29年度の児童相談所での児童虐待相談対応件数」．

第2節　児童虐待の増加（DVの増加）

1　子ども虐待の推移

　2017（平成29）年度の児童相談所での児童虐待相談対応件数は，全国210か所の児童相談所が児童虐待相談として対応した件数は133,778件（速報値）で，過去最多であり，対前年度比は109.1％で11,203件増加した．その特徴は，心理的虐待に係る相談対応件数は，2016（平成28）年度は63,186件だったのが，2017（平成29）年度は72,197件と9,011件増加している．また，警察等からの通告の増加も増加していて，2016（平成28）年度は54,812件から2017（平成29）年度は66,055件と11,243件増加していることである．（相談対応件数とは，平成29年度中に児童相談所が相談を受け，援助方針会議の結果により指導や措置等を行った件数．）児童虐待相談対応件数の推移は図13-1の通りである．

　児童虐待対応件数の主な増加要因は，警察から児童相談所に対して児童が同居する家庭における配偶者に対する暴力（面前DV）の通告が増加したことである．その他，児童相談所全国共通ダイヤル（189）の広報やマスコミ報道等により国民や学校等関係機関の児童虐待への意識が高まったことに伴う通告の増加であると分析されている．

2　子ども虐待への対応策

　2016（平成28）年の児童福祉法改正で，児童虐待防止の視点からから市町村における支援拠点の整備や要保護児童等に対する支援の拠点をつくる．そして，子育て世代包括支援センターが法定化されることが決まった．市町村における支援拠点の整備が必要理由は，市町村は，児童等に対する必要な支援を行うための拠点の整備に努めるものとすると児童福祉法第10条の2に規定されている．しかし，現状は市町村における支援の水準は，地域ごとにバラツキがあり格差が生じているために，在宅での支援のための基盤が十分整備されていないので市町村における支援体制を一層充実させる必要がある．児童・家庭への支援は，その生活が営まれている身近な場所で行われることが重要であるという考え方から，市町村における支援拠点においては，児童家庭に関する実情の把握，情報の提供，相談対応，調査・指導，関係機関との連絡調整を一体的に担う．

　要保護児童等に対する支援の拠点（仮称）は児童，保護者等からの養育困難な状況や虐待等に関する相談や生活状況や実態把握等を行うための家庭訪問，通所，訪問等による継続的なソーシャルワー

クやカウンセリング等を担う．また，児童相談所（一時保護所）との連携をして一時保護，措置（里親委託，施設入所，在宅指導等）につながる相談，指導，診断等，市町村援助(市町村相互間の連絡調整，情報提供等必要な援助)等さらに，里親や児童養護施設，乳児院，児童心理治療施設ともつながっていく必要がある．児童相談所からの委託を受けて行う通所・在宅による指導措置を含むことや養育支援訪問事業，子育て短期支援（ショートスティ・トワイライトスティ）事業，児童養護施設等児童福祉施設入所措置解除後の児童等が安定して生活していくための継続的な支援を行う．

　子育て世代包括支援センターはおおむね2020年度末までに全国展開を目指す．現状様々な機関が個々に行っている妊娠期から子育て期にわたるまでの支援について，ワンストップ拠点（子育て世代包括支援センター）を立ち上げ，切れ目のない支援を実施されることとなった．ワンストップ拠点（子育て世代包括支援センター）には，保健師，ソーシャルワーカー等を配置してきめ細やかな支援を行うことにより，地域における子育て世帯の安心感を醸成することを目的としている．

　「市町村における支援拠点の整備や要保護児童等に対する支援の拠点（仮称)」となる子育て世代包括支援センター等の機関や施設が連携して有機的な働きをするためには，要保護児童対策地域協議会が責任をもって関係機関の対応を統括することが大切である．個々のケースに応じて関係機関の対応を統括して実効ある役割を果たすために要保護児童対策地域協議会の調整機関に専門職の配置を義務付けられた．

　子どもや家庭をめぐる問題は複雑・多様化している．問題が深刻化を防ぐには早期発見・早期対応が必要であり，子どもや家庭に対するきめ細かな支援が重要となっている．今後は，子どもや家庭の相談援助活動を行うためには，要保護児童対策地域協議会の調整機関が中心となり，市町村の他機関や都道府県（児童相談所）などとの連携・協力を進めていかなければならない．複数の機関が連携しながら相談援助を進める場合，ケースの進捗状況や援助の適否，問題点，課題等について，特定の機関が責任をもって把握し，分析，調整等（ケースマネージメント）を行う必要がある．そして，関係機関が情報交換を行い，共通の認識に立ってそれぞれの役割分担を協議するなど，各関係機関が連携しながら効果的対応を図ることが極めて重要である．

第3節　多様な家庭

1　ひとり親家族の増加と子ども貧困の問題

1）　子ども貧困の実態

　2015（平成27）年の子ども貧困率は13.9％で，前回の調査時は16.3％であり，2.4％改善したことが，厚生労働省が発表した「2016（平成28）年国民生活基礎調査」の結果から明らかになった．上昇傾向が続いていた子どもの貧困率が下降したのは2003（平成15）年以来12年ぶりである．世帯主が18歳以上65歳未満の子どもがいる現役世帯の子どもの貧困率は12.9％である．大人が2人以上の世帯貧困率は10.7％であるのに対して，ひとり親世帯の貧困率は50.8％と半数を超えている．前回調査の54.6％から改善傾向はみられるものの依然半数を超える貧困率となっている．

　2015（平成27）年の貧困線（等価可処分所得の中央値の半分）は，前回の2012（平成24）年と同じ122万円であった．貧困線に満たない世帯員の割合を示す相対的貧困率は15.6％で，前回調査よりも0.5ポイント改善した．しかし，生活意識別に世帯数の構成割合でみると，大変苦しい・苦しいを合わせ

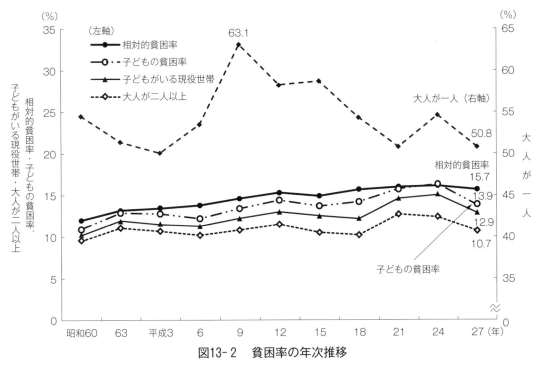

図13-2　貧困率の年次推移

（注）1）平成6年の数値は，兵庫県を除いたものである．
2）平成27年の数値は，熊本県を除いたものである．
3）貧困率とは，OECDの作成基準に基づいて算出している．
4）大人とは18歳以上の者，子どもとは17歳以下の者をいい，現役世帯とは世帯主が18歳以上65歳未満の世帯をいう．
5）等価可処分所得金額不詳の世帯員は除く．
（出典）厚生労働省（2016）「平成28年国民生活基礎調査の概況」．

て回答したのは56.5％で2年連続低下をしている．しかし，児童のいる世帯では前回より4.0％減少しているが，61.9％が苦しいと回答している．母子世帯では，大変苦しいが45.1％，やや苦しいが37.6％になった．つまり，母子世帯では大変苦しい・苦しいと回答した世帯は82.7％もある．

2）子どもの貧困対策

2018（平成20）年に生活困窮者自立支援法や生活保護法など4法が改正された．生活困窮者自立支援法で，子どもの学習支援強化では生活習慣や育成環境の改善に関して，実施主体である自治体からひとり親家庭の親などに行うことも追加したうえで「子どもの学習・生活支援事業」として展開することが盛り込まれた．また，生活保護法の改正では，生活保護受給世帯の子どもが高等学校卒業後に大学や専門学校に進学する際の，「進路準備給付金」を創設した．具体的な内容は，以下の通りである．

① 子どもの学習支援事業の強化

子どもの学習支援事業について，学習支援に加え，以下の2つ「子どもの学習・生活支援事業」として強化された．（図13-3）

・生活困窮世帯における子ども等の生活習慣・育成環境の改善に関する助言．
・生活困窮世帯における子ども等の教育及び就労（進路選択等）に関する相談に対する情報提供，助言，関係機関との連絡調整．

② 生活保護世帯の子どもの大学等への進学支援

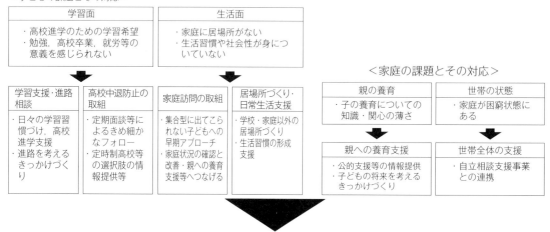

図13-3 子どもの学習支援事業の強化

(出典) 文部科学省総合教育政策局男女共同参画共生社会学習・安全課 (2016)「別添3 生活困窮世帯等の子どもの学習支援事業について」.

　生活保護世帯の子どもの大学への進学率が全世帯の子どもより著しく低いことを踏まえ，貧困の連鎖を断ち切り，生活保護世帯の子どもの自立を助長するため，生活保護制度に起因する課題に対して支援策を講じるとして，「大学等進学時の一時金の創設」された．また，大学などに進学した際に，新生活の立ち上げ費用として，自宅通学で10万円から自宅外通学で30万円という一時金を給付するとされた．

2　外国籍の子どもへの支援

1) 外国籍の児童の実態

　文部科学省の調査によれば，2016（平成28）年度に公立学校の外国籍児童生徒数は全国に76,282人おり，このうち日本語指導が必要な児童生徒数は37,095人（日本国籍7,897，外国人29,198）いる．この10年で約1.6倍に増加した．帰国子女だけでなく，外国から日本に定住した保護者を持つ子どもや，保護者の国際結婚により家庭内の言語が日本語以外の日本国籍の子どもが含まれる．

　全校の半数以上が外国籍等の児童の学校が既に存在する．この背後には家庭で日本語を話さない保護者の存在があることから，外国籍等の子どもを巡る課題は教育分野だけでなく，地域全体の様々な課題に繋がっている．

2）外国籍の児童の貧困について

　外国籍等の子どもと貧困の関係を示唆する．１つ目は，2012（平成24）年度に行われた，高校への進学状況　公立中学校を卒業した外国籍等の生徒の進路調査によれば，外国人が在住している都市において，外国籍等の生徒の約８割が高校へ進学するが，日本全体の高校進学率が97％であるのに対してやや低い．さらに，全日制高校へ進学した外国籍等の生徒の34％が，読み書き等に課題を抱えるとされる．定時制高校の場合，その割合は66％にものぼる．外国籍等の生徒が中退しやすく，定常的な就職が困難であることが指摘されている．すなわち，生徒本人の将来に渡る貧困に繋がる可能性を示唆するものである．

　外国籍等の子どもの貧困問題は，入国した年齢によっては，母国語も十分に話せないことから，さまざまなコミュニケーション上のストレスを子ども自身が抱え込むことになる．外国籍等の子どもの貧困問題を整理すると次のようになる．

① 保護者の就業形態が不安定であるため就労時間を増やし，休暇も取りにくく，学校等へ保護者の関心が向かない．また，子どもがコミュニケーション上必要な語彙力を付ける前に入園・入学させることもあるため，子どもが学校等で孤立感を高めやすい．

② 不規則な就労状況で保護者自身の日本語習得が遅れ，子どもの日本語が先に上達する．親子の時間も十分につくれないため意思疎通が難しくなり，保護者への尊敬の念が失われがちになる．

③ 将来に向けた選択肢の多様性がなくなる．つまり，日本語を母語にする児童生徒よりも圧倒的に語彙力が少ないことが経済的問題と言語・文化的な問題が学習にも影響し，高校・大学への進学断念や高校中退等が生じやすい．

④ 保護者の出身国に残した子どもを現地の学校を中退させて呼び寄せるため，日本の学校への進学問題に直面する．言語の問題だけでなく，子どもは精神的に不安定になりやすい．

⑤ 保護者の言語や就労状況のため経済的・教育的課題を解決するための相談や，制度を知る機会が乏しい．

以上のように，日本語を母語とする子どもの貧困とほぼ同様の問題が生じていると考えるが，親子間に信頼関係の欠如や，言語による様々な障害が生じ，問題はより複雑にしている．現在は自治体ごとに学習支援を中心に様々な対策が講じられているが，心のケアも含めた支援体制を整える必要がある．

150　第Ⅱ部　子ども家庭支援における詳説

ワーク

ひとり親家庭への支援の事例を通しての学び
【家族構成】　本人：Ｂ男（４歳），実母：25歳（パート勤務）
【援助者の紹介】
「Ｉ保育所」　Ｎ保育士
【ケースの概要】
　　母親は23歳で結婚して25歳でＢ男を出産する．Ｂ男が２歳の時，建築関係の仕事をしていた夫の会社が倒産して失業する．失業後，夫は頻繁にアルコールを飲むようになり，母親に暴力をふるうようになり離婚となる．
　　離婚後，母親は仕事を探すが正規採用されずパート勤務をいくつか兼業している．仕事が忙しくＢ男に対する育児が徐々におろそかになりがちになってきた．Ｂ男は保育所登園時には顔を洗った形跡がなく目やにがついていて，汚れが目立つ服をきていることも多い．また，給食時にはご飯やおかずをかけ込むように食べている．

「考えてみよう」
① 保育士としてＢ男にどのような支援や援助ができるのかを考えましょう．

② 保育士として母親に対してどのよう支援や援助ができるのかを考えましょう．

③ 親子を支援や援助するためにどのような社会資源が活用できるのかを調べましょう．

（波田埜英治）

第 3 編

子育て支援

第Ⅰ部
保育者が行う子育て支援の展開

第1章
保育者が行う子育て支援とは

学びのポイント

　この章においては，まず地域における保育所の役割や機能として期待される「地域子育て支援」とは，どのようなものであるのかを制度・サービスの視点で明確にする．保育所を利用している保護者だけでなく，広く地域を含めた子育て支援についても記述した．また具体的に保育者が子育て支援の事業をどのように保護者により良く伝えられるのかを含めて考察する．

第1節　子育て支援の制度

　保育所保育指針第1章の1保育所保育に関する基本原則（1）保育所の役割の（ウ）「保育所は，入所する子どもを保育するとともに，家庭や地域の様々な社会資源との連携を図りながら，入所する子どもの保護者に対する支援及び地域の子育て家庭に対する支援等を行う役割を担うものである」また，（エ）保育所における保育士は，児童福祉法第18条の4の規定を踏まえ，保育所の役割及び機能が適切に発揮されるように，倫理観に裏付けられた専門的知識，技術及び判断をもって，子どもを保育するとともに，子どもの保護者に対する保育に関する指導を行うものであり，その職責を遂行するための専門性の向上に絶えず努めなければならない」．また（2）保育の目標の（イ）「保育所は，入所する子どもの保護者に対し，その意向を受け止め，子どもと保護者の安定した関係に配慮し，保育所の特性や保育士等の専門性を生かして，その援助に当たらなければならない」と規定されている．

1　保育所における子育て支援に関する基本的事項

　（1）保育所の特性を生かした子育て支援「（ア）保護者に対する子育て支援を行う際には，各地域や家庭の実態等を踏まえるとともに，保護者の気持ちを受け止め，相互の信頼関係を基本に，保護者の自己決定を尊重すること．（イ）保育及び子育てに関する知識や技術など，保育士等の専門性や，子どもが常に存在する環境など，保育所の特性を生かし，保護者が子どもの成長に気付き子育ての喜

びを感じられるように努めること．（2）子育て支援に関して留意すべき事項（ア）保護者に対する子育て支援における地域の関係機関等との連携及び協働を図り，保育所全体の体制構築に努めること．（イ）子どもの利益に反しない限りにおいて，保護者や子どものプライバシーを保護し，知り得た事柄の秘密を保持すること．

2　保育所を利用している保護者に対する子育て支援

（1）保護者との相互理解（ア）日常の保育に関連した様々な機会を活用し子どもの日々の様子の伝達や収集，保育所保育の意図の説明などを通じて，保護者との相互理解を図るように努めること．（イ）保育の活動に対する保護者の積極的な参加は，保護者の子育てを自ら実践する力の向上に寄与することから，これを促すこと．（2）保護者の状況に配慮した個別の支援（ア）保護者の就労と子育ての両立等を支援するため，保護者の多様化した保育の需要に応じ，病児保育事業など多様な事業を実施する場合には，保護者の状況に配慮するとともに，子どもの福祉が尊重されるよう努め，子どもの生活の連続性を考慮すること．（イ）子どもに障害や発達上の課題が見られる場合には，市町村や関係機関と連携及び協力を図りつつ，保護者に対する個別の支援を行うよう努めること．（ウ）外国籍家庭など，特別な配慮を必要とする家庭の場合には，状況に応じて個別の支援を行うよう努めること．（3）不適切な養育等が疑われる家庭への支援（ア）保護者に育児不安等が見られる場合には，保護者の希望に応じて個別の支援を行うよう努めること．（イ）保護者に不適切な養育等が疑われる場合には，市町村や関係機関と連携し，要保護児童対策地域協議会で検討するなど適切な対応を図ること．また，虐待が疑われる場合には，速やかに市町村又は児童相談所に通告し，適切な対応を図ること．

3　地域の保護者等に対する子育て支援

（1）地域に開かれた子育て支援（ア）保育所は，児童福祉法第48条の4の規定に基づき，その行う保育に支障がない限りにおいて，地域の実情や当該保育所の体制等を踏まえ，地域の保護者等に対して，保育所保育の専門性を生かした子育て支援を積極的に行うよう努めること．（イ）地域の子どもに対する一時預かり事業などの活動を行う際には，1人ひとりの子どもの心身の状態などを考慮するとともに，日常の保育との関連に配慮するなど，柔軟に活動を展開できるようにすること．（2）地域の関係機関等との連携（ア）市町村の支援を得て，地域の関係機関等との積極的な連携及び協働を図るとともに，子育て支援に関する地域の人材と積極的に連携を図るよう努めること．（イ）地域の要保護児童への対応など，地域の子どもを巡る諸問題に対し，要保護児童対策地域協議会など関係機関等と連携及び協力して取り組むよう努めること．とされている．

また児童福祉法において，保育士の業務は，保護者に保育に関する指導を行う．また保育園については保護者に対する保育指導も，子どもへの保育と同様の保育業務の1つとされている．幼稚園においても，保護者が抱えるさまざまな育児の悩みや相談を受ける等の支援は可能な限り積極的に行う必要がある．本来の保育業務は，目の前にいる子どもたちへの保育業務であり，園全体で取り組む業務の範囲をケースバイケースで捉えながらより良い方向に導いていくことが大切となる．保育者が1人で保護者の悩みを抱えるのではなく，時には，個人情報に関する守秘義務を遵守しながら他の保育者や園長に相談し，専門職者としての倫理・価値を前提とした慎重な対応をしていくことが求められる．

第1章　保育者が行う子育て支援とは　　*155*

背景
・3歳未満児の約6～7割は家庭で子育て ・核家族化，地域のつながりの希薄化 ・自分の生まれ育った地域以外での子育ての増加 ・男性の子育てへの関わりが少ない ・児童数の減少

→

課題
・子育てが孤立化し，子育ての不安感，負担感 ・子どもの多様な大人・子どもとの関わりの減 ・地域や必要な支援とつながらない

→

地域子育て支援拠点の設置
子育て中の親子が気軽に集い，相互交流や子育ての不安・悩みを相談できる場を提供

地域子育て支援拠点

4つの基本事業	・共施設や保育所，児童館等の地域の身近な場所で，乳幼児のいる子育て中の親子の交流や育児相談，情報提供等を実施
①子育て親子の交流の場の提供と交流の促進 ②子育て等に関する相談，援助の実施 ③地域の子育て関連情報の提供 ④子育て及び子育て支援に関する講習等の実施	・NPOなど多様な主体の参画による地域の支え合い，子育て中の当事者による支え合いにより，地域の子育て力を向上

＋

○更なる展開として ・地域の子育て支援活動の展開を図るための取組（一時預かり等） ・地域に出向き，出張ひろばを開設 ・高齢者等の多様な世代との交流，伝統文化や習慣・行事の実施等	29年度実施か所数（交付決定ベース） 7,259か所

図1-1　地域子育て支援拠点事業

（出典）厚生労働省「子ども・子育て支援」資料より.

表1-1　地域子育て支援拠点事業の概要

	一般型	連携型
機能	常設の地域の子育て拠点を設け，地域の子育て支援機能の充実を図る取組を実施	児童館等の児童福祉施設等多様な子育てに関する施設に親子が集う場を設け，子育て支援のための取組を実施
実施主体	市町村（特別区を含む.） （社会福祉法人，NPO法人，民間事業者等への委託等も可）	
基本事業	①子育て親子の交流の場の提供と交流の促進　　②子育て等に関する相談・援助の実施 ③地域の子育て関連情報の提供　　④子育て及び子育て支援に関する講習等の実施	
実施形態	①～④の事業を子育て親子が集い，うち解けた雰囲気の中で語り合い，相互に交流を図る常設の場を設けて実施 ・地域の子育て拠点として地域の子育て支援活動の展開を図るための取組（加算） 　一時預かり事業や放課後児童クラブなど多様な子育て支援活動を拠点施設で一体的に実施し，関係機関等とネットワーク化を図り，よりきめ細かな支援を実施する場合に，「地域子育て支援拠点事業」本体事業に対して，別途加算を行う ・出張ひろばの実施（加算） 　常設の拠点施設を開設している主体が，週1～2回，1日5時間以上，親子が集う場を常設することが困難な地域に出向き，出張ひろばを開設 ・地域支援の取組の実施（加算）※ ①地域の多様な世代との連携を継続的に実施する取組 ②地域の団体と協働して伝統文化や習慣・行事を実施し，親子の育ちを継続的に支援する取組 ③地域ボランティアの育成，町内会，子育てサークルとの協働による地域団体の活性化等地域の子育て資源の発掘・育成を継続的に行う取組 ④家庭に対して訪問支援等を行うことで地域とのつながりを継続的に持たせる取組 ※利用者支援事業を併せて実施する場合は加算しない.	①～④の事業を児童館等の児童福祉施設等で従事する子育て中の当事者や経験者をスタッフに交えて実施 ・地域の子育て力を高める取組の実施（加算） 　拠点施設における中・高校生や大学生等ボランティアの日常的な受入・養成の実施
従事者	子育て支援に関して意欲があり，子育てに関する知識・経験を有する者（2名以上）	子育て支援に関して意欲があり，子育てに関する知識・経験を有する者（1名以上）に児童福祉施設等の職員が協力して実施
実施場所	公共施設空きスペース，商店街空き店舗，民家，マンション・アパートの一室，保育所，幼稚園，認定こども園等を活用	児童館等の児童福祉施設等
開設日数等	週3～4日，週5日，週6～7日／1日5時間以上	週3～4日，週5～7日／1日3時間以上

（出典）厚生労働省「子ども・子育て支援」資料より.

表1-2　地域子育て支援拠点事業の実施状況【都道府県別】

No	自治体名	一般型						連携型			総計
		小計	3～4日型	5日型	6～7日型	出張ひろば	経過措置	小計	3～4日型	5～7日型	
1	北海道	292	41	177	48	7	19	74	64	10	366
2	青森県	98	35	17	41	2	3	5	5	0	103
3	岩手県	84	10	54	18	1	1	2	1	1	86
4	宮城県	114	6	90	15	3	0	35	18	17	149
5	秋田県	59	4	27	20	0	8	1	1	0	60
6	山形県	94	6	59	25	2	2	5	0	5	99
7	福島県	109	6	52	43	5	3	3	0	3	112
8	茨城県	258	38	173	27	9	11	4	0	4	262
9	栃木県	96	9	66	17	2	2	2	2	0	98
10	群馬県	129	3	114	11	0	1	6	0	6	135
11	埼玉県	437	101	230	88	15	3	30	11	19	467
12	千葉県	296	45	156	77	9	9	24	4	20	320
13	東京都	348	34	157	144	13	0	119	53	66	467
14	神奈川県	236	59	140	18	4	15	29	29	0	265
15	新潟県	210	10	163	30	1	6	16	1	15	226
16	富山県	72	1	59	11	0	1	7	3	4	79
17	石川県	73	11	42	16	2	2	7	0	7	80
18	福井県	53	2	34	10	3	4	4	2	2	57
19	山梨県	64	4	47	12	1	0	4	2	2	68
20	長野県	144	24	88	25	3	4	16	14	2	160
21	岐阜県	115	16	72	14	3	10	5	1	4	120
22	静岡県	232	22	152	34	24	0	8	5	3	240
23	愛知県	301	45	218	32	3	3	59	20	39	360
24	三重県	122	29	75	12	2	4	2	0	2	124
25	滋賀県	87	17	62	8	0	0	2	2	0	89
26	京都府	134	20	77	25	6	6	132	0	132	266
27	大阪府	419	65	303	46	5	0	1	0	1	420
28	兵庫県	197	37	101	47	10	2	131	118	13	328
29	奈良県	71	8	53	6	4	0	8	3	5	79
30	和歌山県	54	2	49	1	1	1	2	2	0	56
31	鳥取県	42	1	30	6	0	5	1	0	1	43
32	島根県	42	5	25	12	0	0	0	0	0	42
33	岡山県	114	9	69	25	8	3	9	5	4	123
34	広島県	143	27	80	27	2	7	2	2	0	145
35	山口県	109	35	51	12	5	6	2	2	0	111
36	徳島県	51	7	37	5	1	1	0	0	0	51
37	香川県	92	3	65	11	10	3	1	1	0	93
38	愛媛県	76	3	57	15	1	0	11	8	3	87
39	高知県	42	3	38	0	1	0	0	0	0	42
40	福岡県	148	20	78	39	8	3	3	0	3	151
41	佐賀県	53	15	30	7	1	0	3	3	0	56
42	長崎県	104	24	50	23	4	3	11	0	11	115
43	熊本県	120	26	62	22	3	7	1	0	1	121
44	大分県	69	8	33	24	4	0	1	1	0	70
45	宮崎県	57	13	26	16	2	0	14	14	0	71
46	鹿児島県	97	13	42	34	6	2	5	0	5	102
47	沖縄県	84	10	51	17	3	3	11	10	1	95
	合計（都道府県）	6,441	932	3,931	1,216	199	163	818	407	411	7,259

一般型　6,441か所
連携型　　818か所
合計　7,259か所

（出典）厚生労働省「子ども・子育て支援」資料より.

第1章 保育者が行う子育て支援とは　157

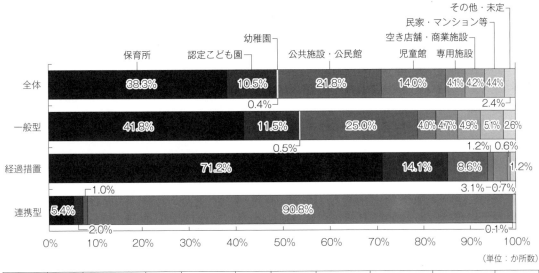

図1-2　地域子育て支援拠点事業の実施状況【実施場所別】
（出典）厚生労働省「子ども・子育て支援」資料より.

しかしながら，保育者は保育の専門家であって，保護者の相談を受ける専門家ではないので，保護者が抱え持つ多種多様な問題のすべてに適切な指導・助言をして解決していくことは難しい．園全体で解決ができるのかできないのかを迅速に判断し，保護者の相談内容次第では，外部の専門機関と連携しながら，支援にあたっていくことも必要となる．

第2節　子育て支援のための施策の趣旨及び基本的視点

1　子育て支援のための施策の基本的方向

1）子育てと仕事の両立支援の推進

育児休業制度の充実や労働時間の短縮の推進をはじめ労働者が子育てをしながら安心して働くことができる雇用環境を整備する．さらに，低年齢児保育の拡充など保育サービスの整備を図るとともに保育所制度の改善・見直しを含めた保育システムの多様化・弾力化を進める．

2）家庭における子育て支援

子育ては家庭の持つ重要な機能であることに鑑み，その機能が損なわれないよう，夫婦で家事・育児を分担するような男女共同参画社会をつくりあげていくための環境づくりなど含め，家庭生活における子育て支援策を強化する．また，核家族化の進行に伴い，育児の孤立感や不安感を招くことにならないよう，安心して出産できる母子保健医療体制を整備するとともに，児童委員等のボランティア

の協力のもとに地域子育てネットワークづくりを推進する.

3）子育てのための住宅及び生活環境の整備

ゆとりをもって子どもを生み育てることができるよう，良質な住宅の供給及び住替えの促進等により，ライフサイクルに応じた住宅の確保が容易にできるようにするとともに，家族のだんらんのあるゆとりある住生活を実現する．子どもの健全な成長を支えるため，遊び，自然とのふれあい，家族の交流等の場，児童厚生施設，スポーツ施設，社会教育施設，文化施設等を整備するとともに，子どもにとって安全な生活環境を整備する．

4）ゆとりある教育の実現と健全育成の推進

子育て家庭の子育てに伴う心理的な負担を軽減するため，ゆとりある教育を実現する．また，青少年団体の諸活動，文化・スポーツ活動等の推進による多様な生活・文化体験の機会の提供，子ども同士や高齢者との地域社会におけるふれあい，ボランティア体験などを通じて子どもが豊かな人間性を育めるような家庭や社会の環境づくりを推進する．

5）子育てコストの軽減

子育てに伴う家計の負担の軽減を図るとともに，社会全体としてどのような支援方策を講じていくか検討する．

2　重点施策

今後，子育てのための支援策としては，基本的方向にそって，教育，雇用，住宅，福祉の面で総合的に推進していく必要があるが，少子化の原因や子育て家庭の意識等に鑑み，特に，次の施策を重点的に実施する．

1）仕事と育児との両立のための雇用環境の整備

① 育児休業給付の実施など育児休業を気兼ねなくとることのできる環境整備

雇用保険制度による育児休業給付を着実に実施する．また，事業主等に対し育児休業に関する相談・指導や円滑な職場復帰のための指導・援助を行う．

② 事業所内託児施設の設置促進など子育てしながら働き続けることのできる環境整備

育児期間中の勤務時間の短縮等の措置の普及を進めるとともに，従業員向けに事業所内託児施設の設置や育児費用の経済的支援を行う事業主に対し援助を行うことにより，事業主による育児支援措置への自主的取り組みを促進する．また，保育サービス等に関する地域の具体的な情報を提供するほか，育児相互援助活動への支援，両立支援施設の設置等地域における支援体制の整備を進める．さらに，仕事と育児との両立に必要な相談・指導・講習等を実施する．

③ 育児のために退職した者の再就職の支援

再雇用制度の普及を促進するとともに，再就職希望者に対し，職業情報の提供や自己啓発への援助，多様な就業ニーズに合った講習や職業訓練などを実施する．

④ 労働時間の短縮等の推進

年間総労働時間1800時間を実現するため，週40時間労働制の実現に向けた対策の推進，所定外労働削減に向けた啓発指導，及び年次有給休暇の完全取得に向けた労使の自主的な取り組みの促進を図る．

また，働きながら子育てのできる条件整備を図る観点から，フレックスタイム制等の弾力的な労

働時間制度の普及促進を図る.

2）多様な保育サービスの充実

① 保育システムの多様化・弾力化の促進

保育所制度の改善・見直しを含めた保育システムの多様化・弾力化を進める. その際, 駅型保育, 在宅保育サービス等の育成・振興を図る.

② 低年齢児保育, 延長保育, 一時的保育事業の拡充

ア. 低年齢児受け入れ枠の拡大

育児休業制度の定着, 女性就労の増加等に伴い入所希望が増大すると見込まれる0歳児から2歳児までの低年齢児について, 入所を必要とする低年齢児を保育所に受け入れられるようにする.

イ. 延長保育の拡充

通常の保育時間（おおむね午後6時まで）を超えて保育時間の延長を行う保育所を誰でも利用できるよう都市部を中心として普及整備する.

ウ. 一時的保育事業の拡充

母親が病気の時に緊急に児童を預けたり, 仕事の都合で一時的な保育が必要なときに利用できるための一時的保育事業を普及整備する.

③ 保育所の多機能化のための整備

延長保育, 乳児保育, 相談指導等の多様なサービスを提供するため, 保母配置の充実等を図る. また, 保育所が, 地域子育て支援の中心的な機能を果たし, 乳児保育, 相談指導, 子育てサークル支援等の多様なニーズに対応できるよう施設・設備の整備を図る.

④ 放課後児童対策の充実

昼間保護者のいない家庭の小学生（主に1年から3年）を対象に, 児童館, 児童センターや実情に応じ学校の余裕教室などにおいて, 健全育成を行う放課後児童クラブを身近に利用できるようにする.

3）安心して子どもを生み育てることができる母子保健医療体制の充実

① 地域における母子保健医療体制の整備

妊婦や乳幼児の健康診査, 新生児訪問指導や保健指導等の母子保健サービスを住民に身近な市町村で一貫して受けられるようにする等, 母子保健医療体制の整備を進める. また, 周産期, 新生児の医療の充実のための施設・設備の整備を推進する.

② 乳幼児健康支援デイサービス事業の推進

病気回復時の乳幼児で, 保護者による家庭での育児が困難な児童が身近にデイサービスを受けられるよう乳幼児健康支援デイサービス事業を推進する.

4）住宅及び生活環境の整備

① 良質なファミリー向けの住宅の供給

特定優良賃貸住宅, 公団賃貸住宅等公的賃貸住宅の供給, 住宅金融公庫融資等による良質なファミリー向け民間賃貸住宅の供給及び良質な持家の取得に向け積極的な誘導を図るなど, より質の高い住宅ストックの形成を促進する. また, 公共賃貸住宅における世帯人員等に応じた住替えの促進を図る.

② 子育てと仕事の両立，家族のだんらんのためのゆとりある住生活の実現

　子育てと仕事の両立及び家族のだんらんのための時間のとれる住生活の実現を図るため，職住近接を目指した都心居住を推進するとともに，住む・働くなどの多機能を有するニュータウンの建設を促進する．

　また，新たな住宅団地の開発や既成市街地の再開発に当たっては，保育所等の計画的立地を推進する．

③ 子どもの遊び場，安全な生活環境等の整備

　公園，水辺空間などの身近な遊び等の場，家族が自然の中ですごせるオートキャンプ場，市民農園，自転車道等の整備を推進する．

　また，ベビーカー，自転車等の安全を確保するための幅の広い歩道，コミュニティ道路，通学路等安全な生活環境の整備を推進する．

5）ゆとりある学校教育の推進と学校外活動・家庭教育の充実

① ゆとりある学校教育の推進

　新学習指導要領の趣旨の徹底などによる教育内容・方法の改善・充実，豊かな教育環境の整備，入学者選抜方法の改善等による受験競争の緩和などの施策を着実に推進することにより，ゆとりある学校教育の確保に努める．

② 体験的活動機会の提供等による学校外活動の充実

　子どもが心身の調和のとれた成人となるために必要な生活体験・活動体験を豊かにするため，文化・スポーツ・社会参加・自然体験等の体験的活動の機会を提供する事業の充実，青少年教育施設の整備等により，学校外活動の充実を図る．

③ 子育てに関する相談体制の整備等による家庭教育の充実

　親が安心して子どもを生み育てるための家庭教育の充実を図るため，家庭教育に関する学習機会の提供，相談体制の整備や情報提供及び父親の家庭教育への参加促進等により，家庭教育に関する環境整備を行うとともに，幼稚園における教育相談や各種講座の開催など，幼稚園を核とした子育て支援事業を推進する．

6）子育てに伴う経済的負担の軽減

　幼稚園就園奨励事業の推進を図ることなどにより，幼稚園児の保護者の経済的負担の軽減を図る．また，授業料等を含めた学生生活費の上昇などに対応して，育英奨学事業の充実を図るとともに，修学上の経済的負担の軽減等に資するため，私学助成の推進を図る．乳児や多子世帯の保育料を軽減するとともに，共働きの中間所得層の負担軽減等の保育料負担の公平化を図る．さらに，経済的負担の軽減の観点から，税制上の措置や児童手当，年金等の社会保障制度等を含め子育てコストへの社会的支援の在り方について検討する．

7）子育て支援のための基盤整備

① 地域子育て支援センターの整備

　子育て中の夫婦が身近に育児相談に出向き，保育サービスの情報提供，地域の子育てサークルへの参加などが可能となるよう，子育てネットワークの中心として保育所等に地域子育て支援センターを整備する．

② 地方自治体における取組み

都道府県及び市町村において，国の方針に対応し，計画的な子育て支援策の推進を図るなど地域の特性に応じた施策を推進するための基盤整備を進める．

第3節　保護者に対するより良いコミュニケーションの取り方

　子育て支援はすべての保護者にとって安心しながら子育てができる環境（人的・物的）を整え，心のゆとりを作る「余裕のないところにはしつけは入らない」ための支援である．また，それは保育者が保護者と一緒にさまざまな課題を乗り越えていくプロセスともいえる．

　近年，子どもを取り巻く生活環境の変化とともに，共働き家庭の増加，家族形態の変化，地域における人間関係の希薄化等により，家庭や地域における子育て支援機能の低下が問題となっている．そのような現状の中，社会資源を利用しながら，保護者が相談・援助に向かうことができるよう環境醸成を作っていくことが前提として求められる．保育所に通ってくる子どもの現状としては，さまざまな保育場面を通して，明るく，元気いっぱい自分を表現できる子どもが多い反面，人と人との関わりからくる不安，とまどいなどによってストレスを抱えてしまう子どもなど，保育所は，子どもの喜怒哀楽に満ちた小さな子どものコミュニティであると考えられる．その子どもたちの中でも自己感情が心の中で消化不良となり，自分の意志とは違う形で周りに受け止められなく表現されてしまう子どもの保護者に対し，適切な相談支援が必要となる．つまり保育所は，家庭に代わって子どもたちの生活の場を保障し，地域との有機的な連絡調整を行うとともに，子どもの健やかな発達を保障する場となれるよう，子育てにかかわる課題解決を保護者とともに一緒に歩む場所である．また，その観点から保育者は，児童福祉を含む社会全体を見すえた福祉を担う専門家，「保育ソーシャルワーカー」でもあると考えられる．

　2003（平成15）年に改正された児童福祉法第18条の4「保育士は児童の保育及び児童の保護者に対する保育に関する指導を行う」とされ，保育者としてのさらなる向上と保護者支援が非常に重要となった．また地域子育て支援の原則として，児童福祉法第48条の3「保育所は，当該保育所が主として利用される地域の住民に対してその行う保育に関して情報の提供を行い，並びにその行う保育に支障がない限りにおいて，乳児，幼児などの保育に関する相談に応じ，及び助言を行うよう努めなければならない」とされ，地域子育て支援に積極的に取り組むようにしなければならないこととなり，さまざまな相談に保育者が関わることを示すものとなった．このことから，家庭における子育て機能の脆弱化が叫ばれる中，保護者への子育てに関するアドバイザーとしての機能をもつことで，地域の保育所が相談援助の拠点に位置づけされた．

1　保育所における保護者への支援

　保育所における保護者への支援は，保育者の業務に位置づけられているものであり，その専門性を生かした子育て支援の役割は，特に重要なものである．保育所は，保育所保育指針第一章（総則）「（1）保育の目標　ア，保育所は，子どもが生涯にわたる人間形成にとって極めて重要な時期に，その生活時間の大半を過ごす場である．このため，保育所の保育は，子どもが現在を最も良く生き，望ましい未来をつくり出す力の基礎を培うために，次の目標を目指して行わなければならない．イ，保育所は，入所する子どもの保護者に対し，その意向を受け止め，子どもと保護者の安定した関係に配慮し，保

育所の特性や保育士などの専門性を生かして，その援助に当たらなければならない」に示されている
ように，その特性を生かし，保育所に入所する子どもの保護者に対する支援及び地域の子育て家庭へ
の支援について，職員間の連携を図りながら，積極的取り組むことが求められる．

　現在求められている保育所の役割としては，地域における子育て力を強化していくこと．地域にお
ける社会資源との連携において，地域とともに子育てを支援していくような仕組みが必要となる．地
域にある様々なNPO法人，民間の子育てグループ等について，保育所がその拠点として機能するこ
とが親子の絆をより深いものとすることができる．また，子育てを孤立させないよう児童相談所，家
庭支援センター等の相談機関だけでなく，区市町村が中心となって地域に応じた事業を展開していく
ことが求められる．また「待機児童解消加速化プラン」を策定し，小規模な保育事業，幼稚園での預
かり保育，認可外保育施設が認可するための支援，保育士を含む処遇改善の取り組みを進めている．
そのような中，2014（平成24）年8月に成立した子ども・子育て関連3法「子ども・子育て支援法，
認定こども園法の一部を改正する法律，関係法律の整備等に関する法律」に基づく制度で2015（平成
27）年4月にスタートした．保育所の機能の側面からは，親が何らかの事情で乳幼児の保育ができな
いときは，どの時間帯においても親に代わって心身ともに健やかに発達できるよう保育する乳幼児の
発達保障という側面と，子育ての親が安心して働くことができることやその他の社会活動もできるよ
うに親の社会活動の保障という側面を持つ．そして，保育所で保育している家庭だけでなく，地域で
子育てしている親も，子育ての悩みを相談にのり，支援を求めることのできる地域の子育て支援セン
ターとしての機能を果たしていくという役割がある．このように保育所の機能は，乳幼児のニーズに
対応するために両親の養育機能を援助し，両親による養育を補うための諸サービスであるといえるだ
ろう．そのために従来の保育機能を超えて地域のニーズに即した柔軟な保育プログラムが必要であり，
児童の健全育成を前提に保育所が地域における社会的保育センターとしての機能を拡大させていく点
に期待されているのである．

　したがって，このような多様な地域のニーズに対応しながら，変化する需要にも柔軟に対応できる
専門性を兼ね備えた職員の配置にも考慮していかなければならない．保育所を拠点として，地域全体
の現状を分析し，ニーズを把握し，ソーシャルワークの方法を専門的に駆使できることが望まれてい
る．特に，子育て支援事業には，保育が単なる子どもを養育するという仕事を超え，ソーシャルワー
カーとしての力量が問われ，専門的な知識と価値観を持つ人材が必要とされている．

2　保育者としての資質

　保育所において保育者は，「子どもの最善の利益」を守る親の代弁者であるとともに，「保育」につ
いての専門家であり，日々の保育実践の中で，さまざまな分野に精通する専門技術を用いて保護者と
接していくことが必要である．特に，乳児，幼児に対する保育，障がいを持つ子どもに対しての専門
的な処遇力だけでなく，家庭全体を包含し環境を調整しながらより保護者，家庭にとって適切な支援
へのアプローチを行う．このことは，子育て支援を通しての相談やニーズを通して子どもの育ちを地
域の中で把握できるよう保育所にいる時だけでなく，24時間の生活サイクルで子どもの姿，親の姿を
捉えることが重要である．しかし，もし保育者がその専門的知識・技術が乏しいため，十分にその技
術を活用ができなかったならば，子どもや親のニーズを早期発見できず，今以上に自己否定，他者否
定の感情がさらに環境を伴って悪化していく可能性が高いと考えられる．保育所における子どもにつ

いての相談は，子どもの様子を日常の保育のさまざまな場面の観察をもとに考察される必要があるため，臨床的な視点からの知識・技術が重要である．その知識・技術を持ちながら親とのパートナーシップを確立していくことが子どもの最善の利益を守ることにつながる．保育活動は，保育所に通ってくる子どもや家庭だけを対象にするのではなく，保育者の方から子育てに悩み，あるいは問題をもつ家庭に働きかけていく機能を望まれている．そこで地域の子育て支援センターである保育所を拠点として地域住民の子育て支援を行っていくためにも専門的なソーシャルワークの知識・技術が必要となる．今後保育ニーズはさまざまなかたちで求められ，そのニーズに柔軟に的確に即応していかなければならない．保護者のニーズを発掘するためにも保育所における朝，夕の保護者とのかかわりは重要であろう．

　つまり，朝，夕の送り迎えに来る保護者との短期間での懇談は，日頃の家庭での子育てをふりかえる最良の場であるとともに子どもが保育所でどのように過ごしたのかを伝える場でもある．保育者の言葉のかけ方次第では，虐待の芽などを見過ごさず，保護者に今後の子どもとのかかわりを修正できる可能性もあり，また保育者からの勇気づけられる場にもなりえる．

ワーク

1．保育所における子育て支援とは，どのようなものであるのかを具体的に調べてみましょう．

2．あなたの住む地域にどのような子育て支援があるのかを具体的に調べてみましょう．

3．より良い子育てをするためにあなた自身が考えるセ策とは何かを教育，雇用，住宅福祉の側面から考えてみましょう．

4．保護者とのより良いコミュニケーションを取るためにあなた自身がどのような知識，技術が必要であるのかを考えてみましょう．

（吉弘淳一）

第2章

保護者との相互理解と信頼関係の形成

> **学びのポイント**
>
> 本章ではバイステックの7原則を中心に保育者が保護者と相互関係と信頼関係を形成することの重要性とその具体的な方法，そして具体的事例を取り上げ，信頼関係や自己決定，秘密保持の原則について述べている．事例を基にして，バイステックの7原則を相談場面に生かせるように学んでほしい．

第1節　信頼関係の形成

　ソーシャルワーカーによって行われる相談援助は，何らかの生活問題を抱えているクライエントのニーズに焦点を当てながら，問題解決に向けて意図的な働きかけを行うものである．このような意図的な働きかけをするためには，保育者とクライエントの意図的な人間関係，つまり信頼関係を形成することが必要である．しかし信頼関係は最初から存在しているわけではないため，保育者にはクライエントとの信頼関係を形成していこうとする努力が絶えず求められる．

　クライエントは一人ひとりが独自な存在であり，考え方や性格もそれぞれ異なっているため信頼関係の形成方法も本来は異なっていると思われる．しかしバイステック（Biestek, F. P.）は，その信頼関係を形成するためにソーシャルワーカーがとるべき共通する基本的態度について述べている．それが1954年にアメリカのバイステックが提唱したバイステックの7つの原則であり，最も知られているソーシャルワークにおける原則である．

　バイステックはクライエントの欲求と，それをめぐるソーシャルワーカーとクライエントの相互作用からこの7つの原則を導き出している．次に示す**表6-1**は，援助関係における相互作用を分類，整理したものである．

第2節　バイステックの7原則

　バイステックの7つの原則は，『ケースワークの原則』に述べられており，それぞれの原則は次に述べるとおりである．なお本章ではケースワーカーを保育者として表している．（引用部分において「ケースワーカー」を「保育者」として置きなおしている箇所には「＊（アスターリスクマーク）」を付した）

1　個別化（クライエントを個人として捉える）

　個別化とは，「クライエントを個人として捉えることは，一人ひとりのクライエントがそれぞれに

異なる独特な性質をもっていると認め，それを理解することである．また，クライエント一人ひとりがより良く適応できるよう援助する際に，援助の原則と方法とを区別して適切に使いわけることである．このような考え方は，人は一人の個人として認められるべきであり，クライエントは「不特定多数のなかの一人」としてではなく，独自性をもつ「特定の一人の人間」として対応されるべきであるという人間の権利にもとづいた援助原則である」と述べられている（バイステック，1996：36）．

2　意図的な感情表出（クライエントの感情表現を大切にする）

意図的な感情表出とは，「クライエントの感情表現を大切にするとは，クライエントが彼の感情を，とりわけ否定的感情を自由に表現したいというニードをもっていると，きちんと認識することである．保育者[*]は，彼らの感情表現を妨げたり，非難するのではなく，彼らの感情表現に援助という目的をもって耳を傾ける必要がある．そして，援助を進める上で有効であると判断するときには，彼らの感情表出を積極的に刺激したり，表現を励ますことが必要である」と述べられている（バイステック，1996：54-55）．

3　統制された情緒的関与（援助者は自分の感情を自覚して吟味する）

統制された情緒的関与とは，「保育者[*]が自分の感情を自覚して吟味するとは，まずはクライエントの感情に対する感受性をもち，クライエントの感情を理解することである．そして保育者[*]が援助という目的を意識しながら，クライエントの感情に適切なかたちで反応することである」と述べられている（バイステック，1996：78）．

4　受容（受けとめる）

受容とは，「援助における1つの原則である．クライエントを受けとめるという態度ないし行動は，保育者[*]が，クライエントの人間としての尊厳と価値を尊重しながら，彼の健康さと弱さ，また好感をもてる態度ともてない態度，肯定的感情と否定的感情，あるいは建設的な態度および行動と破壊的な態度および行動などを含め，クライエントを現在のありのままの姿で感知し，クライエントの全体に係わることである．

しかし，それはクライエントの逸脱した態度や行動を許容あるいは容認することではない．つまり，受けとめるべき対象は，「好ましいもの」（the good）などの価値ではなく，「真なるもの」（the real）であり，ありのままの現実である．

受けとめるという原則の目的は，援助の遂行を助けることである．つまりこの原則は，保育者[*]がクライエントをありのままの姿で理解し，援助の効果を高め，さらにクライエントが不健康な防衛から自由になるのを助けるものである．このような援助を通して，クライエントは安全感を確保しはじめ，彼自身を表現したり，自ら自分のありのままの姿を見つめたりできるようになる．また，いっそう現実に即したやり方で，彼の問題や彼自身に対処することができるようになる」と述べられている（バイステック，1996：114-115）．

5　非審判的態度（クライエントを一方的に非難しない）

非審判的態度とは，「クライエントを一方的に非難しない態度は，ケースワークにおける援助関係

を形成する上で必要な一つの態度である．この態度は以下のいくつかの確信にもとづいている．すなわち，保育者は，クライエントに罪があるのかないのか，あるいはクライエントがもっている問題やニーズに対してクライエントにどれくらい責任があるのかなどを判断すべきではない．しかし，われわれはクライエントの態度や行動を，あるいは彼がもっている判断基準を，多面的に評価する必要はある．また，クライエントを一方的に非難しない態度には，ワーカーが内面で考えたり感じたりしていることが反映され，それらはクライエントに自然に伝わるものである」と述べられている（バイステック，1996：142）．

6 利用者の自己決定（クライエントの自己決定を促して尊重する）

利用者の自己決定とは，「クライエントの自己決定を促して尊重するという原則は，保育者が，クライエントの自ら選択し決定する自由と権利そしてニードを，具体的に認識することである．また，保育者はこの権利を尊重し，そのニードを認めるために，クライエントが利用することのできる適切な資源を地域社会や彼自身のなかに発見して活用するよう援助する責務をもっている．さらに保育者は，クライエントが彼自身の潜在的な自己決定能力を自ら活性化するように刺激し，援助する責務もっている．しかし，自己決定というクライエントの権利は，クライエントの積極的かつ建設的決定を行う能力の程度によって，また市民法・道徳法によって，さらに社会福祉機関の機能によって，制限を加えられることがある」と述べられている（バイステック，1996：16）．

7 秘密保持（秘密を保持して信頼感を醸成する）

秘密保持とは，「秘密を保持して信頼感を醸成するとは，クライエントが専門的援助関係のなかでうち明ける秘密情報を，保育者がきちんと保全することである．そのような秘密保持は，クライエントの基本的権利にもとづくものである．つまり，それは保育者の倫理的な義務でもあり，ケースワーク・サービスの効果を高める上で不可欠な要素でもある．しかし，クライエントのもつこの権利は必ずしも絶対的なものではない．なお，クライエントの秘密は同じ社会福祉機関や他機関の他の専門家にもしばしば共有されることがある．しかし，この場合でも秘密を保持する義務はこれらすべての専門家を拘束するものである」と述べられている（バイステック，1996：191）．

これらのバイステックの7つの原則は，それぞれが独立した原則ではなく，相互に関連しあっており，切り離して考えることはできないものである．ところでこのバイステックの7つの原則はソーシャルワーカーとクライエントの援助関係の基本的な要素を示したものである．そしてこれらの原則を身に付けることにより，クライエントから暖かく受容的な雰囲気を感じられることにつながり，より良い援助につながっていくこととなる．

ただこれら7つの原則を相談援助場面で生かすことは簡単ではなく，相当の教育や訓練が必要であると思われる．実際の援助場面では，頭では原則を理解していても，なかなかクライエントに原則通りに相談援助を行うことは困難である．また原則通りにしていれば，それだけで信頼関係が順調に形成されていくとは限らず，むしろ紆余曲折することのほうが多く，実際にはスーパービジョンを受けたりしながら，次第に信頼関係を形成していくこととなる．

第2章　保護者との相互理解と信頼関係の形成　*167*

■ワーク1　信頼関係の形成

〈事例1〜事例4について〉

① バイステックの7原則は面談を実施する場合において重要な原則であるが，事例ではどの原則を用いることで，より効果的に面談や保育が実践されるか考えてみよう．

② 信頼関係を基本とした受容的な関わりをすることがどうして保護者の気持ちを和らげたり，本当の気持ちを引き出すことにつながっていくことになるとことになると思いますか．

●事例1　受容的かかわり，自己決定の尊重に関する事例（1）

　Bちゃんは3月生まれの4歳児である．ひとり親世帯で，10代の母親と1歳児の妹の3人家族である．0歳から2歳まで他県の保育園に通っていたが，父親の暴力により両親が離婚したため実家近くに転居し，母親の就労が決まると同時に3歳児クラスの年度途中から本園に入園した．園生活にもすぐに慣れ，気おくれせずに他児の中に入りよく遊んだ．しかし，4歳児クラスに進級し，3月生まれのAちゃんが入園した頃から様子が変わる．Aちゃんが保育者に甘えているのを見ると，急に遊んでいたものを壊したり，物を投げたりする．保育者がたしなめると，たたいたり蹴ったりし，噛みついたり，ひっかく．どうやら，Aちゃんにやきもちを焼いているようだ．家庭では姉妹の姉として頑張っていること，体が弱く情緒が不安定な母親に十分に甘えられず，我慢することが多いのが原因であると思われる．

　保育者が意識してBちゃんを抱きしめたり，話を聞いたりとスキンシップをとるようにしているが，保育者を独占しようとして悪態をついたり，追いかけてもらおうと保育室から園庭へ出ようとする．両親の離婚前後から我慢してきた思いを，爆発させているのかと思うくらいの力で抗う．Bちゃんの気持ちを理解しながらも，Bちゃんだけに付いていることは出来ないのは事実であり，危険なことやしてはいけないことは伝えなくてはならない．問題行動が出る前に受容し，ストレスを発散できる活動を取り入れるようにしている．また，注意など聞いてほしい話しはBちゃんの落ち着いている時に行うように心がけたことで，乱暴な行動が少しは減ったが十分な成果は見られない．

●事例2　受容的かかわり，自己決定の尊重に関する事例（2）

　Cちゃんは2月生まれの2歳児である．偏食が多く，野菜の大半が苦手で食べようとしない．果物や菓子は大好きで，友だちの皿に手を伸ばす．家庭での様子を母親に担任が聞くと，好きなものばかりを食べ，大人の分まで欲しがって大量に食べるそうである．母親が少しでも食べさせようとするが，同居の祖父母が甘やかせCちゃんもわざと泣いて食べようとしないことが悩みであるとクラス担任に打ち明け，「家で

168 第Ⅰ部 保育者が行う子育て支援の展開

は食べさせられないので，保育園で泣かせてでも食べさせてもらいたい．」と話す．

　保育園ではどう対応するのか，主任をまじえたクラス会議で話し合ったうえで，主任が母親と面談をした．まずは，まだまだ好き嫌いは多い年齢であること，無理やり食べさせることは良くないこと，自分で決めて食べるなど子どもの心を尊重することの大切さを伝えた．そして，保育園では食べることが楽しいと思える雰囲気作りをし，苦手なものはＣちゃんに問いかけ食べる量を一緒に決めながら少しずつ皿に載せ，一口でも食べられたら十分に褒めることを優先したい旨を伝えた．家庭では，苦手なものを食べさせることだけにこだわらず，楽しい食卓を囲む中でＣちゃんが自分から食べたいと思える工夫を母親と一緒に考えた．また，家族それぞれの役割を持ちながらも，ある程度一貫性をもって子どもに接することは大切なので，子どもの育ちのために祖父母に協力を得られるようお願いしてみてはどうか提案したが，あいまいな返事だった．さらに話を聞くと食事のことだけではなく，３世帯同居の中のさまざまな不満や悩みがあることが伺えた．家庭のことなので踏みこみ過ぎないように配慮しながら，Ｃちゃんのためにはどうすればよいかを重きにおいて相談を続けている．

●事例３　受容的かかわり，自己決定の尊重に関する事例（３）

　新入児のＤくんは６月生まれの３歳児で体格がよく活発だが，感情が抑えられず，嫌なことがあると友だちに物を投げたり，蹴ったり，大声を上げて暴れる．だんだんとエスカレートし，興奮して自分が何に対して怒っているのかわからなくなっている様子だ．保育者が止めると，保育者に噛みついたり，蹴ったりと激しく抵抗する．汗で全身が濡れる程である．場を変え，抱きしめたり諭したりしているうちに，乱暴な行動は治まり，頭を保育士のひざに載せて目をつむる．そうして，落ち着いた時にやっと自分の思いをポツリポツリと話し始める．Ｄくんの思いを受け止めながら，「でも，～と言えばよかったね」などと話すと，うなずいて素直に聞くこともある．しかし，Ｄくんの乱暴な行動が治まることはない．また，「パパにいわないでよ」とか，「いうなよ」と強い口調でいう．どうしても伝えなくてはならないことがあり，保育者が父親や母親に話していると，何を話されているのかと睨みつけることもある．

　Ｄくんと両親の関係を改めて観察することで，Ｄくんの行動の原因を探ることにした．父親や母親が迎えに来ると，Ｄくんは様子をうかがうようにおとなしくなる．Ｄくんのよいところを知らせたりするが，父親はＤくんをからかいわざと怒らせて楽しむことがある．また，やむを得ず保育園で起きたことを伝えた途端，父親が怒りだし，Ｄくんを叩いたり，押し倒したりすることもあり，周りにいる子どもや保育者も恐怖心を抱くほどである．親子ともににこやかに帰ることはほとんどない．母親はいつも疲れた様子で，Ｄくんがトラブルを起こした日も，起こさなかった日もほとんど表情を変えないが，時おり「パパに言うよ」「パパに怒ってもらうよ」などとＤくんに話す．

　Ｄくんの乱暴な行動は，家庭でのストレスや関わりのまずさからきているのだと考えられる．虐待の疑いがあり，夫婦関係の悪さも感じられる．市の子ども家庭相談室へは通告した．しかし，両親と保育園との関係はまだ浅く介入は難しい．まずは，Ｄくんが保育園で安心して思いを表現し，保育者に受け止めてもらえる経験を繰り返すこと，戸外遊びなど体を動かすあそびを増やすなどして，少しでもストレスを発散できるように保育内容や保育者の関わり方を検討した．その成果はまだ十分に表れてはいないが，乱暴な行動は少し減り，保育者の仲立ちにより思いを言葉で表現出来るようにはなってきている．

●事例４　秘密保持の尊重に関する事例

　Ｂちゃんは12月生まれの２歳児だが，喘息があり病弱で欠席が多い．共働きの両親は多忙であまり仕事を休めない．Ｂちゃんが体調を崩し欠席する時はほとんど，父方の祖父母宅へ預けられる．保育の途中でお迎えになった時には，遠方にもかかわらず，嫌な顔１つ見せずに父方祖母はＢちゃんを迎えに来てくれる．Ｂちゃんは優しく大らかな祖母が大好きで，うれしそうにしている．しかし，母親は姑が大嫌いだという．「だらしないし，下品な姑に大切なＢを預けるのが本当は嫌だ」と担任保育者にたびたび愚痴を

いう．母親はやりがいのある仕事をしているのだが，いつも疲れた表情でイライラした口調である．迎えに来るたびに保育者に他の園児の苦情をいったり，Bちゃんに関する子育て不安をぶつけるのだが，保育者の少ない遅い時間だけに保育者は対応に困っていた．どう対処しようかと考えあぐねていた時，母親が「主任先生と面談をしたい」と申し出てきた．母親の都合に合わせゆっくりと話せるように時間を調整した．いつになく，母親の表情は明るく，口調も穏やかだった．そして，「先生……私，嫌な保護者でしょう？ ごめんなさいね．わかっていて，先生たちにいろいろと無理難題いって」と言った．一瞬驚いたが，「お母さんそんなこと言っていただいてありがとうございます．お母さんも何かしんどいことがあるのですね」と答えた．すると，母親はハラハラと涙をこぼし，子育てに自信がない事，仕事はやりがいがあるがしんどいことを打ち明け始めた．そして，自身の育ちまで話し始め，親に期待され期待に応えられるように頑張り続け，良い成績を取り続けてきたが，親には認められず，ひどい言葉を投げかけられながら育ったこと，それでも親は立派で越せないこと，おまけに自分の子どもをちゃんと育てる自信がないことなどを時間をかけて話し続けた．話を聞くうちに，嫌いな姑だが，自分の親に頼んでBちゃんの面倒を見てもらうよりは気楽なのだと感じた．そして，話し終えると「先生，こんな恥ずかしい悩みを若い先生や，私の親にはいえないのです．今日話したことは内緒にして下さい」という．本来だと懇談の結果は記録に残し，Bちゃんの担任保育者にも伝えなければならない．

　園長と相談した結果，母親が信頼して打ち明けてくれた話しの詳細は記録せず，今回の懇談で課題だと判断したことのみ職員会議で提示した．課題は母親の子育て不安の解消，自己肯定感の構築である．そのためにはBちゃんの育ちを喜びとして感じられるような伝達の工夫，母親への心理的サポートが必要である．日々のBちゃんの育ちを丁寧に観察し，母親が不安になる前に担任保育者がこまめに母親へ伝えるようにした．母親との面談は母親がストレスを感じる前に主任が行えるように，普段から母親に話しかけ，母親から気軽に相談してもらえるような関係を保っている．今後は，Bちゃんの様子を1番見ている担任へも相談できるような関係作りをしていきたいと考えている．

ワーク2　秘密保持の尊重に関する権利

〈事例4について〉

① 保育者はB児の母親との約束を優先して面談結果を記録に残さなかった．秘密保持の原則をチームケアより優先した対応を行っているが，この対応についてあなたはどう考えるか述べてみよう（自分が担当保育者であったらどうしたいか，またその理由について述べても構わない）．

② 今回は面談を保育者一人で実施したが，一人で面談を実施した場合のメリットとデメリットにはどんなことがあると思うか述べてみよう．母親との信頼関係作りと今後の対応を考えた上で検討しよう．

（森　孝子・安田誠人）

第3章

保護者や家庭の抱えるニーズへの気づきと多面的理解

学びのポイント

　新保育所保育指針解説書では，「子育て家庭の相談に応じ，子ども及び子育て家庭の抱える問題やニーズ，置かれている状況等を的確に捉え，個々の子どもや家庭にとって最も効果的な援助を行っていくことが求められる」とされている．保護者支援では，表面化している問題だけに焦点を当てるのではなく，どのような問題の構造で起こってるのかという背景を理解する必要がある．ここでは，問題を読みぬく視点について考えてみよう．

第1節　子育て支援における保護者理解

1　支援を必要とする保護者の背景にあるもの

　子育て支援の実践において，保護者や家庭の抱えているニーズを的確に理解する必要がある．それは，理解の仕方によって支援の内容が大きく左右されるからである．

　保護者が抱える悩みや相談の背景には，家庭内の問題，経済的問題，仕事のことなど，子育てを取り巻く環境や保護者自身が抱える問題が影響していることが多い．どのような相談内容であっても保護者は一種の「危機」に直面しているのであり，保育者を信頼して相談に至った経緯を考えなくてはらない．相談内容によっては，保育者の側に受け入れがたい感情や，「そんなことで困っているのか」というような内容もあるかもしれない．しかし，そうした保育者側の感情は取り除き，保護者が訴えかけてくるその気持ちに寄り添って聴くことが大切である．保護者がこのように訴えなければならなくなったその背景を推し量り，どのような内容であっても理解しようとする姿勢から子育て支援ははじまるのである．

　保育所保育指針では，子育て支援におけるニーズの理解について**表3-1**のように示されている．

　このように，保護者とのパートナーシップによる支援が求められているが，多様な家庭環境の下で，保護者の状況もそれぞれに異なっている．子育て支援ではそのような状況を踏まえながら，保護者の子どもや子育てに対する思いや願いをていねいに汲み取り，まずは受容することが大切なのである．

2　保護者の気持ちの受容と共感

　ヘイヴンズ（L. Havens　1986）によれば，「共感とは，他者のなかに入り込み，その思考，感情，衝動などを共有すること」と述べている．つまり子育て支援での受容とは，保護者の情緒を受け止め，同じような情緒を自身（保育者）の中に体験するということ，相手の置かれている状況や直面している課題の内容を本人の不安や混乱を含めて具体的に認識することであるといえる．支援では「相手の

第3章　保護者や家庭の抱えるニーズへの気づきと多面的理解　*171*

表3-1　保育所保育指針に示される保護者や子育て家庭の理解に関する記述

記載箇所	内容
第1章　総則 　1　保育所保育に関する基本原則 　（3）保育の方法	カ　一人一人の保護者の状況や意向を理解，受容し，それぞれの親子関係や家庭生活等に配慮しながら，様々な機会をとらえ，適切に援助すること.
第2章　保育の内容 　4　保育の実施に関して留意すべき事項 　（3）家庭及び地域社会との連携	子どもの生活の連続性を踏まえ，家庭及び地域社会と連携をして保育が展開されるよう配慮すること. その際，家庭や地域の関係機関及び団体の協力を得て，地域の自然，高齢者や異年齢の子ども等を含む異年齢の子ども等を含む人材，行事，施設等の地域の資源を積極的に活用し，豊かな生活体験をはじめ保育内容の充実が図れるように配慮すること.
第4章　子育て支援 　1　保育所における子育て支援に関する基本的事項 　（1）保育所の特性を生かした子育て支援	ア　保護者に対する子育て支援を行う際には，各地域や家庭の実態等を踏まえるとともに，保護者に気持ちを受け止め，相互の信頼関係を基本に，保護者の自己決定を尊重すること.
第4章　子育て支援 　2　保育所を利用している保護者に対する支援 　（2）保護者の状況に配慮した個別の支援	ア　保護者の就労と子育ての両立等を支援するため，保護者の多様化した保育の需要に応じ，病児保育事業など多様な事業を実施する場合には，保護者の状況に配慮するとともに，子どもの福祉が尊重されるよう努め，子どもの生活の連続性を考慮すること.
第4章　子育て支援 　3　地域の保護者等に関する子育て支援 　（1）地域に開かれた子育て支援	イ　地域の子どもに対する一時預かり事業などの活動を行う際には，一人一人の子どもの心身の状態などを考慮するとともに，日常の保育との関連に配慮するなど，柔軟に活動を展開できるようにすること.

（出典）厚生労働省「保育所保育指針〈平成29年告示〉」を基に作成.

目線に立つ」ことの重要性がいわれるが，支援を必要とする人々がどのような気持ちで相談に訪れたのかを理解することが求められる. これまでの状況や背景，いきさつがあったのかを知ることによって問題の受け止め方は異なったものになるからである.

　すでに述べたように，保護者が抱える悩みや相談の背景にはさまざまな要因が関連している. そのため，支援においては表に出ている部分（主訴）とその裏に隠されている部分を考えなければならない. 主訴は相談をはじめるパスポートのようなものであり，保護者にとってはある意味話しやすい部分であるともいえる（寺井文平，2004：46）.

　さらに，保護者が語る主訴やニーズには，そこに潜んでいる別の問題性に気づいていないと思われるケースもある. たとえば，子どもに対する厳しい言動について，「しつけとして当然」と主張したり，過干渉についても保護者自身は「子どものためにやっている」「教育熱心」と思い込んでいる場合がある. そのような保護者に「何か困ったことはありますか？」「何が問題ですか？」と問いかけてもその問題には切り込めず，具体的な改善は望めない. 支援をすすめていくなかでは，自身の問題を客観的に認識していない保護者に対して，的確な質問によって主訴の背景にあるさまざまな要因を見出すことも求められる.

　したがって，保護者やその抱えている問題を理解するためには，保育者は先入観にとらわれず話を聴くことがその第一歩であるといえる.

第2節　ニーズをとらえる視点とその方法

　支援においては，① 保護者や家庭が抱える問題がどのような構造のなかで発生しているのか，② 支援において何を必要としているのか（真のニーズ）を理解する必要がある.

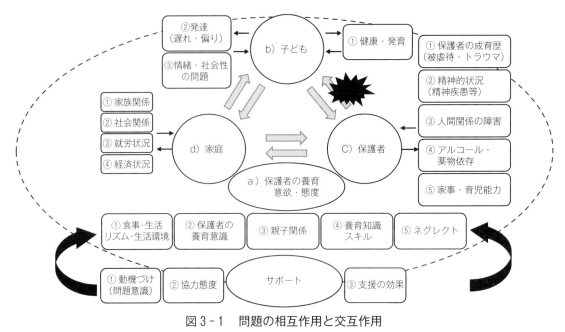

図3-1　問題の相互作用と交互作用

(出典) 金子恵美 (2010)『増補　保育所における家庭支援——新保育所保育指針の理論と実践』全国社会福祉協議会, p.100を一部改変.

1　表面化した問題とその背景にある要因

　保育者は子どもの姿を通して，保護者や家庭が抱える問題に気がつくことが多い．「落ち着かない」「情緒の不安定」「衝動性」「暴言」など，気になる子どもの行動に注目をすると，「生活リズムの乱れ」「食事のマナー」「不衛生」「保護者の自己中心的な生活・行動」など，子どもの姿には家庭での生活状況が関係していることが分かる（金子，2010：99）．子どもにとって家庭がもっとも基本的な人間関係と心理的安定を提供する場であり，さらに入浴や食習慣，食べ物の好き嫌い，マナーなどの基本的生活習慣にも深くかかわっている．子どもの「笑う」「泣く」「怒る」「甘える」などの感情表現や情緒の処理の仕方も，親子関係のなかで形成され，精神的な安定も家族関係のなかで作られる．家庭での生活が子どもの成長に密接に関係しているからこそ，家庭のなかで起こっている葛藤や保護者との関係の不調が，子どもの姿に現れてくることがある．

　図3-1で言えば，「a. 保護者の養育意欲・態度」の課題，「b. 子ども」の課題である．しかし，その背景には「c. 保護者自身」の課題，「d. 家庭」の課題が複雑に影響していることも考えられる．

　近年では，子育て家庭が抱えている問題が「多重問題」であることが特徴である．つまり，1つの問題が複数の問題とお互いに刺激しあい，同時に複数問題を発生させている状態であることが多い．こうした「多重問題」では，主訴や表面化している問題だけへの支援では解決には至らない．保護者が抱えている問題の構造を十分に理解した支援が求められる．

2　支援におけるニーズの理解

　次に，支援におけるニーズを読み取り適切な支援へとつなげていくことが求められる．そのため，「専門家としての目で状況を判断する視点」と「保護者が状況をどのようにとらえ，何を必要として

第3章　保護者や家庭の抱えるニーズへの気づきと多面的理解　*173*

表3-2　ニーズの種類

ニーズの種類	内容
① ノーマティブ・ニーズ（規範的ニーズ）	専門家や研究者が，専門的な立場からみて「望ましい」基準をみたしていないと判断した場合のニーズ.
② フェルト・ニーズ（知覚化されたニーズ）	利用者本人が自覚しているニーズ．しかし，自覚しているが，その必要性をまだ表明していないニーズ.
③ エクスプレスト・ニーズ（表明されたニーズ）	利用者がニーズを自覚しサービスや支援の必要性を支援者（支援機関）に表明すること．または，そのニーズ.
④ コンパラティブ・ニーズ（比較ニーズ）	すでにサービスを受けている他の利用者と比較したときに支援が必要であると判断される状態．または，そのニーズ.
⑤ プロフェッショナル・ニーズ	専門職から見て，利用者本人は気がついてはいないが必要であると思われるニーズ.

（出典）笠師千恵・小橋明子（2014）『相談援助・保育相談支援』中山書店，p.40を基に作成.

いるのかを理解する視点」が必要であり（笠師・小橋，2014：41），保護者が要求している内容がそのままニーズであるという判断をしてはならない．

　保護者からの相談内容がそのまま求めているニーズであると判断するのではなく，さまざまな関係のなかで読み解くことが求められる．支援におけるニーズとは，「人間が社会生活を営むうえで必要不可欠な状況を欠いた（満たさない）場合にそれを必要としている状態」（河野，2011：271）であり，これらのニーズは，**表3-2**のように分類することができる．

　支援においては，①～③のニーズにあわせて，④⑤と重ねながら，それぞれのニーズがどのようなつながりを持つものとして，保護者の主訴と関係しているのか，保護者が問題をどのようにとらえ何を必要としているのかを，整理するなかで真のニーズを明確にすることが求められる．

3　肯定的な側面への着目

　保護者が抱える問題解決には，個人の問題解決能力を高めることが必要である．そのために，保護者のもつ強さ・長所（ストレングス）を見出し，（保護者に）その自覚化を促しながら問題への対処能力の回復・促進・強化を目指すことが求められる．

　そのために保護者の良さ，頑張っている点やできているところなどのプラス面に目を向けることが必要である．子育て支援では，保護者のマイナス面に着目してしまうことが多い．「○○ができない」「養育力が乏しい」「孤立している」などである．しかし，プラスの面を意識することで，これまで見えていなかった保護者のもつ力や強さを見出すことができる（**図3-2**）．

　さらに，保護者のマイナスに見えている側面をプラスにとらえ直すことも必要である．物事の見方を変えることによって，支援の考え方も肯定的なものになる．このように，物事の見方を変えることをリフレーミングといい，肯定的な視点で支援を考えることが大切である．

第3節　ニーズの多面的理解とその方法

1　保護者の内面を引き出す基本的態度

　それでは，保護者の抱えている問題や主訴の背景を理解するためのいくつかの方法を考えてみよう．保護者の理解を深めながら具体的な支援を進めていくためには，保育者は自己表現を助ける役割を

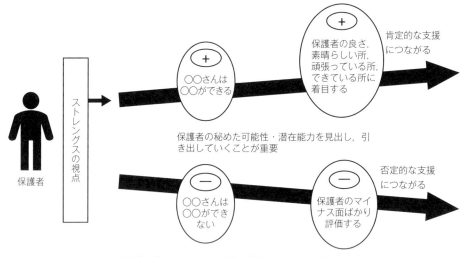

図3-2 ストレングス視点でのとらえ方
（出典）津田耕一（2017）「福祉現場で必ず役に立つ利用者支援の考え方」電気書院, p.60を基に作成.

担いながら，保護者ができるだけ自分の言葉で，自分の問題を表現できるように支援することが必要である．

ソーシャルワーカーの援助姿勢の原則に「バイステックの7原則」がある．この7原則は，支援者の守るべき態度，倫理を含んでいるが，裏返すと保護者が求めているニーズ（思いや欲求）でもある（表3-3）．したがって子育て支援の場面では，「よく聞く話です」「みなさんそうですよ」「大丈夫ですよ」といった応答が不用意になされてはならない．例えそれが，励ましのメッセージを伝えたいという善意から出た言葉であっても，それを聞いた途端に，保護者は「軽くあしらわれた」「この保育者は私の苦しさをわかってくれていない」と感じてしまうことになる．

保護者は悩んでおり，困っているから支援を必要として，相談に来るのである．そのため，あまりに軽く答えられると細かく話す勇気を削がれてしまうこともある．子育て支援では保護者の困惑を受容的に受けとめ，真摯に向き合わなくてはならない．言い換えれば，このような原則に基づいて責任のある対応を行う専門職であることを前提として，保護者はそれぞれの家庭内の出来事や自身の弱さなど，通常は他人には知られることを避けたいことでも，ためらうことなく保育者には語ってくれるのである（窪田，2013：43）．

2 質問の方法による情報量の違い

保護者の考えや意見を引き出したり，情報の収集や確認を行うためには効果的な質問の技法が求められる．質問の技術には，大きく「閉ざされた質問」と「開かれた質問」という2つの質問形式がある（表3-4，表3-5）．

「閉ざされた質問」とは，相手が「はい」「いいえ」や「ここまで何分ぐらい

表3-3 バイステックの7原則と保護者のニーズ

バイステックの7原則	保護者のニーズ
1）個別化	一人の個人として迎えられたい
2）意図的な感情表出	感情はありのままに表現したい
3）統制された情緒的関与	共感的な反応を得たい
4）受容	自分を受け入れてほしい
5）非審判的態度	責められたり，一方的に避難されたくない
6）自己決定	問題解決を自分で選択し，決定したい
7）秘密保持	相談した内容は他人に知られたくない

（出典）永野典詞・岸本元気（2014）『保育士・幼稚園教諭のための保護者支援—保育ソーシャルワークで学ぶ相談支援—』風鳴舎, p.72を基に作成.

第3章　保護者や家庭の抱えるニーズへの気づきと多面的理解　*175*

表3-4　閉ざされた質問

チェックリスト方式	「調子はいいですか？」　はい／いいえ
確認をしたい場合など	「ごきょうだいは何人ですか？」「それは15：30のことですね」

（出典）筆者作成.

表3-5　開かれた質問

面接のはじめ	「今日は，どのように来られましたか？」「お困り事についてお話しいただけますか？」
詳しい内容を知りたい	「もう少し詳しく教えて下さい」「エピソードを教えて下さい」
感情を知りたい	「その時は，どのようなお気持ちでしたか？」「どんな感じですか？」

（出典）筆者作成.

かかりましたか？」というように，数値などで簡単に答えることのできるものである．この方法であれば，限られた時間のなかで，保育者のペースで情報の収集が可能となるが，「閉ざされた質問」を繰り返していれば，保護者は何か一方的に情報を集められているかのような感覚を抱いてしまい，「受容」「共感」という関わりには結びつかない．一方の「開かれた質問」とは，「そのとき，お母さんはどうされたのですか？」というように，保護者のペースを尊重しながら，感じていることや考えていることを保護者自身の言葉で語ってもらうためのものである．

　さらに，**表3-6**に示されているように，「③繰り返し」「④感情の反射・感情の明確化」「⑤要約」などにおいては，保護者の表現を的確に受け止め，受容的な聞き手のなかで少しずつの言い換えによって明示することで，問題状況の整理，課題の認識，これまでの課題に対する自身の行動などへの理解を深め，新しい方向への行動が生まれていく．

3　育児場面を語ることからの「気づき」と動機づけ

　問題の背景を知る方法として，「"なぜ今日""ここに"相談をしようと決意したのか」という相談のきっかけと，「問題（相談ごと）へのこれまでの行動」に焦点を当てることが有効である．つまり，相談のきっかけを知ることは，本人（保護者）や家族がこれまでどのように問題とき合い，対処してきたのかを知ることにつながる．これまで問題発生時には，どのような対応をして何がうまくいかなかったのかをていねいに聞くことにより，問題の背景とその課題についてもう一段階深く理解することができる．

　実際の相談場面では，子育てにおいて日常的な場面（たとえば，食事や遊び）などをとらえて，その間の子どもの様子，子育ての工夫，周囲からの協力などを尋ねることも有効である．これまで努力してきたことを励ましたり，「今までとまったく違った方法を試してみませんか」と別の考え方を提案したりすることにつなげることも可能となる．

　このように，育児場面や体験を語るということは，保護者が自身の頭のなかで整理し，もう一度その場面を再現して理解することにつながる（**図3-3**）．窪田は，「専門的援助関係のなかで他人（ワーカー）に受容され，傾聴され，理解される体験自体が，問題を客観的に明らかにするとともに本人の問題認識および解決能力を高める手段である」（窪田，1975：94）と述べており，保護者の自発的な動きを尊重した保育者との関わりが主体的な問題解決につながるとしている．

　保護者に投げかけられる言葉（質問）は，単に情報収集のためではなく，それに答えるなかで自分

表3-6 かかわりの技術

<table>
<tr><td rowspan="6">a
基本技法</td><td>① 傾聴（アクティブ・リスニング）
耳を傾けて相手の話をよく聴く．特に，相手の心や気持ちを聴くように心がける．</td></tr>
<tr><td>② 簡単な受容
聴いていることの意思表示として，タイミングよくうなずいたり相づちを打つ．
聴いてもらえている．わかってもらえているという安心感や信頼感につながる．</td></tr>
<tr><td>③ 繰り返し（リピート）
話すことにとまどいがあったり，感情がこみあげてきて言葉になりにくいときなど相手のペースにそって，直前の言葉を繰り返す．
あるいは，発言の中で重要と思われる言葉を取り上げ，操り返す．</td></tr>
<tr><td>④ 感情の反射・感情の明確化
相手が感じている感情を受け止め，言葉にして返したり，相手が自分でもつかめていない感情を明確に言葉にして返す．
自分が経験している感情が鏡のように映し出されることで，深いレベルで理解されているという信頼を生む．自分の感情に気づき，整理することにもつながる．</td></tr>
<tr><td>⑤ 要約
まとまりなく話したり，混乱しているような場合に，話を要約して返す．
問題が焦点づけられたり，内面が整理されるのに役立つ．</td></tr>
<tr><td>⑥ 支持
相手の発言の中で表現された感情や考えや取った行動などを肯定し，認める．
気が楽になったり，励みになる．自信と自己受容が高まる．</td></tr>
<tr><td rowspan="3">b
その他留意点</td><td>⑦ 質問の仕方を工夫する
閉ざされた質問と開かれた質問を効果的に用いる．
焦点を定めたり，問題を掘り下げたり，話題を広げたり，自分の言葉で詳しく語ってもらうことなどに役立つ．「なぜ」という質問は避けたほうよい．</td></tr>
<tr><td>⑧ 非言語的コミュニケーションを大切にする
面接は言語を通して行われるが，表情，視線，身振り，姿勢，態度などの非言語的手段や，声の抑揚などにも注意を払う．話しやすい雰囲気をつくったり，受容・共感・誠意などを伝えるうえで需要である．</td></tr>
<tr><td>⑨ 沈黙を適切に扱う
どのように表現するか迷っていたり，考えをまとめたり，気持ちを整理したり，洞察が進んでいるときの沈黙は，そっと大切にしておく．
不安になったり，あせって話しすぎたり，話題を変えたりしないよう注意する．不本意，不満，反発などの現れである沈黙は，取り上げて対処する．</td></tr>
</table>

（出典）寺見陽子（2004）「かかわりの技術」，名倉啓太郎監修，寺見陽子編『子ども理解と援助——子ども・親とのかかわりと相談・助言の実際——』保育出版社，p.153を基に作成．

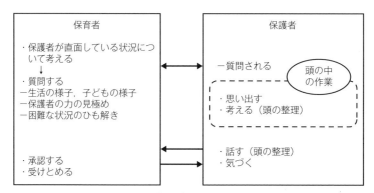

図3-3 保護者の「気づき」を促す支援の相互関係

（出典）著者作成．

第3章　保護者や家庭の抱えるニーズへの気づきと多面的理解　*177*

の行動を見直し，問題やニーズを保育者とともに考え，解決の手がかりを発見する「気づき」を促すことができるものでなくてはならない．

ワーク

① 保護者が抱える不安や悩みに今日の社会状況がどのような影響を及ぼしているのかを考えてみよう．

② 以下の内容をリフレーミングして表現を変えてみよう．

現状の課題	リフレーミング後
「○○さんは，××できない」	
「○○さんは，忘れ物が多い」	
「○○さんは，時間が守れない」	
「○○さんは，話が通じない」	
「○○さんは，子どもに対して厳しい態度で接している」	
「○○さんは，保育園のルールが守れない」	

（小口将典）

第4章

子ども・保護者が多様な他者と関わる機会や場の提供

学びのポイント

　子どもたちの生活の中で近隣住民や年齢の異なる子どもと関わりをもつことが少なくなっている．より良い発達を促すためにもこのような機会を意図的に作り出すべきである．子どもたちは具体的にどのような場で出会いかかわりが展開していくのか，注意しなければならないことは何か，子ども自身の観点と関わる周囲の観点から考えて欲しい．また，子どもだけではなく保護者も多様な人間関係を形成することが求められる．保育者としてそのような機会をつくることができるか考えることが大切である．

第1節　子どもの発達と現代の社会環境

　少子化・核家族化をはじめとする社会の変容については高度成長期からすでに言われ続けている．産業構造の転換が進み情報化も進展した現在において，このことはさらなる問題を内包しつつある．子ども特有の問題もあれば，子どもとそれを取り巻く保護者を含めた大人に共通する問題もある．保育・教育現場においてもこれらが認識され対応がとられてきたが，現在はこれまで以上にその必要性が高まっている．このような状況認識の下，国の審議会においてもさまざまに議論され答申も出ている．

　2005（平成17）年1月28日「子どもを取り巻く環境の変化を踏まえた今後の幼児教育の在り方について（中教審答申）」（中央教育審議会）の第1章「子どもを取り巻く環境の変化を踏まえた今後の幼児教育の方向性」第4節「子どもの育ちの現状と背景」において「少子化，核家族化，都市化，情報化，国際化など我が国経済社会の急激な変化を受けて，人々の価値観や生活様式が多様化している一方で，社会の傾向としては，人間関係の希薄化，地域における地縁的なつながりの希薄化，過度に経済性や効率性を重視する傾向，大人優先の社会風潮などの状況が見られるとの指摘がある」と言われている．

　また，中央教育審議会は生涯学習分科会に「家庭・地域の教育力の向上に関する特別委員会」が置かれ2005（平成17）年7月23日から2006（平成18）年6月2日までの計11回にわたる審議が行われた．この中で，様々な場を活用した地域社会の再構築について「現状では，子どもたちが近所の大人や異年齢の子どもと関わる機会が少なくなっており，子どもたちが様々な他者と交流できる場を意図的に創り出していく必要がある」とされた．

　このような状況の下，子どもやその保護者がさまざまな他者との交流ができる場や機会を意図的に作り出すことが保育者にも求められるのであり，保育者はそのための情報や資源の収集に努めなければならない．

　なお，これらにおいて取り上げられている多様な他者のうちには，大人や異年齢の子どもだけでは

なく，地域で生活するさまざまな他者が含まれると考えられる．たとえば外国人や障がいのある人などもそうである．外見からは分からないが，多くの人とは異なる背景をもっている人も少なくない．多様な人々が共に生活し協力し合っていることを実感しつつ自分からかかわりを深めていくことが必要なのである．

1　多様な他者とかかわりと獲得する態度・能力

　2018（平成30）年施行の保育所保育指針では，第1章総則4「幼児教育を行う施設として共有すべき事項」（2）「幼児期の終わりまでに育ってほしい姿」オ「社会生活との関わり家族を大切にしようとする気持ちをもつとともに，地域の身近な人と触れ合う中で，人との様々な関わり方に気付き，相手の気持ちを考えて関わり，自分が役に立つ喜びを感じ，地域に親しみをもつようになる．また，保育所内外の様々な環境に関わる中で，遊びや生活に必要な情報を取り入れ，情報に基づき判断したり，情報を伝え合ったり，活用したりするなど，情報を役立てながら活動するようになるとともに，公共の施設を大切に利用するなどして，社会とのつながりなどを意識するようになる」とされている．ここでいう「様々な環境」の中には人的環境も当然含まれると考えられる．

　Benesse教育研究開発センター「若者の仕事生活実態調査報告書」2006年によれば，「（仕事の充実感に関連する）態度・能力ととくに関連のある子ども時代の体験（それぞれの態度・能力において自己評価が高いグループと低いグループとでとくに回答割合の差が大きかったもの）を上位3つまで示したもの」について「全体的にみてみると，すべての態度・能力項目で親や学校の先生以外の大人と話をすることが上位3つまでに入っていることがわかる．成人してからの態度・能力ととくに結びつきが強い体験と推察される」とし，「親，親以外を含め広くコミュニケーションした体験が成人してからの態度・能力につながっていると考えられる」とされている．成人後の能力等の判定において子ども時代の経験と直接に結びつけるのが難しい面もあるが，子どものときから幅広い世代と交流を持つことは，コミュニケーション能力を発達させたり，物事の解決能力を高めることにつながることは一般的に肯定されるであろう．

2　保護者が多様な他者とかかわる機会や場の必要性とその提供

　多様な他者とかかわる機会や場が必要なのは子どもだけではない．子どもの保護者も同様である．現代社会において他者とかかわることなく1日を過ごすことは不可能ではなくなりつつある．さらに近隣との協力関係も，第一次産業中心の社会とは異なり日常生活の中で必要とされなくなっている．近隣の住民の顔や名前も知らないということも珍しくない．子どもの保護者は，その子どもと同年齢の子どもにかかわる機会は，保育所・幼稚園や学校である．しかし，自身の子どもとは異なる年代の子ども，さらには子どもが通っている保育所等に通っている子ども以外とかかわることはとても少ないのではないであろうか．さらに，これら状況は現在の子ども達だけに生じている問題ではない．その親世代，さらには祖父母世代においてこれら状況は進行していた．現在の子どもたちは第二・第三の世代であるといえる．祖父母世代までも含めてそれら環境の中にあったため，意図的にかかわりの機会を作らなければ解決困難になっているのである．

　真田美恵子「幼児に，"多様な人と関わる機会"を〜『第5回　幼児の生活アンケート』より，幼児の成育環境の20年間の変化〜」は，「未就園児に対してはとくに地域の自治体の役割が大きくなる．

園や家庭と連携して，地域の人材を活用する仕組みを整えたり，新たな取り組みの可能性を探ることが重要である．例えば，地域のさまざまな機関や施設（学校，福祉施設等）と連携して，幼児の親子が多様な人と交流できる機会を提供するための調整役となることも大切である」と指摘する．

ここで指摘されているように，保育所・幼稚園や行政がかかわりの場を設け，交流の機会をつくることが必要となっている．農村型社会と異なり，接点が薄い中で自発的なかかわりを期待するだけでは十分ではない．意図的なかかわりであれば，好ましい内容になるよう配慮したり，トラブルを小さいうちに解消することも可能であろう．子ども・子育てについての専門職である保育者がかかわることによって望ましい展開となる可能性が高まる．施設・設備を提供したり，導入に必要となる遊びを提供することもできるであろう．かかわりにおいて困難が生じたときに相談相手となる保育者の存在があれば，安心してかかわる意欲を持つことができる．

●事例1　公園でのＡさんの出会いとその支援

　　Ａさんは会社勤めの男性である．晃洋保育園に子ども（5才・男児）がいるが，共働きの妻も含めて近所の人と付き合う機会はあまりない．休日に子どもと一緒に近くの公園へ行ったところ，やはり保育園児くらいの子どもがいた．自分の子ども以外の子どもとはあまり話をしたことのないＡさんであったが，その子どもと話をしてみると受け答えもしっかりしていて，小さい子どもと話をするのが楽しいと思った．次の休日も同じように公園に行ったが，今度は子どもだけではなくその保護者数人とも会話をすることができた．子どもが保育園に通っていても，晃洋保育園での1日の生活の流れや子どもと保育者とのかかわりについてはあまり考えたことが無かった．他の家庭で保育園のことをどのように話題にしているのか，子どもたちの間では今やっていることは何か，ほとんど知らないことに気づいた．会社の人間関係だけではなく，子どもを通してのネットワーク作りも大切なことではないかと考え始めている．

　　保育者Ｘさんはａさんからこのことについて聞き，支援できることは無いか考えている．具体的にどのようなことがあるか．1つ以上挙げてみよう．Ｘさんの保育園の保護者の中に，Ａさんと同じようなことを考えている人もいるはずである．Ａさん1人への支援にとどまらず，同じような状況にある多くの保護者が，自分の子ども以外の子どもやその保護者とかかわる場面を作ることはできないであろうか．場所・機会にどのような工夫を凝らせばよいであろうか．かかわっている子どもの中に障がいのある子どもや外国籍の子どもがいた場合，留意すべきことはあるであろうか．

第2節　異年齢集団との関わり

1　必要性

　人は社会の中で生活している．子ども時代の集団活動は人間形成の重要な一場面と考えられる．子どもの集団においては同年齢の子どもとのかかわりだけではなく，年長あるいは年少の子どもとかかわる機会も少なくない．もし自分自身の年齢が高ければ，その集団を牽引する役割を担うこととなるであろう．年齢の低い子どもたちへの配慮も行動を通して知ることとなる．逆に自分の年齢が低ければ，集団内の年長の者の行動を通してその集団内でのふさわしい行動を身につけていくこととなる．社会性を養うことの第一歩と考えられる．異なる年齢層との付き合い方は成長後も必要なスキルでありその基礎を自然と学んでいるといえる．

2　展開過程と留意点

　保育所等において縦割り保育が行われている場合がある．この縦割り保育のねらいとして，自身の年齢とは異なる子どもが相互に関わることで学ぶこと・気づくことがある．異年齢の子どもに対して思いやる気持ちを持つことができより良い人間関係を発達させる基礎となり得ること等が理由として挙げられることが少なくない．多様な他者とのかかわりも異年齢集団とのかかわりという意味で，縦割り保育と共通する部分がある．縦割り保育の場合は，その効果を期待して構成され，保育者のかかわりも意図的なものとなる．一方で，近隣の子ども達による集団の場合は意図せざるものであり，仲裁や調整等をする大人の存在も無いことが多い．何か問題が起こったとき，その解決に向けた展開は子どもたちの自主性に任される．集団が解体してしまうこともありうる．

　年下の子どもにとって社会性を養うことと共に心身の発達を促す機能がある．年上の子どもたちの動きは活発である．その様子を見ることによって動きや考え方を知り自分も同じようにしてみたいという気持ちが生じる．その思いを実現するための方法を年上の子どもが教えてくれるかもしれない．きょうだいのいる子どもの場合には家庭内でこれらが自然と行われることも少なくないであろうが，きょうだい数が少なくなっているので近所の子どもたちとのかかわりを通じてという比重が高まると考えられる．

　家族ではない異年齢集団とのかかわりは，配慮しなければならないことも生じる．きょうだいの場合ならば親が子どもたち同士の関係を調整するであろうが，自然発生的な異年齢集団の場合，大人は必ずしも存在するとは限らない．子どもたちの遊びの展開や生活のかかわりが円滑にできているか，問題は生じていないかを目配りする第三者の存在が重要となる．子どもたちのみの展開であると思わぬ方向に進展することがある．それが，独創的で有益なものであればそれに越したことは無いが，よい関係性でなかった場合，軌道修正することも必要となるが，それが無いままに幼稚園・小学校とその関係が続いてしまう危険性も内包している．子どもたちの保護者同士での関係性ができているか否かも背景として考えられなければならない．

●事例2　近所の子どもたちへ仲間入りしたBちゃん

　Bちゃん（3歳）はきょうだいがいないこともあって自宅での一人遊びが多い．しかし，近所に自分より年齢の高い子ども達が何人かいることはよく知っている．知らない遊び・大人数で楽しそうな遊びもよく見かける．最近，晃洋幼稚園が休みの日には，公園で近所の子ども達が遊ぶときの仲間に入れてもらうようになった．かけっこ・どろんこ遊びだけでなく，子ども達が自宅から持ってくる玩具を使って遊ぶこともある．とても楽しいのだが，時々，ルールが分からないこともある．一人遊びが多かったので，他の子ども達に声を掛けたらよいのか戸惑うときもある．さらに小さい子どもがやってくるときは我慢をしなければいけない場面もある．子どもたちだけではなく，遊びを教えてくれたり仲裁してくれる大人がいてくれたらよいのにと思うこともある．このような経験をしたことによってBちゃんが晃洋幼稚園で過ごすとき同じクラスの友だちとのかかわり方はどのようなものになるであろうか．もしこのような経験がなければどうであろうか．

　また，保育者YさんはBちゃんの保護者からこのことについて聞いた．日常のBちゃんとの関わりの中で，Bちゃんがそのような場面で役立つ技能を身につけるようどのような働きかけができるであろうか．具体的にどのようなことがあるか．1つ以上挙げてみよう．また，かかわっている子どもの中に障がいのある子どもや外国籍の子どもがいた場合，Bちゃんが考えなければならないこととしてどのようなことがあるであろうか．

第3節　近所の大人とのかかわり

1　大人との関わりの場面

　幼児が近所の大人とかかわるのはどのような場面があるであろうか．道で会ったとき，遊んでもらうとき，買い物に行ったとき，場合によっては叱られるときかもしれない．狭い地域であっても近所には多様な年齢層・職業の人がいる．地元出身ではない人もいて，方言等からそれが分かることもある．そのとき子どもたちは社会（世の中）には多様な人が共に生活していることを実感するであろう．

2　近年の社会状況と関わりを意図的に創出する必要性

　従来の農山漁村を基盤とする地域社会においては，近隣との意図的な関わりを意識する必要性は乏しかった．なぜならば，第一次産業中心の社会では，近隣同士の共同作業など，大人も子どもも生活を成り立たせるために意図せずしてかかわらざるを得なかったのである．子どもも作業や家事の手伝いをする中で，当然，近所の大人ともかかわっていた．また，家族形態も現在とは大きく異なり，血縁関係者が一定地域に集団で居住するという場合も少なくなかった．このようなことから大人の側でも，必要に応じて自分の子どもと同じように子どもに声を掛けていたのである．しかし，工業化・都市化によって地域の変容が進み，このような前提がなくなってきている．人と人とのかかわりが薄くなり，子どもと近所の大人とのかかわりを意図的に作り出さねばならなくなっている．

●事例3　お神輿を通しての大人とのかかわり

> 　C君（5歳）は両親とマンションで生活している．マンションの中にはたくさんの住人がいる．しかし，C君はマンション内のほかの家族のことをあまり知らない．C君が，朝，両親と共に保育所に行くときには見かけることもある．挨拶をしてくれる人もそうでない人もいる．マンション全体の玄関は外部の人が容易に入ってくることができない仕組みになっている．マンション内で，マンションの住人以外の人と会うことはとても少ない．C君自身も，保育所に行かない日は自宅部分の玄関から外には滅多に出ない．
>
> 　ある日，C君はマンションのベランダから近々行われる地域のお祭りの練習の音が気になって外を見ていた．お神輿を担いでいる人たちがたくさんいる．そこに行ってお神輿を触ってみたいのだが……．このようなとき普段から近所付き合いのある家庭の子どもとそうでない家庭の子どもでは展開に違いが生じるであろうか．違うとすれば何が違うであろうか．大人の側・子どもの側それぞれの立場で考えてみるとよい．
>
> 　また，保育者Zさんは C君からこのことについて聞いた．C君にどのような助言ができるであろうか．具体的にどのようなことがあるか．1つ以上挙げてみよう．

第4章　子ども・保護者が多様な他者と関わる機会や場の提供　*183*

ワーク　Dちゃんや Eちゃんの気持ちになって考えてみよう

　5歳児のDちゃんたち3人が遊んでいるところに，近所に引っ越してきた3歳児のEちゃんがやってくるようになり，最近では4人で遊ぶことが多くなってきた．最初，Eちゃんは見知らぬDちゃんたちとどのようにかかわったらよいか不安そうであったが，最近ではすっかり仲間に溶け込んで一緒に遊んでいる．ただ，まだ体の小さいEちゃんはDちゃんたちのように速く走ったり高い所の物をとることができない．Eちゃんはそのことにやや不満そうである．

　事例を読んで，異年齢の子どもが一緒に遊ぶとき考慮しなければならない点として次のような観点から考えてみよう．
①年下の子どもたちも楽しく参加できているか
　年上の子どもと遊ぶのは楽しいことであるが，年齢が高い分，複雑な遊びもする．年下の子ども達も参加できているか，その活動を楽しめているか．年上の子どもと活動すること自体がストレスとなっている場合も時としてみられる．

②年上の子どもに依存しがちになっていないか
　年上の子ども達にとって年下の子どもの面倒を見ることにやりがいを感じる．しかし，それが常になると，年下の子ども達に依存を生じさせてしまう懸念もある．

③年上の子どもにとって年下の子どもとの活動がストレスになっていないか
　異年齢の子どもに限らず，体格差のある子ども・性別の違う子どもともうまく付き合っていくことは今後の生活を考えても大切なことである．しかし，常に我慢を強いられて自分がしたい活動ができなかったり，年齢にふさわしい遊びができないと，その子どもにとってストレスを増大させることになる．年下の子どもたちから年上と見られることによって，保育者とのかかわりについても我慢する場面があるかもしれない．

（今井慶宗）

第Ⅱ部
保育者の行う子育て支援の展開

第5章
保護者による保育力の向上のための支援

学びのポイント

　保護者は，親として子どもと向き合い成長していこうと考えており，その過程において保育者の支援があれば大きな支えになるものである．子育て1つひとつの道程を歩み，保護者は「親」になっていくものである．そして，保育者は子どもの発達の支援に関わると共に保護者の成長に寄り添い，保護者自身が自信をもって子育てに取り組むことができるような視点を有することが求められる．

　本章では，保護者の保育力の向上にむけた基本的な考え方をふまえ，その支援の展開では特別に配慮が必要な子どもの保護者への支援，地域づくりの視点をもった子育て支援に焦点をあて学び，まとめとして今後の課題について論じていく．

第1節　保護者の保育力の向上にむけた基本的な考え方

1　保育者がもつ知識や技術，気づきの提示をする視点

　親は子どもを産み，子育てをする過程で子どもと共に成長していく．その中で，親自身が自己の生活や子育てに対する考えを肯定的に捉えることができなければ子どもに対して望ましい関わりにはつながらない．もし，子育てに関する知識や経験が少ない状況等であれば子どもへの愛情があってもどのように接してよいのか，子どもの言動を理解してよいのか分からず困惑する場面に直面することもあるだろう．支援の1つの考え方としては，保育者が子どもと関わり，それを保護者に見てもらうことによって保護者自身が子どもとの関わり方を知り，子育てに活用できることもある．

●事例1　子どもとの関わり方を母親へつなぐ支援

　A君（3歳・男児）とPさん（母親）はさくら保育所が地域交流の一環として取り組んでいる「園庭開放」を初めて利用しにきた．本日の活動プログラムであるリズム遊びをA君が楽しんでいると，Pさんが A君に対し，急に「手と足がバラバラになっているでしょ！」と怒った口調で話をはじめた．すると，A君は泣き出しそうになりうつむいて座り込んだ．

その様子に気づいた保育者は，親子のもとへ近づき，「A君もう一度リズム遊びをしよう」と優しく声をかけた．A君はうなずき保育者ともう一度取り組むことにした．難しい箇所は保育者が手本をみせそれを真似するように少しずつA君はできるようになっていった．しばらくして，保育者はPさんを誘い3人でリズム遊びを楽しむことができるようにした．Pさんは，保育者とA君のやりとりをみて，A君が難しいと感じている部分が分かったため，そこは一緒にゆっくりすすめるようにした．そして，A君の楽しそうな笑顔をみることができ母親として自分が手本の相手になる喜びを実感するようになった．その後，新しい曲に移行してもPさんはA君のペースに合わせてすすめることができるようになっていた．それらを確認できた保育者は親子で活動をすすめられると認識し，その場をさりげなく離れ見守ることとした．

　事例1においては，子どもとの遊び方，関わり方に困惑していたPさんに対し保育者がその関わりを支援するために，具体的な関わり方をPさん自身にみてもらうという対応をした．そして，親子の関係が良好になり，2人の時間を楽しむことができると分かるとさりげなくその場を離れ見守りをしている．

　保護者の保育力が向上していくためには，保護者自身が子どもに対し適切な関わりをし，よりよい関係を築くことが求められる．そのためにも，子どもの育ちを理解し適切なコミュニケーションを図ることが望ましい．それが達成されるように保育者は，保護者と関わる中で，保育の知識や技術を提示することや子どもとの関わり方を実際にみてもらう等の対応をしモデリングの役割を担うこともある．

2　保護者の子育てに寄り添い自信を育む視点

　日々子育てに追われ余裕が少ない保護者の子育てや生活上の課題を指摘することは容易なことであるが，このような観点で保護者を捉えていては，子育て支援に関わるどころか，保護者に「寄り添う」支援とはかけ離れたものとなる．このような状況においては保護者の子育てに対する考え方や取り組みを受け止めることにはならない．

　また，保育者からみて，保護者が「親」として適切に子育てをしていると捉えていても，当事者である保護者は自らの子育てに対して不安を抱えていることがある．そこで保育者は，保護者の表面的な理解にとどまらず，生活の営みや子育てに対する気持ち等にも理解を示し，心身の状況に合わせた支援に取り組む視点が必要である．もし，保護者が子育てに対し自信を持てない状態にある時は，可能な範囲で家庭の状況，養育状況を把握し，生活課題の解決，軽減を図ることができるように支援をしていくことも求められる．

　保育者は，試行錯誤しながらも保護者が一生懸命取り組んでいる子育ての状況をまず受容し，「親」としての存在を認める姿勢を示していくことが必要である．そのような対応が，課題を抱えながらも子育てに取り組む保護者に寄り添う出発点となり，保護者自身が前向きな気持ちで子育てに取り組めることにつながっていく．これらの過程を経て保護者が自分自身の子育てに自信を持てるようになる．

●事例2　自らの子育てに不安をもつ母親への支援

　Qさん（母親）は1人目の子どもであるBちゃん（2歳・女児）の子育てに奮闘中である．保育者からみると，QさんのBちゃんに対する接し方は非常に優しく温かいと感じられるものであり，上手に関わ

りを持っていると認識していた．Qさんは，Bちゃんの成長する姿をいつも第1に考え，楽しみにしていた．

　Qさんは結婚，出産をし，先日夫婦の仕事の都合で転勤し，馴染みのない土地に引っ越してきたばかりである．周囲には親戚や友人はいないようである．ある日，保育所へ帰りのお迎えに来たQさんが保育者に対し「私のBに対する接し方は正しいのかいつも気になっています．自分なりには一生懸命やっているつもりなのですが，何か足りない部分はあるでしょうか」と話があった．さらに「自分の対応でまずいことがあれば教えてほしいのですが」と尋ねてきた．保育者はQさんに対し「相談をしていただけることは大変うれしいです．いつもQさんは一生懸命Bちゃんと接していらっしゃいますね．きっとBちゃんもそれが分かっているから安心しているのだと思います．子育ては不安なことも多いかもしれませんが，上手にBちゃんと向き合い子育てされているので自信を持ってください」と声をかけた．するとQさんは保育者のその言葉で安心したのか「私はこのままで大丈夫なんですね，先生に言われるとなんだか自信が湧いてきました．ありがとうございます」と話し，保育室から出てきたBちゃんを抱きかかえた．保育者は続けて「心配なことがあったら，何でも相談してください．一緒に子育てに取り組んでいきましょう．明日も保育所でお待ちしています」と声かけると「はい，ありがとうございます．明日もBと一緒に保育所に来ますね」と晴れやかな表情をして帰宅した．

　事例2は，1人目の子育てをしている保護者の心境が表れ，周囲に知り合い，友人がいないため自分の子育てに対して不安を抱いている様子である．子育ては，必ずしも正解かどうか判断できるものではなく，またすぐに結果が出るものとも限らない．その中で，保護者に対する保育者の関わりとして大事なことは，試行錯誤しながらも前向きに子育てをしようとする保護者の姿勢，気持ちを受け止めて認めることにある．よって，保護者の存在そのものを認めることにより少しずつ自信を持って子育てに関わることができるようになる．

3　当事者同士の関わりを支援に活かす視点

　保護者の保育力の向上を支援するためには保育者による直接的な援助も重要であるが，より身近な存在である保護者同士によって育まれることもあることを理解してほしい．たとえば，保護者同士の集まりの場面が考えられる．子育て中の保護者同士であるからこそ分かり合える思いや，子育てに関する情報交換等語らいを通じて自分自身の子育てを振り返ることができる．また，子育て経験のある「先輩」から話しを聞き，子育ての方法を知ることもできるだろう．

　これらの支援について保育現場では例えば地域子育て支援センターがあげられる．地域子育て支援センターは，地域で子育てをしている保護者が集う場所であることから，保育者による直接的な支援に加え，保護者同士の関係性を活かし支援に取り組むことができる．同じような経験や環境をもつ者同士が寄り添うことのできる場があることで語り合い，安心や癒しにつながるものである．これら保育士による側面的な支援の重要性も理解し，実践に取り組んでほしい．

●事例3　当事者である保護者同士の会話から子育ての方法を知る，学ぶ支援

　地域子育て支援センターを担当する保育者はRさん（母親）から「子どものオムツがなかなかとれなくてこのままでいいのかしら」と相談を受けた．オムツがとれるようになる過程は，人それぞれであり，その期間や取り組みも異なるものである．そこで，保育者は，同センターを利用していた保護者たちに「みなさんはどのようにしてお子さんのオムツをとられましたか．また，今取り組んでいらっしゃる方はどのような点を配慮されていますか」と問いかけてみた．

すると，保護者から多くの意見が出た．「トイレに行く声かけをもっと丁寧にした」や「時間を決めてオムツとパンツを両方使った」等それぞれ工夫しながらオムツをとられているようであった．そして，最終的には，「焦らずに待つことが大事」というアドバイスを受けた．

保育者は「保護者の皆さんが実際に体験されてきた話は参考になります．子どもたちも一生懸命オムツからパンツへ移行しようと練習しています．それをまずはじっくり待つことが大事なんですね．練習の途中では，失敗することもあるかもしれませんがじっくり対応してあげたいですね」と伝えた．するとRさんは「そうなんですね．皆さんも同じように苦労されてきたのですね．早くオムツがとれるようにしなければならないと私が焦っていました．皆さんの体験談を聞くことができて参考になりました．良かったです」とのことであった．

母親たちはさらに，食事の時の箸の使い方の工夫等子育てに関する話題に移っていった．

事例3では，地域子育て支援センターをフィールドとして，そこに集う保護者同士の関わりを通じて保護者への支援につなげたものである．子育てに取り組む同じ保護者の立場であるからこそ子どもの成長を喜び，また，大変さ等も分かり合えることが多くある．このように，保育者による子育ての専門的な知識や技術の提供に加えて，周囲の環境にも着目し，活用できる社会資源に目を向けてほしい．

第2節　保護者の養育力の向上に向けた支援の展開

柏女ら（2010）はこれまで保育所で蓄積された保育技術を体系化し，それを基盤として「保育相談支援の技術」を体系化している（図5-1）．これまで保育者が行う相談支援は主として経験に基づいておこなわれてきたが，さらに近年研究及び実践が盛んに取り組まれている保育ソーシャルワークの視点をもって支援に関わっていくことも求められている．歴史的に保育現場で培われてきた経験を体系化，理論化し，保育者として相談支援に関する専門性の向上に努めていかなければない．

1　特別な配慮を必要とする子どもの保護者に対する関わり

保護者は親として子どもの健康と成長を願って子育てをしていく．その本質は変わらないが，知的障がい，身体障がい，発達障がいなど何らかの障がいをもって生まれてきた子どもに対しては，特にどのように育てたらよいか不安を感じ悩む者も多い．そして，「障がいのある子どもを産んだ」と悲観的に捉えることもあり，障がいに対して適切な知識や理解が備わっていない保護者はその先ますます不安を抱えていくことがある．

このような状況において保育者は，保護者に対し支援に取り組む関係性を構築することからはじまり，繊細な心情に寄り添っていくことが求められる．保育者は，障がい等が疑われる子どもの「診断」を行うことを業務としているわけではないので，保育所や家庭等での子どもの様子を確認し，保護者が子どもに対して望ましい関わりを少しずつ増やしていくことができるように取り組まなければならない．それら支援の積み重ねにより保護者は障がいを受容しようとする気持ちが育まれ，前向きな子育てへとつながっていくと考えられる．

2 地域づくりの視点をもった子育て支援

現在保育分野においては，地域を基盤とした子育て支援の展開が求められている．子どもが保護者，家族，保育所等での人との関わりに加え，他にも様々な人間関係に触れることは，コミュニケーション能力の向上や地域への愛着が育まれ，またその中で社会性も育っていくと期待される．そこで，保育者は，保育所以外にも地域社会に存在する社会資源を把握し，それらを保護者に伝え，必要に応じて福祉サービスの利用につなげられるように支援をすることが求められる．さらに，日頃より，児童相談所などの公的機関，社会福祉の事業やサービスに取り組む機関，地域住民としてボランタリーな立場から関わる民生委員・児童委員（主任児童委員も含む）等と連携し，子育てをしやすい地域づくりの推進を図る視点は必須である．

図5-1 保育技術と保育相談支援（保育指導）技術の組み合わせ図

（出典）柏女霊峰・西村真実・橋本真紀・高山静子（2010）『保護者支援スキルアップ講座──保育者の専門性を生かした保護者支援 保育相談支援（保育指導）の実際──』ひかりのくに．

第3節 保護者の保育力の向上にむけた支援の課題

1 保護者それぞれの子育て観を認める視点を持つ課題

保育者は，それぞれ異なる子育て観を持つ保護者がいることを理解し，それを認める視点をもたなければならない．また，子どもへのケア，保護者支援を行うことが業務であり，それに必要な専門的な知識や技術を有している．そして，その前提として，保護者の子育て観に十分に寄り添うことが重要であり，かつ個別的に捉えていくことが必要である．これは，保育者としての姿勢，倫理にかかわるものであり，一朝一夕で身につけることは難しい．よって保育者として専門的な視点からみた「子育てのあり方」だけに保護者の考えをあてはめようとするのではなく，保護者がもつ子育て観に寄り添い認めていくことが重要である．

さらに，子育てを含め保護者が抱く「自分らしく生きていく」ことが豊かな子育て観を育むのである．保護者は自らの家庭環境，社会環境を受け入れながら子育てに取り組んでいる．その中で，「子どものために」と思いさまざまな工夫を凝らし，意欲的な気持ちを維持しようとしているのである．そのような背景がそれぞれの保護者にあることを保育者は忘れてはならない．

たとえ保育者からみて保護者の子育てが十分でない部分があっても，それを今後どのように解決，軽減を図ることができるのかという視点が求められる．これらのことが，保護者の保育力の向上を図る基盤となり，子ども，保護者，家族が地域社会で豊かに健やかな生活を営むことにつながっていく．

2 保護者をエンパワメントする視点を持ち支援を展開する課題

保育者は，保護者が子育てに取り組む力をつけ，保護者自身が子育てをする環境を整えていけるようにする視点をもつことが課題となる．これは，保護者をエンパワメントするという考え方である．この視点をもって支援するということは，先ずもって保護者と保育者が対等な関係性であることを認

識しなければならない．保育所等の保育現場をみてみると「保育者である先生」と子どもを「預かってもらう保護者」という構図ができ，上下の関係になりやすい環境があることに留意してほしい．もしそのような上下の関係であるならば，保育者が保護者を「指導」するという部分に重点がおかれ，保育者が子育ての中心になりかねない．それでは，保護者をエンパワメントする支援にはつながらない．

　そこで，保育者の関わりとしては，保護者を子育ての中心に据え，保護者が自信を持って子育てをしていくための力を獲得できるように支援の視点をもつことである．その実践は，日々の子育てへの姿勢を認める声かけを行い，子育てへの困り事，不安等を受容し，必要に応じて課題の解決，軽減が図られるように直接的，間接的な支援を展開していくことである．このようなエンパワメントの視点をもって保護者の支援に取り組むことにより，保護者自身が前向きに子育てをし，保護者の保育力の向上に向けた支援につながっていくものである．

第Ⅱ部　保育者の行う子育て支援の展開

ワーク	子どもを取り巻く家庭の貧困，子どもに対する虐待の疑いのある複合的な生活課題を持つ家庭への支援の取り組みについて

　C君（男児・2歳10ヵ月）はかすみ保育園に通っており，保育所で友達と元気いっぱい遊ぶことを楽しみにしている．家庭生活の状況は，C君，父（40歳），祖母（68歳）の3人世帯である．母親（35歳）と父は離婚協議中であり別居している．C君と母親は現在面会などはしていない．世帯主は父親となっているが，収入は多くなく，祖母の年金と合わせてやっと生活費を賄っている状況である．

　父親は会社に家庭の事情について話をしているが，仕事が多忙であることはあまり変わらない．会社からは事情を理解していきたいが，会社のことも考えてほしいといわれている．C君は父親と毎日登園，降園をしているが帰りのお迎えはいつも遅い時間となっている．

　保育所の保育士は，C君の発達が少しゆっくりであることが気になっていることに加え，家庭での養育状況を注意深く確認していく必要があると考えている．例えば給食時にそれぞれの家庭から持参することになっている白米の準備をはじめ，着替えの支度や活動で使用する備品の購入についてお願いしても協力が得られない状況である．また，夏の時期に同じ衣服を着てくることがあった．

①C君の生活状況についてどのように感じますか．

　登園，降園の送迎以外のC君の養育は，主として祖母が担っている．父は，土，日曜日も仕事に度々出かけている状況であり，保育所が休みの時は祖母がみていることが多い．しかし，祖母とC君はあまり仲がよい関係ではなく，祖母のいうことをあまり聞かないようである．それに手をこまねいてしまって祖母はC君に対してしつけと思って手をあげるようになっていた．そのことを保育士は父から聞いており相談を受けるようになった．

　祖母は，年齢による心身機能の低下がみられ，認知症の症状が確認されるようになっていた．介護保険の要介護認定は要介護1と判定を受けている．現在，介護保険サービスは利用していない．これまでC君の世話をしなければならないという気持ちが強く，今後も現在の生活の形態を維持することを望んでいるが，C君が心身ともに成長していくと自分で対応できるかどうか不安に感じている部分もある．C君は現時点で専門機関を受診していないため，障がい等の有無は分からない．

②保育者が家庭に対する支援としてはどのようなことが挙げられますか．またそれを取り組むにあたりどのような点に気を付ける必要がありますか．

　父は仕事が忙しいことから，C君と十分な時間を過ごせていないという部分に引け目を感じながらもC君の成長は楽しみにしている．父から担当の保育士へは「自分たち夫婦の都合でCが母親と暮らすことができない状況となってしまい寂しい思いをさせている．また，母（祖母）にも負担が行き過ぎているのは分かっているので申し訳ないと思っている．今後は，自分がしっかりして少しでも家族が幸せだと感じられるようにしたいと思っている」と話をし，今度ゆっくり時間を設けて保育者と面談をしたいとのことであった．

③保護者の保育力を向上させるためには今後どのような取り組みが必要だと考えられますか．

【ワークの解説】

①の解説

C君は母親と同居しておらず，また父親の仕事が多忙であり親子の時間が確保することが難しいという状況が理解できる．日々帰りの送迎が遅くなっていることから延長保育の時間もC君は心細くなっている可能性があることを考慮する必要がある．そして，家庭状況，世帯主は父親であるが仕事による収入が十分でないこともあり，生活が困窮している可能性もあると考えられる．

②の解説

可能な範囲で，家族個々の生活実態と福祉ニーズを捉え，父，祖母の子育てに対する思いや困り事，今後どのように子育てをしていきたいのか情報収集をしていく必要がある．ただし，父親は仕事が多忙であるので面談日，時間等に配慮し，また祖母は心身機能の低下が徐々に表れてきていることから負担がないように取り組まなければならない．

具体的な支援としては，生活が困窮している状況もあり，社会保障制度の利用が考えられる．家族要望にもとづいて，社会手当の状況確認と活用，祖母に対する介護保険制度等の福祉サービスの利用も考え関係機関につなぐ支援が考えられる．ただし，これらの支援に取り組むにあたっては，保育者から一方的なおしつけになることは避けなければならない．面談で十分な説明を行い，父親，祖母の理解を得る過程を大切にする必要がある．

また，祖母のC君に対する養育が適切でない状況がうかがわれ，まず緊急性を確認したうえで，今後の支援について考えていくこととなる．特に，祖母は子育ての負担を感じている可能性があるので心身への配慮が求められる．

さらに，保護者の理解を得ながらであるが，C君の発達については保育所，家庭での様子を細かく確認し，今後専門機関を受診することも検討していく必要もあるだろう．ただし，この支援についても，C君は発達段階にあることに配慮し，保護者がもつ子育て観や障がいに対する捉え方等に十分に寄り添いながら進めなければならない．

③の解説

父親は仕事，生活を維持することに精一杯となっている様子がうかがえる．しかし，保育士は父親がC君に対して深い愛情を持っていることに着目すべきである．父親は子育てに十分時間をかけられていないことへの引け目を感じながらも子育てに前向きに取り組もうとしている様子がみえる．よって，安定した家庭生活を営むことができるように必要に応じて社会福祉サービスを結びつけながらエンパワメントをしていく視点が重要である．

そして，保育者は，C君自身が保育所に通うことを楽しみにしているという思いを保障する視点を忘れてはならない．C君が保育所で楽しい時間を過ごし，成長している姿を家庭に伝えることで子育てへの自信にもつながっていくと考えられる．

（牛島豊広）

第6章

子ども及び保護者に関する情報の把握

学びのポイント

　本章では，子ども及び保護者に関する情報について取り上げる．保育相談支援を行うために情報は必要不可欠である．しかし，2005（平成17）年に個人情報保護法が施行されて以降，保育者，教育者は子どもや保護者，家庭に関する情報について「何を」「どのように」「どの程度」把握するべきか，より一層戸惑いを感じるようになった．そこで本章では情報をとりまく現状について概観したあと，保育相談支援を行うために必要とされる情報や情報の活用方法，そして情報に対して保育者はいかに向き合うべきかについて論じる．

第1節　情報をとりまく現状

1　情報とは

　広辞苑によると，情報とは「① あることがらについての知らせ，② 判断を下したり，行動を起こしたりするために必要な，種々の媒体を介しての知識」とある（新村，2018）．

　また経済学者であるガルブレイスは「職務を完遂するために必要とされる情報量と，すでに組織によって獲得されている情報量とのギャップ」を不確実性と呼んでいる（ガルブレイス，1973：9）．

　これらを考え合わせると，情報はもともと不確実性を持つ傾向があり，その不確実性を減らすことが的確な支援につながっていくといえる．【本章末ワーク1に取り組んでみよう】

2　保育者が把握している情報
1）子どもに関する情報

　保育者は，子ども1人ひとりの氏名，年齢などの基本的な情報に始まり，身長や体重などの身体に関する情報，またアレルギーや既往歴などの医療情報，そして月齢・年齢に応じた発達状況，他にも性格，遊びや食べものなどの好み，またクラスの誰と仲がいいのかなどの人間関係も含めた情報等により子どもを多面的に捉え，理解している．

2）保護者や家庭に関する情報

　子どもに関する情報を詳細に把握している保育者であるが，一方で保護者に関する情報は限定的である．保護者に関する情報の一部は書類などで確認することが可能であるが，事務所で管理されていることが多く，日常的に情報を共有されているわけではない．また就業先が書かれていても，職種や働き方などは書かれていない．ケースによっては保護者の医療に関する情報や保護者自身の生育歴が大きく関係しているにもかかわらず，情報収集は困難であるのが実情である．

その他にも保育者がかかわっている子ども以外のきょうだいや祖父母に関する情報，夫婦間，保護者と祖父母，また家族と友人や地域との関係など，家庭全体に関する情報も多いとはいえない．【本章末ワーク2を参照】

3　保育者の情報経路

1）子どもや保護者から得られる情報

保育所や幼稚園では，入園時など子どもや保護者と初めてかかわる際に，基本的な情報を書面で得ることが多い．そして子どもとは保育を通した日々のかかわりにより，また保護者とは送迎時の会話，連絡帳のやりとり，園行事などを通じて積極的にコミュニケーションをとることでさまざまな情報を得ている．

2）保育者自身による情報の把握・収集

保育を通した子どもの関わりや保護者とのコミュニケーションから得られる言語的情報に加えて，保育者は観察等により非言語的要素による情報も多く得ている．

3）保育者間での情報共有

保育者は複数担任であれば同じクラスの担任，その他の保育者や管理職への日常的な申し送りや報告などの形により，子どもや保護者に関するさまざまな情報を共有している．

4）他職種，他機関からの情報提供

ケースとしては少ないが，市町村や児童相談所をはじめ，医療機関や保健センターや療育に関する機関など，施設外の機関や他職種から情報提供を受けることもありうる．原則として保護者の了解が前提であるが，虐待ケースなど保護者の了解を必要としない場合もある．

第2節　保育相談支援に必要とされる情報

1　子ども家庭支援を行ううえで必要となる情報

保育所保育指針で求められている保育士の支援は，図6-1のように子育てに関する事項に特化されているが，実際に保育領域で見られる「支援を必要とするケース」では，むしろ問題の本質的な原因が子育て以外に端を発するものが多い．子育て以外の問題が，結果として子育てに影響を与えていると捉えた方が現実的である．すなわち，支援を行ううえで保育者が把握しておくべき情報は，子どもや子育てに関することに留まらない．そのため，保育者は日ごろから子どもに関する情報はもちろん，保護者や家庭に関する情報も積極的に得ておく必要がある．

2　情報の活用方法

情報は支援の場面によって活用方法が異なる．ここでは保育者が情報とどのようにかかわっているかについて述べる．

1）気づく

保育者は1人ひとりの子どもに関する情報を多く持っている．それゆえに些細な変化にも気づきやすい．普段とは異なる子どもの言動や表情の変化，持ち物の変化，親子の会話の変化などを敏感に感じとることからケースの早期発見につながることが多い．

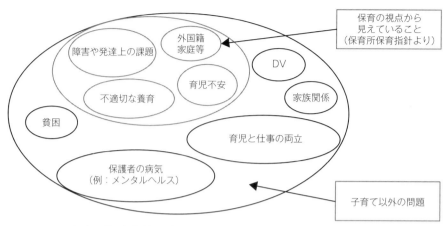

図6-1 保育所保育指針で求められている支援と実際のニーズとのギャップ
（出典）筆者作成.

2）集める

保育者が支援を開始するにあたり，保育者は普段持っている情報に加えて「支援に必要な情報」を集めることが必要である．この時に保育者と子ども，保育者と保護者は日ごろからの信頼関係が構築できていることや毎日のように接点があるため，他領域における支援に比べて情報がスムーズに得られる強みをもっている．

3）整理する

冒頭で述べたように情報は不確実性をもっているため，正確であるかどうかを確認する作業や集めた情報を分かりやすく整理する作業が必要である．たとえば，同じ事がらに対しての捉え方が当事者と保育者，また複数の保育者間で大きく違うことがある．そうした場合はさらに確認作業を行うことが必要である．他にも得られた情報を時系列に並べてみる，ケースにかかわる人物ごとに事象をまとめてみる，という作業も有用である．

4）分析する

支援におけるアセスメント（見立て）として，問題や課題が起こっている原因や背景を明確にすることが支援の大きな鍵となる．その場合は1人で行うのではなく複数の関係者により行われることが望ましい．したがってケース会議の開催が非常に有効である．

5）伝える

保護者の依頼や了解のもと，保育者は子どもや保護者の情報を豊かにもつ立場を活かして情報提供を行う立場でもある．普段の情報をこまめにメモに残しておく，また情報を分かりやすく書面にまとめておくことが大切である．

6）予防する

これまで述べてきたことは，情報は主に問題や課題が起こった後の対応として活用されている．しかし図6-2のようなアセスメントシートを用いたスクリーニングは，すでに問題を抱えているケースだけでなく，問題を抱える可能性のあるケースも予測できるため，予め細やかにかかわることで問題を未然に防ぐ，すなわち予防的対応が可能となる．

子どもを守るアセスメントシート

子ども虐待の予防・早期発見・支援のために

［保育所・幼稚園・こども園・支援センター用］

(第1回 記録日)　　年　　月　　日 (記録者)
(第2回 記録日)　　年　　月　　日 (記録者)
(第3回 記録日)　　年　　月　　日 (記録者)

子どもの名前	生年月日	性別
	年　月　日	男　女

枠内の内容に該当すれば，右のチェック欄（3回付けられるようにしています）に✓を入れましょう．不確かな場合は「不」と記入しましょう．また，それぞれの項目に□があれば，該当するものに✓を入れましょう．補足することがあれば，補足欄に記入しましょう．

子どもの様子

1 生活全般

(1) 身体に関すること

	第1回	第2回	第3回	
不自然な傷が頻繁に認められる □ 頭部　□ 腹部　□ 顔面　□ その他（　　　） □ 骨折　□ アザ　□ 火傷　□ 切り傷　□ 打ち身　□ 傷跡（たばこ等）等				1
性行為やわいせつ行為を受けた、または受けた疑いがある 性感染症、性器・肛門付近の外傷がある				2
特定の病気がないのに，身長や体重の増えが悪い				3
慢性疾患や先天性疾患があるが定期的な受診につながりにくい				4
身体を見られるのを嫌がる □ 身体測定を嫌がる　□ 着替えを嫌がる　等				5
頻繁に体調を崩す □ 熱を出す　□ 下痢や嘔吐が続く　等				6
特別な病気がないのに顔色がよくない □ 朝食を食べていない　□ 夕食を食べていない　□ 水分不足　等				7
円形脱毛が見られる				8
虫歯があり、促しても治療につながらない				9
皮膚疾患があるが通院・治療につながりにくい □ あせも　□ 虫刺され　□ アトピー　□ 水いぼ　□ とびひ　等				10
補足欄				

(2) 清潔に関すること

	第1回	第2回	第3回	
何日も同じものを着ていることがあり、着替えをしていない				11
洗濯していない服を着ている				12
身体の衛生が保たれていない □ 入浴していない　□ 爪を切っていない　□ 髪の毛を整えていない □ 紙パンツ（おむつ）が交換されていない □ 乾いていないままの服を持ってくる　等				13
散髪に行っていない				14
体臭・口臭が気になる				15
補足欄				

(3) 運動発達に関すること

	第1回	第2回	第3回	
月齢に比べ身体的発達が遅い □ 寝返り　□ おすわり　□ はいはい　□ つかまり立ち　□ 歩行　□ 片足跳び □ 階段昇降　等				16
手先の不器用さがある				17
物の操作が苦手である				18
体幹が弱く、姿勢保持が困難である				19
補足欄				

(4) 食事に関すること

	第1回	第2回	第3回	
食べ物への極端な執着がある □ 食べ物を見るとすぐに入れる　□ いつまでも食べている　等				20
年齢に合わない食べ方がある □ 手づかみ　□ 食べこぼし　□ ムラがある　等				21
食べ物をこぼした時に保育者の顔色をうかがう				22
過度な早食いが見られる				23
食べることに対しての意欲が低い				24
極端な偏食がある				25
咀嚼力が極端に弱い				26
補足欄				

図6-2　アセスメントシートの例

(注) 同法人では研修を通じたアセスメントシートの活用・普及をすすめておられる．アセスメントシートは【子どもの様子】108項目，【保護者の様子】68項目から成り，シートの記入を行うことが保育者の専門的な気づきの整理につながる．
　　　参考：ちゃいるどネット大阪HP　http://www.childnet.or.jp/
(出典) 特定非営利活動法人ちゃいるどネット大阪「子どもを守るアセスメントシート」より一部抜粋．

第3節　情報に対する保育者の向き合い方

　学びのポイントでも述べたように，個人情報保護法が施行されて以来，関係者は情報の扱いに関して敏感になった．質問することそのものを避けたり，ケース会議の議事録を一切手元に残さない，明らかに悪用されるおそれのない関係機関から問い合わせがあったとしても情報を一切伝えないなど，一部には過剰ともいえる反応が見られる．

　「個人情報だから」という漠然とした理由が情報収集や情報提供を行いにくくさせていることは事実である．その結果，皮肉なことに個人の保護が出発点であったはずの法律の存在が，場合によっては個人の利益を妨げる事態にもなりかねない．そこで情報に対する保育者の向き合い方について3点を提示する．

1　当事者からの情報収集

　子どもや保護者，家庭に関する内容で，基本的に聞いてはいけない情報は存在しない．ただし，留

意点が2点ある．1つ目は知りたいと思う内容が，支援にとって必要であることをしっかりと説明できること，すなわち情報収集を行うべき「根拠」が不可決であることである．必ず尋ねる前に，なぜその情報が必要かという説明を行うべきである．

2つ目は答えるかどうかは自己決定の原則に委ねられ，答えたくなければ答えなくてもよいことを伝えたうえで，決して無理やり情報を得ようとしないことである．

支援に必要な情報を確実に得るためには，支援者と保護者の日ごろからの人間関係が重要である．日常会話を重ねることで信頼関係を構築しつつ，子どもだけでなく保護者や家庭の理解に努めることが望ましい．

2　情報を把握している人からの情報収集

情報は当事者からしか得られないわけではない．後述する守秘義務をふまえたうえで，「必要とする情報を把握している人」から情報収集を行うこともある．たとえば，保育所に通っている子どもに関して，家庭の経済状況を把握する必要がある場合，生活保護受給の有無，収入に応じて決まる保育料に関する情報や，諸費の支払いに関する滞納の有無などからも推し量ることができる．小学校や中学校などきょうだいにかかわっている機関から得た情報により家庭の養育環境がみえてくることもある．

また情報は多ければ多いほど，さまざまな人が分析や検証すればするほど，不確実性を減らすことができる．そのためにも複数でケースに関わることが重要である．ケース会議の開催は，それらのプロセスを最も効果的に，合理的に行える手段である．ぜひ施設内，施設外を問わず，取り組むことが望ましい．

3　個人単位の守秘義務と複数単位の守秘義務という考え方

保育士は児童福祉法第18条の22で「正当な理由がなく，その業務に関して知り得た人の秘密を漏らしてはならない．保育士でなくなった後においても，同様とする」と定められていることからも，守秘義務は個人単位で課せられている．一方で児童虐待の対応で中心的役割を担う要保護児童対策地域協議会では，児童福祉法第25条の2第2項を根拠として「構成機関内における情報共有は，守秘義務違反にならない」としているように，一定の条件下において複数単位の守秘義務が存在する．

たとえば複数担任であれば担任保育士たちのみ，同じ学年，特定のケースであればケース会議のメンバーのみ，というように施設内での情報共有にもさまざまな単位での情報共有が成り立つ．施設を超えた複数の機関を1つの単位として情報共有する場合も然りである．

昨今の保育相談支援でかかわるケースは多様化・複雑化する一方である．個人で対応できる範囲を超え，組織単位での取り組みが必要になっているため，施設内外において積極的な情報共有を行うことが，これからの子ども家庭支援，子育て支援のキーポイントとなる．

ワーク1 「子どものアレルギー」を例に，情報について考えてみましょう.

① アレルギーに関する情報とは，どのようなものがありますか？

② アレルギーの有無はどのように確認できますか？

③ 情報が正確であることが確認できた場合，どのような対応を行いますか？

ワーク2 「保育者が把握しておくことが望ましい情報」について考えてみましょう

子ども，保護者，家庭に関して把握しておいた方がよいと思う情報を，考えつく限り挙げてください.

子ども：

保護者：

家庭：

198　第Ⅱ部　保育者の行う子育て支援の展開

ワーク3　「アセスメントに必要な情報（p44参照）」について考えてみましょう

　4歳児クラスのAちゃんは，両親，小学1年生の兄との4人家族で，保育所の近くに住んでいます．これまで朝の登園は父親が送ってきていましたが，最近になって登園時間を大幅に過ぎてから母親が連れてくることが多くなりました．Aちゃんは母親と離れる場面でいつも激しく泣いています．保育中もぼんやりした表情でいる場面が複数の保育者により観察され，会議でも「気になるケース」としてあがっています．

1．Aちゃんのケースを支援するために，どのような情報が必要でしょうか．
　　子ども，保護者，家庭に分けて，それぞれ挙げてください．

2．1の情報は，誰から得ることができますか．

3．情報を得るうえでの注意点について話し合ってみましょう

（丸目満弓）

子育て支援における職員連携の方法

> **学びのポイント**
>
> 本章においては、まず子育て支援における職員連携の基本的な考え方について示し、次いで連携相手となる職員と具体的な連携事例について学んでいく。さらに、連携理論も踏まえながら、連携の方法と技術についても学びを深める。ここでは、保育の実践現場でどのような連携が展開されているのかを感じとってほしい。皆さんが「自分だったらどう行動するのか」という問いをもつことが肝要となる。

第1節　職員連携の基本的な考え方

1　子育て支援における連携の意義

　新明解国語辞典（第四版）によると、連携とは、「目的を同じくするもの同士が、連絡協力しあって何かをすること」と定義されている。連携するということは、保育者として当然のことながらも、実際は難しい。なぜなら、そこには人間関係や所属組織のルール、習慣などが複雑に絡まっているからである。本書で学んでいる方も、学校行事、部活動、サークル、アルバイト、実習などで連携する難しさを体験的に感じている方々も多いであろうと思う。一言で連携といっても、その切り口は多様であるが、本章においては子育て支援を目的としたソーシャルワークの視点から解説していく。

　連携が上手くいって初めてできることがある。逆にいうと、どうしても人ひとりでできることは限られてしまう。身近なスポーツに目を向けると、連携の重要性が実感できるだろう。野球、サッカー、バレーボールなどのチームプレイのなかで、個々にいくら能力が高い選手がいても、それだけで勝利につながらないことは皆さんならよく理解できると思う。連携は、本質的にはチームワークの力と言ってよい側面がある。ただし、保育実践はスポーツとはまた異なる専門性を伴っている。

　職員相互のチームとしての力が発揮できれば、子育て支援という第1の目的に加えて、計画的な業務展開、効率化や専門職としての人間的成長、スキルアップにもつながってくる。

2　保育実践においての職員連携

　保育者として連携する同僚はどのような人になるのだろうか。保育者は専門職であるので、おのずと同僚も専門職であることが多い。職員連携は、専門職間の連携でもある。表7-1は、保育所と児童養護施設、乳児院における専門職配置例である。このような専門職と保育者は、日々連携を図っていく。

　これらの他職種は、知識や技術、価値など専門職として異なる基盤をもっている。たとえば、看護師は子どもの健康や疾患など、家庭支援専門相談員は子どもの保護者や関係機関等とのかかわりなど、

表7-1　保育所と児童養護施設の主な専門職の配置例

保育所	児童養護施設	乳児院
・保育士 ・嘱託医 ・看護師 ・栄養士 ・調理員	・保育士 ・嘱託医 ・看護師 ・児童指導員 ・個別対応職員 ・家庭支援専門相談員 ・心理療法担当職員 ・栄養士 ・調理員	・保育士 ・医師又は嘱託医 ・看護師 ・個別対応職員 ・家庭支援専門相談員 ・心理療法担当職員 ・栄養士 ・調理員

(出典) 筆者作成.

心理療法担当職員はこころのケアなどを専門的役割としている．保育者は，職場チームの一員として他職種と情報や意見を共有交換し，支援を展開していくことになる．

　また，保育所や児童福祉施設においては，すべての職員が同じ時間帯に勤務するわけではなく，日勤や遅出などに勤務時間が分かれた交代勤務となる．他に，事務職員やパート職員など，勤務形態が異なる職員とも仕事を共にする．円滑な業務のためには，これらのスタッフとの連携も欠かせない．

　職員間の連携は，他の専門性がある職員を含めて，勤務条件，経験年数，価値観などが異なる同僚と共に，子育て支援という目的に向かって協働していくことでもある．容易に理解しあえることばかりではない．大変さはあるが，上手く連携することは専門職としてのスキルを伸ばしていくことに通じている．

●事例1　新任保育者の葛藤

　Aさんは，今年4月から保育所に入職した新任保育者である．小学校の頃から保育士に憧れ，高校生になるとその職業に就くと決めていた．子どもとかかわることが好きで，子どもの笑顔を見ると何より嬉しさを感じるからである．

　念願だった保育者として仕事をはじめたAさんだったが，程なく1つ悩みを抱えるようになった．それは，担当する子どもに対して自分では熱心に接していたと思っていたが，他専門職の職員から「感情移入しすぎている」とやや冷たく指摘されたことだった．Aさんは，先輩職員の言葉をどう受け止めたらいいのか戸惑っている．懸命に仕事をしているのにと思いつつ，どう受け止めたらいいか整理できない気持ちを抱えている．

事例1の解説

　Aさんの子どもが好きという気持ちと懸命さは，明らかに長所である．しかし，Aさんは先輩の助言をどう整理したらよいだろうか．このような距離感についての指摘は，実はよくみられることである．職員連携を円滑にしていくためには，どうしてもある一定程度の経験やスキルが求められる．他職種の同僚との連携ならなおさらである．

　連携はコミュニケーションが前提となる．職員連携においては，お互いさまの感覚をもつことが肝要だと考えられる．相手の欠点のみではなく，まず自分の傾向も自覚することが重要だろう．いわゆる自己覚知と呼ばれるものである．保育者として，自分がどのような価値観をもっていて，どう行動するタイプであるかを自覚することは，連携を図るための第一歩だといえるであろう．

第2節　職員連携の実際

1　キーワードとしての連携

　保育者にとって，「子育て支援」という共通の目的に向かって，同じ所属機関である職員と連携していくことは最も基本となることである．2017（平成29）年3月に告示された保育所保育指針の「第4章子育て支援1（2）子育て支援に関して留意すべき事柄」においても，「ア　保護者に対する子育て支援における地域の関係機関との連携及び協働を図り，保育所全体の体制構築に努めること」と記載されている．同じように保育所保育指針の他章においても，連携はあらゆる保育の実践場面で重要な項目として取り上げられている．

　連携は保育者として基本的事項であるのと同時に，価値観を含んだ専門性ある行為だといえる．それでは，実際に連携するとはどのような意味をもつものだろうか．

2　職員連携の調査事例

　ある保育所での職員連携の調査について紹介したい．この調査（田中他，2012：79-86）は，現場で働いている加配保育士（障がい児の担当配置）がどのように他の職員と連携を行っているのかをアンケートしたものである．いわば保育実践の現場の声である．次の**表7-2**は，この調査結果の一部を，筆者なりにまとめて示したものである．

　テキストを学んでいる方は，この職員連携のアンケート結果をどうみるだろうか．具体的に連携することの難しさが読み取れると思う．

　皆さんの経験をたどってよく考えてみれば，連携において4つの困っていること，5つの工夫していることは，身近な人間関係やグループ関係での経験や対処に似ていることはないだろうか．その意味では，よりよい連携を行っていくには日常生活での人との距離の取り方や関わり方にもヒントがありそうである．【本章ワーク1を参照】

表7-2　職員連携で困っていること・工夫していること

困っていること	① 考え方の相違をどのように埋めるのか	保育観や子ども観が違ったときに，どのようにその間を埋めていくかという課題．
	② 連携に必要な時間の確保	それぞれのクラス担任と相談する時間の確保が難しいという構造的な課題．
	③ 複数の子どもを担当することの難しさ	複数子どもに対応しようとすると，個別の対応が困難になり，職員間の連携も難しくなるという課題．
	④ 保育所全体で共有することの難しさ	担任との連携を超えて保育所全体で意見を一致させることが難しいという課題．
工夫していること	① 担任の考えを尊重する	担任保育士との間で考え方の相違が生まれた場合には，担任の考えを優先して対処するという工夫．
	② 子どもの見立てを共有する	担任や他の保育士との間で子どものとらえ方を共有しておくという工夫．
	③ 自分の動きを可視化する	自らの動きを周りの保育士が理解できるように配慮するという工夫．
	④ 保育所全体で連絡を密にする	複数の子どもを担当しているようなときには，所内の動きを十分に把握して動くといった工夫．
	⑤ 担任の負担を軽減する	加配保育士が担任保育士を支える役割をするといった工夫．

（出典）田中浩司他（2012）「地域における障がい児保育の支援システムの研究（その2）加配保育士に着目した職員連携の実態と課題」『福山市立女子短期大学大学研究教育公開センター年報』p. 83-84．をもとに筆者作成．

第Ⅱ部　保育者の行う子育て支援の展開

対人関係要因 interpersonal factors

① 連携の喜び（凝集性，成熟など），② 信頼（自信，協力する能力など）
③ コミュニケーション（技能，交渉，知識の共有など），④ 相互尊敬（相互に貢献が補完する）

組織的要因 organizational factors

① 組織構造（水平性，決定権共有，直接交流など），② 組織的理念（参加，平等，自由，相互協力など）
③ 管理者の支援（リーダー，管理など），④ チーム資源（時間，場所，情報など）
⑤ 協力と交流（理念，手順，共通様式，会議など）

制度的要因 systemic factors

① 社会的要因（職種，性別，階層，力の不均衡など）
② 文化的要因（連携への価値観，自立性など）
③ 専門家要因（優位性，自律性，統制，断片化など）

図7-1　良好な連携の決定要因

(出典) 野中猛・野中ケアマネジメント研究会著（2014）『他職種連携の技術──地域生活支援のための理論と実践──』中央法規，p.14の図を筆者が一部修正.

ワーク1　困ったときの対処行動

　アルバイトや実習などの経験において，**表7-2**の「困っていること」と似たようなエピソードを感じたことがないだろうか．誰にだって，考え方の違い，折り合わない体験はある．では，その時どのように行動しようと思っただろうか．3～4人で1グループをつくり，話し合ってみよう．

第3節　連携方法と技術

1　良い連携の要因

　ここでは理論的に良い連携がどのように規定されているかについても考えてもらいたい．理論は，実践のための地図のような役割を果たしてくれ，迷ったときに進むべき方向性を示してくれる．**図7-1**は，野中猛（2014：14）が，これまでの連携に関する知見をまとめたものである．

　良い連携のためには，基本となる対人関係要因のみではなく，見えにくい部分はあるが組織的要因，さらには制度的要因が影響することが示されている．これら3要因の交互の作用は，保育者をはじめとするヒューマンサービスの領域において共通することのようである．

　表7-2の項目をみても，この対人関係要因，組織的要因，制度的要因を当てはめて考えることができる．組織的・制度的要因については，少し難しさを感じるかもしれないが，知識として備えておいてほしいと思う．

　たとえば，実践現場に入ると，次のような事例が考えらえるだろう．

第7章 子育て支援における職員連携の方法 *203*

●事例2 主任保育者（上司）の判断に対する戸惑い

> 保育者として入職3年目のBさんは，子どもや保護者との関りにも自信を持ちはじめてきた時期である．ある日，担当する子どもがいつもより元気がなく，声をかけると父親にひどく叱られたと返事をした．よく観察すると，いつもより表情も冴えなく，食欲もない．Bさんは，担当として「叱られただけではなく，家庭で何かがあった」と直感した．
> 　Bさんはすぐに主任保育者に報告して，父親と面談することを提案したが，結果として主任保育者から「慎重に様子をみるように」という指示がなされた．Bさんとしては，なるべく早く介入したほうがよいと不満に感じている．

事例2の解説

　担当する子どもを心配に思い，すぐに報告したBさんの対応は正しい．ただし，保育所としては，父親と急きょ面談を行うことについては意見が分かれることもあるだろう．なぜなら，子どもや保護者の十分なアセスメントを行わないまま，「父親に叱られたこと＝元気がない理由」と判断することは，誤解を生む可能性があるからである．

　ここではBさんか，主任保育者（上司）か，どちらの方針が正しいかは問わない．しかしながら，連携においては，組織的な価値や判断にも影響され，ときには個人の思いと対立する場面もあることを自覚してほしい．もちろん法律や制度は，遵守しなければならない．保育者は，社会の様々な価値観や規定と協調・葛藤しながら，連携を行っていくこととなる．

2　連携の技術

　専門職間の連携方法として，「① 打ち合わせ（conferring），② 協力（cooperating），③ 専門的助言（consulting），④ チームワーク（teamwork）」（松岡，2000：19–20）という分類がなされており，チームワークこそが最も相互の関係性がつよいフォーマルなものと定義されている．理論的にみても，いかにチームワークを発揮できるかが連携のポイントだとされる．

　連携は，専門性を伴う技術である．一般に，技術を伸ばすためには訓練が必要であり，保育者としての連携能力は，3年，5年，10年と経験を積み重ねることで熟練していくものであろう．しかし，経験の蓄積だけでは心もとなく，チームワークにはコツがあるとされる．野中（2014：53）は，チーム内で力を合わせていくためには，「チームづくりの重要性」，「構成員の能力と限界を知ること」，「他職種の理解を得るには，情報発信すること」，「チームを運営する際にはルールと役割分担を定めること」などを挙げている．技術の向上は，このような知識をいかに自身の実践経験に照らしあわせていくかに左右される．

　本章で学んできたとおり，職員連携には様々な難しさがあるが，まずは基本的技術としての自己覚知（実践の振り返り），そしてより具体的には，チームを組んで活動するために，どのような職員メンバーが良いのか，どう役割分担を行い，コミュニケーションを図っていくのか，という実践のコーディネイト方法を考えていくことが重要である．

204 第Ⅱ部 保育者の行う子育て支援の展開

ワーク2 後悔したエピソードの振り返り

（1）学校行事，部活動，アルバイト，実習などで，人間関係やチームワークが上手くいかずに心に残っているエピソード（出来事）を書き出してみよう．また，その要因についての理由を考えてみよう．

（2）司会と書記，発表者を決めて，上記（1）について3～4人のグループでそれぞれ発表しあってみよう．その後全体で，各グループで話し合われたことを報告してみよう．

ワーク3 職員連携の分析例

（1）表7-2の「職員連携で困っていること」4項目について，理論的にどの連携要因（対人関係要因・組織的要因・制度的要因）と対応しているかを考え書き出してみよう．

（2）次に，自身だったら，「困っていること」4項目をどう対処するか考えてみよう．
　　表7-2の「職員連携で工夫していること」を参考にして，対処方法を書き出してみよう．

職連連携で困っていること	連携要因（複数可）	自分なりの対処方法
考え方の相違をどのように埋めるか		
連携に必要な時間の確保		
複数の子どもを担当することの難しさ		
保育所全体で共有することの難しさ		

（矢ヶ部陽一）

第 **8** 章

保護者に寄り添う子育て支援と連携方法
（多職種・他機関・社会資源 等）

学びのポイント

　保育者には，子育てや生活に困難を抱える保護者に対し寄り添い，信頼関係を構築しながら保護者自身がその課題を乗り越えていけるような支援が求められる．こうした支援が有効に機能するには，保育施設に従事する保育者と地域における様々な専門職や専門機関との連携，協働が重要となる．

　本章では，保育者の保護者に寄り添う支援についての基本的考え方をはじめ，保護者の子育てや生活課題解決のために求められる保育施設に従事する保育者と各種専門職，専門機関等との連携の在り方について論じていく．

第1節　保護者に寄り添う支援を展開するための基本的視点

1　子育てを行う保護者が置かれている状況の理解

　従来，子育ては保護者のみならず祖父母や親戚などの血縁や近隣住民による地縁など多くの人々の手によって支えられてきた．ところが今日，核家族化の進行や地域のつながりの希薄化によって，周囲の人々からの子育てへの協力を得ることは難しくなってきており，こうした状況は「子育ての孤立化」という現象を引き起こしている．

　子育てに関する何らかの困難が生じたとしても，身近に相談できる相手がおらず不安や悩みを潜在化させてしまうこの「子育ての孤立化」は，時として保護者の心身面に悪影響を及ぼし，そこから児童虐待などの深刻な事態に発展してしまうケースがある．この児童虐待へつながる暴言や暴力などの行為については，理由は問わず到底容認することはできない．しかしながら，子どもに暴言を吐く，あるいは暴力をはたらくといった表面的な行為だけで保護者を「悪」と捉え，保護者自身の内面の弱さや問題点探しに終始するのも違う．

　先に触れたように子育てを行う保護者をとりまく環境は劇的に変化し，子育てがしづらくなっているのは周知の事実である．どのように子育てしてよいかわからない，自分の言うことを聞いてくれないなどの子育てに関する不安や悩みから家族関係や経済的な問題などの生活全般に関する問題まで保護者の抱える悩みは複雑多岐にわたっており，保護者にとってみれば自分1人だけの力では解決しがたい深刻で切実な問題でもある．

　ソーシャルワークの視点からみれば，保護者がなぜ暴言や暴力をはたらくのかその背景に潜むものを探ったり，また保護者がどのような思いで子育てに向き合い，どのような生活状況に置かれているかということを無視することはできず，ましてや保護者と子どもの関係を切り離して考えることもで

きない．なぜなら保護者が抱える不安や悩みは子育てに大きく影響し，それがマイナスの方向に左右されれば，われわれが目指す子どもにとっての最善の利益をもたらすことにはつながらないからである．あくまでも子育てを行う主人公は保護者であり，子育てへの意欲を妨げる状況は回避していかなければならない．

繰り返すが，子どもの子育てがしにくい状況となった今，保育者には専門職として自覚を有し，保護者に寄り添い本来備わっている養育力の向上を引き出すような支援が求められており，そのことを念頭に置いて生活課題の解決に努める必要がある．

2 悩みを抱えているが表面化されない保護者へのアプローチ

保育園などが保護者への相談支援体制を整備していたとしても，自らの力でそこにつながることができる保護者もいれば，何らかの阻害要因が働くことでそこへつながることが困難な保護者もいる．さらに後者の場合，相談支援につながろうとする意志を持っている者もいれば，その意思を持たない者もいる．いずれにせよ，悩みが潜在化してしまえば適切な支援が受けられず問題の解決へ至ることは難しくなる．

悩みが潜在化する者に対して，専門職側が提供する支援をいかに接近させていくかという課題については今日保育分野にとどまらず高齢者福祉分野や障がい者福祉分野，そして地域福祉分野まで広がりを見せており，近年のソーシャルワーク研究においても「福祉サービス等への利用のしやすさ」という意味を持ついわゆる「福祉アクセシビリティ」に関する研究への関心が高まりつつある．

よって相談支援を担う保育者は，自らの悩みを打ち明け支援につながろうとする保護者だけでなく，声をあげることができない，あるいは声をあげようとしない保護者への存在を認識するとともに，まずは保護者支援へつながりを阻む要因を突き止めていくことも重要となる．

この阻害要因なるものについては，周囲の人の目が気になり相談しづらい等の周囲の「偏見」や「スティグマ」に関する要因が働いていることがある．また経験の浅い保育者や男性保育者である場合，「経験年数」や「性別」が相談支援へのアクセスを阻む要因として関係していることもある．さらには，自宅との園の距離が遠い，仕事が忙しく相談する時間の確保が難しい保護者の場合，「場所」や「時間」といった物理的側面の要因も想定される．

「福祉アクセシビリティ」の考え方を保育相談支援に導入するならば，保護者自らが問題を自覚していても何らかの困難が生じ，保育所がおこなう相談支援にはつながることができない，あるいはつながろうとしない保護者を認識し，保護者支援へのアクセスを阻む要因を取り除くアプローチを視野に入れた支援を展開することが重要になる．

第2節 保護者に寄り添う支援を展開するための方法

1 保護者の利益の最優先

保護者に対する支援に向けられた保育者の役割の1つは「保護者の自己実現」といえる．では，この「保護者の自己実現」に向けた支援をわれわれはどのようにとらえるべきだろうか．川村（2006：51）によれば，「自己実現とは，人々の中にある可能性を見いだし，それを十分に発揮していくことである」と述べている．つまり，保護者がどんな困難を抱えていたとしても，保護者はそれを必ず乗り越えることができる可能性があると信じ，本来備わっている潜在的な能力を引き出しながら，自ら

問題を乗り越えていくことができるように支援することこそ自己実現に向けた支援といえよう.

仮にこの考え方から横道へそれるということは，保護者本人の利益を無視し，保育者個人や所属組織の都合や利益を優先するということに他ならない.

人は誰でも困難に直面した際には，一度は気力や体力がダウンし，何を拠り所にその困難を乗り越えていけばよいか，わからなくなるものである．もし，このような状況に保護者が陥っていた時に，自分と真正面から向き合い自己の利益を顧みず保護者の自己実現をめざそうとする保育者が目前に現れれば,徐々に自信を回復させながら課題へ立ち向かうきっかけをつかむことにつながるはずである.

2 保護者のプライバシーへの配慮

子育てに不安や悩みを抱える保護者の相談に応じようとする際，保育者は保護者に対し安心感を与え，不安な気持ちを取り除くような関わりを目指すだろう.

では，ひとまず，以下の保護者と保育者のやり取りをみてもらいたい.

古賀（保護者）:「うちの子，まわりのお友達と比べて落ち着きがなく，言葉も遅いような気がするんですけど，発達に障がいがあるのではないでしょうか?」

竹下（保育者）:「安心してください，お母さん．実は先日，同じクラスの洋一君のお母さんからも，本人の言葉がとても遅く気になるという相談があったんですよ．だけど総合病院を受診してみたら，医師から問題ないと言われたみたいですよ．だからきっと大丈夫ですよ」

上記の一連のやりとりでは，保育者側が保護者の不安をできるだけ和らげ，安心感をもたせようとする気持ちは伝わってくるものの，対応には大きな問題点がある．それは，安易に特定の家庭の情報を開示しており，プライバシーの保護を著しく欠いているという点である.

保育者は経験を積む中で，多くの子どもや保護者と関わり，家庭に関する様々な情報を入手できる立場にいる．だからこそ，問題解決に当たり必要最低限の情報とは何かを常に専門職の立場から吟味し，それ以外の知り得た関係のない情報については秘密を保持する姿勢を保たなければならない．そうでなければ保護者に寄り添う支援はおろか，一瞬にして信頼関係の崩壊へとつながり，保護者側にとっても新たな問題を生成させてしまいかねない.

ただし，こうしたプライバシーの保護や個人情報保護という言葉が独り歩きし，逆に保育や福祉現場では「個人情報の過剰反応」という事態も指摘されている．こうした事態を防ぐためにも，今一度プライバシーの意味や配慮する目的,その取扱いについての定期的な研修の機会が重要になってくる.

3 受容（あるがままに保護者を受け入れる）

受容とは保護者の考えをはじめ，言動や行動などその人のあるがままを受け入れることを指し，相談支援を担う保育者にはこの受容的態度が要求される.

とはいえ，たとえば「子どもに暴言や暴力をふるう親」や「子どもに食事を与えない親」と聞いて，われわれはそのような親を果たして簡単に受け入れることができるのだろうか．ここで1つ留意しておかなければならないことは，受容とは不適切な行動や反社会的な行動を無条件に同調したり，許容するということではないということである．保護者に対する相談支援にあたっては，表面化する現象行為の背景まで読み解く必要がある．ある暴言や暴力をふるう保護者はなぜそのような行為がみられ

るのか．その背景には子育てが自分の思い通りにならず，孤立し誰にも相談できずにストレスを抱え，思わず子どもに暴言や暴力という形になって表面化したのかもれない．また食事等を子どもに適切に与えずネグレクトが表面化している保護者には，収入を得る手段を失い，経済的に逼迫し，子どもに満足いく食事を与えられない事情があるのかもしれない．

いずれにせよ，保護者に寄り添う支援にあたり，その保護者の考えや置かれている状況を深く把握しておくことが，問題解決の重要な鍵を握ることにもつながるのである．

表面的な行動で判断し，保護者を否定するのは容易である．しかしながら，そのような見方では，保護者の真の姿はとらえられないし，専門職の関わりとしては不適切である．保護者がどんな状況に置かれていても，またどのような考え方，行動をとったとしても，無条件に受け入れてくれる存在に保護者が出会ったときに，そこには安心感や信頼関係が生まれ，何より解決に必要な情報が入手できる可能性があることを忘れてはならない．

4 ストレングス視点とレジリエンス視点

何か大切している物が壊れたとき，それを直そうと，壊れた部分を突き止め，修理するのは当然のことである．これは医療の分野に置き換えても，人がけがや病気になったとき，どこが悪いのかその部位や原因を突き止め，治療するという意味では同じである．

では，福祉的視点でみれば，どうだろうか．これら考えとは一種の違いがあるといえる．

なんらかの悩みを抱える人にとってのその人の弱点や問題点を明らかにし，それを改善したり，取り除こうとしながら，問題解決へつなげようとする支援はある意味当然かもしれない．

しかしながら，保育者が行う相談支援の場合，悩みや問題を抱え，落ち込んだり，弱気になったり，自信を無くしたり，さらには自分を信じられなくなったり，先の見通しがたたず悲観している保護者に対し，その人の欠点や弱点など，問題点のみに焦点が当てられるだけでは，本来目指すべきその人自身が備えている力を発揮し問題を乗り越えようとする支援にはつながらないのである．

問題を抱えている保護者が主体となり，自らの力を信じ解決へ結びつける支援には「ストレングス」や「レジリエンス」といった視点が欠かせない．ストレングス視点とは1980年代アメリカにおいて社会復帰家庭にある慢性精神障害者に対する『ケースマネジメントサービス』への取り組みから生まれており（山縣・柏女編，2010：218），利用者側の潜在的な力や長所，強さに着目する支援観を指す．またレジリアンス視点とは「『復元力』，『回復力』，『弾力性』などといった言葉があてられ，たとえ困難が生じたとしても，解決のための考える力があり，困難を跳ね返す力」といった意味として理解されている．

こうした視点を保育者が持ちながら側面的支援に徹することにより，保護者は自信を回復し，もともと備わっている問題解決能力が引き出され，本人を主体とした支援が可能になるのである．

5 傾聴と共感的態度

特に保育者が陥りやすい考え方の1つが，保護者を“問題を抱える特別な存在”として扱ってしまい，自分1人で保護者の抱える問題を解決していかなければならないという考え方に捉われてしまうことである．また，例えば障がいを抱える子どもの保護者はこういう傾向がある，あるいは経済的な問題を抱えている保護者はこういう傾向があるなど，何かの共通する特徴でカテゴリー化し，脱個別化された考え方を持つことも危険である．こうした考え方では，問題解決のための必要な情報は得られにくい．

保育者は，保護者を特別視することなく1人の人間として大切に対応し，支援を受ける過程で抱くさまざまな感情を共感的に理解しようとする姿勢をもたなければならない．共感的理解を解釈しようとするときには，よく同情的理解が引き合いに出されながら説明されることがある．同情的理解と共感的理解の大きな違いとは，相手を上から目線でとらえるのではなく，対等な立場で自分のことのように相手の気持ちをくみ取ることができるかどうかという点にある．

また，相手を共感的に理解するには，「傾聴する力」も求められる．それは，単にオウム返しのような表面的でうわべだけのスキルではなく，相手の裏に隠れている感情やメッセージまで聞こうとする訓練に裏打ちされた専門的スキルのことである．この姿勢を貫くことにより，相手のこころも徐々に開き，信頼関係が芽生えるきっかけづくりが可能となる．

第3節　保護者に寄り添う支援を展開していくための連結の必要性とその方法

1　保護者支援の理論的発展と保護者支援システム構築に関する課題

子どもを中心に置き，その健やかな育ちを保障していくためには，何より家庭における子育て環境の充実が求められる．2015（平成27）年10月に厚生労働省が公表した「人口減少社会に関する意識調査」では，親の子育て不安や負担についても調査が行われている．その中で具体的内容の内訳をみると，子育てを担う保護者は経済的不安をはじめ，子育てに伴う心身の疲れ，暮らしや子育てにおけるゆとりの無さ，子どもを通じての保護者間の人間関係に関する煩わしさ，周囲からの子育てに対する協力を得にくさ等を抱えていることが明らかにされている．親は，単純に子どもの発達上の悩みや子育ての仕方など子どもの子育てに関わる相談だけでなく，子育てに影響すると思われる多種多様な生活不安や負担等も抱えているということである．さらに付け加えれば，保護者の生活問題や子育て問題解決のための要求（ニーズ）は単純・単一的なものではなく，複雑・複合的なケースも多い．したがって保護者の安定かつ安心した子育てを阻害するような様々な問題に対し適切に対処していくためには，それら課題に精通する各種専門職や専門機関による連携が重要となる．

今般改訂された保育所保育指針解説（厚生労働省，2018：6）では，改定の方向性の1つに「保護者・家庭及び地域と連携した子育て支援の必要性」が提示されている．こうした方向性が示される背景には，多様化する保育ニーズに応じた保育，特別なニーズを有する家庭への支援，児童虐待発生予防と虐待発生時の的確な対応の必要性があると考えられているためである．以前は子育て家庭が抱える日常的困りごとや不意に訪れる困りごとに対しては，近隣の子育て経験者をはじめとする地域のインフォーマルな社会資源の協力が期待できていたが，最近では地域のつながりの希薄化により，家庭の子育てに協力，貢献できる地域力は大きく低下してきている．よって家庭の子育て問題解決にあたっては，フォーマルな社会資源に位置付けられる専門職や専門機関に対する役割の比重が格段に増してきている．今日の失われつつある地域のつながりの再構築を行政や専門機関・団体に期待する声は高まってきている．こうした声は，孤立化する子育て家庭の複雑な生活，子育て問題には，インフォーマルな社会資源とフォーマルな社会資源の有機的連携・協働する必要性があるという考えを反映するものである．

では，こうした連携を着実に進めていくための今日的な課題は何か．それは保護者が抱える課題の解決にあたり，インフォーマルな社会資源とフォーマルな社会資源による新たな連携網を生み出した

り，効果的に機能させていくための起点となるコーディネートを誰が担うのかといった課題が考えられる．もう少し言えば，コーディネーターには保護者の課題性質ごとに適切に対応できる地域の様々な社会資源に関する理解やコーディネート力が求められることになるが，それが子育て家庭にも身近で，かつ最前線で支える保育施設が担うべきなのか，或いはソーシャルワーカーが所属する専門相談支援機関が担うべきなのかという部分まで含む議論が今後必要となるだろう．

ワーク　保護者に寄り添う支援について

《降園時における保護者と保育者のやりとり》
保護者Ａ：「お忙しいのに時間をつくってもらってすいません」
保育者Ｂ：「いえ，気にされなくて大丈夫ですよ．今日はどうされましたか？」
保護者Ａ：「実は……（沈黙）すみません．何から話せばいいんだろう……」
保育者Ｂ：「ゆっくりで大丈夫ですよ．何か困っていることがあれば，自由にお話ください」
保護者Ａ：「あのー，母親失格と思われても仕方ないんですが，最近イライラして頭がまっしろになると，カズキ（３歳，長男）にきつくあたってしまうんです……」
保護者Ａ：（沈黙がまたしばらく続く……）
保育者Ｂ：「もう少し詳しい状況を聞かせていただけますか？」
保護者Ａ：「第２子が産まれた10月頃から，カズキは私の言うこと聞かなくなってきて，反抗的な態度やわざと私を困らせることもやるんです……
　　　　　この前は，きれいにたたんでおいた洗濯物を全部グシャグシャにしたり，私がテレビを観ているときに棒でテレビ画面を叩いて傷つけたこともあったんです……」
保育者Ｂ：「Ａさんを困らせるような行動が多くみられるんですね……」
保護者Ａ：「はぁ〜．わたし，不器用なんで子育ても家のことも空回りしちゃってるんでしょうか…….だけど，そんなことされると，イライラもするし，『ママを困らせたくてわざとやってるんでしょ！』と怒鳴りつけたり，手をあげてしまうこともあったりして……．時間がたつと少し落ち着くんですが，その度に涙も出てしいます……．」
保育者Ｂ：「お母さん，まずカズキ君を怒鳴りつけたり叩くことはよくありません．カズキだってカズキ君にとってお母さんはかえがえのない存在です．そんなお母さんから暴言や暴力を振るわれると傷ついてしまいますよ．Ａさんだから話しますけど，同じクラスのヨシミちゃんとヨウイチ君の保護者からも，「子どもが落ち着きがなくて困っているという」相談がきてます．みなさん，それぞれ悩みを抱えながらもなんとか子育てを頑張っています．気持ちを切り替えて頑張れるはずです．」

　1）下線部の保育者の対応（言葉かけ）における問題点を挙げてみよう．

　2）この場合，保護者に寄り添うような関わり方として保育者は具体的にどのような言葉かけが望ましかっただろうか．考えてみよう．

第8章 保護者に寄り添う子育て支援と連携方法 *211*

【解　答】

1）　保護者と保育者の一連のやりとりを見て，保育者の対応の問題点を挙げてみよう．

・保護者に対する受容や共感的関わりができていない．

・保護者Aへの個別化ができていない．

・プライバシーの保護ができていない．

・保護者に対する支持ができていない．

2）　この場合，保護者に寄り添うような関わり方として保育者は具体的にどのような言葉かけが望ましかっただろうか．考えてみよう．

望ましい言葉かけの一例：

　「お話いただきありがとうございました．家のこともしながらの子育ては本当に大変ですよね．何事も真面目に一生懸命取り組もうと頑張っているからAさんだからこそ悩みも出てくるんだと思います．2人目のお子さんができて，カズキ君はたくさんママと関わりたいという気持ちがそうさせているのかもしれませんね．これからカズキ君とどのようにかかわればよいか，一緒に考えていきませんか」

【解　説】

　この場合の保育者Bの言葉かけは，保護者Aがとったカズキに対する一連の行為に対し否定的発言を行っていることが問題点の1つと言える．また，保護者Aが子ども（カズキ）に対しおこなった「叩く」という行為は確かに適切と言えないが，そのような行為に至ってしまった過程や背景，そこで抱く保護者の感情に目が向けられておらず，受容的態度での関わりができていない．

　保護者Aの子育ての大変さや家のことも行う大変さなど共感的理解に努める傾聴の姿勢が求められる場面であり，そうした関わりを行うことで基本的信頼関係構築の第一歩を築いていきたいところである．

　さらに，特定の保護者からの相談内容を安易に引き合いに出しながら，他の保護者も頑張っているからあなたも頑張れるはずだというような助言の形になっており，プライバシーの配慮や1人の保護者として大切に扱う個別化の視点を欠いていることも問題点として挙げられる．

　保護者Aの子育てや家のことに取り組もうとする気持ちがあることを認め，支持する発言がみられると，より望ましい関わりにつながったと考えられる．

（竹　下　　徹）

第9章

要保護児童と家庭に寄り添う子育て支援

学びのポイント

　2017（平成29）年度は児童相談所によせられた児童虐待件数が13万3778件となり，保護が必要な子どもたちが増加している．また，障がい児の施策は，子ども・子育て支援新制度を踏まえて「障害児支援の在り方に関する検討会」で，今後の障がい児支援の在り方について検討されて報告書が出された．この章で，要保護児童の相談援助の在り方を考えてほしい．

第1節　要保護児童と要保護児童対策地域協議会

1　要保護児童対策地域協議会とは

　児童福祉法では，「要保護児童は，保護者のいない児童又は保護者に監護させることが不適当な児童」と定義されている．そして，要保護児童施策とは，親がいない，親に育てられない子どもを保護することであった．しかし，子ども・子育てを巡る社会環境が大きく変化する中で，虐待を受けて心に傷を持つ子ども，何らかの障がいのある子ども，DV（ドメスティック・バイオレンス）被害にあっている母子などへの支援を行う施策へと役割が変化してきた．

　要保護児童施策の中心を担うもの機関が要保護児童対策地域協議会である．要保護児童対策地域協議会は，「児童福祉法の一部を改正する法律」（平成16年法律第153号）により，要保護児童等に関し，関係者間で情報の交換と支援の協議を行う機関として「要保護児童対策地域協議会」を法的に位置づけられた．

　要保護児童地域対策協議会の対象は，虐待を受けている子どものほか，非行児童や障がい児，妊婦等も含まれることも踏まえ，虐待，非行，障害，妊婦等の分科会を設けて対応することになっている．また，施設から一時的に帰宅した子どもや施設を退所した子ども等に対する支援をも担うことになっており，児童相談所や児童福祉施設等と連携を図り，施設に入所している子どもの養育状況を適宜把握して，一時的に帰宅した際や退所後の支援を実施することになっている．さらに，支援の対象となる妊婦の適切な把握及び支援内容を検討するために，「妊娠・出産・育児期に養育支援を特に必要とする家族に係る保健医療の連携体制について」を踏まえ，医療機関や保健機関等と連携を図ることも求められている．

　すなわち，要保護児童の早期発見や適切な保護を図るためには，関係機関がその子ども等に関する情報や考え方を共有し，適切な連携の下で対応していくことが求められている．そして，多数の関係機関の円滑な連携・協力を確保するためには，要保護児童対策地域協議会が運営の中核となって関係機関相互の連携や役割分担の調整を行い，機関の役割を明確にして情報を連携して支援することが求

められている.

2　要保護児童対策地域協議会の意義と構成員

　要保護児童対策地域協議会の構成員は児福法第25条の2第1項に規定する「関係機関，関係団体及び児童の福祉に関連する職務に従事する者その他の関係者」であり，地域の実情に応じて幅広い者を参加させることが可能である．詳しくは，以下の通りである．

【児童福祉関係】市町村の児童福祉，母子保健等の担当部局，児童相談所，福祉事務所（家庭児童相談室），保育所（地域子育て支援センター），児童養護施設等，児童家庭支援センター，里親，主任児童委員，民生・児童委員，社会福祉士，社会福祉協議会等
【保健医療関係】市町村保健センター，保健所，地区医師会，地区歯科医師会，地区看護協会，医療機関，医師，歯科医師，保健師，助産師，看護師，精神保健福祉士，カウンセラー等
【教育関係】教育委員会，幼稚園，小学校，中学校，高等学校，特別支援学校等
【警察・司法関係】警察（警視庁及び道府県警察本部・警察署），弁護士会，弁護士
【人権擁護関係】法務局，人権擁護委員
【配偶者からの暴力関係】配偶者暴力相談センター等
【その他】NPO（特定非営利活動法人），ボランティア，民間団体等

3　要保護児童対策地域協議会の運営

　要保護児童地域対策協議会については，個別の要保護児童等に関する情報交換や支援内容の協議を行うために，構成員の代表者による会議（代表者会議）や実務担当者による会議（実務者会議）が開催される．具体的には，① 代表者会議 ② 実務者会議 ③ 個別ケース検討会議の三層構造である.

　① 代表者会議

　　要保護児童地域対策協議会の構成員の代表者による会議であり，実際の担当者で構成される実務者会議が円滑に運営されるための環境整備を目的として，年に1～2回程度開催する．会議における協議事項としては，要保護児童等の支援に関するシステム全体の検討と実務者会議からの地域協議会の活動状況の報告と評価である.

　② 実務者会議

　　実務者会議は，実際に活動する実務者から構成される会議である.

　③ 個別ケース検討会議

　　個別の要保護児童等について，直接関わりを有している担当者や今後関わりを有する可能性がある関係機関等の担当者により，当該要保護児童等に対する具体的な支援の内容等を検討するために行われる.

　④ 調整機関

　　要保護児童対策地域協議会は要保護児童等の適切な保護または支援という設置目的ははっきりしている．しかし，構成員となる関係者には当初から共通認識があるとは限らず，問題意識も同じとは限らないという特徴がある．調整機関の役割は多くの機関から構成される要保護児童対策地域協議会のネットワークが効果的に機能するために，その運営の中核となる要保護児童

対策地域協議会（事務局）（以下「調整機関」という）が定められている．調整機関は，要対協を構成する各機関からの虐待の通告や支援を要するケースを受理し，記録を作成して管理などをすることである．

2016（平成28）年の児童福祉法改正で調整機関に児童福祉司，保健師，保育士等の専門職の配置が義務づけられた．さらに，調整機関に配置される専門職に研修受講を義務づけた．【章末のワーク1を参照】

第2節　要保護児童と社会的養護施設

1　社会的養護

社会的養護とは保護者のいない児童や保護者に監護させることが適当でない児童を公的責任で社会的に養育し保護するとともに，養育に大きな困難を抱える家庭への支援や援助を行うことである．社会的養護は子どもの最善の利益の尊重という考え方と社会全体で子どもを育むという考え方を理念とし，保護者の適切な養育を受けられない子どもを公的責任のもとで保護して養育する．そして，子どもが心身ともに健康に育つ基本的な権利を保障することである．また，「社会的養護の課題と将来像（概要）」（児童養護施設等の社会的養護の課題に関する検討委員会・社会保障審議会児童部会社会的養護専門委員会とりまとめ，2011）の中で，社会的養護の3機能を示している．「①「養護機能」は，家庭での適切な養育を受けられない子どもを養育する機能であり，社会的養護を必要とするすべての子どもに保障されるべきもの．②心理的ケアの機能は虐待などのさまざまな背景の下で，適切な養育を受けられなかった等により生じる発達のゆがみや心の傷（心の成長の阻害と心理的不調等）を癒やし，回復させ，適切な発達を図る機能．③地域支援等の機能は，親子関係の再構築等の家庭環境の調整，地域における子ども養育と保護者への支援，自立支援，施設退所後の相談支援（アフターケア）などの機能」である．

2　施設養護での相談・支援の実際

入所することが決まった子どもは，施設生活が拠点となる．施設は，家庭に近い暖かい雰囲気をもち，安心し安定した生活を送れる場であることが求められ，余暇や趣味を楽しみ，地域社会との交流活動も保たれ，よりよい人間関係のもとで子どもたちが健全に成長し，社会的に自立するための支援が行われている．

施設養護での援助過程は，入所前後のケア（アドミッションケア），入所中のケア（インケア），退所に向けたケア（リービングケア），退所後のケア（アフターケア）であり，各援助過程においてどのような援助が行われる．

1）入所前後のケア（アドミッションケア）

入所前後のケアでは，児童相談所で受理した相談について，各職種の専門職員が調査・診断・判定を行い，児童福祉施設入所措置が決められる．児童福祉施設入所措置に向けては子どもと保護者との話し合いを行いながら，施設の概要が書いてあるパンフレットや要覧，施設紹介アルバム（建物，居室空間，日課，行事等）などを利用して説明されて，子どもの最善の利益を考慮して入所する施設が決定される．そして，児童福祉司は保護者と子どもから同意を得た後，児童養護施設等に入所依頼を

行い，施設が承諾をして入所となる．

　施設入所時に児童相談所から施設に援助指針が引き継がれて，当面の援助方針が立案され子どもや保護者を支援する．そして，入所後の2週間から4週間は子ども（親子関係を含む）等を援助しながら行動観察をする．行動診断を加え総合診断（判定）して児童自立支援計画が立案される．

2）入所中の援助（インケア）

　入所後のケアは自立支援計画に沿って行われる．入所中の援助で，大切なことは子ども自身が安全に安心して生活できる環境が保障されることである．そして，保育者を中心とする大人との愛着関係が形成されて心身の発達が促され，自分を取り戻し自尊感情が育つ援助や支援が大切である．子どもは適切な養育を受けることによって，よりよく生きていくために必要な意欲や良き人間関係を築くための社会性を獲得する．社会的養護の基礎は日々の営みであり，その営みのなかで保育者は子どもの心身の成長や基本的生活習慣の獲得・習得に努めながら社会的自立への援助や支援をすることが求められている．また，子どもにとって家族の存在は大切なものであり，子どもの成長や発達において家族との関係は重要なものとなる．

　施設で子どもたちを援助するうえで親子関係の維持や，子どもが帰ることのできる家庭の存在は重要である．子どもに対する養育について，施設が保護者と協働関係を作り，施設を入所してから退所するまで，連続性と一貫性が図られるような援助をしなければならない．具体的には，親子関係や家族機能の再構築についての見通しやニーズ，解決しなければならない具体的課題を考慮に入れ，保護者等の状況にあわせた親子への援助の方法を計画する．

3）退所に向けてのケア（リービングケア）

　子どもの思いや意見，保護者の思いや意見を尊重して，児童相談所の児童福祉司との連携のもとに，親面接，親子面接，家庭訪問，帰省，長期帰省などを実施して親子関係調整の支援を行う．また，子どもの健全育成・自立支援を考えるときに，家庭と同様に子どもにとって大きな資源となるのが地域社会である．そのために地域の子育て環境や子育て支援状況及び社会資源などについてアセスメントし，活用できる社会資源などの活用方法や形の計画を立て援助することが重要となる．

　そして，子どもが保護者と生活することを想定して，その能力や経済力等の範囲内で子どもの発達に必要な生活条件を確保できるよう，保護者と共に準備を進め，援助・支援をしていくことが必要である．

4）退所後のケア（アフターケア）

　子どもが施設から退所するということは家族や地域社会との再統合である．しかし，家庭から離れて生活していた子どもにとって，家族との生活は新たな環境の変化と不安をもたらし，何らかの不適応を引き起こす要因ともなる．保護者や家族は子どもが不適応を起こした場合その対応に悩む場合があり，養護問題の再発や虐待などのリスクが高まる可能性がある．したがって，施設と児童相談所は子どもが家庭にもどった後の一定期間は見守ることが重要であり，必要に応じて社会資源を活用しながら，子どもの様子や家族の状況の見守りを継続していくことが求められる．

216　第Ⅱ部　保育者の行う子育て支援の展開

ワーク1　要保護児童の家庭への支援の事例を通しての学び

〈家族構成〉子ども：K也（長男，5歳：保育所年長），実父：T男（41歳，軽い精神疾患，生活保護家庭）

〈援助者の紹介〉「I保育所」　A保育士（勤務歴5年）

〈ケースの概要〉

　離婚後父親が親権者となったが精神的不安定で養育困難になり，子どもと一緒に暮らしたいと強い要望を持っていたが子どもを児童養護施設に入所させる．しかし，児童が施設入所2年目に父親は生活保護を受給されるようになり，生活のめどが立ち子どもを家庭に引き取った．家庭引き取りの際に，退所後に子どもの安全が確保されているかモニタリングするため長男K也を保育所利用させる条件がついた．

　子どもたちが家庭に戻ってから2カ月後より，K也は保育所を休みがちになり半年後には通所してこなくなった．I保育所のA保育士は園長に報告し保育所内で協議した結果，家庭児童相談室に相談した．

考えてみよう

① どのような機関と連携して支援できるのかを考えてみよう．

② 機関連携をする時にどのようなことに気を付けなければならないのかを考えてみよう．

第9章　要保護児童と家庭に寄り添う子育て支援　*217*

ワーク2　社会的養護施設の家庭への支援の事例を通しての学び

〈家族構成〉本人：Ｂ男（4歳），実母：29歳（パート勤務）

〈援助者の紹介〉「Ｉ児童相談所」　Ｎ児童福祉司

〈ケースの概要〉

　母親は母子家庭で育ち23歳で結婚して25歳でＢ男を出産する．Ｂ男が2歳の時，建築関係の仕事をしていた夫の会社が倒産して失業する．失業後，夫は頻繁にアルコールを飲むようになり，母親に暴力をふるうようになり離婚となる．

　離婚後母親は仕事を探すが正規採用されずパート勤務となる．仕事と育児のストレスからＢ男を徐々に虐待するようになる．母親の虐待がひどくなり，Ｂ男に対する怒鳴り声や殴る音が頻繁に聞こえるようになったので，近隣住民から児童相談所に虐待通報があり保護される．

　Ｂ男が一時保護された後，Ｎ児童福祉司が児童相談所で母親との初回面接を行う．Ｎ児童福祉司は母親に生活が安定して落ち着いて育児ができるまでＢ男を児童養護施設に入所させることをすすめる．しかし，母親は2度と虐待をしないと訴えてＢ男の引き取りを強く希望した．Ｎ児童福祉司が母親と面接を数度行うと，母親自身も保護者から虐待をされていたことを話すようになり，Ｂ男を施設入所させることに前向きになる．そして，母親自身が児童養護施設をよく知らないことに不安を示したので施設見学をすることになる．

　Ｎ児童福祉司に同伴されて母親がＫ児童養護施設に見学に行き，Ｔ家庭支援専門相談員から日課やルール説明をされた後，Ｂ男が生活する部屋を見学する．10名位の幼児が笑顔で生活する姿を見て安心する．

　そして，母親の生活が安定して落ち着いてＢ男に育児できるまでＫ児童養護施設に入所することになる．

考えてみよう

① 児童を施設入所させるときに大切なものを考えてみよう．

② 母親へはどのような支援が必要かを考えてみよう．

③ 親子関係の再構築に必要なことを考えてみよう．

（波田埜英治）

第4編

子ども家庭支援・子育て支援における
多様な連携の実例

第1章

保育所における支援の事例

学びのポイント

保育所は0歳から6歳までのさまざまな発達段階の子どもたちが一緒に生活したり，遊んだりしている場所である．同年齢でもそれぞれの個性があり，一人一人違った存在であることがよくわかる．保育者は，それぞれの子どもの育ちに理解を深め，保護者の思いに寄り添いながら子育て支援の意図を認識して対応する必要がある．本章では日常的な場面を通して保護者自身が子育ての喜びや充実感が味わえるような支援の技術や方法について学ぶ．

第1節　保育所における保護者支援の必要性

　近年，家族形態や社会情勢の変化で，人々が支え合う人間関係が希薄になり，子育て世帯における子育ての負担や孤立感が増してきた．現代の社会では，核家族化・少子化が進み，地域の繋がりも薄れている．保護者の中には子育てに不安を抱き，誰にも子育てのことを相談できずに一人で悩んでいる人がいる．なかには子どもに対して不適切な対応をして，時には虐待にまで及んでしまう保護者も存在し，児童虐待件数も増加の一途をたどっている．このように家庭や地域における子育て機能の低下に伴い，社会全体で子どもの健全な育ちを支えていくことが必要になってきた．そこで，みんなが子育てしやすい国を目指し，2016（平成28）年4月に「子ども・子育て支援新制度」を施行して，地域の子育て世帯が子どもを安心して産み育てられるように各市町で取り組みを進めてきている．

　さて，2003（平成15）年の児童福祉法改正により「保育士は，……，専門的知識及び技術をもって，児童の保育及び児童の保護者に対する保育に関する指導を行うことを業とするもの」と規定し，さらに2016（平成28）年6月には大幅に改正され，要保護児童の課題や全ての児童の健全な育成にむけて強化された．そして，2017（平成29）年3月には保育所保育指針・幼稚園教育要領・幼保連携型認定こども園教育・保育要領の改定（改訂）が同時に告示され，「社会に開かれた教育施設」として位置づけられた．そこには子どもを社会全体で育てる国の政策の一旦を担い，保育者の専門性をいかして地域の子育ての拠点として，保育所保育指針と幼保連携型認定こども園教育・保育要領の第4章に「子育て支援」が明確に示された．

　国の制度の下，ますます保育所は，各園の特性をいかしたさまざまな子育て支援の活動を展開し，入所している子ども・保護者，および地域の子ども・保護者に対して子育て支援する役割を社会資源として期待されている．したがって，保育者は相談支援の担い手として，支援の技術や方法を身につけておく必要がある．

第2節　保育所における相談支援の方法

　保育所における保護者に対する子育て支援は，特別な機会を設けて行うことは少なく，日常的な関わりの中で行うことが多い．保育者は，子どもの送迎時の親子の様子や関わりの中で，特に普段と変わった様子がないか観察し，挨拶を交わしながら些細な変化にも気づき保護者のニーズを探っていく．コミュニケーションを取りながら保護者の思いに寄り添い，信頼関係を深めていく．保護者とともに子どもの成長を見守り，一緒に歩んでいく姿勢で適切に働きかけていくことが大切である．

　保護者と関わりをもつ方法には，他にも次のようなものがある．

1　保育参観・保育参加など保育所の行事

　保育参観は，特定日に一定の時間，保育を見学したり，子どもと一緒に遊んだりする．当日の保育内容や参観するポイント（参観の仕方）を書いて知らせておく事で，何をどのように観ればよいか保護者がより理解する場面になる．

　保育参加は，保育所で開放期間を設け，保護者の都合の良い日に朝から1日保育に参加する．子どもの様子や保育者の子どもへの関わりを見学したり，一緒に遊んだり関わったりする．また，時には保育者の手伝いをして保育について理解を深めたり，子どもへの接し方を具体的に学んだりする．

2　個別相談・家庭訪問

　個別に相談したり家庭を訪問したりすることで，具体的に子どもの様子や家庭の様子を知り，子どもが育つ背景について理解を深める機会になる．また，課題が明確になり，支援の方法を考えることができる．しかし，子どもや保護者のプライバシーの保護に十分配慮することが求められる．

3　懇談会

　懇談会は，保育所での子どもの生活や遊び・子どもの様子などを知らせ，同じ年代の子どもを持つ保護者同士が日ごろの子どもの様子や悩みを一緒に語り合う．保育者は具体的な子どもの姿から同じような悩みを持つ保護者同士が繋がるような支援をする．時には子育て経験のある先輩保護者から実体験のアドバイスが得られる支援の場になる．

4　クラス便り・連絡帳（インターネットやメール）

　クラス便りは，クラスの活動内容や子どもの様子・発達の特徴を知らせたり，健康面や生活面のアドバイスなどをおこなう．また，よく歌っている歌や手遊びの紹介をして，家庭で子どもと一緒に触れ合い楽しんだりできるようにする．

　連絡帳（インターネットやメールを使用する園も増えている）は，保護者と保育者が毎日，子どもの様子や活動を記入し交換することで，双方で情報を共有する．時には，保護者が日頃の悩みや相談を気楽に記入し，保育者がそれに応じる身近な子育て支援のツールとなる．

　このように保育所は，具体的な場面で行われている子どもの発達に合わせた関わり方やその時期の遊び，健康管理の仕方，食事・排泄・睡眠など生活のことをクラスだよりや連絡帳に記入して，日々保育者が工夫していることを分かりやすく保護者に知らせている．保育者はこのことが子育て支援に繋がっているという意図をしっかり認識しておくことが必要になる．

第1章　保育所における支援の事例　　*223*

第3節　保護者への相談支援の事例と解説

1　生活習慣についての事例
●事例1　登所の遅いＡちゃんの事例

　　3歳児クラスのＡちゃんは，両親と9カ月の弟の4人家族である．父親は交代勤務の仕事で，子育ては母親に任せており協力的でない様子である．

　　登所は10時30分ごろと遅く，いつも怪獣のおもちゃを片手に持って，母親に怒られながらの姿がよく見られる．Ａちゃんは保育者が「おはよう」と声をかけても不機嫌で，母親におもちゃをしまい，鞄を片付けるようにいわれても応ぜず，友だちの様子をジーと眺めている．保育者が「鞄を片付けて一緒に遊ぼう！！」と誘うが，しばらくはそのまま動こうとしない．保育者は，このようなＡちゃんの様子が気になって，ある朝，母親に声をかけた．母親は「毎朝，起こしても，ぐずってなかなか起きられず困っている．私が弟の世話をしていると，パジャマのままいつまでもテレビを見たり，怪獣のおもちゃで遊んだりして準備ができない．やっとの思いで車に乗せ，車の中で朝食を食べている．朝から疲れてしまう」と話された．保育者は「私も子育て中で，朝の忙しい時間に本当に大変ですよね」と共感の言葉をかけた．一度時間をとって，ゆっくり話し合うことにした．

　　母親の話から，Ａちゃんは夜いつまでも一人でDVDを見ていて，寝る時間が遅くなっていることがわかった．朝起きられないことだけでなく，生活全般を見直してみようと伝え，家庭でできることを一緒に考えてみた．例えば「Ａちゃんの好きな怪獣の本を一緒に読んで寝る」「テレビの置き場所を寝室から他の場所に移す」「朝起きた時，Ａちゃんが自分で準備することが分かりやすいように，夜一緒に朝の準備物を整え，置いておく」「父親がいるときは弟の面倒を見てもらい，時には保育所の送迎を手伝ってもらう」など，保育者の体験と重ね合わせて，具体的な方法をいくつかあげた．この中から母親が今できそうなことを確認し，取り組んでもらうことになった．

　　一方，保育所では，Ａちゃんが喜んで登所できるように保育の環境や活動内容を整え，Ａちゃんが登所してきたときに大好きな怪獣ごっこが楽しめるように，他の先生方の協力も得て，遊びの環境の工夫をした．

　　それから2カ月が過ぎた頃，母親から家庭で父親とも話し合い，少し子育てに協力してもらえるようになったことや，テレビを他の部屋に移動させたこと，夜のDVD視聴をやめ，ブロックで怪獣を作ったり，本を読んだりして過ごす時間をもち，寝る時間が少しずつ早くなった報告を受けた．

　　保育者は保護者の頑張りを称え，登所後のＡちゃんは，大好きな怪獣ごっこを通してクラスの友だちと一緒に楽しんでいることを伝えた．今では，登所の時間も早まり，元気よく登所する姿が多くみられるようになった．

【解　説】

　この事例の場合，まず「なぜ，朝の登所時間が遅くなるのか」母親の話を傾聴し，母親がどうしたいのか整理し（主訴は何か）見極めることが必要である．そして保育者が自分の体験を重ね合わせながら，母親の大変さに共感することで，母親として大変な思いをしているのは自分だけでないと少し気持ちがほぐれ，相談しやすくなった．このように保育者には，保護者との信頼関係を作るためのコミュニケーション力が求められる．その後，問題の本質（この事例では生活習慣の全般的な見直し）を探り当て，具体的な方法をいくつか提案するなかで，母親が家庭でできることを一緒に考え連携していく．

　大切なことは，まず，保護者や子どもの気持ちを尊重し，保護者の頑張りを認めながら焦らず共に歩んでいく姿勢である．このように家庭でできることを根気よく支援する一方，保育所は保育者間で

協力し，子どもが喜んで登所できる保育の環境や遊びの内容を再考し，工夫をしていくこと，連携と協働がとても重要である．

【本章末ワーク１に取り組んでみよう】

2　他機関との連携による子育て支援

●事例２　落ち着きのない３歳児Ｃちゃんの事例

Ｃちゃんは５歳の兄と２人兄弟である．兄は理解力もあり，クラスの友だちと関わり一緒に遊びを楽しんでいる．一方，弟のＣちゃんは友だちとの関わりが苦手で，自分の欲しいおもちゃがあればすぐに取り上げてしまいトラブルになることが多い．気に入らないことがあると，大声を出して相手を叩いたり蹴ったりしてしまう．そして，クラスから飛び出していくことも度々ある．このように友だちと一緒に過ごしたり遊んだりするのが苦手なＣちゃんについて，保育者は何か発達上の課題があるのではと心配し，Ｃちゃんの家庭での様子を尋ねた．しかし，母親は「兄と一緒に遊んでいるし，父親も小さいとき，同じように落ち着かず，よくけんかしていたらしいので心配していない」と保育者に伝えてきた．

それからしばらくして保育参観があった．たくさんの保護者が来て，普段の雰囲気と異なるためか，子どもたちはいつもより少し気持ちが高ぶっていた．日常と異なることに敏感なＣちゃんは一層興奮気味で，友だちが遊んでいるブロックの上に寝そべって，それを壊したり，友だちにブロックを投げたりして暴れだした．保育者が声をかけると保育室から飛び出していった．その日の帰り，保育者は「今日は，せっかく参観に来ていただいたのに，Ｃちゃんやお母さんに辛い思いをさせてしまって，すみませんでした」と母親に謝った．すると母親から「いつも，保育所でＣは，皆と遊べないのですね」とはじめて心配そうに話された．保育者は「よかったら，Ｃちゃんのことで一度ゆっくり時間をとって話しませんか」と声をかけた．

その後，園長と保育者が同席して面談し，家庭の様子や保育所での様子を話し合い，お互いに情報の共有を行った．保育者はＣちゃんが好んでする遊びのことや，得意なことは楽しんで遊べることを話した．そして友だちとの関わりが苦手な様子や，言葉より先に手が出てしまうことなどを話しながら，大切にしたいＣちゃんの気持ちについて説明した．話していくうちに母親の緊張も和らぎ，コミュニケーションが深まっていった．すると買い物でスーパーに行くと走り回って迷子になってしまうことや，食事の時よく立ち歩き，義母からＣちゃんはわがままでしつけができていないといわれ困っていることなどの話が聞けた．そこで，これからどのようにＣちゃんと関わっていくとよいのか，近々，市の保健センターで実施される３歳児健診の時に相談することを母親も了解した．健診時に相談する内容を保護者と一緒に整理しながらノートに記録し確認した．その後，保護者との信頼関係も深まり，これからもＣちゃんの育ちについて共に話し合っていくことになった．

【解　説】

　保護者が自分の子どもの発達上の課題に気付き，受け止めるようになるまでには時間が必要である．保育者は焦らずに保護者の気持ちを大切に受け止め，思いに寄り添いながら子どもの最善の利益を考慮し，どう支援するかを考える．保護者が，自分の子どもの発達課題を受け止めるまでの期間は，信頼関係を育むのに大切な時間として，保護者の気持ちに共感して温かく見守ることを心がける．また，子どもの行動面だけを伝えるのではなく，その時の子どもの気持ちや想いを代弁し，保育者がどのように関わっているかを話していくことが保護者への子育て支援に繋がる．そして，焦らず保護者が相談したいと感じたときに，その不安な気持ちを受け止め，気持ちに共感しながら一緒に課題を整理して，支援の方法を考えていく．

この事例のように必要であれば地域の専門機関にも繋げていく．その後も保護者と保育所と他の専門機関が情報を共有しながら，Cちゃんの育ちを共に支え合い，みんなで協働していくことが望ましい．

【本章末ワーク2に取り組んでみよう】

3 連絡ノートによる子育て支援

●事例3 子どもの関わりに戸惑っている2歳8カ月Eちゃんの事例

〈保護者の連絡帳より〉
　最近Eは何をするのも「イヤ・イヤ」の連発で，毎日振り回されています．昨夜も「ご飯よ！」と声をかけたら「テレビミトルデイヤ」，「お風呂よ！」といえば「イヤ」，朝は，着る服が「スカートデナイトイヤ」．本当に私が「イヤ」になってしまいます．保育所でも「イヤ」ばかりいって泣いていませんか．

〈保育所より〉
　Eちゃん「イヤ」といって自分を主張できるようになってきたのですね．この「イヤ，イヤ」はちょうど2歳半ごろに第一反抗期といって，自我を形成していく過程でどの子にも見られるものですよ．でも毎日「イヤ，イヤ」に付き合うお母さんは大変ですよね．保育所では「それ，おもしろそうね．終わったらきてね．先生待っているよ」と保育者が少しゆとりを持って声をかけ，待つようにしています．また「Eちゃん，どっちがいい」と自分で選択できるような方法もとっています．自分を認めて欲しい思いで精一杯の反抗なのでしょうね．自分をつくっていく大切な時期，Eちゃんの思いを受け止めながら，温かな気持ちで一緒に見守っていきましょう．

【解　説】

　連絡帳は毎日記入する身近なものであり，保護者にとっては何でも気軽に書き込める．だからこそ，連絡帳は，子育て支援のきっかけを提供する重要なルーツである．保育者は，連絡帳に記入された内容に対して，どんなに些細なことであっても丁寧に応えていき，子どもの保育所での様子を交え，保育者がどのように関わっているかをできるだけ具体的に記入する．そうすることで保護者の子どもへの理解が深まり，それが子育て支援につながっていく．連絡帳を記入するとき，特に気をつけたいことは，保護者の心情に配慮し，保護者が不安になるような書きかたを避けることである．また，「できる・できない」の評価の視点でなく，子どもの内面の理解につながるように，肯定的な表現で記入することを心がける．その子どもの発達に合わせた具体的な関わり方や遊びを，連絡帳を通して保護者に知らせていくことが大切である．保護者にとって，連絡帳は，親と子どもの成長の記録となるものなので，保育者は，一人一人の子どもの育ちの支援に役立つことを認識して，記入する．

【本章末ワーク3に取り組んでみよう】

　このように保育所における保護者に対する子育て支援は，日常的な場面やものを通して行われることが多い．保育者は保育の専門性をいかし，保護者とコミュニケーションを深めて信頼関係を築いたうえで，保護者の立場に立って思いに共感しながら支援をする姿勢が重要である．保育者は「子どもの最善の利益」を追求しながら，子育てのパートナーとして保護者が子育てを楽しみ，充実した生活がおくれる社会の実現を応援する役割を担っている．そのために子どもと保護者の育ちを支える支援の手法をしっかり身につけておくことが望まれる．

　今までの事例を参考にして下記のワークに取り組んでみよう

ワーク1　偏食が多く食事が進まないBちゃん（2歳児）の事例

　2歳児のBちゃんは偏食が多い．ある時，Bちゃんの母親から「家ではあまり食欲がなく，食事の時間がきても遊びをやめることができず，困っている」と相談があった．家庭での様子を詳しく尋ねてみると「保育所から帰ると，すぐに大好きなジュースやお菓子をほしがり食べてしまう．すると夕食時，お菓子でお腹が満たされてしまい食事が進まない．好きなフライドポテト，ウインナー，ハンバーグだと何とか食べてくれるので，毎日よく似た食事の内容になる．朝はあまり時間がないので，ジュースと菓子パンの日が多い」とのことだった．

① 母親の相談内容を整理してみよう．

② 母親の気持ちに共感する言葉がけを考えてみよう．

③ どんな支援が考えられるかグループで話し合ってみよう．

ワーク2　言葉の発達が遅いDちゃん（2歳3カ月）の事例

　2歳3カ月のDちゃんは片言（一語文）しか話さず，指差しをして自分の意思を伝えてくる．保育所では保育者の話すことはほぼ理解でき，クラスの活動にも参加している．Dちゃんは友だちに自ら関わっていくことはしないが，友だちの遊ぶ様子をそばで眺めていたり，友だちに手を引かれて一緒に遊びに加わったりしている．ある日，Dちゃんの保護者は，送迎時にクラスの子どもたちが話している会話を聞いて，Dちゃんの言葉の発達の遅れが気になり，不安になったという．

① 保護者の不安な気持ちについて，保護者になったつもりで考えてみよう．

② Dちゃんの保育所での様子を保護者にどのように伝えるか，話し合ってみよう．

③ 保育者の専門性をいかしたＤちゃんへの支援について考えてみよう．

ワーク3　夜泣きに悩まされているＦちゃん（１歳５カ月）の事例

〈保護者の連絡帳より〉

　１歳５カ月のＦちゃんは両親とアパートの２階に住んでいる．最近Ｆちゃんは，いつも夜中の１時過ぎになると泣きだし，隣や階下に住んでいる人に迷惑になるので，すぐ抱っこして眠ていくまで抱いている．そこでベッドに寝かせようとするとすぐ泣き出す．これを２〜３回繰り返し１時間以上してやっと熟睡し寝てくれる．毎夜なので私が疲れ，朝，起きるのが辛いです．

① この母親になったつもりで，母親の気持ちについて考えてみよう．

② 母親の相談内容を整理し，どんな支援ができるか話し合ってみよう．

③ この母親に〈保育所より〉として連絡帳を書いてみよう．

ワーク4　保育所における子育て支援

　保育所における子育て支援は，日常的な場で行われることが多い．主にどのような場面で子育て支援を行っているか具体的にいくつか挙げてみよう．

（山野栄子）

第2章

要保護児童及びその家庭に対する支援力を高める事例

┌─ 学びのポイント ─

この章では，社会的養護関係施設における子どもとその保護者に対する相談支援について事例を見ながら実践的に考察を深める．この分野での相談援助を考える際には，その子どもだけではなく，子どもの生活する環境や家族も視野に入れ，施設内外の多くの関係者との連携のもと，支援を行うことが基本的な姿勢である．まずは社会的養護に関わる近年の動向を踏まえ，相談援助場面で配慮すべきことを確認したい．

└─

第1節　社会的養護とは

1　『社会的養護の課題と将来像』

長らく社会的養護は，児童福祉施設や里親に措置されている子どもに関わる支援をすることと考えられて来た．しかし，2011年7月に発表された『社会的養護の課題と将来像』（児童養護施設等の社会的養護の課題に関する検討委員会・社会保障審議会児童部会社会的養護専門委員会とりまとめ．以下，この章において『課題と将来像』と称す）において，社会的養護は「保護者のない児童や，保護者に監護させることが適当でない児童を，公的責任で社会的に養育し，保護するとともに，養育に大きな困難を抱える家庭への支援を行うこと」とされた．単に施設養護や里親養護だけではなく，家庭支援・家族支援も社会的養護であると明確化したのである．

2016年，児童福祉法が改正され，第1条に子どもが権利主体であることが明記されたことに加え，第3条の2に，社会的養護のあり方について明記された．この条文によると，まずは国及び地方公共団体が保護者への養育支援を行うことが第一とされた．それでも様々な事情により家庭での養育が困難又は適当でない場合には，子どもを「家庭における養育環境と同様の養育環境」つまり養子縁組による家庭，里親家庭，ファミリーホームにおいて，継続的に養育されるようにすることとされた．それも難しい場合は，子どもが「できる限り良好な家庭的環境」つまり地域小規模児童養護施設や小規模グループケアの施設において養育されるよう，必要な措置を講じなければならないとした．

この改正法の理念を具現化するため，『課題と将来像』を全面的に見直した『新しい社会的養育ビジョン』（新たな社会的養育の在り方に関する検討会とりまとめ．以下，この章において『養育ビジョン』と称す）が発表された．新しく提示された「社会的養育」という概念の対象は「すべての子ども」であり，家庭で暮らす子どもから代替養育を受けている子どもについて，その胎児期から自立までに至るまでとされている．

通常，子ども家庭福祉分野における支援の開始と終了は保護者の判断や意向に委ねられているが，

表2-1 2016年改正前後の児童福祉法 冒頭

旧法（～2016年）	新法（2016年～）
第1条 すべて国民は，児童が心身ともに健やかに生まれ，且つ，育成されるよう努めなければならない． 2 すべて児童は，ひとしくその生活を保障され，愛護されなければならない．	第1条 全て児童は，児童の権利に関する条約の精神にのっとり，適切に養育されること，その生活を保障されること，愛され，保護されること，その心身の健やかな成長及び発達並びにその自立が図られることその他の福祉を等しく保障される権利を有する． 第2条 全て国民は，児童が良好な環境において生まれ，かつ，社会のあらゆる分野において，児童の年齢及び発達の程度に応じて，その意見が尊重され，その最善の利益が優先して考慮され，心身ともに健やかに育成されるよう努めなければならない． 2 児童の保護者は，児童を心身ともに健やかに育成することについて第一義的責任を負う．
第2条 国及び地方公共団体は，児童の保護者とともに，児童を心身ともに健やかに育成する責任を負う．	3 国及び地方公共団体は，児童の保護者とともに，児童を心身ともに健やかに育成する責任を負う．
第3条 前二条に規定するところは，児童の福祉を保障するための原理であり，この原理は，すべて児童に関する法令の施行にあたつて，常に尊重されなければならない．	第3条 前二条に規定するところは，児童の福祉を保障するための原理であり，この原理は，すべて児童に関する法令の施行にあたつて，常に尊重されなければならない． 第1節 国及び地方公共団体の責務 第3条の2 国及び地方公共団体は，児童が家庭において心身ともに健やかに養育されるよう，児童の保護者を支援しなければならない．ただし，児童及びその保護者の心身の状況，これらの者の置かれている環境その他の状況を勘案し，児童を家庭において養育することが困難であり又は適当でない場合にあつては児童が家庭における養育環境と同様の養育環境において継続的に養育されるよう，児童を家庭及び当該養育環境において養育することが適当でない場合にあつては児童ができる限り良好な家庭的環境において養育されるよう，必要な措置を講じなければならない．

(出典)「児童福祉法」の旧・新法より筆者作成.

保護者や子どもの意向を尊重しつつも，子どもの成長発達の保障のために，確実に保護者の養育支援ないし子どもへの支援が必要であると行政機関が判断する場合がある．『養育ビジョン』では，このような場合に，「サービスの開始と終了に行政機関が関与し，子どもに確実に支援を届けるサービス形態」を社会的養護と定義している．また，保護者と子どもの分離が必要な事情があり，分離した後の代替養育を公的に保障しサービスを提供する場合も，措置・契約の形態に関わらず，社会的養護に含めるとした．また，自立援助ホームや保護者と施設の契約で入所している障害児施設やショートステイ，それから母子生活支援施設も社会的養護に含めるとしている．

　以上の定義に従えば，社会的養護には，保護者と分離している場合と分離していない場合の両者を含むことになる．この中でも特に，保護者と分離している場合を「代替養育」と呼ぶこととしている．

　『養育ビジョン』では，その実現に向けて，社会的養育に対する抜本的な改革を速やかに行うために，①代替養育②児童相談所改革③市区町村の子ども家庭支援体制の構築④自立支援⑤子ども福祉の評価機構の構築⑥子どもの権利擁護⑦統計改革，検証，データベース構築及び調査研究という，7つの項目について工程を示した．今後，社会的養護関係施設において行われる子ども家庭支援や子育て支援も，これらを踏まえた流れの中で，各々工夫しつつ実施されることとなるであろう．

　以下にこれら7つについて解説する．

2 『養育ビジョン』に基づいたこれからの社会的養護について

1) 代替養育

代替養育については，先述した児童福祉法第3条の2に基づき，常に永続的解決（パーマネンシーの保障）を意識して行うことが必要とされている．

まず従来，代替養育のほとんどが施設養護で対応されてきたが，今後は「原則家庭養育」を達成すべく，里親委託率向上に向けておおむね5年から10年の間で数値目標を掲げた．これを実行するためにも，里親のリクルートから登録，子どもの委託，措置解除に至るまでの一連の過程及び委託後の里親養育を包括的に行うフォスタリング機関を充実させるとしている．

一方，代替養育を担う施設は「できる限り良好な家庭的環境」を整えるため，小規模施設における小集団を生活単位とした養育環境を，可能な限り地域の中に整え，一人ひとりの子どもに合ったケアの個別化の視点を重視しなければならないとしている．各施設は，子どもが入所される施設としてだけではなく，アセスメント機能，相談・通所機能，在宅支援機能及び里親支援機能など高度で多機能な専門性を有することが求められる．家庭養育という原則があるからこそ，施設養護でなければ提供できないケアとして，今後何を行っていくべきかを検討する必要がある．

また，通常児童相談所で実施される一時保護についても言及している．2016年の児童福祉法改正で，児童相談所の一時保護は，「児童の安全を迅速に確保し適切な保護を図るため」そして「児童の心身の状況，その置かれている環境その他の状況を把握するため」の2つの機能があることが明記された．つまり危機的な状況から一時的に避難をする場であり，支援方針が決まっていない状態で子どもに関わる場なのである．そう考えると，代替養育において一時保護中は最も手厚いケアが必要とされていることがわかる．一時保護所で子どもと関わる上では，児童福祉施設とまた違った，高度な専門性の高いスキルが求められる．しかし，一時保護で実施されているケアについて，従来は外部からの評価が実施されてこなかった事などから，都道府県によってその質に格差が存在してきたとしている．職員研修の強化，資格要件の設定，外部評価機構の創設，スーパーバイザーの配置と言った取り組みを実施することで，一時保護の質を確保していく方向性を示している．

ところで現在，子どものケアに関わる措置費は，里親類型や施設類型によって一律になっている．しかし，本来子どものニーズは様々である．『養育ビジョン』は，支援するシステムに合わせて支援を行うのではなく，施設種別や年齢，行動上の問題，心理的問題，医療的ケアの必要性などに基づき，ケアニーズの内容や程度による措置費及び委託費の加算制度を導入する必要があるとしている．これにより，施設類型に子どもを合わせるのではなく，子どものニーズによるケアが提供されることとなる．そのためには，国は早急にケアニーズの内容や程度による加算制度に関する検討を開始するべきであるとしている．

『養育ビジョン』ではその他に「特別養子縁組制度の改革」「親子での入所機能」「自立に向けた支援」「出自を知る権利の保障」などについても言及している．

2) 児童相談所改革

子どもの権利が守られ，安心安全に家庭環境で養育されるには，リーガルソーシャルワークを充実させるべきという考えのもと，児童相談所への弁護士の配置をはじめとした司法の関与の強化と，児童相談所の法的権限の強化についての方針が述べられている．

また，中核市・特別区が児童相談所を設置できるようにすること，人財育成の充実を図る事その他

さまざまな児童相談所改革について言及している.

3） 市区町村の子ども家庭支援体制の構築

『養育ビジョン』では，全国の市区町村に子ども家庭総合支援のための拠点となる場所を増やし，人材の専門性を向上させることで，全国各地で子どものニーズに合ったソーシャルワークが出来るような体制を構築するとしている．またこれと同時に，児童家庭支援センターの増加や質の向上，子どもへの直接的支援事業（派遣型）など，具体的な支援メニューを充実させるとしている．

この背景には，2016年度の児童福祉法改正の一環として，市町村の子育てや子どもについての相談支援体制の強化が図られたことが大きい．市区町村は，住民に最も身近な相談窓口として，様々な社会資源と連携しつつ，従来よりも強固な子ども家庭支援体制を構築しつつある．

4） 自立支援（リービング・ケア，アフター・ケア）

児童福祉法の対象は「18歳以下のすべての者」である．しかし，家庭の基盤と機能が弱い環境にある子どもや，代替養育を受けた子どもに対する支援の場合，18歳になり，児童福祉の対象ではないからという理由で，機械的に支援を終了することは非常に非現実的であるといえる．

若者期の自立は，数年の時間を要する一連の過程として把握し，代替養育から離れる前後の時期に行う支援であるリービング・ケアや，措置としての支援から離れた後に行う支援であるアフター・ケアなどを通じて，その子どもが十分自立生活を行えるまでは，定期的・継続的な支援の必要があるとしている．

『養育ビジョン』では，ケア・リーバー（社会的養護経験者）の実態把握にはじまり，自立支援にかかる法制度を整備する事などの目標が掲げられている．

5） 子ども福祉の評価機構の構築

『養育ビジョン』では社会的養護や児童相談所で行われる支援やサービスについて，全国的に統一された評価機構が必要としている．

具体的には，一時保護所をはじめとして，児童相談所，一時保護を行う施設・里親，代替養護を行う施設・里親，また先述したフォスタリング機関などに関する子ども福祉の評価機構を構築することが目標として挙げられている．

6） 子どもの権利擁護

『養育ビジョン』では，現在子どもの権利擁護を行う組織の多くが持っている相談機能と，子どもの権利擁護の状況を適切に評価する機能の2つを持った子どもの権利擁護を促進する組織が必要であるとしている．

その他，未成年後見人支援事業の支援，児童福祉審議会の子どもの権利擁護審査モデル事業の実施，社会的養護を受けている子どもの訪問アドボケイト事業のモデル事業の実施などを提示している．

7） 統計改革，検証，データベース構築及び研究調査

どのような分野においても，支援を有効に行うためには，現状を正確に把握し，適切に評価し，その可視化を図っていく事が欠かせない．

『養育ビジョン』は，個人情報の保護などに配慮しつつ，適切な統計やデータベースを構築し，それを施策に結びつける解析を行うのみならず，子どもの発達や回復を支援するための適切な養育のあり方を研究すること，またそれらの研究が適切に行える仕組みを創設すべきとしている．

以上が『養育ビジョン』に示されている工程である．この工程に従うと，従来の社会的養護で行われていた支援の方向性が大きく変革していくように見受けられるかもしれない．しかし，「子どもの最善の利益」を追求するという支援の軸は，今までもこれからも，何ら変わる事がないのである．子どもや保護者に向き合う際，このような国の方向性を踏まえておくことで，「子どもの最善の利益」に，より一層つながる支援が考えられると言えよう．

第2節　要養護児童とその家庭に関する相談の複雑さ

要養護児童とその家庭に関するケースの多くは，心理的，医学的，経済的，社会関係的に，多様な問題が複雑に入り組み，混乱状態になっている事も少なくない．

私達は普段，何か問題が発生すると，その原因を突き止め，その原因に働きかけることで問題を解決しようと試みる．しかし，社会的養護の多くのケースでは，単純に何か1つ，誰か1人を取り上げて，犯人捜しのように「これが原因である」と安易に悪者に仕立て上げるような方法は現実的ではない．原因と結果は複雑に絡み合っている．その複雑さを認識し，そのケース全体の関係性を見ながら支援にあたることが必要である．

第3節　社会的養護関係施設の事例から考える

●事例1　乳児院に措置された子どもの母親からの相談

A子は，B乳児院に入所中の子どもC太（生後6カ月）の母親である．望まない妊娠の結果，C太を出産した．父親は誰であるか，明確ではない．A子がまだ高校生であり，また，A子やA子の父母（C太の祖父母）にも育てる意思がないということで，C太は里親委託を前提に，現在乳児院に入所している．A子が乳児院に来る時には，いつもA子自身の父母に付き添われて来ていた．

連休のある一日，A子は珍しく乳児院に1人で来た．

A子は，少し広い保育室の隅で，他の子どもや保育士と共にすごすC太を眺めていたが，やがて，隣に座っていたD主任（家庭支援専門相談員）にだけ聞こえる声で，

「私，本当はC太を育てたいんです．」

と，ぽつりと言った．D主任は，涙ぐみ始めたA子を相談室に誘い，そこでゆっくりと話を聞いた．A子は涙を流しながら，概ね以下のような話をした．

（相談〈聞き取り〉の内容）

「……自分の妊娠について，厳しい自分の父母には相談出来ず，気が付いたらもう中絶できないところまで育ってしまった．正直言って，仕方なく産んだ子．だけど，産んでみて，母乳をあげた時に「本当に可愛い」と思った．ああやって育っているC太を見ると「私のC太なのに，どうして離れて暮らさなきゃいけないの」と思ってつらくなる．

だけど家族には，とてもそんなことはいえない．今日も本当は，誰にも内緒で乳児院に来た．

こんな状況なのに自分で育てるなんて，無理だと思う．ここでしっかり育ててもらえて，良かったと思う．だけど，このままC太がどこかの里親の子どもになってしまうかと想像するとつらい．里親と養子縁組の違いもよくわからない．なんだかC太をとられちゃうように思う……」．

第2章　要保護児童及びその家庭に対する支援力を高める事例　　*233*

【解　説】

　社会的養護関係施設の子どもへの支援は，そのケースに関わる大人への支援と直接結びつくことも多い．このケースは，Ａ子家族の間で今後の方向性の統一が図られていないということが判明したケースである．

　また，今回のケースのように，年齢・障害状態など様々な理由により，自らの意志の表明が難しい子どもについては，相談援助者は，その子どもの代弁者（アドボケイター）としての役割も課せられるということを忘れてはならない．

ワーク1

①Ａ子が，Ａ子自身の父母に対して今どのように思っているのか，想像してみよう．

②今この時点で，Ｄ主任はＡ子に対して，どのような言葉掛けをすべきだろうか．あなたがＤ主任だとした場合，どのような行動と言葉掛けをするか，ロールプレイしてみよう．

③今後，どのような方向性で支援をするとよいだろうか．また，そう考える根拠は何か．自分なりに考えたのちに，同じクラスの人々と意見交換をしよう．

●事例2　児童養護施設に入所している子どもの親子関係に対する支援

　Ｅ子（中学1年生）は児童養護施設で生活している．4歳の時，父親と2人でホームレス生活をしている所を地域に住む住民から通報され，そのままＥ子だけ保護された．心身に軽度の障害があった父親は，その後，何度か救護施設を利用したこともある．しかし，施設のルールが守れない等，集団生活が性に合わず，施設を飛び出しては何度か行方不明になり，ある日突然Ｅ子に会いに来るといった生活をしていた．

　現在Ｅ子の父は，廃品回収業で日銭を稼ぎながら，ホームレス生活をしているようである．Ｅ子には，月に1回程度，日曜日に面会に来る．いつもニコニコと笑顔でやって来るが，身なりは整っているとはいい難い．

　Ｅ子がまだ小さい頃には，父が来ると大変喜び，施設近くの公園まで一緒に出かけて1時間ほど遊んでは，買ってもらったジュースを手に機嫌よく帰ってきていた．しかし小学4年生頃から，外出をせずに施設の面談室で話をするようになった．近頃は父が来ても，なんとなく面倒くさそうな対応をするようになり，父がいつも来る日曜日の16時頃には何かと理由をつけて父と会わないようにしようとすることが増えてきている．

　最近の親子関係を見ていたＥ子のフロア担当者が，ある日さりげなくＥ子に父親の事を聞いた．するとＥ子は少し困ったような顔をして，「お父さんが嫌いなわけではないんだけど……」と言って黙ってしまった．

【解　説】

　親子関係の再構築は，社会的養護関係施設の職員にとって，大変重要な仕事の１つである．様々な事情がある保護者に対して，支援者自身が受け入れがたい状況や，どう解釈すればいいのか難しい状況の時もある．そのような時には「子どもにとって，自分の親と，いつも生活を共にしている職員が，どのような関係性である事が望ましいと感じるだろうか」「そのような関係性であるためには，職員として何をすべきなのか」といったことをぜひ想像してみてほしい．

　親子関係は，当然ながら一定ではない．子どもの発達や，親の生活環境の変化などを視野に入れて，可変性があるという前提で支援を考える必要がある．

ワーク２

①E子は，父親に対して，どのような思いを抱いているのか，想像してみよう．

②E子に対して，E子の父親について話す時，あなたならばどのような事に気を付けて話したいと思うか．

③E子の親子関係について，今後どのような支援目標を立てるとよいだろうか．またそう考える根拠は何か．自分なりに考えたのちに，同じクラスの人々と意見交換をしよう．

●事例３　子どもとの関係性と小舎制施設におけるソーシャルワーク

　F児童養護施設は男女別の小規模グループケア体制をとっており，７つのホームに６～７人ごとに分かれて生活している．

　このホームのうちのひとつ，すみれホームに配属されているG保育士は，この施設に就職して２年目の保育士である．明るく親しみやすい性格で，中高生からも慕われる存在である．

　ここ数日，隣のさくらホームの給湯器が故障したとのことで，さくらホームの子ども達がすみれホームのお風呂を借りにやってきていた．夜９時半頃，さくらホームのI子（中学２年生）がお風呂から上がった．この時，G保育士は，台所の流し台を掃除していた．すみれホームは低年齢児が多く，ほとんどの子どもはすでに就寝している．２名いる中学生も個人の部屋に入り，それぞれの時間を過ごしている．リビングキッチンには，G保育士とI子だけになった．風呂上がりのI子は，G保育士と他愛もない話を数分

した後,

「ねぇGちゃん,これお願い.さくらホームの先生,厳しくってさぁ.誰にも内緒ね!」

そう言って,1つの可愛い封筒を流し台の横に置き,さっとホームから出ていった.G保育士は,慌てて手を拭き,封筒を確かめた.封筒の裏には「夜中まで勉強しているひまわりホームのJ君に,今夜中に渡しておいてね!」というメモが張り付けてあった.

咄嗟（とっさ）の事に対応できず,G保育士は茫然とした.そういえば先日の施設内全体会議では,I子が施設内でJ（中学3年生）に抱きついたり,腕に絡みついたりしている場面を,数名の子どもが目撃している報告があった.これを受け,さくらホームの職員がI子に場をわきまえて行動するよう注意をしたという話も聞いていた.

【解　説】

生活施設内の相談援助は,面接室の中ばかりで行われるのではない.生活の中で,突然始まることもある.

施設は集団生活のため,どうしてもさまざまなけじめが必要な場面がある.しかし,単純にルールを作って形式的にそれを子ども達に守らせればよいというわけではない.ルールを作るというより,その施設の文化を作るつもりで,けじめについて考える必要がある.普段の施設内の文化のあり方は,相談援助をはじめとした支援のあり方に大きく影響を及ぼす.

ワーク3

① あなたがK保育士なら,これからどうするだろうか.

② 施設内の性や恋愛について,どのような考え方で対応するとよいだろうか.

③ 上記②の考え方を小規模・縦割り（さまざまな年齢の子どもが1つのホームで生活している）スタイルの施設において,普段の生活に実際に反映させるためには,具体的にどのような支援を行うとよいだろうか.アイディアを出してみよう.

（西川友理）

第3章

子ども虐待の防止に向けた支援力を高める事例

学びのポイント

　近年，子ども虐待（児童虐待）が大きな社会問題となっている．これまで政府は，子ども虐待に関して様々な対策を施してきたが，高い効果を示すことなく，ますます子ども虐待は急増している．これは果たして政府だけの責任であろうか．私達国民の意識に問題はないだろうか．

　本章では"子どもの最善の利益"を踏まえた"児童虐待とマルトリートメントの予防と対応"について，実態・根拠（evidence）と事例を示して，検討することとする．本章を学ぶにあたって，**まず本章末のワークに取り組むことから始めていただきたい**．

第1節　子ども虐待とは何か

　近年，日本において子ども虐待（Child Abuse：法律や制度では「児童虐待」とも言われる）が問題となっており，2000（平成12）年に「児童虐待の防止等に関する法律」（以下，児童虐待防止法）が整備され，国や地方自治体では虐待を防止するためにさまざまな方策が検討されてきた．

　児童虐待防止法では「子ども虐待（児童虐待）とは，保護者（親権を行う者や，未成年後見人その他の者で，児童を現に監護する者をいう）が，その監護する児童（18歳未満の者）について行う行為（身体的虐待，性的虐待，ネグレクト，心理的虐待）」と定義されている（**表3-1**参照）．

表3-1　子ども虐待（児童虐待）の分類と内容

身体的虐待	児童の身体に外傷が生じる，又は生じるおそれのある暴行を加えること 【具体例：殴る，蹴る，投げ落とす，激しく揺さぶる，火傷を負わせる，溺れさせる，首を絞める，縄等による室内拘束，戸外へ締め出す，無理心中　など】
性的虐待	児童に猥褻な行為をすること，又は児童をして猥褻な行為をさせること 【具体例：子どもへの性行為，性行為を見せる，性器を触る又は触らせる，ポルノグラフィの被写体にする　など】
ネグレクト	保護者や保護者以外の同居人による，児童の心身の正常な発達を妨げるような著しい減食又は長時間の放置，監護を著しく怠ること． 【具体例：家に閉じ込める，食事を与えない，ひどく不潔にする，自動車の中に放置する，重い病気になっても受診させない，学校に行かさない　など】
心理的虐待	児童への著しい暴言又は拒絶的な対応，児童が同居する家庭における配偶者への暴力，児童に著しい心理的外傷を与える言動を行うこと 【具体例：言葉による脅し，無視，きょうだい間での差別的扱い，きょうだいに虐待行為を行う，子どもの前で配偶者等に対して暴力をふるう（DV：ドメスティック・バイオレンス），犯罪の強要　など】

（出典）「児童虐待の防止等に関する法律」厚生労働省のHPを参照し筆者作成．

第2節　子ども虐待の増加と状況認識

　厚生労働省が統計を取り始めて以降，子ども虐待の相談件数は，年々増加しており，全国の児童相談所における「子ども虐待（児童虐待）相談対応件数」は年々増加傾向にあり，1990（平成2）年度の1年間で「1,101件」であったものが，2017（平成29）年度の1年間で「133,778件」となり，27年間で約122倍に激増している．1年間で「133,778件」の児童虐待の相談を単純計算（133,778件÷365日÷24時間＝15.27件）すると，1時間当たり15.3人の子どもが全国のどこかで虐待を受けている（約3分55秒に1人のペース）ということになる．この様な虐待相談対応件数増加の背景として，「子ども虐待」に対する社会の認識が広がったり，「児童福祉法」や「児童虐待防止法」で規定された「国民の通告義務」が徐々に浸透したりしてきたことも一因であるといわれている．特に，2013（平成25）年度以降で毎年10,000件以上の相談件数が増加しているのは，「DV（パートナー間暴力）が児童の眼前で行われている状況が『心理的虐待』と認定されているからである」という理由も一因である（図3-1参照）．

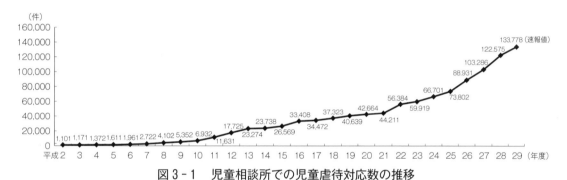

図3-1　児童相談所での児童虐待対応数の推移

(出典) 厚生労働省子ども家庭局家庭福祉課（2018）「平成29年度の児童相談所での児童虐待相談対応件数」．

　しかし，「133,778件」というのはあくまでも，全国の児童相談所に寄せられた相談件数であり，これは氷山の一角であるといわれており，専門家の間では「実際に3倍〜5倍程度の虐待件数がある可能性が高い」と予測されている．仮に，133,778件の3倍の「401,334件」の子ども虐待件数があると仮定してみる．これを単純に計算（401,334件÷365日÷24時間＝45.8件）すると，1時間当たり45.8人の子どもが全国のどこかで虐待を受けている状況（約1分19秒に1人のペース）であるということになる．

　さらに，毎年，大学・短期大学・専門学校の学生に「どの年齢層の子どもが，最も多く虐待の被害者となっているか」を尋ねると，「小学生」という回答が多く返ってくる．これは一見間違いではない．2008（平成20）年度〜2016（平成28）年度の「被虐待児童の年齢別構成割合」を見ると，小学生が最も多く，次いで3歳から就学前，さらに0〜3歳未満の順となっている（表3-2参照）．しかし，小学生は1年生〜6年生まで6年間ある．同じ6年間で見るなら，0歳から就学前迄の6年間方が，小学生の6年間よりも被虐待児となっている人数も割合も高い．就学前の児童が通園している保育所の保育士や，幼稚園の幼稚園教諭，認定こども園の保育教諭が子ども虐待を防止する鍵を握っているといっても過言ではない．

表3-2　被虐待児童の年齢別構成割合の推移

	総数	0～3歳未満	3歳～就学前	小学生	中学生	高校生
2008 (平成20)年度	42,664件 (100%)	7,728件 (18.1%)	10,211件 (23.9%)	15,814件 (37.1%)	6,261件 (14.7%)	2,650件 (6.2%)
2012 (平成24)年度	66,701件 (100%)	12,503件 (18.8%)	16,505件 (24.7%)	23,488件 (35.2%)	9,404件 (14.1%)	4,801件 (7.2%)
2016 (平成28)年度	122,575件 (100%)	23,939件 (19.5%)	31,332件 (25.6%)	41,719件 (34.0%)	17,409件 (14.2%)	8,176件 (6.7%)

（出典）厚生労働省「福祉行政報告例の概況」2012（平成24）年度 2016（平成28）年度を参考に筆者作成.

表3-3　被虐待児童の年齢別死亡状況

	2011（平成23）年度［第9次報告］				2016（平成28）年度［第14次報告］			
年齢	心中以外の虐待死		心中による虐待死		心中以外の虐待死		心中による虐待死	
	人数(構成割合)	累計数(構成割合)	人数(構成割合)	累計数(構成割合)	人数(構成割合)	累計数(構成割合)	人数(構成割合)	累計数(構成割合)
0歳	25人(43.1%)	25人(43.1%)	3人(7.3%)	3人(7.3%)	32人(65.3%)	32人(65.3%)	1人(3.6%)	1人(3.6%)
1歳	8人(13.8%)	33人(56.9%)	3人(7.3%)	6人(14.6%)	6人(12.2%)	38人(77.5%)	2人(7.1%)	3人(10.7%)
2歳	6人(10.3%)	39人(67.2%)	4人(9.8%)	10人(24.4%)	2人(4.1%)	40人(81.5%)	0人(0.0%)	3人(10.7%)
3歳	3人(5.2%)	42人(72.4%)	3人(7.3%)	13人(31.7%)	2人(4.1%)	42人(85.6%)	2人(7.1%)	5人(17.8%)
4歳	4人(6.9%)	46人(79.3%)	4人(9.8%)	17人(41.5%)	1人(2.0%)	43人(87.6%)	1人(3.6%)	6人(21.4%)
5歳	2人(3.4%)	48人(82.8%)	3人(7.3%)	20人(48.8%)	1人(2.0%)	44人(89.7%)	0人(0.0%)	6人(21.4%)
6歳	1人(1.7%)	49人(84.5%)	2人(4.9%)	22人(53.7%)	0人(0.0%)	44人(89.7%)	8人(28.6%)	14人(50.0%)
7～17歳	9人(15.5%)	58人(100%)	19人(46.3%)	41人(100%)	3人(6.2%)	47人(95.9%)	14人(50.0%)	28人(100%)
不明	0人(0.0%)	58人(100%)	0人(0.0%)	41人(100%)	2人(4.1%)	49人(100%)	0人(0.0%)	28人(100%)
合計	58人(100%)	58人(100%)	41人(100%)	41人(100%)	49人(100%)	49人(100%)	28人(100%)	28人(100%)

（出典）厚生労働省「子ども虐待による死亡事例等の検証結果等について」（第14次報告）を参考に筆者作成.

　また，日本では，1年間で100名前後の児童が虐待により死亡している．意識不明や骨折などの重症の虐待を含めれば，もっと多くの子どもが重篤な虐待に晒されている．心中以外の虐待による死亡児童の年齢は，2011（平成23）年度・2016（平成28）年度とも0歳～3歳に集中し全体の3／4を占めており，0歳～6歳までを含めると，全体の84%以上を占めている．また，心中による虐待死の児童年齢も2011（平成23）年度・2016（平成28）年度とも，0歳～6歳で半数以上を占めている（表3-3参照）．つまり，乳幼児期は子どもの体も小さく抵抗もできないため，虐待を受けた場合，死亡や重篤な状況につながりやすいと考えられる．

第3節　教育・保育施設における被虐待児童の実態

　全国の子どものうち，一般的には97～98%が保育所か幼稚園に通園しているといわれている．全国の保育所27,137カ所（2017（平成29）年時点）と幼稚園10,474カ園（2018（平成30）年時点）と幼保連携型認定こども園4,466カ園（2018（平成30）年時点）を合計すると，42,255カ所・園である．2016（平成28）年度の結果において，乳幼児の被害割合が45.1%（3歳未満19.5%＋3歳以上の幼児25.6%表3-2参照）であることから，前述の潜在的な子ども虐待件数である「401,334件」に当て嵌めると，潜

在的な乳幼児における被虐待児童は「200,059件（401,334件×0.451）」となる．さらに，保育所・幼稚園・幼保連携型認定こども園の数にあてはめて計算（200,059件÷42,255カ所・園＝4.7345）すると，1カ所・1カ園で年間に6.0人の児童が虐待を受けていることになる．

　また，義務教育である小学校は19,892校（2018（平成30）年時点）ある．2016（平成28）年度の結果において，小学生の被害割合が34.0％（表3-2参照）であることから，前述の潜在的な子ども虐待件数である「401,334件」に当て嵌めると，潜在的な小学生における被虐待児童は「136,453件（401,334件×0.34）」となる．さらに，小学校数に当て嵌めて計算すると，（136,453件÷19,892校＝6.859…）すると，1校で年間に約7人の児童が虐待を受けていることになる．もちろん保育所・幼稚園・幼保連携型認定こども園・小学校の規模や児童数は異なるので，一概にはいえないが，毎年，全国の教育・保育施設で複数の子どもが虐待被害に遭っている可能性が高い．

　しかし，これまで発生した児童虐待事件で，子どもが死亡や意識不明，重傷になった場合，その子どもが所属する保育所・幼稚園・小学校の担任や園長・校長等がインタビューを受けたり記者会見を受けたりしていることがある．その際，多くの保育者や教師，校長や園長が「気付きませんでした」「知りませんでした」という発言をしている．単純計算するだけでも，多くの児童が虐待被害を受けているという事が分かる状況下で，「気付きませんでした」「知りませんでした」という発言は，あまりにも無責任である．これだけの児童虐待が発生しているのであれば，「自らのクラスに虐待を受けている児童がいる可能性がある」と疑って，常に子どもに対して「目配り・気配り・心配り」をすべきである．保育士や教師の無関心が，児童虐待を見過ごし，小さな虐待を重大な事件にさせてしまっている可能性が無いとはいえないのである．特に，子どもの身体検査の際，体育等の着替えの際，給食の際は，子どもの様子を確認する絶好のチャンスである．

　子どもの命が消える前に，意識不明の重体となる前に，防ぐことが喫緊の課題である．

第4節　子ども虐待発生の構図

　果たして，どのようなメカニズムで虐待事件が発生しているのだろうか．ここでは，**事例1**を読み，社会的関係性から子ども虐待発生の構図を考えてみよう．

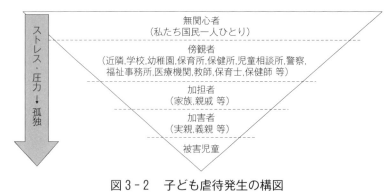

図 3-2 子ども虐待発生の構図

(出典) 筆者作成.

● 事例 1　ある子ども虐待の事例

> 2016年11月△日，晃洋小学校 4 年生の男児の両親（父40歳，母35歳）が逮捕された．
> 男児が日頃から勉強をせず反抗を繰り返すといった状況を矯正するために，両親は半年ほど前から"躾"と称して，日常的に自宅の庭にある犬小屋で，男児を犬の首輪につないで生活させ，食事は 1 日 1 食のみ与えていた．また，いうことを聞かないときには，全く食事を与えない日もあった．そのため，男児は 4 月に40kgあった体重が25kgに減少していた．また男児の背中には，複数の青痣があった．
> 同居していた祖父母は，両親の行為について"躾の一環なので仕方ないと思った"と話している．近所の住民が男児の激ヤセに気づき，福祉事務所に 2 度ほど電話をしていたが，福祉事務所のケースワーカーから児童相談所に連絡は取った形跡はなかった．
> 男児が通う小学校の担任教諭は，「全く気付かなかった．男児がもともと大人しい性格で，太り気味であったので，ダイエットしていると思っていた」と話した．

　子ども虐待が起こった時，**事例 1** のように被害児童は一人であることが多い．その際，直接虐待を行っている加害者（両親）がいる．そして，直接虐待の場面を見ていながら，加害者を擁護する加担者（祖父母）の存在がある．さらには，虐待や児童の事実を知ろうとしない担任や，近隣住民からの通告があっても対応としようとしない福祉事務所のケースワーカーは，傍観者である．そして何よりも，子ども虐待に無関心である私たち国民がいる．

　虐待の被害児童は，誰からも助けられず，周囲から見捨てられ無視されるという孤独（ストレスや圧力）を感じて傷付き，場合によっては命を失ってしまうのである（図 3-2 参照）．

　私たちは，無関心者になっていないだろうか．多くの国民や学生は「子ども虐待に強い関心がある」「子ども虐待をなくすべきである」と回答する．しかし，「では，子ども虐待を防ぐために，何か活動をしていますか？」と尋ねると，途端に下を向いて黙り込んでしまう．

　もし「高い関心がある」と思っていたり，「子ども虐待をなくすべき」と断言していたりしても，何もしていないのであれば単なる無関心者である．私たち一人ひとりが，子ども虐待を防ぐために行動を起こさなければ，児童虐待を撲滅することにはつながらないのである．

第 5 節　マルトリートメントとは何か

　マルトリートメント（Maltreatment）とは，欧米で確立してきた概念で「子どもに対する不適切な

養育や関わり」を意味している．国によって定義が異なり，専門家によっては「子ども虐待＝マルトリートメント」という定義を支持している場合もあるが，本書におけるマルトリートメントは「子ども虐待に加えて，子ども虐待とは認定されない不適切な関わりの両行為を含んでいる」と定義し，より幅広い意味を含むこととする（図3-3参照）．

しかし，子ども虐待の定義はあっても，マルトリートメントには明確な定義がない．そのため，これまで日本では，子ども虐待防止に関する対策に力を入れてきたが，マルトリートメントに対する防止策について等閑（なおざり）になってきた．

では，次の**事例2**を通じて，何がマルトリートメントなのかを考えてみよう．

図3-3　子ども虐待とマルトリートメントの相関

（出典）筆者作成．

●**事例2　次のA～Cの事例は，マルトリートメントなの？**

> A：駅前のコンビニエンスストアに，若い母親がベビーカーを押して，23時頃にやってきた．母親は，牛乳や卵を買物カゴに入れると，雑誌の立読みを始めた．横では，ベビーカーに乗った1歳くらいの乳幼児がご機嫌そうにしている．
> B：昼食のカレーを作っている際に，「カレー粉」が足りないことに気付いた母親は，11歳と4歳の2人の子どもに留守番を頼み，直ぐ近くのスーパーに買い物に行き，15分後に帰宅した．その間，2人の子どもは楽しくテレビを見ていた．
> C：小学校の運動会が無事に終わり，「今晩の夕食は外食に連れて行って～」というママや子ども達（12歳と8歳）の要望により，パパはビールも飲める自宅近くの居酒屋に家族を連れて行き，パパはビールを飲み，ママや子ども達は唐揚げや焼きそば，ハンバーグ，焼き鳥などを堪能した．楽しく賑やかな家族団欒の夕食であった．

事例2のA～Cのケースは，いずれも現実にあるマルトリートメントのケースである．

Aのケースは，母親が子どもの睡眠の権利を阻害しているケースである．23時という時間は，乳幼児にとっては，すでに自宅で就寝している時間である．幼少の頃から睡眠のリズムがくるってしまえば，子どもの健全な発達に悪影響を与えることはいうまでもない．深夜に繁華街で屯（たむろ）する中学・高校生に，幼少の頃から親に深夜に連れ回されてきた経験のある者が少なくないことが指摘されている．この様なことからも，急病等の特別なケースを除き，21時を過ぎて乳幼児を連れて歩くこと自体が，不適切な関わりであると考えられる．

Bのケースは，小学生と幼児の2人で留守番をさせても許されるのか疑問である．諸外国では，中学生以上のきょうだい1人につき，小学生以下の弟や妹を1名だけ面倒を見ることができ，違反すれば「保護監督義務違反」で罰則が適用される国もある．本来ならば，ベビーシッターを雇用するか，信頼のある大人に留守番の間の世話をお願いしなければならない．それが無理なら，"肉じゃが"等の別メニューに変更すべきである．

Cのケースは，居酒屋に未成年の子どもを一緒に連れて行くことが問題といえる事例である．飲酒や喫煙を行う大人が大勢利用する居酒屋に子どもを連れて行くことは，不適切である．諸外国では「ア

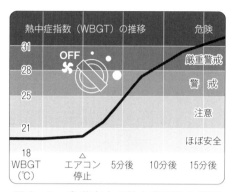

図3-4 自動車内の熱中症指数の推移
(出典)　日本自動車連盟(JAF)「真夏の車内温度——短時間で熱中症の危険!」.

ルコールをメインで提供する飲食店への未成年者の入場を禁止している」という規則を設けている場合もある.

A～C以外にもさまざまなマルトリートメントが存在する. 以下のケースもその1つである.

毎年,「パチンコ店などの駐車場の車内に放置された乳幼児が, 熱射病により意識不明の重体や死亡」というニュースを聞く.「いつ頃, 頻繁に事件が起きているか」を大学・短期大学・専門学校の学生に尋ねると, 多くの学生から「7月～8月に, 事件や事故が起こっている」という回答が返ってくる. しかし, 死亡事故の多くは4月～6月に発生している.

例年4月末から6月は, 最高気温が25度前後のぽかぽか陽気である. その様な気候において「まさか熱中症で子どもが死亡するはずがない」と, 多くの保護者は思っている. しかし, 毎年多くの子どもが, 駐車場等に放置された車内で死亡しているのである.

25℃の外気温というのは, 日陰の地上1mで測った温度であり, 屋外駐車場等に置かれたエアコンを切った自動車には直射日光が当たり, サウナ状態となる. 車内では急激に温度が上昇していき, 車内温度は40℃前後となる. 30℃を超えれば, 体温調節機能が十分に発達していない乳幼児にとっては危険な状態になるのである.

さらに外気温35℃の状況で, エアコンを切った自動車内では, わずか15分で"熱中症指数が31以上"の危険な状態となるのである(図3-4参照). その中で, 2時間も3時間も放置されれば, 乳幼児がどの様な状況になるのかは, 想像できるだろう. 車の種類により異なるが, わずか1時間後の車内の気温は「42度～51度」となっている.

この様な状況下で, 重体に陥ったり死亡したりすれば当然虐待であるが, わずか5分であっても乳幼児を放置すること自体がマルトリートメントなのである.

しかし, この様な危険な状況を生み出しているのは, ごく一部の保護者なのであろうか.

日本自動車連盟(2011)の調査によると,「子どもを車内に残したまま車を離れたことがある」と回答した保護者は全体の28.2%に上った. 4人に1人以上の保護者が, 乳幼児を危険な目に合わせているのである.

第6節　子ども虐待の世代間連鎖とは何か

子ども虐待における世代間連鎖とは,「子どもの頃に虐待を受けた経験のある者が, 親になった際に, 自らの子どもに虐待を行うこと」を意味している. これまで, 世界各国で世代間連鎖については種々の調査研究が行われており, 虐待の世代間連鎖の実存に関する評価は7～70%と多様である. 日本においては, 総務省(2010)が全国の児童相談所の児童福祉司820名に調査を行い, 虐待事件を起こした要因が「世代間連鎖(保護者が子どもの頃にその親から虐待を受けていた)」であるケースが35%であることを明らかにしている.

第3章　子ども虐待の防止に向けた支援力を高める事例　　*243*

●**事例3　虐待の世代間連鎖**

　2015年3月X日，父親が小学校6年生の男児を金属バットで殴り殺すという事件が起きた．父親は警察の取り調べに対して，「子どもがいうことを聞かず，子どもに口頭で厳しく注意していたが，子どもが定規で叩いてきたため，カッとなって子どもの金属バットで応戦した．気づけば，子どもを殴り殺していた」．「小さい頃，いつも父親に厳しく叱られ，竹製の定規で叩かれていた．その事を思い出し，無我夢中で子どもに応戦してしまった」と，涙ながらに述べた．

　事例3のように，子ども虐待の事件の加害者である親が，警察の事情聴取や裁判の過程で「加害者の親自身が，幼少期にその保護者から虐待を受けていた」ことを明らかにし，虐待の世代間連鎖が浮き彫りになっている．いくつかの世代間連鎖の事件から明らかとなったのは，「無意識に行ってしまうこと」「自らを制御できないこと」「自らが受けた虐待よりもエスカレートした虐待行為をすること」等である．

　これまでの研究で，子ども虐待の世代間連鎖を防止する要因として，「思いやりのある配偶者の存在があること」「子どもの頃に影響のある良好な関係の大人と出会ったこと」「思春期か成人期に心理療法を受けていたこと」「自らの虐待体験を客観的に捉え，周囲に発言できていること」「子ども時代のトラウマと向きあって虐待の責任を加害者に向けることができていること」などが挙げられている．

第7節　子ども虐待やマルトリートメントの予防と対応について

　日本の大学や短期大学，専門学校で保育者や教育者を目指す学生に「子ども虐待をなくすことができますか？」と質問をした際，ほとんどの学生が「多分無理だと思う」と回答する．一方で，イギリスやオーストラリアやアメリカの大学や短期大学，専門学校で保育者や教育者を目指す学生に「子ども虐待をなくすことができますか？」と質問をした際，ほとんどの学生が「簡単ではないが，いつか撲滅できるように尽力したい」と回答する．

　保育者や教育者を目指す学生が，初めから「子ども虐待を撲滅させることを諦めている状況」では，いつまで経っても日本社会から子ども虐待は減少しないだろう．まずは，子どもと関わりその人生に大きな影響を与える可能性の高い保育者や教育者が，次代を担う子ども達を育成する専門職として，「子ども虐待を予防し減少させる」という意志を持ち，自らの責任を明確に意識する必要がある．また，虐待やマルトリートメントの行為だけに目を向けず，まずは子どもへの援助をしっかりと行い，包括的な家庭支援や保護者支援の必要性を認識しておく必要がある．

　これまで，子ども虐待やマルトリートメントの予防に関して，さまざまな研究が行われ，以下の対応が提案されているので，整理して提示する（表3-4参照）．

　現在，世界保健機関（2006）の報告書よると，全世界で子ども虐待事案の発生数は未知数であり，相当数の潜在状況が指摘されている．現在は子ども虐待防止施策の先進国とは言い難い日本が，近い将来に子ども虐待防止の先進国として，世界の模範となるシステムを構築することを望んでやまない．そのためには，これから保育者を目指す学生一人ひとりの意識が非常に重要であることはいうまでもない．

表 3-4　子ども虐待やマルトリートメントの予防策

実施主体	実施内容
国	・マルトリートメントの行為や定義を明らかにし，罰則規定を設ける ・通告の義務を怠った場合の罰則規定について検討する ・子ども虐待だけでなく，マルトリートメントに関する報告義務を課す
地方自治体	・周産期の父親・母親教育の中で，虐待やマルトリートメント防止に向けた啓発活動を行う ・学校教育において，子ども虐待やマルトリートメントの防止に関して，啓発を行う ・社会教育において，子ども虐待やマルトリートメントの防止に関して，啓発を行う ・専門機関・施設に支援を行うと共に，ニーズに応じてネットワークシステムを構築する
専門機関・施設 （児童相談所， 児童福祉施設 等）	・加害者が虐待に気づくために，カウンセリングや心理療法を受けることを当然であるシステムを確立する ・被虐待者のセルフヘルプグループ，サポートグループ組織化する ・虐待やマルトリートメントが起きた際に，親子関係を修復するために最も効果的な "ペアレントトレーニング" を状況に応じて実施する ・孤立感を解消するため，家族療法やグループカウンセリングを受けることができるシステムを確立する ・一般市民をはじめ，教育・保育施設等での啓発活動・連携事業を行う
教育・保育施設 保育者・教育者	・保育者や教師が子ども虐待やマルトリートメントを防止する意識を持つ ・保育者や教師が児童虐待やマルトリートメントの防止に関して，研修や勉強会に定期的に参加する ・保育者や教師が，子どもの様子をしっかりと観察し，状況の変化に敏感に気づく ・子ども虐待等の防止のため，地域の専門職や専門機関・施設とのネットワークを構築する ・子ども虐待やマルトリートメントが起こった際に，関係機関と連携する

（出典）さまざまな先行研究を基に筆者作成.

第3章 子ども虐待の防止に向けた支援力を高める事例 **245**

ワーク **FMQ (Facts on Maltreatment Quiz：マルトリートメント知識クイズ)**

①～⑨の問題文を読み，正解と思う場合は○を，不正解と思う場合は×を，「解答欄の（ ）」に入れなさい．次に教科書を読み，講義を受けた上で，○または×を「正答欄の〔 〕」の中に記入し，グループで問題の答え合わせを行い，得点を付けなさい．

回答欄　正答欄　　　　　　　　　　　　　　　　　　　　　　　　　　　　点 ／9点

（ 　）　〔 　〕①子どもを戸外に締め出すことは心理的虐待であり，親が万引きなどの犯罪を強要することは身体的虐待である．

（ 　）　〔 　〕②0歳～就学未満の児童（6年間），小学生（6年間），中学生・高校生（6年間）の3つの年齢区分のなかで，最も虐待の被害が多いのは小学生である．

（ 　）　〔 　〕③0～18歳の児童で，虐待による死亡が最も多い年齢は，6歳である．

（ 　）　〔 　〕④共働きの両親が，仕事の後で食材をスーパーで購入するため，21時過ぎに乳幼児を一緒に連れて行くことは仕方ないことである．

（ 　）　〔 　〕⑤食材を買うため，近所のお店に行く15分間だけ，子ども2人（11歳長女と5歳長男）に自宅で留守番をさせることは特に問題ない．

（ 　）　〔 　〕⑥家族4人（父・母・長女15歳・長男10歳）が，夕食で居酒屋に行くこと自体は特に問題ない．

（ 　）　〔 　〕⑦保育者が失禁した5歳の男児に対して，「大きいのに"おもらし君"は困る」とみんなの前で言ったことは，虐待である．

（ 　）　〔 　〕⑧自動車内に放置された子どもが，熱射病で死亡する事故が起きるのは7月～8月である．

（ 　）　〔 　〕⑨あなたは，子ども虐待をいつか必ず撲滅できると思っている．

この章（教科書）を読み，講義を受けて，保育者を目指すあなたが，これから子ども虐待防止のためにできること（実践したいこと）を，以下の空欄に記入しなさい．

これから子ども虐待防止のためにできる（実践したい）ことについて，グループメンバーと意見交換を行い，メンバーの意見から気づいた点を，以下の空欄に記入しなさい．

（立 花 直 樹）

第 4 章

いじめ防止に向けた支援力を高める事例

学びのポイント

　児童におけるいじめは，相変わらず社会問題となっている．いじめは，旧来から存在し，良くないことであると認識されてきたが，一向に解決してこなかった．しかし，近年の諸問題により，行き過ぎたいじめは「犯罪」であると捉えられ，いじめた側に「処罰を課す」等の対応が図られだした．しかし，いじめた側に「処罰を課すこと」が，いじめの減少や防止に繋がるのであろうか？　その方法でいじめはなくなるのだろうか？

　いじめが低年齢化している現在，保育者もいじめの対応に迫られる場面があるだろう．

　本章では "子どもの最善の利益" を踏まえた "いじめとマルトリートメントの予防と対応" について，実態・根拠 (evidence) と事例を示して，検討することとする．

　本章を学ぶにあたって，まず本章末のワークに取り組むことから始めていただきたい．

第1節　いじめとは何か

旧来より，日本の教育機関等において，いじめ (bullying) が問題となっている．

しかし，長い間，国・地方自治体・教育委員会・教育機関の多くが適切な対応をしてこなかった．2011 (平成23) 年に滋賀県大津市内の中学校で発生したいじめについて，中学校側が適切な対応をしなかったことで被害児童が自殺したが，その後も学校側が「いじめはなかった」として隠蔽し続けたため社会問題となり，「大津いじめ自殺事件」としてマスコミに大きく取り上げられた．この事件が契機となり2013 (平成25) 年に「いじめ防止対策推進法」が整備され，国や地方自治体ではいじめを防止するために様々な方策が検討されてきた．

いじめ防止対策推進法の第2条では「いじめとは，児童生徒に対して，当該児童生徒が在籍する学校 (小学校，中学校，高等学校，中等教育学校及び特別支援学校) に在籍している等当該児童生徒と一定の人的関係にある他の児童生徒が行う心理的又は物理的な影響を与える行為 (インターネットを通じて行われるものを含む.) であって，当該行為の対象となった児童生徒が心身の苦痛を感じているもの」と定義されている．

具体的ないじめの内容は，文部科学省の各教育機関への調査である「児童生徒の問題行動等生徒指導上の諸問題に関する調査」の中に9項目が明記されている (**表 4 - 1** 参照).

第2節　いじめの増加と状況認識

文部科学省 (2016) が，国公私立のすべての小学校から高等学校さらには特別支援学校までのいじ

表4-1　いじめの内容

① 冷やかしやからかい，悪口や脅し文句，嫌なことを言われる．
② 仲間はずれ，集団による無視をされる．
③ 軽くぶつかられたり，遊ぶふりをして叩たたかれたり，蹴られたりする．
④ ひどくぶつかられたり，叩かれたり，蹴られたりする．
⑤ 金品をたかられる．
⑥ 金品を隠されたり，盗まれたり，壊されたり，捨てられたりする．
⑦ 嫌なことや恥ずかしいこと，危険なことをされたり，させられたりする．
⑧ パソコンや携帯電話等で，ひぼう・中傷や嫌なことをされる．
⑨ その他

（出典）　文部科学省初等中等教育局児童生徒課（2015）「いじめの態様」を参照し筆者作成．

めに関する統計を取り始めたのは，2006（平成18）年度からである．2006（平成18）年度以降の10年間で，中学校や高等学校，特別支援学校における「いじめ発生件数」は，多少の増減を繰り返しながらも，ほぼ同水準で推移している．しかしながら，小学校における「いじめ発生件数」は，2008（平成20）年度に「60,897件」であったのが2016（平成28）年度には「237,256件」となっている．近年，いじめの低年齢化が社会問題となりつつあるが，そのことを顕著に表している．この様に，いじめが低年齢化している状況が顕著でありながら，教育機関でもある幼稚園や幼保連携型認定こども園におけるいじめの統計は，調査対象として含まれていない（**表4-2**参照）．

表4-2　全国の教育機関におけるいじめの認知件数の推移

（単位：件）

	小学校	中学校	高等学校	特別支援学校	合計
2006（平成18）年	60,897	51,310	12,307	384	124,898
2008（平成20）年	40,807	36,795	6,737	309	84,648
2010（平成22）年	36,909	33,323	7,018	380	77,630
2012（平成24）年	117,384	63,634	16,274	817	198,109
2014（平成26）年	122,734	52,971	11,404	963	188,072
2016（平成28）年	237,256	71,309	12,874	1,704	323,143

（出典）　文部科学省（2018）「平成28年度　児童生徒の問題行動等生徒指導上の諸問題に関する調査」．

　一方で，ユニセフ（国際連合児童基金，UNICEF：United Nations Children's Fund）のイノチェンティ研究所は，先進国における子どもの状況をモニターし比較することを目的として，2000（平成12）年から，『レポートカード』シリーズを公表している．2013（平成25）年12月に発表された『イノチェンティ　レポートカード11：先進国における子どもの幸福度』の中で，「日本で『いじめを受けたことがある』と答えた13〜15歳の子どもは27.4％で，先進30カ国中12位となったこと」が明らかにされた．つまり，日本の子どもたちの4人に1人がいじめ被害を経験しており，この状況は他の先進諸国と比較しても小さな問題ではないことが明らかになった．

　文部科学省によれば，2016（平成28）年に日本全国の中学校に在籍している生徒は3,406,029人である．この数値をユニセフの調査結果に当てはめれば，「933,252人（3,406,029人×0.274）」の生徒が何らかのいじめを経験していることになる．全国の中学校におけるいじめの認知件数は，2016（平成28）年の時点で，「71,309件」であった．しかし，「71,309人」は「933,252人」に比べれば，僅か7.64％

でしかない．また，全国の小学校における「児童数：6,483,515人（平成28年）」をユニセフの報告書にある「いじめ被害の割合（27.4％）」に当て嵌めれば，小学校におけるいじめ被害の件数は「1,776,483人（6,483,515人×0.1335）」となり，文部科学省が把握している「237,256件」は僅か13.35％でしかない．

つまり，2016（平成28）年度に，全国の教育機関（小学校・中学校・高校・特別支援学校）で把握している「いじめの認知件数：323,143件」というのは氷山の一角であると考えられ，教育機関が認知できていないものを含めればもっと多くのいじめが存在すると考えられる．

2016（平成28）年の小学校数「20,313校」を，ユニセフ概算のいじめ件数「1,776,483件」に当て嵌めて計算（1,776,483件÷20,313校＝87.4554）すると，1校当たり約87人の児童が何らかのいじめ被害を受けた経験があることになる．また，2016（平成28）年の中学校数「10,404校」を，ユニセフ概算のいじめ件数「933,252件」に当て嵌めて計算（1,776,483件÷20,313校＝89.7012）すると，1校当たり約90人の生徒が何らかのいじめ被害を受けた経験があることになる

もちろん小学校や中学校の規模や児童・生徒数は異なるので，一概にはいえないが，毎年，全国の小学校や中学校で多くの児童・生徒がいじめ被害に遭っている可能性が高い．

第3節　重篤ないじめ発生と対応の現状

「いじめ防止対策推進法」の第28条第1項第1号に「『いじめにより当該学校に在籍する児童等の生命，心身又は財産に重大な被害が生じた疑いがある』と認めるときは，学校の設置者又はその設置する学校は，その重大事態に対処し，及び当該重大事態と同種の事態の発生の防止に資するため，速やかに，当該学校の設置者又はその設置する学校の下に組織を設け，質問票の使用その他の適切な方法により当該重大事態に係る事実関係を明確にするための調査を行うものとする」と規定されている．

2013（平成23）年度から2016（平成28）年度までの重大ないじめ事件が発生した学校数の推移であるが，深刻な事態は決して少なくない（**表4-3**参照）．

表4-3　いじめ防止対策推進法第28条第1項に規定する「重大事態」の発生件数の推移

（単位：件）

	小学校	中学校	高等学校	特別支援学校	合計
2013（平成25）年度	58件	95件	24件	2件	179件
2014（平成26）年度	117件	281件	51件	0件	449件
2015（平成27）年度	111件	137件	44件	6件	298件
2016（平成28）年度	119件	186件	88件	3件	396件

（出典）文部科学省（2018）「平成25～28年度　児童生徒の問題行動等生徒指導上の諸問題に関する調査」文部科学省「児童生徒の問題行動・不登校等生徒指導上の諸課題に関する調査」．

しかし，これまで発生したいじめ事件で，児童が自殺したり暴行を加えられ意識不明や重傷になったりした場合，その児童が所属する小学校・中学校・高等学校の担任や教頭・校長等がコメントを発表したり記者会見を開いたりしていることがある．その際，多くの教師や教頭・校長が「気付きませんでした」「知りませんでした」「いじめがあったと認識はしていません」という発言を繰り返してい

る．単純計算するだけでも，多くの児童がいじめ被害を受けているという事が分かる状況下で，「気付きませんでした」「知りませんでした」という発言は，あまりにも無責任である．これだけのいじめが発生しているのであれば，「自らのクラスにいじめを受けている児童がいる可能性がある」と疑って，常に子どもに対して「目配り・気配り・心配り」をすべきである．教育機関や教師の無関心が，いじめを見過ごし，小さないじめを重大な事件にさせてしまっている可能性が無いとはいえないのである．さらには，教育機関や教師自らが隠蔽する状況が多発している．

児童の命が消える前に，重症や重体になる前に，いじめを防ぐことが喫緊の課題である．

第4節　いじめ発生の構図と各種事例

果たして，どのようなメカニズムでいじめが発生しているのだろうか．ここでは，事例Aを読み，社会的関係性からいじめ発生の構図を考えてみよう．

●事例A　相談市立援助中学校でのいじめの事例

2015年4月に相談市立援助中学校入学した，男子生徒5人は意気投合し，すぐに仲良くなった．ゴールデンウィーク明けには，5人中4人が携帯電話を入手し，LINEアプリを使用して情報交換を始めた．けれども，Kくん（男児12歳）だけが，経済的な事情で携帯電話を買ってもらうことが難しかった．

やがて，他の4人との情報や話題のずれが生じてきたKくんは，少しずつ他の4人との距離が離れていった．そんな矢先，リーダー格のHくんが携帯電話を紛失する出来事があり，Kくんの机の近くで携帯電話が見つかった．暫くしてKくんの机に落書きが始まり，教科書が破られ，通路を通ると蹴られ，後ろから押され，横からぶつけられたりする等，暴力行為に発展していった．

数人のクラスメートは，いじめているHくんの味方をし，他のクラスメート達は気づきながらも，自分がターゲットになることを恐れ，見て見ぬふりをしていた．2学期になると，Kくんは次第に中学校に登校してこなくなった．

いじめが起こった時，**事例A**のように被害児童は1人であることが多い．その際，直接いじめを行っている加害児童（複数）がいる．そして，直接いじめの場面を見ていながら，加害者の味方となり周囲で囃し立てたり，いじめを見守ったりする加担者（クラスメート等）の存在がある．さらには，いじめの状況を見て見ぬふりをするクラスメートやいじめの事実を知ろうとしない担任である傍観者が存在する．そして何よりも，いじめをなくすために，何も行動を起こそうとしない無関心者（私たち国民）がいる．

いじめの被害児童は，誰からも助けられず，周囲から見捨てられ無視されるという孤独（ストレスや圧力）を感じて傷付き，場合によっては自ら命を絶ってしまうのである（**図4-1**参照）．

第5節　マルトリートメントとは何か

マルトリートメント（Maltreatment）とは，欧米で確立してきた概念で「大人の子どもに対する不適切な関わり」を意味している．本書におけるマルトリートメントは「大人がいじめに加担したり，いじめを生む原因となる不適切な関わりを行ったりすること」と定義し，より幅広い意味を含むこととする（**図4-2**参照）．

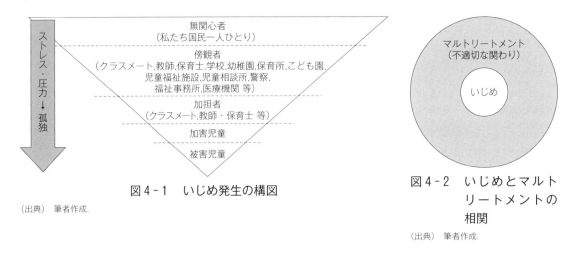

図4-1　いじめ発生の構図

（出典）筆者作成．

図4-2　いじめとマルトリートメントの相関

（出典）筆者作成．

　現在，いじめの定義はあっても，マルトリートメントには明確な定義がない．そのため，近年の日本では，教育機関等におけるいじめ防止に関する対策に力を入れ始め出したが，マルトリートメントに対する防止策について等閑（なおざり）になっている．

　では，次の事例を通じて，マルトリートメントなのかを考えてみよう．

　事例B～Dは，いずれも現実に起こりそうなマルトリートメントのケースである．

●事例B　晃洋保育園でのいじめの事例

　2016年12月△日，冬の寒い日に，晃洋保育園に通うNくん（6歳男児）が，外遊びに夢中になっていたため，トイレが間に合わず，おもらしをしてしまった．

　その時に，担任のA保育士が，「もう年長で大きいくせに，何でトイレに行かないの？！　おもらし君なんて，情けないよ！」と男児をみんなの前で叱った．

　それから，男児はクラスメートだけでなく，年下の児童からも「おもらし君」といわれるようになり，保育園を休みがちになってしまった．

　事例Bの様に，いじめを引き起こす原因が，保育者や教師の不用意な一言が引き金になるケースがある．保育者が，無意識に発した「おもらし君なんて，情けないよ！」という一言が他の児童に強烈に印象付けられ，いじめが発生してしまったのである．いじめを防ぐべき立場でありながら，いじめを引き起こしてしまう可能性があることを認識して，保育者や教育者は発言したり行動したりしなければならない．

●事例C　書房こども園でのいじめの事例

　2017年4月×日，書房こども園に通うYさん（5歳女児）とRさん（5歳女児）は，4月から同じクラスになり，少しずつ仲良くなっていた．先日，YさんがRさんの自宅に遊びに行き楽しい時間を過ごした．しかし，Yさんの帰宅後，Rさんの母が「Yさんは服装も粗末で貧乏そうだし，挨拶もできない子だから，あまり仲良くしないように！」とRさんに釘を刺した．

　次の日に，些細なことから書房こども園で喧嘩となった際に，Rさんは「あなたは貧乏で，ろくに挨拶もできないくせに生意気よ！」とYさんにいい出した．

それから，クラスのみんながYさんのことを「ビンボー！」という渾名（あだな）で呼びだした．

　事例Cの様に，保護者が自らの子どもであるRさんに発した不用意で差別的な一言が引き金になるケースがある．保護者が，無意識に発した「Yさんは服装も粗末で貧乏そうだし，挨拶もできない子だから……」という一言がRさんに強烈に印象付けられ，いじめが発生してしまったのである．子どもは親の写し鏡というが，保護者の言動や行動を常に子どもがよく観察しているということを念頭に置き，保護者は発言したり行動したりしなければならない．

●事例D　保育小学校でのいじめの事例

　梅雨が続く毎日で，保育小学校の子ども達は休み時間も室内遊びを強いられていた．3年3組では，外で遊べないストレスから，「いじめごっこ」がクラス内で流行し，毎朝あみだクジに当たった児童がその日のいじめターゲットとなっていた．
　2016年6月□日の朝，Tくん（男児9歳）がクジ引きでいじめのターゲットとなってしまった．Tくんの口癖である「もーっつ」というフレーズを真似して，クラスの皆で「もーっつ，もーっつ」と囃（はや）し立てていた．さらには，数人が悪乗りして，黒板に「体が牛で，顔がTくんの絵」を描いていた．
　そこに，担任のB教諭が入ってきた．いっせいに，皆が「先生，黒板を見てください！」というと，B教諭は黒板を見て，「おっつ，Tの似顔絵か……よく似てるなぁ！」と笑った．その時，Tくんは「もーっつ」と叫んだ．
　すると，B教諭が「T，お前は牛か？！」というと，クラスは爆笑の渦に包まれた．
　Tくんは，下を向いて真っ赤な顔となってしまった．
　それ以来，毎日の「いじめごっこ」のターゲットはTくんに決定してしまった．

　事例Dの様に，B教諭自らが「おっつ，Tの似顔絵か……よく似てるなぁ！」といってしまった発言が，Tくんの心を深く傷つけただろう．Tくんは，「きっとB教諭が似顔絵を描いた生徒を注意してくれる」と期待していたはずが裏切られたのである．それどころか，B教諭は「T，お前は牛か？！」と，いじめを助長する発言をしてしまうのである．Tくんは谷底に突き落とされた心地だったに違いない．B教諭は，クラスの雰囲気を和ますための冗談のつもりで発言したのかもしれない．しかし，B教諭は「いじめごっこ」にも気づかず，Tくんを貶（おと）める発言をしてしまった罪は非常に大きい．この様に，教師や保育者がいじめに加担してしまうケースもある．この様な状況では，クラスのいじめは治まるどころか益々ひどくなるだろう．

第6節　いじめやマルトリートメントの予防と対応について

1　いじめる側の児童・生徒へのケア
　近年，教育機関によるいじめへの対応が本格化してきたが，いじめ自体は減少する気配がない．そのような状況の中で，いじめている側の児童・生徒へのケアを積極的に行っていくことで，いじめ自体を防止したり重篤化を防止したりすることができるのではないかと言われている．
　ユニセフ（国際連合児童基金，UNICEF：United Nations Children's Fund）のイノチェンティ研究所は，2007（平成19）年12月に発表された『イノチェンティ　レポートカード7』の中で，「日本の児童の29.8％が『孤独を感じる』と答えており，先進24か国中最低の数字であること」を明らかにした．

夫婦共働き家庭や母子家庭が増加すると共に少子化も進行し，児童自身がコミュニケーションを図ったり，人間関係を築いたりするチャンスが奪われている現実がある．さらには，友人とは携帯電話やパソコンなどを使用したSNS（ソーシャルネットワークサービス）でコミュニケーションを図り，友人と遊ぶ時でさえ電子ゲームを媒介にして遊んでいるのである．

　また，テレビ番組やアニメ，漫画，電子ゲーム等において，子ども自身が暴力を目の当たりにしたり，自らがバーチャルの世界で暴力をふるったりしているため，現実と仮想の区別がつきにくくなっているのである．

　さらには，経済格差が拡大する中で，低所得の世帯が増加し，6人に1人の児童が貧困家庭となっている．そのため，家庭や学校において，常に何らかの不安や不満，ストレスを抱え，訳もなく攻撃的になる子どもが増えているのである．

　実は，いじめる側に回る児童は上記のような傾向があるといわれている．そのため，教師や保育者，あるいはカウンセラーが，日常的に様々な児童としっかりと向き合い，ゆっくりと話を聞き，精神的な不安を取り除くことに努める必要がある．また，教師や保育者，あるいはソーシャルワーカーが，家庭環境や専門機関に働きかけて，児童の生活不安を取り除く必要もある．この様な地道であるが，"Face to Face（顔と顔を合わせてコミュニケーションを図る）""Heart on Heart（心と心を通わす）"の取り組みが，いじめを減少させることにつながる可能性が高い．

2　教育者や保育者の資質向上と教科目の再考

　日本の大学や短期大学，専門学校で保育者や教育者を目指す学生に「いじめをなくすことができますか？」と質問をした際，ほとんどの学生が「多分無理だと思う」と回答する．一方で，イギリスやアメリカやオーストラリアの大学や短期大学，専門学校で保育者や教育者を目指す学生に「いじめをなくすことができますか？」と質問をした際，ほとんどの学生が日本の学生と同様に「難しいと思う」と答えた上で，「簡単ではないが，いつか撲滅できるように尽力したい」と回答する．

　保育者や教育者を目指す学生は，初めから「いじめを撲滅させることを諦めている状況」であり，この様な学生が将来，保育者や教育者になっては，いつまで経っても日本社会からいじめは減少しないだろう．まずは，子どもと関わりその人生に大きな影響を与える可能性の高い保育者や教育者が，次代を担う子ども達を育成する専門職として，「いじめを予防し減少させる」という意志を持ち責任を持って行動する必要がある．

　また，日本の大学や短期大学，専門学校で保育者や教育者を目指す学生に「いじめは駄目なことだと思いますか？」と，質問をした際，ほとんどの学生が「駄目なことだと思う」と回答する．しかし，「いじめを無くすために，いじめ被害者を助けてきましたか？」「いじめを無くすために，活動をしていますか？」と問いかけても，極わずかな学生を除いて，ほとんどの学生が下を向いて黙り込んでしまう状況である．いじめに立ち向かった経験やいじめを無くすための活動をしたことのない学生が，教師や保育者になった際に本当にいじめを無くすことができるだろうか．

　教員養成校や保育者養成校のカリキュラムにおいて，「いじめ防止特論」等の講義を必修科目として，設置する必要があるのではないだろうか．

3 いじめ防止対策推進法における定義の見直しと罰則規定の強化

　2013（平成25年）年に策定・施行された「いじめ防止対策推進法」の第2条に定義されたいじめの対象は「学校に在籍する児童生徒」であり，「保育所・幼稚園・こども園・障害児関係施設に在籍する乳幼児」は含まれていない．いじめが低年齢でも発生している現状を考えれば，定義を見直す必要がある．

　また「いじめ防止対策推進法」では，国・地方自治体・学校・教職員の責務が明記されているものの，罰則規定が明記されておらず，仮に法律に従わなかった場合でも，必ずしも処分を受ける可能性があるとはいえない．学校や教職員が適切な対応をしていない場合は，必ず「罰則」や「懲戒処分」が適応されるようにするだけでなく，教育機関や教職員による「いじめの隠蔽」が発覚した場合には，より厳しい罰則規定が適応される必要がある．そうでなければ，いじめを見過ごすことが当たり前に繰り返されるのみである．

　これまで，いじめは，「"いじめっ子"と"いじめられっ子の関係"」といった曖昧な言葉で捉えられ，いじめられる側にも問題があるかのように捉えられてきた．しかし，本当にそうだろうか．いじめは「度が過ぎた悪ふざけ」ではなく，「撲滅すべき犯罪」として捉えられ，国民全体で責務をもって対応していかなければならない重大問題である．

　加えて，「いじめ防止対策推進法の第14条第1項」では，「いじめ問題対策連絡協議会」に規定が規定され，いじめは個人や学校だけの問題として捉えるのではなく，地域ぐるみで対応してくことも求められている．しかし，これだけいじめが社会問題になっているにも関わらず，2016（平成28）年現在で，全国にある1,743の自治体の内，1,131の自治体（64.8％）しか「いじめ問題対策連絡協議会」が設置できていない．国や都道府県，市町村が「いじめ問題の解決」の道標を示してくことも非常に重要であることは言うまでもない．

| **ワーク** | FBQ（Facts on Bullying Quiz：ブリング知識クイズ）|

A．以下の設問で，「いじめる行為だと思う」場合は「自分欄（ ）」に○を入れ，「いじめる行為ではないと思う」場合は「自分欄（ ）」に×を入れなさい．その後，グループで話し合い，グループで話し合った上で，○or×を「グループ欄〔 〕」に入れなさい．

自分欄　　グループ欄

（ ）　〔 〕①人の嫌がることばかりするクラスメートを無視する．

（ ）　〔 〕②何をするにしてもイイ加減で，足を引っ張るグループメンバーに皆で直接文句をいう．

（ ）　〔 〕③いじめられているクラスメートの様子を見たくないので，そっと教室を出る．

（ ）　〔 〕④いじめられているクラスメートの様子を見たくないので，参考書を読んで，関わらないようにする．

（ ）　〔 〕⑤いじめを知っていたとしても，通告すれば自分がターゲットになるかもしれないので，特に誰にもいわず見て見ぬふりをする．

B．以下の設問で，あなたの考えや行動に当てはまる場合は「自分欄（ ）」に○を入れなさい．その上で，○を入れたグループメンバーの人数を〔 〕に記入しなさい．

自分欄　グループ人数欄

（ ）　〔　　人〕①いじめる側にも，いじめられる側にも何らかの問題がある．

（ ）　〔　　人〕②いじめられているクラスメートがいれば，力や権限のある人物（教師や専門職など）に相談する．

（ ）　〔　　人〕③いじめられているクラスメートがいれば，自ら助ける．

（ ）　〔　　人〕④いじめをなくすことは，簡単ではない．

（ ）　〔　　人〕⑤いじめをなくす為に，できることがあれば，関わっていきたい．

（ ）　〔　　人〕⑥いつか世界中からいじめを撲滅できると信じている．

C．グループワークを踏まえ，保育者を目指すあなたが「これからいじめ防止の為にできること（実践したいこと）」を以下の空欄に記入しなさい．

D．各自が考えた「いじめ防止の為にできること（実践したいこと）」をグループで共有し，最善の方法をグループで検討し，協議した内容を以下の空欄に記入しなさい．

（立花直樹）

第5章

低所得世帯の児童や家庭への支援力を高める事例

学びのポイント

　本章では低所得世帯への支援について学ぶ．低所得状態になることは，誰にでも生じる可能性があることを理解した上で，子どもの育ちを支えるために家庭支援をする必要性について理解を深めてほしい．低所得世帯に対して保育所が担える支援は経済的な支援ではなく，日々の信頼関係を土台として家庭の理解を深め，必要に応じて多機関・多職種と連携して家庭の安定性を高めていく支援であることを事例を通して学んでいただきたい．

第1節　低所得世帯への支援の必要性

1　低所得世帯の状況

　日本の貧困状況を把握する1つの指標として「相対的貧困率」がある．相対的貧困率とは，世帯の手取り収入を世帯人員にあわせて調整した所得の中央値の半分に満たない者の割合を示したものである．その国で平均的な所得の半分に満たない所得で生活している人の割合を示している．2016年の「子どもがいる現役世帯」の貧困率は12.9％であり，そのうち「大人が一人」の世帯員では50.8％，「大人が二人以上」の世帯員では10.7％となっている（厚生労働省，2017：15）．これらの値は少なくない人々が相対的貧困状態にあることを示している．さらに17歳以下の子ども全体のうち，相対的貧困状態にある子どもの割合を示した「子どもの貧困率」は13.9％であり，約7人に1人の子どもが貧困状態にある（前掲書：15）．また2017年に発表された各種世帯の生活意識では，児童のいる世帯の25.1％が「大変苦しい」，33.6％が「やや苦しい」と返答しており，半数以上が「苦しい」という意識を持っているという結果が示されている（厚生労働省，2018：12）．

　低所得状態になる理由には，パートやアルバイトなどの不安定雇用であることや，身体的・精神的な疾患を抱えていること，その他に安定的な雇用に結びつきにくい要因を本人が抱えているなど，さまざまな要因が考えられる．また経済状況の変化によって雇用が不安定になることや低賃金になるといったように，社会状況による要因もあるため，低所得状態になることは誰にでも生じる可能性がある．また子どもは家庭にある不安定さの影響を受けやすい立場であるため，子どもの育ちを支えるためには，日々かかわる子どもへの支援に加えて，家庭に対しても支援する必要が出てくる．

2　低所得世帯および支援の必要性の把握

　保育所が各家庭の経済状況を把握できる1つの情報として，保育料の負担階層がある．保育料は応能負担（保護者の所得に応じて利用料が変わる負担方法であり，所得が高いほど保育料が高い階層になる）であるため，保育料の負担階層でおおよその収入状況を把握することが可能である．

しかし，低所得であるからといってすべての家庭に支援が必要であるわけではない．高価な服はなくても適切に洗濯されており，子どもの身体に適したサイズの服を着ている場合や，主食費などの保育料とは別に徴収が必要なお金の納入が滞ることがない場合など，経済的にギリギリのラインであっても働きながら子育てを楽しみ，がんばっている家庭はたくさんある．それらの家庭に対しては，他の家庭と同様に，子どもの育ちを支えると同時に保護者の子育てを見守る支援を行っていくことが望ましい．

ただし，これらとは逆の様子がみられる場合に，特別な支援が求められてくる．たとえば，子どもの服が何日も同じで洗濯されておらず汚れが目立つ・臭いがする場合や，何年も同じ服を着てサイズが合っていない・古くなっている場合，入浴頻度が低いことがわかる場合，子どもの様子として気持ちの安定感が乏しくぐずることが多い場合や，無気力な様子，自己肯定感が低い様子が見られることもある．給食時におかわりが多く適量範囲を超えている場合や，子ども自身から自宅で食事を摂っていないことを教えてくれる場合，ネグレクト傾向があり年末年始の休みが無事に過ごせるか保育者が不安になる場合もある．さらに，病気や怪我の際に医療機関を受診していない，主食料や遠足時の交通費等の負担金の納入が滞りがち，子ども自身が困っているときに怒る対応でしかかかわれていない，いつもイライラしがちであるなどの様子が見られるかもしれない．

このように子どもの健康や育ちにかかわるさまざまな様子から，特別な支援の必要性がみえてくる．そしてこれらの様子が見られた際に，ただ「困った保護者」として見るのではなく，低所得といった家庭の状況を踏まえ，家庭への理解を深めることによって「何が（に）困っているのか」という，必要な支援が見えてくる．

3　多機関・多職種連携および社会資源の活用の必要性

低所得であること自体への支援については，保育所が担えるものではなく，たとえば生活保護制度や生活困窮者自立支援制度など所得を保障する制度を用いる必要がある．しかし，制度を利用すればすべて解決されるわけではなく，低所得にならざるを得なかったさまざまな要因については経済的な危機を脱したとしても問題として残る可能性がある．また，制度の要件に合致しないために利用できずに困難さを抱える場合もある．すなわち保育所は経済的な支援ではなく，子どもの育ちや保護者の子育てを支える役割として，密接にその家庭とかかわれる立場を活かして，各家庭が利用している制度把握をできる範囲で行いつつ，必要に応じて各自治体の窓口担当者や，社会福祉協議会，保健所，保健センター，主任児童委員や民生・児童委員，地域で活動を行っている諸団体などと連携しつつ，家庭の安定性を高めていく支援を行っていく．また困りごとを抱えながらも，どこにも相談できずにいる場合は，日ごろから地域の社会資源の把握に努めながら，困っている内容に応じて社会資源に関する情報提供を行い，各家庭と社会資源のつなぎ役になる必要がある．

第2節　低所得世帯の児童や家庭への支援事例

●事例1　養育能力への支援と経済状況変化への対応事例

ある日，男性が突然保育所に来て「ここ入れる？」と聞いてきたため，役所に行くように伝えた．4月

第5章　低所得世帯の児童や家庭への支援力を高める事例　　*257*

になり男性の子ども A ちゃん（7ヵ月）が入所してきた．父は21歳，母は18歳，ともにアルバイト就労を
している．父の母親（50歳，パート労働）も同居しており，3人の収入でなんとか生計が成り立っていた．
保護者は A ちゃんのケアやかかわり方に苦慮している様子が入所当初から見られた．また保育所内の棚
に置いてある予備の着替えが乱雑に置かれていることや，オムツが不足することも頻発した．そのため担
任は，送り迎えの際に保護者に声をかけて，A ちゃんの保育所での様子を伝えることや，家庭での様子
を聞きながら予備の着替えを畳んで棚に一緒に整理すること，「オムツを○枚持ってきてくださいね」と
具体的に伝えること，A ちゃんの好きな遊びを伝えるなど，関わりを重ねていた．
　　A ちゃんが1歳の誕生日を迎える頃，母の体調が悪い日が続いていたため担任が声をかけると「妊娠
した」とのことであった．その際の表情が暗いため何か心配事があるのではないかと聞いたところ「お金
がない」との返答があった．体調不良で就労できず収入が減り家計が成り立たない状況であった．経済的
困窮度合いが高まっていることに加え，助産制度の情報も知らなかったため，役所の窓口に相談に行くよ
うに促した．また本人の同意を得た上で，役所に「このような方が相談に行くので対応をお願いしたい」
「何かあれば連携してかかわっていきたい」という連絡を入れ，さらに地域の主任児童委員にも連絡を入
れておいた．

　　この事例では，子どものケアを一から伝えていく支援も行っていた．そのような入所当初から担任
の丁寧なかかわりの積み重ねによって，母から妊娠やお金がないという話を聞くことができている．
家庭によっては役所の窓口は遠い存在であり，使える制度に関する知識も持ち合わせていない場合も
ある．また，この家庭の経済状況を把握していることによって助産制度の利用可能性を視野に入れて，
役所の窓口に相談に行くことを勧めることができている．さらに今後の支援に向けて役所や主任児童
委員との連携に向けた関係をつくることができている．【文章末ワーク1に取り組んでみよう】

●事例2　緊急対応で保健師との連携を行った事例

　　B ちゃん（2歳），母（25歳）は近くのスーパーでパートをしている．B ちゃんの母は気さくなタイプで，
送り迎えのときに保育者とよく雑談をしていた．保育者は母の話をよく聞くとともに，いつも連絡帳を丁
寧な字でしっかり書いてくれていることも含めて母のがんばりを労っていた．ある日，母から夫（B ちゃ
んの父，25歳）が家を出て行ってしまったことが話された．その後，送り迎えでの様子を見ていると母の
お腹がどんどん膨らんできて妊娠している様子であったが，妊娠に関することが全く会話の中には出てこ
ず，いつもタバコのにおいがしていた．そのような中，連絡もなく B ちゃんが保育所を休んだ．気になっ
た保育者が電話を入れるが通じない．次の日も無連絡でお休みであったため，心配になり緊急事態と判断
して保健センターに連絡を入れ，妊娠中であること，妊婦検診未受診の可能性が高いこと，電話をしても
通じないことを伝えて訪問を依頼した．
　　その後，保健センターからの情報では，保健師が訪問した際に母も B ちゃんも元気ではあったが，家
の中に入らせてもらえず，今後も定期的に訪問をしていく予定であるとのことであった．保育所としても
今後も継続的に見守りを行うこと，何かあれば連携して対応していくことを伝えた．B ちゃんが登園して
きた際に，母に承諾もなく保健センターに連絡を入れたことについて話をしたところ，母は悪く言うこと
はなく，保育者が母と B ちゃんを心配していることを理解してくれた．

　　妊婦検診未受診であることは，母体と胎児にとって高リスクであるため母子保健を担う保健セン
ターとの連携が重要になってくる．この事例では，本来であれば母の承諾を得る必要があるが，緊急
事態と判断して保健センターに訪問を依頼している．普段は気さくな母が初対面の保健師を家に入れ
なかったことや，母の承諾なく保健センターに連絡したことについて母と B ちゃんのことを心配し

たゆえの行動であることを理解してくれたのは，これまでの保育者との日々のやり取りの中で信頼関係が築けていたことの表れであるといえる．【文章末ワーク2に取り組んでみよう】

●事例3　保護者の自己決定を尊重した事例

> Cちゃん（4歳），父37歳，母35歳，姉15歳の4人家族である．父は病気で働けず，母はパート労働をしており生活保護を受給している．子ども・子育て支援法に基づく「実費徴収に係る補足給付事業」対象であるため，申請をすると教材費や行事参加費の実費徴収が減免される．毎月の主食費や遠足等の負担金支払いが滞りがちであるため，保育者はこの事業を利用すると家計負担が少しでも軽減するのではないかと考え，一度保護者に声をかけたが「利用したくない」との返答であった．その後も負担金の支払いが滞ることもあり，保育者は利用を促したいと思っているが，ふれてほしくなさそうなので様子を見守っている．

　保育所保育指針「第4章　子育て支援」においても，保護者の気持ちを受け止めること，保護者の自己決定を尊重することが明記されている．この事例は生活保護受給中であるため，担当ケースワーカーによる支援がすでに入っていることもあり，必要に応じて連携をする体制を整えながらも，現時点で保育所から特別な支援はしていない．保育者が利用したほうがいいと考えていても，利用を決めるのは保護者自身である．制度説明を行った上で，利用を拒否される場合は無理強いすることなく，保育所は見守りのスタンスでかかわっている．【文章末ワーク3に取り組んでみよう】

●事例4　地域の社会資源を活用した事例

> Dちゃん（3歳）は母（35歳）と2人暮らしである．母はパートを2つかけもちしており，生活保護は受給していない．Dちゃんは朝ごはんを食べていないようで昼食時におかわりをよくしていた．特に休み明けの月曜日はその様子が顕著であった．主食費の納入も毎月滞っており，服もサイズが合わなくなっていた．お迎えの際に保育者が声を掛けて家での様子を聞くと，収入が安定せず食費を切り詰めることでなんとかやりくりをしているため，Dちゃんも母も十分な食事が摂れていないようであった．そこで保育者は，Dちゃんには昼食時にはじめから少し多めにご飯とおかずを提供すること，母には役所や社会福祉協議会の生活相談へ相談することを促すとともに，地域の子ども食堂やフードバンク，古着の子ども服の無料配布に関する情報提供を行った．

　この事例では，相談行動を促すとともに，地域の社会資源に関する情報提供を行っている．その他の対応として社会福祉法人全国社会福祉協議会全国保育士会（2017）では，子どもが空腹そうな様子がうかがえたら，そのとき提供できる食べ物を別室で勧めることや保育所で保管している古着を新しい洋服を購入するまで貸与するという対応も挙げられている．情報提供については口頭で伝える方法に加えて，地域の社会資源に関する情報を普段から保護者が見える場所に掲示することや，保育所からのお便りに載せることも有効である．【文章末ワーク4に取り組んでみよう】

第3節　保護者を支援するための信頼関係構築および保育所内体制の構築

1　保護者との信頼関係を土台とした支援

これまで4つの事例を提示してきたが，どの事例においても保護者との日々のやりとりを通じた信

頼関係が支援の土台であった．日々の子どもの様子を伝えることや，保護者の聞いてほしいという気持ちに応えて話しを聞くこと，事例でみられたように保護者のがんばりを労うことなどを通して，「子どものことをしっかり見てもらえている」「この先生なら話を聞いてもらえる」「私のがんばりを認めてもらえる」という思いを保護者が持ち，それが信頼関係の構築につながっていく．しかし保護者と保育者の関係は友人関係ではないため，ただ会話をするのではなく面接技術を用いながら，丁寧な言葉で対応することや，保護者の発する言葉にこめられた思い・意図を汲み取りながら，保護者の思いを聴くことが求められる．

2 保育所内の支援体制の構築

子どもの保育に関しては担任が主担当者になるが，保護者支援の際には，担任だけではなく主任や施設長も含めた保育所内での役割分担も重要になってくる．負担金の納入が滞っている場合に，子どもの担任から催促されることは保護者にとって恥ずかしさやつらさを感じることも考えられる．また担任は1年で交代する可能性が高いため，継続的な関わりが必要な場合には，子どものことに関しては担任が関わりつつ，お金のことや家庭内の相談事については1年交代ではなく常に主任が担当するなど，可能な範囲で役割分担することによって，保護者の精神的負担を少しでも軽減させつつ，かつ保護者と保育者の信頼関係を土台とした継続的な支援を行うことが可能になる．

また地域の要保護児童対策地域協議会に出席することや，地域の他機関とのやりとりについては施設長が行うなどの役割分担も考えられる．このような役割分担を職員全員が理解することによって，会議でのケース共有時だけではなく日々の職員間のやりとりの中で，支援が必要な家庭に関する情報共有や情報の集約が可能になり，日々の見守りに加えて緊急時にも対応できるようになってくる．

ワーク1

・わが国の所得保障のための制度にはどのようなものがあるか調べてみましょう．

ワーク2

・保護者との信頼関係づくりのためにどのような日々のかかわりが必要でしょうか
・事例2で信頼関係が築けた理由（要因）を考えてみましょう

ワーク3

・事例3でなぜ保護者が制度を利用しないのか気持ちを考えてみましょう

ワーク4

・地域にある無料もしくは低額で使える子育て資源について調べてみましょう

ワーク5

1　事例4をもとに，この家庭において子どもの育ちや子どもを育てる上で，どのような困り事が発生していると思いますか？　3つ考えてみましょう．

番号
①_____
②_____
③_____

2　上で挙げた3つの困り事の解消や緩和に役立つ社会資源に何がありますか？　制度やみなさんの地域にある社会資源など，使える社会資源を挙げてみましょう．またその社会資源を使うことによって，どのような効果が予測されるのかについても考えてみましょう．

番号	使える社会資源	社会資源を使うことによって予測される効果
①		
②		
③		

（岩本華子・藤原範子）

第6章

障がいのある児童や家庭への支援力を高める事例

> **学びのポイント**
> 制度の変遷はあっても，幅広い分野にわたる障がい児・者と家族への相談援助（支援）は，「受容」「自立」の理念とエンパワメント理論を土台としながら，ポジティブな支援が普遍であることを，事例考察をとおして学んだ上，相談から個別支援計画への展開の手法についても理解していただきたい．

第1節　障がい児・者のライフステージにそった事例の分析
――当事者および家族への聞き取りを中心とした事例から考える――

　障がいのある利用者は，児童・教育期を経て，それぞれの「有する"力"」を最大限に活用して，地域で限りなく"自立"を念頭に生活している．その一生（ライフステージ）の各期間で，実にさまざまな行政機関，福祉施設また相談事業所が，本人と家族の相談援助に取り組んでいる．本節では児童発達支援センターや障がい者相談支援事業所でのソーシャルワーク事例の一端にふれながら，保育と福祉という対人支援の専門職をめざす人々の，相談援助に関連する課題分析に取り組みたい．ここでは，利用者本人または家族への「聞き取り（インタビュー）」を中心にまとめた事例をもとに，主訴，社会・環境とのかかわり，生活課題を中心に考えて，さらに，個別支援計画の作成演習にも取り組みたい．

●事例1　母子生活支援施設に生活する障がい児の母親への聞き取りから

〈対象者の概要〉
　Aくんは，現在は4歳（年少児）で中度の知的障がい児であり，母親，妹（2歳）とともに母子生活支援施設に生活している．昨年の冬に，児童発達支援センターに相談に来て，母子通所を経て4月から単独で通所しながら療育訓練を受けている．母親は，DV被害を受けて離婚し，1年前より母子生活支援施設に入所している．
　当センターでは，Aくんは，母子通所の3カ月の間は，動きが激しく遊びや活動に集中できない．また，母親を求めることが少なくむしろ保育士と関わると子どもらしい笑顔が見られる．

〈相談（聞き取り）の内容〉
　Aくんは，施設内にいても他の子どもと遊ぶことがなく，自分勝手に動くことが大半で，自分（母親）のいうことを聞かない．保育所入園も考えたいが，このままでは心配である．会話も下手で視線が合わず，他の子と何か違うような気がした．
　着替えとかは自分で行うが，ご飯の食べ方も行儀が悪く，食べ物の好き嫌いが激しい．
時々夜尿があり，とても腹が立つ．いうことを聞かないと，自分も「カッ」となって，叩きたくなってし

まう．下の子（妹）はかわいいが，Aくんは離婚した夫（実父）に似ている部分が多く好きになれないときがある．

　自分も，早く施設を出て働き，3人で暮らしたい．そのためにも，子ども2人を保育所に預けたいが，上の子（Aくん）が今のままでは，学校へ行くのもとても心配である．

【相談支援上の課題】
　この事例では，母子生活支援施設の母子支援員と児童発達支援センター職員との機能の分担および連携が最大のポイントである．子ども，母親それぞれの支援のキーパーソンとなる保育者等の存在が重要である．

　支援上の課題としては，① 母親自身の新しい生活に向けた DV 被害のトラウマと回復への支援，② 本児と母親の母子愛着関係の回復・獲得のための支援，③ 本児の発達上の課題の整理と療育支援，④ 中長期的な母親の就労も含めた自立支援，等がポイントとなる．関わりをもつ両施設が中心となり，福祉事務所，児童相談所などの専門機関，ハローワーク，保育所，民生児童委員，等のネットワークの中で，本児の就学時期なども見据えた中長期的なマネジメントが必要となる．

表7-1　面接による個別相談支援計画の作成例

氏名 （利用者）	・Aくん ・母親	生年月日　　年　　月　　日 ＜年齢＞　　＜　4　歳＞	
主訴 ・本児の発達を促し，保育所に入園できるようにする．		生活ニーズ ・母親自身の新しい生活に向けての不安． ・DV 被害のトラウマと不安． ・就労するためには，本児の保育所通園が必要だが不安．	

長期目標	長期目標の期間　⇒　　年　　月　～　　年　　月
・本児が，保育所に通い，楽しく生活できる． ・母親が本児に愛着を持って関われる．	

	短期目標	支援方法 【具体的な実行方法】	実行期間	担当者	備考
①	・本児が集団保育に慣れて，楽しく活動できるようになる．	・保育者と楽しく遊ぶ．（大人が好きになる） ・友だちとのかかわり，遊びをサポートする．	3カ月 3カ月	保育士 児童発達支援センター	
②	・母親が本児の良い面をいっぱい理解する．	・共に活動して親子のかかわりをサポートする． ・親子二人のかかわる時間を多くつくる（妹の一時保育）．	3カ月 〜 6カ月	保育士 母子生活支援施設職員	
③	・母親が就労の準備をしていく．	・就労の相談，準備． ・就労訓練（講座など）．	6カ月	福祉事務所 ハローワーク 母子生活支援施設	

（出典）筆者作成．

●事例2　特別支援学校に通学する児童（10歳：自閉症）の母親への聞き取りから

〈対象者の概要〉
　Bくんは知的障がい児で現在，特別支援学校小学部に在籍している．療育手帳A1（重度）で自閉症ス

ペクトラム. 発語は, 3語文レベルで, 認知・記憶も良い. 体格は年齢よりやや小柄で細身. 多動傾向が著しく, 動きは俊敏で大人の隙をすぐ見つける.

父母, 祖父母, 弟2人の7人家族である. 母親は, とても育児に熱心で家族でも中心的に行動するが, 体力面で不安がある. 弟2名も発達障がいの可能性があり, 複数の機関(学校・施設)に相談中である.

〈相談(聞き取り)の内容〉

4年生になってもBくんの多動傾向は著しく, ますます行動範囲が拡がってきて, 時には母親が走って追いかけることも困難である. 休みの日は父親に協力してもらうが, 平日は学校のスクールバスの迎えから, すぐに自家用車に乗り, 自宅に直接帰るというパターンである.

父親は育児には元々それほど熱心ではなく, 電車通勤で勤務先も遠く, 子どもへの対応が少なくなってきている. 祖父母とも壮健だが, 本児への長時間の対応(母親不在時の見守り)はむずかしくなっている. 休日などで, 家族の隙を見て屋外に出てしまい, 地域の人に「発見」されることが続いている. 今のところ, 商店街や国道横断等で交通事故にはなっていないが, 先日, 自宅の近くの公園の中腹に登ってしまい, 近隣の男性の助けで何とか帰ってきたことがある. 10歳くらいになると多動傾向は落ち着くと期待したが, 母親の注意や指示は聞くようになってきた半面, 興味が広がり想像もつかない"いたずら"も行う. 先日, 乗用車の給油口を開けて, 水道ホースで"ガソリンスタンドごっこ"をひとりでやってしまい, 大損害であった(7万円).

弟(次男)の方が, 小学1年で地域の学校に通っている. 市の教育相談センター等の相談にも通っているが, 小学校の校長と自分(母親)の考えが合わない. 自分(母親)は, 知的障がいではなく発達障がいだと確信しているが, 小学校での受け止め方が"あやふや"で, 先生方も"もう少し勉強して欲しい"と思っている. 末弟は, 保育所に行っているが, 自分(母親)としては, "1番いいように"思う.

【相談支援上の課題】

この母親が抱える, Bくんを含めた3人の子どもの育児への悩み・葛藤・疲労と, 祖父母および父親の加齢による母親自身の焦燥感や家族全体の将来への不安等, 相談支援の内容としては多岐にわたる. それぞれの子どもの「最善の利益」を考慮した各機関・施設の相談支援の展開が必須である一方, 心身とも疲労しきっている母親自身に焦点をあて支援していくワーカーの存在が必要である.

直接的には, 日中一時支援, 短期入所や行動援護等の在宅サービスの利用による, レスパイトケアの充実が考えられる. 本児の支援は, 学校や福祉施設(事業所), 行政が連携を強めることで拡充が期待できる. また母親自身が, 「親の会」活動等のグループワークに参加して, 子どもの将来の中・長期的な見通しを持ち歩んでいける"仲間づくり"の場に向かえる支援が望まれる.

表7-2　面接による個別相談支援計画の作成例

氏名 （利用者）	・Bくん ・母親	生年月日　　　年　　月　　日 ＜年齢＞　　＜　10　歳＞			
主訴 Bくんと弟の発達が心配で追い 込まれている.		生活ニーズ ・Bくんの行動に母親がつきっきりで，負担が大きい. ・祖父母の高齢化，弟の発達面と心配なことが増えている.			
長期目標		長期目標の期間　⇒　　　年　　月　～　　　年　　月			
・母親の心身の負担を軽減して，3人の育児に十分取り組める状況をつくる.					

	短期目標	支援方法 【具体的な実行方法】	実行期間	担当者	備考
①	母親が相談できる人をつくる.	・問題毎の母親の相談者固定. ・かかわる機関・人の連携. ・相談できる親仲間づくり.	1カ月 3カ月	相談センター 学校，施設 親の会	
②	福祉サービスの利用促進.	・Bくんの短期入所等の利用の促進による母親の時間確保. ・利用を重ねている施設による個別ケアの促進.	2カ月 6カ月	相談センター施設 （事業所） 関係機関	
③	弟2名の相談の進展と家族のゆとりの回復.	・教育，福祉のネットワーク化. ・母親を支える支援者づくり.	3カ月 ～ 6カ月	相談センター 学校，施設 親の会	

（出典）　筆者作成.

●事例3　生活介護事業所に通所する重度知的障がい者の母親への聞き取りから

〈対象者の概要〉

　Cさんは，30歳代の知的障がい者で現在，都市部の障害者支援施設に自宅から通所している．療育手帳A1，障害程度区分5，障害基礎年金1級である.

　簡単な会話は可能．こだわり行動が強く，寡動傾向．ただ，突然走りだし屋外に行くことがある．特別支援学校に小学部から通学の後，18歳から約20年通所型施設を利用している.

〈相談（聞き取り）の内容〉

　自分（母親）が働きに出てから，家で落ち着かない．幼児から関わってきた祖母が「年いって」，Cさんもいうこと聞かなくなった．自宅近辺で町工場を営んでいた父親は，廃業後転職したが，業種の関係上，休日や夜間の勤務が多く，Cさんに関わる時間が著しく減少した.

　施設では，職員さんによっていうことを聞かなかったり，他害行為が増えたりしている．作業も以前ほど集中していないようだ．施設も，障害者福祉制度の変更や障害者総合支援法の成立により，大きく変化しており，対応する職員さんがよく変わる．このままでは，本人の将来が見えてこない．やっぱり，自分の子のように「働けない子」は取り残されるのか？　（自分の子のように）手のかかる子は，「どうなるのだろう？」と不安が増している.

　親仲間と確保したグループホーム用の住居は，具体的な設置の話が次に進まないし，今の仲間と一緒にやっていくのには不安がある．手のかかる重度の子ばかりで，とても運営できないと思う.

【相談支援上の課題】

　Cさんのような重度の自閉症スペクトラム児（者）の地域生活を継続できてきた要素に，都市部での先進的な福祉サービスの展開と，自営業ゆえの家族一体となった支援があったと思われる．昨今の経済不況による町工場廃業から両親共に雇用，祖母の加齢による自宅での家族介護機能の低下は，強

度の自閉性をもったCさんの生活基盤を大きく揺るがしている．そのことからくる行動変容に伴う母親，祖母の疲労蓄積という悪循環の状態である．

　短期的には，短期入所事業や休日ショートスティの利用を重ねることで，家族の介護機能を維持しながら，本人の家庭以外での生活能力やリズムをつくり上げていく必要がある．

　本人および家族が加齢化する在宅の重度障がい者の地域生活の維持・展開を，コミュニティワークの課題として考えていく必要がある．

●事例4　企業に勤務する障害者グループホームの寮生（本人）への聞き取りから

〈対象者の概要〉

　Dさんは，30歳代後半で支援7年目．障害程度区分2．重度障害者多数雇用事業所（企業）勤務歴5年．業務は，工場内の共用部門，浴室等の清掃業務等．

　両親は死去．父存命の頃は，Dさんは，時々工場や土木の仕事を手伝う他は，ほぼ無職で，生活保護で暮らす．実弟（知的障がい）が，1年早く当時の通勤寮に入るが，本人は拒否してきた．父の死去で，宿泊型訓練事業所（通勤寮）に入る．就労移行訓練事業に2年通ったのち，ジョブコーチ支援で現在の会社に就職．3年前からグループホームに移籍．実弟は近隣の就労継続A型事業所の社員で，別のグループホームに暮らしている．兄弟の元の自宅は借り家で古く（かなり荒廃していた），現在は解体撤去．そのため，帰る"家"は，今はない．実兄がいるが遠隔地のため，地元の親族2名が保護者の役割を担う．

〈相談（聞き取り）の内容――グループホームからの無断外泊後に対話――〉

　会社で，財布がなくなる事件があり，清掃部門の自分が疑われたような雰囲気がした．自分は，絶対盗っていないのに，腹が立って，会社も嫌やし，寮に帰りたくなかった．会社（特例子会社）の人は親切やけど，いろいろいうこともある．工場（親会社）の人らが，嫌なこということもある．ちゃんと掃除しとるのに，「汚い」とかいわれると，腹立つ．所長さん（上司）は変わったけど，○○○○さん（入社以来の指導役の女性社員）は変わっていない．

　ケアホームでは，△△△ちゃんとは，今もよう話をする．毎日，帰るとすぐいろいろ言ってくるので，しんどいけど聞いている．自分の休みの日は，△△△ちゃんが，（会社の帰りで）地下鉄の駅に着くと電話してきて，「迎えに来い」ていう．△△△ちゃんを好きというより，話を聞いてあげないとだめだと思う，△△△ちゃん仕事大変そうやし．弟とは，また一緒に住みたい．もう，大丈夫や，悪いこと絶対しないよ！

【相談支援上の課題】

　この事例は，相談事業と就労支援施設，宿泊型訓練事業所（通勤寮），ハローワーク，地域関係者，行政が連携を密にして，比較的順調に，脱「生活保護」と就労移行，地域生活が達成された事例である．今回の，事業所でのトラブルによる家出，2日後の所在確認，という事象は，就労や地域生活にチャレンジした知的障がい者が，"継続し続ける"ことの大変さをあらわしている．

　今後の生活課題としては，① 事業所での同僚や親会社社員との人間関係，② 支援に入る以前の生活歴に因る地域の偏見との葛藤（今回は，盗難の加害疑い），③ グループホームでの人間関係（他寮生へのピアサポート的役割による過負担），④ 実弟（別のホーム居住）との共同生活への希望と不安，等が具体的に上げられる．上述のネットワークによる支援達成後の，生活の維持継続とステップアップのための新たなマネジメントを展開し続けることが課題である．

第2節　障がい児と家族の地域生活支援の活動事例の分析

　就学している障がい児の放課後，休日，長期休暇中の活動支援として，放課後等デイサービス事業（児童福祉法）が，現在，全国的に普及している．本節では，相談事業により明らかになった多くのニーズ（生活課題）を充足するため，障がい児「サマースクール」として事業化し，10年以上継続・定着したコミュニティーワーク実践での活動例を分析して障がい児放課後等支援事業やボランティア活動をとおして，障がい児・者の社会参加，「共に生きる」社会づくりについて考える．

1　障がい児「サマースクール」の成立と10年間継続の経過

1）　事業所の設立と経過

　本実践事例の事業所は，2000（平成12）年4月に開所し，事業種別は，知的障害者通勤寮，通所授産施設，福祉工場，デイサービスセンター，相談支援センターであり，広域圏域内の最初の地域生活，就労・自立支援をめざした総合型の障害者施設として事業開始した．

　現在は，自立訓練事業，ケアホーム6カ所，就労継続A型，同B型，就労移行訓練，生活介護，相談支援の各事業を中心に，短期入所やホームヘルプ，学童保育等の在宅サービス事業を運営している．

　利用者実数は，居住系約50名，就労系通所約40名，生活系通所約40名，各種の在宅サービス系事業約20名，各事業合わせて，1日平均約70名が通所されている．

2）　サマースクールの誕生

　総合福祉施設開設の1年目から，地域の障がい児と家族の強い要望で実施する．当時は，制度的裏付けはなく，事業所独自の地域貢献のボランタリーな事業として開始する．以来20年間近く継続している．サマースクールの主たる目的は，地域の障がい児の夏休み等長期休暇期間中の余暇支援と家族のレスパイトサービスである．名称を「ウィンター」「スプリング」として，冬休みや春休みにも開催している．

3）　制度の変遷と実施主体の拡大

　当初は，事業所の自主事業からスタートし，3年目から都道府県の補助事業となり，支援費制度の児童デイサービス事業，障害者自立支援法の日中一時支援事業（市町村任意事業）と段階的に制度化されていった．

　広域圏域で，当初4年間は当事業所1カ所のみが実施しており，夏季期間中ののべ利用者数が250名から始まり，400名近くまで拡大していった．制度化されることで，現在は，圏域内で，放課後等デイサービス事業所を含めて8カ所に増加し，その中で，3カ所は当事業所の障害児者療育支援事業により組織化され，サービス開発された「親の会」主体の実施団体が運営している．

2　障がい児「サマースクール」とサポートネットワーク

　サマースクールのニーズの増加の背景には，社会経済状況の変化にともなう保護者（父母）の離婚増加，母親の就労増加など社会的要因が基礎にあるだけでなく，保護者（特に母親）の意識の変化がある．障がいのある自身の子どもを地域（街）に出すことに抵抗が減ったこと，母親自身が堂々とレ

第6章　障がいのある児童や家庭への支援力を高める事例　*267*

スパイトを求めること，等である．

　次に，サービスの提供（供給）が，ニーズを拡大していった，という現象である．当時，初めて聞く "サマースクール" という新サービス（事業）が口コミで拡大し，募集開始日（先着優先受付）の2時間待ち現象（4年間はそうであったとのこと）に現れている．

　新しい事業所のサマースクールが軌道に乗った要因の1つに，特別支援学校等の教員の情熱とボランタリーな協力による保護者の安心感も上げられる．また，障がい児童の夏休み等長期休暇中の対応という長年の潜在的なニーズが，顕在化したことによる行政の対応の変化もあげられる．

3　"活動の場" の社会化の展開

　サマースクール運営の原則は，「子どもたち」に普通の "夏の体験" を提供すること，「子ども」が目いっぱい体力を使う活動，「人」とのふれあいのための時間交流と空間交流，といった点である．

　サマースクールは，事業所の通常業務と並行しての期間集中型の事業であり，利用対象もレスパイトケアが必要な相対的に支援度の高い障がい児である．よって，対応スタッフと活動場所の確保が最大の課題である．対応スタッフは，原則1対1の対応をめざしている．このことで「安全で充実した，子ども自身が伸び伸びと楽しめる活動」の展開が可能になる．活動場所は，集合解散を事業所として，活動展開の "場" を地域の公共施設，学校のプール，川や海や公園等，施設ではなく "街の中" に求めていった．

　サマースクールの利用児童の大半が特別支援学校所属で，通常期は各市町村からバス通学している．このスクールにおいて各市町村の公共施設を積極利用することで，行政や住民に対して "地域の子ども" として認識され，支援の必要性のアピールにもつながっている．

4　サポートネットワークづくり

　サマースクールの難点は，スタッフ確保である．事業所職員も期間中は専任スタッフとして2名〜3名入るが，通常事業との並行ゆえにこれが限度である．有償スタッフ（パート職員）も確保されているが，この事業のスタッフの何よりの特徴は，学生・高校生ボランティアと教員ボランティア（主に特別支援学校）の2段階スタッフ構造である．学生・高校生が子どもたちの第一線にたち，「先生」が見守り係として安全面や困難な対応でのサポーター（スーパーバイザー）の機能をはたす形となる．

　高校生ボランティアの確保は，地元4高校の「ボランティアクラブ」（公式の部活動）と提携し，時期の偏りはあるものの期間中にのべ約200名の高校生が毎年参加している．特別支援学校の教員も，地域（学校外）での子どもたちの姿や他者（高校生や地域の人）との関わり合いを直接見ることができる貴重な "研修" の場として積極的に参加している．また，相談支援センターのコーディネーターである担当者は，当事業所だけでなく，他の運営団体にも働きかけ，各団体のサマースクール活動にも高校生や教員が参加できるよう積極的に調整している．

5　課題と展望
1）対象児童の拡大と対応

　近年，この地域でも特別支援学校の小学部，中学部・高等部以降の入学者が多様化してきている．また地域の小・中学校通学者からの要望も増えてきている．サマースクールの実施主体が拡大したこ

とで，のべ利用者数は落ち着いているが，利用児童・生徒の高学年化・多様化が今後進むと考えられ，卒業後の支援を視野にいれた活動内容の充実が課題となる．

　2）　新たなボランティアの確保

　ここ数年，各高校ともボランティア部員が減少傾向にある．また，進学強化方針から夏休みの補習学習が増えて，参加可能日が減っている．この地域では，社会福祉協議会のボランティアセンター機能が脆弱である．一方，民生委員を中心とした60歳代の活動は活発である．この年代のボランティア確保を急がないと，少数のスタッフによる「箱形」活動のスクールに戻ってしまう危惧がある．

　障がい児，障がい者が地域生活をすすめる上で，最大かつ最重要な要素は，人との交流拡大であり，「人は，人とかかわる中で成長していく」といえる．その点からも，施設スタッフとは異なるボランティアの確保は喫緊の課題である．

ワーク　　より良い支援を展開するための事例検討

①「バイステックの7原則」を念頭において，各事例のインテーク時や生活上の困難な状況に陥った場面では，相談者（クライエント）に対してどのような姿勢で相談支援のぞむことが求められるか考えてみよう．

② 各事例の中で，エコマップについて考えてみよう．

③ 事例1，2の個別相談支援計画例を参考に，事例3，4についても個別相談支援計画を検討してみよう．

氏名（利用者）		生年月日　　　年　　月　　日 <年齢>　　<　　　歳>				
主訴		生活ニーズ				
	長期目標	長期目標の期間　⇒　　　年　　月　〜　　年　　月				

	短期目標	支援方法 【具体的な実行方法】	実行期間	担当者	備考
①					
②					
③					

（松浦満夫）

第 7 章

特別な配慮を要する児童や家庭への支援力を高める事例

学びのポイント

　保育の実践の場面では，「感情をうまくコントロールできない」「落ち着きがない」「集中力が続かない」「人間関係がうまく築けない」「自閉傾向がある」「こだわりがある」などの課題や配慮を要する児童と関わることを保育者は意識しておかなければならない．また，「アレルギー児」「服薬管理が必要な児童」などの医療面でのケアが必要な児童も増えてきているのも現状としてある．本章では，このような特別な配慮が必要な児童，家庭への支援について，保育者としてどの様にかかわり，対応すべきなのかについて学ぶ．

第 1 節　特別な配慮とは

1　特別な配慮を要する児童

　子どもの特性というものは，「好奇心のかたまり」「初めて見るものには興味がある」「喜怒哀楽が自然にできる」「走り回るのが好き」「大きい声を出す」「じっとしていない」「食べ物に好き嫌いが多い」などの意見が多いのではないだろうか．もちろん個々の性格や状態による違いがあるものの，一般的な認識としての子ども像といえるのではないだろうか．保育所や幼稚園，こども園などでの集団生活の場面で，一般的な認識とのズレや違いから，保育者が感じる「何か気になる子ども」と出会うことは少なくない．

　「特別な配慮を要する児童」についての定義は現在はっきりとしたものは存在しない．障がいの診断や認定まではいかないが，「感情をうまくコントロールできない」「落ち着きがない」「集中力が続かない」「人間関係がうまく築けない」「自閉傾向がある」「こだわりがある」などの状況により，何らかの配慮を要する児童や，「アレルギー児」「インスリンの投与や服薬管理が必要な児童」などの医療的ケアが必要な児童のことが「特別な配慮を要する児童」といえると考えられる．

2　発達障害の可能性のある特別な支援を必要とする児童生徒の割合

　文部科学省によると，知的発達に遅れはないものの学習面又は行動面で著しい困難を示すとされた児童生徒について，全国調査の結果，推定値ではあるが全体の6.5％の値となっている（表7-1，7-2参照）．

表7-1 質問項目に対して担任教員が回答した内容から，知的発達に遅れはないものの学習面又は行動面で著しい困難を示すとされた児童生徒の割合

n53,882人（小学生：35,892人，中学生：17,990人）

	推定値（95％信頼区間）
学習面又は行動面で著しい困難を示す	6.5%（6.2%〜6.8%）
学習面で著しい困難を示す	4.5%（4.2%〜4.7%）
行動面で著しい困難を示す	3.6%（3.4%〜3.9%）
学習面と行動面ともに著しい困難を示す	1.6%（1.5%〜1.7%）

（注）1）「学習面で著しい困難を示す」とは，「聞く」「話す」「読む」「書く」「計算する」「推論する」の一つあるいは複数で著しい困難を示す場合を指し，一方，「行動面で著しい困難を示す」とは，「不注意」「多動性衝動性」あるいは「対人関係やこだわり等」について一つか複数で問題を著しく示す場合を指す.
　　2）95％信頼区間…95％の確率で，悉皆調査の場合の集計結果が含まれる範囲.
（出典）文部科学省初等中等教育局特別支援教育課（2012）「通常の学級に在籍する発達障害の可能性のある特別な教育的支援を必要とする児童生徒に関する調査結果について」を参照し筆者作成.

表7-2 質問項目に対して担任教員が回答した内容から，知的発達に遅れはないものの学習面，各行動面で著しい困難を示すとされた児童生徒の割合

n53,882人（小学生：35,892人，中学生：17,990人）

学習面で著しい困難を示す	4.5%（4.2%〜4.7%）
「不注意」又は「多動性—衝動性」の問題を著しく示す	3.1%（2.9%〜3.3%）
「対人関係やこだわり等」の問題を著しく示す	1.1%（1.0%〜1.3%）

（注）95％信頼区間…95％の確率で，悉皆調査の場合の集計結果が含まれる範囲.
（出典）文部科学省初等中等教育局特別支援教育課（2012）「通常の学級に在籍する発達障害の可能性のある特別な教育的支援を必要とする児童生徒に関する調査結果について」を参照し筆者作成.

第2節　特別な配慮を要する児童や家庭への支援について

1　特別な配慮を要する児童に対する支援の姿勢

　だれかを理解しようとするとき，自分の価値基準あるいは，何らかの感情などが働き，あるがままのその人を理解する妨げになることも少なくない．例えば，はっきりとした診断や障がいが確定していない児童に対して，早期的な支援も必要であるが，症状の傾向を見ただけで，「障がいがある」「医療機関への受診をすすめる」などの対応は必ずしも適切とはいえない．

　特別な配慮が必要であっても，その起こっている症状や状態の原因が，ふざけていたり面倒くさがっているだけなのか，性格的なことなのか，人の言った指示などが理解できてないのか，話しかけた言葉が聞き取りにくいのか，発達の段階で成長がゆっくりなのか，などのあらゆる原因を想定することが大切になってくるのである．

　保育者は，子どもの持っている特性や状態に合わせた保育をどのようにすすめたらよいのか，保護者を含め，保育に携わるさまざまな機関と連携し話し合い，しっかりと情報収集をしたうえで保育を展開していくことが必要である．

保育所や幼稚園，こども園などの集団の活動を通して得られる体験やルールなどを育むことはもちろん大切な保育といえる．しかし，「あの子が出来ているからもっと頑張りましょう」「みんなが出来て当然」など成長の過程を他の子どもと比べることが適切でない場面もある．子ども1人ひとりが，「1週間前からどのくらい成長したのか，昨日よりどれくらい出来るようになったのか」など，より個人に焦点を当てた支援をしていくことが望ましい場合もある．

2 家庭に対する支援の姿勢

特別な配慮を要する児童の保護者のなかには，自分の子どもの配慮を要する状況に気がついている保護者と気がついていない保護者がいる．また，子どもの状況に気がついている保護者のなかには，自分の子どもの問題や状況を受け入れようとしている保護者と，そうでない保護者がいることを認識しておく必要がある．保護者の理解や心理的状況によって支援の方法が大きく違ってくるからである．

子どもの配慮を要する状況に気がついているが，それを否定している保護者は少なくない．否定していなくても，「これは発達の過程である」「これくらいのことは許容範囲である」といった認識が多いのかもしれない．

しかし保護者の考えもずっと一緒というわけではない．子どもの配慮を要する状況等に気がついている保護者については，心境の変化や周りからの意見などにより問題意識が現れ，保育者に相談してくることもある．そんな時は，保護者の不安な気持ちを受け止めることが大切である．保護者との良い関係を築くことが出来れば，今後の支援の展開が良い方向にいくと考えられる．

また，インターネットを活用し，子どもの問題や状況を検索し，自分の子どもに当てはめて自己判断をする保護者もいると考えられる．子どものことを心配に思い，子どものことに関していろいろ調べることは決して悪いことではないが，特にインターネット等で入手する情報については，その溢れている情報に翻弄されてはならない．大切なことは情報と現実には違いもあることを知っておかなければならない．

3 専門機関との連携

病気や障がいなどがある子どもについては，病院や発達支援センター，児童福祉施設などと日ごろからかかわっているケースが多い．そのような児童は，日ごろから専門的な医療や療育を受けていると考えられる．また，保護者に関しても，専門機関の各種専門職から，いろんなアドバイスや指導を受けていると考えられる．

一方，特別な配慮が必要にもかかわらず，専門的な支援が得られていない児童や家庭も多く存在する．もちろん，専門的な機関へつなぐことについては，保育者と保護者の十分な話し合いのもと行われなければならない．

相談が可能な機関としては，児童相談所，児童発達支援センター，保健所，専門医療機関などがあるが，現実的にいきなり公的機関へつなぐことは，保護者の不安や戸惑いを強める場合もある為，慎重にすすめていかなければならない．また，当該保育所や近隣の保育所，保健センターなどで開催される保育に関するイベントを紹介することも有効な支援の1つといえる．また，各市区町村によってさまざまな名称ではあるが，児童課や障がい課などの担当課などに受けられるサービスやサロン，イベントなどの情報があることを伝えることも有効な情報提供となる．

第3節　特別な配慮を要する児童や家庭への支援について事例から考える

　保育者が行う実践では，目の前の子どもに対してどのような保育をすればよいのか，また，保護者からの相談を受けた時，どのように答えたらよいのか対応に悩むこともある．また，それが特別な配慮を要する児童や家庭であれば，なおさら悩むのではないだろうか．

　保育者が児童や保護者と良い関係を築いていくことは，日々のかかわりや実践などの経験が大切になってくる．それに加え，複雑化する児童・家庭の問題を踏まえた支援が必要となってきている．

　特に，特別な配慮を要する児童や家庭への支援については，画一的なパッケージ化された支援ではなく，子ども1人ひとりを個人として捉え，また，保育の分野にとどまらず，関連する領域の知識を身に付けることも保育の質を上げるためには重要になってくるのである．そこで，具体的な事例から，特別な配慮を要する児童や家庭への支援について保育者の視点で考えていく．

●事例1　乱暴な行動が多い児童

> 　Aちゃん（5歳の男児）は，2歳から保育所に通っている．母親と10歳のお兄ちゃんと3人暮らしである．母親は仕事が忙しくいつも帰りが遅く，Aちゃんのお迎えはいつも一番最後の方である．Aちゃんの保育所での様子について，担当することが多い保育者からは，友だちと遊んでいる時に，気に入らないことがあれば他の友だちを叩いてしまったり，大きい声をあげたりする．太鼓やおもちゃを放り投げたりして壊してしまうこともあるとのことである．このような状況から，Aちゃんはいつも保育所でのトラブルの原因となってしまっている．
> 　母親には，日々の保育所での様子を伝えているが，「元気な子どもではあるが，人を叩いたりはしないと思う．叩いたとしても，遊びの延長で，じゃれあっているだけなんです」とトラブルへの問題意識は低い感じが見受けられる．

解説

　事例からは，Aちゃんの自宅での様子と保育所での様子がどれだけ違うかは読み取ることは難しいが，保護者と保育者のAちゃんの行動に対する認識はずいぶん違っているようである．保護者との意見が食い違うことは保育の場面ではありえることである．

　しかし，保護者というのは，Aちゃんのことを生れる前からかかわっている，Aちゃんにとってもっとも保育経験の長い保育者であることを理解しておく必要がある．保育者が思う保育と保護者が思う保育のどちらが正しいかについては，ここで判断することは良いとは言えない．したがって，「保育所ではこうして欲しい」など保育者の意見を押し付けるというより，保護者と共にAちゃんの行動の状況を共有するという姿勢が大切になってくるのである．

　そこで，事例についての保育者の対応としては，日々起こったこと（トラブルも含め）について，具体的にどんなことがあり，どのような事態となり，どのような対応をしたのかを伝えていくということが大切になってくる．その保育所での対応が，保育者だけでは対応しきれなくなったときなど，保護者に相談していくというプロセスが保護者の気づきを促すこと，さらには，より良い支援につながるのである．

第7章　特別な配慮を要する児童や家庭への支援力を高める事例　　*273*

ワーク1

① 現段階では，Aちゃんの行動が劇的に変わるとは考えにくいことから，また乱暴な行動をしてしまうかもしれない．次に乱暴な行動があった時に備えて，今準備しておくべきことは何か話し合ってみよう．

② 事例の場面など，保育所で起こった不測の事態を想定し，事態にかかわった児童の様子を保護者に伝える練習をしてみよう（被害者・加害者両方の児童を想定して伝える練習をしてみる）．

●事例2　落ち着きがない児童

　Bちゃん（4歳の男児）は，0歳から保育所に通っている．Bちゃんは，じっとしていることが苦手な様子であり，廊下を走り回ったり，裸足で園庭などに勝手に出ていってしまうこともある．ご飯やおやつの時も落ち着きがなく，机にじっとして食べることが苦手な様子である．

　ある日の保育所で，保育室のなかで周囲を気にせず走り回っていたところ，友だちとぶつかってしまいお互いにケガをしてしまった．

〈相談（聞き取り）の内容〉

　母親より，「家でも走り回ってまったく落ち着きがない．ご飯の時もイスにじっと座っていることもできない．もっと小さい時は，元気があって良いことだと思っていたが，最近は度が過ぎるように感じてきている」とのこと．夫に相談をしても，「元気があって良いことだ」と言うだけである．また最近では，「言うことを聞かないのは，私の育て方が間違っていたのでしょうか……」などの言葉も母親から聞かれるようになってきた．

　また別の日に母親より，「スマホで検索して調べたのですが，じっとしてられないのは何かの病気のせいかもしれないのでお医者さんに診てもらった方がよいのか」「いつも検診の時などは病気のことは言われたことはない」などの話があった．

解説

　気になる行動を取る児童は，何らかの原因があると思われるが，原因がまだよくわかってないことも少なくない．保育所は，医療機関ではないので，可能性のありそうな病気や障がいについて，保護者に伝えるべきかは慎重にならなければならない．医療機関や児童発達支援センターなどの専門機関につないでいくかどうかについては，所長も含め保育所内と，保護者と連携をしながらすすめていく

ことが望ましい．しかしながら，保育所での子どもの様子をしっかり保護者に伝えることは大切な支援の一環である．

　事例のように落ち着きがない行動を取ってしまうのは，Bちゃんがふざけているのか，面倒くさがっているのか，人の言ったことが理解できてないのか，また，発達の遅れなどがあるせいなのか，などの原因の違いによってBちゃんへの関わり方が大きく変わってくることもあるので留意しておかなければならない点である．

ワーク2

①「落ち着きのない行動」が現れる障がいにはどのようなものがあるか調べてみよう．

②ワーク①で調べた原因以外で，事例のBちゃんのような落ち着きがない行動を取ってしまう原因をいろんな側面（生活面や環境面など）から考えてみよう．

③保育者として今後どの様に関わっていくことが必要かアイデアを出し合ってみよう．

●事例3　食物アレルギーがある児童

　Cちゃん（4歳の女児）は1歳から保育所に通っている．乳児期より湿疹，鶏卵アレルギーがあった．ある日の保育所で提供された昼食の副食のお汁に，つなぎとして卵が使用されている練り製品を食べてしまいアレルギー反応を引き起こしてしまった．すぐに救急車で病院に搬送となった．そのタイミングで連絡を入れていた保護者も病院に駆けつけ到着した．

　Cちゃんの保護者からは，「集団の生活であり仕方のないこともわかるが，入所前に面談を行い，アレルギーのことなど話し合っていたのにこのようなことになってやり切れない気持ちがある．命にかかわることなので注意して欲しかった……．」と話した．

　保育所側は，Cちゃんについては，食物アレルギーのことも含め，アレルギー反応発症時の対応や緊急

第7章　特別な配慮を要する児童や家庭への支援力を高める事例　　275

連絡先の確認等，保育所内で十分周知徹底をしていたがこのようなことになって非常に申し訳ないとの謝罪があった．

　Ｃちゃんの病状は処置を終え程なく落ち着いたが，病状の管理と様子観察の為に3日間の入院となった．

解説

　近年の食生活の変化により食品は多様化し，食物アレルギーの原因アレルゲンも変化してきている．また加工食品などを通じてアレルゲン食品の不用意な摂取が起こりやすい状況とも言われている．また，集団の場ではアレルゲンの誤食を完全に無くすことは困難である．原因食物が多いなどの理由で保育所で代替食品が提供できない場合などは，おやつや弁当を持参して対応するが，子どもが小さい場合，周りにある食べ物に手を出してしまうことも考えられる．

　アレルギー反応を起こしてしまった場合，もちろん，保健室や医療機関への連絡，保護者への連絡は当然であるが，食物アレルギーがある児童を預かっているという事実がある以上，適切な機関への通報やエピペン（アドレナリン自己注射製剤）の使用方法など，アナフィラキシー発症時の初期対応など知識として知っておくことは大切である．もちろんエピペンの使用などについては，事前の保護者との十分な話し合いが必要となってくる．

　いづれにしても，保育者は生活を支援していく立場であり，起こる事態も何があるかわからないという認識のもと，日々の児童の様子の変化や（急激な変化も含め）それに気づく観察力が大切になってくる．

ワーク3

① 食物アレルギーを持つ子どもが増加傾向と言われているが，どのような食物が原因食物となっているのかしらべてみよう

② アレルギーを持つ児童を受け入れる時に，入所前の準備や入所してから一日安全に過ごすにはどのような配慮が必要か話し合ってみよう

（藤田　了）

多様なニーズを抱える子育て家庭への支援力を高める事例

> **学びのポイント**
>
> 　保育所などの保育施設では，子どものたちの福祉を重視した保育を進めている．いっぽうで，子どもの福祉を考えていくためには，子どもの生活は親や家庭の状況や環境に応じて，子どものみならず保護者や家族に対して個別的な支援を進めていくことが求められる．本章では，障がい傾向のある子どもと保護者に対する支援展開を取り上げ，保育者に対応が求められる支援と役割について検討していく．

第1節　認定こども園を利用する親子に対する支援事例と分析

1　入所直後の子どもと保護者に対する気づき

●事例（場面その1）〈対象者の概要〉

> 　Aくん（3歳）は，Aくんの母親のBさん（26歳）との2人暮らし．以前から保育所利用を希望していたが待機児童となり，3歳になった4月に幼保連携型認定こども園（2号認定，以下「認定こども園」とする）として通園するようになった．
> 　認定こども園では，最初は慣れない生活でもあり泣きじゃくる様子がみられていたが，しばらくすると泣く回数は減ってきた．一方で，同じクラスをはじめ他の子どもたちとの関係は2カ月経過した6月の段階でもあまりなく，遊びの場面では一人遊びをすることが多く，他の人が入ってくることを極端に嫌がることもしばしば見られる．また，クラスでの集団保育でも，他の子どもと手をつなぐことを避ける場面や，絵本の読み聞かせや手遊びをするときも表情があまり変わらず，楽しいときでも楽しそうな顔にならないことも多い．その他，給食の時間にも保育者が注意を促しても落ち着きがなく立ち歩こうとすることや，保育者がAくんの名前を呼んでも振り返ろうとしない場面，保育中に活動を促してもその指示を理解するまでに時間を要することもある．【本章末ワーク1に取り組んでみよう】

事例の整理

　Aくんは4月からはじまった認定こども園での生活の中で，新たな生活の場面に対する戸惑いや，他の子どもや保育者との関係づくりまでは時間がかかることも予想される．一方で，Aくんの行動面や生活の様子などから，保育者はいくつかの気になる点や気づきがあるものと考えられる．それは，認定こども園での他の子どもとのかかわりを持とうとしないところや，同年齢の子どもと比べて落ち着きが見られにくいことなどからである．これらのAくんの様子について，保育者は個人差として捉えるのか，または生活上や発達上の課題として捉えて対応していくのかによって，その後の対応や支援に繋げる必要の有無や，支援を進めるとした際の方法に違いがみられることが予想される．

第8章　多様なニーズを抱える子育て家庭への支援力を高める事例　　*277*

●**事例（場面その2）**〈対象者の概要〉

　Aくんの母親であるBさん（26歳）は，夫と2年前に離婚し，夫は現在別の所帯を設け，交流もなくAくんの養育費のみ支払っている．このため，AくんとBさんの2人暮らしである．Bさんの両親は地方で生活していることもあり普段の行き来はなく，また近くにその他の親戚等もいない．

　Bさんは以前にはある法人の任期付職員（雇用期限を定めた職員）として勤務していた．しかし，夫との離婚後，雇用契約の任期切れや法人の運営状態の事情などから退職し，現在は企業から依頼されたパソコンの入力作業を，自宅において内職している．

　4月から認定子ども園にAくんを預けてからも仕事を続けている．なお，朝・夕の送り迎えの際に，担任のC保育教諭はBさんと日常的に会話している．

　一方で，Aくんに関する連絡帳のやり取りが滞ることが見られ，認定子ども園からのお知らせのために連絡帳を書いても，翌日にその返信がない（確認のサイン等もない）ことも何回かあった．また，朝の登園時間になっても認定子ども園に連絡がなく，しばらくして親子で遅刻して認定子ども園に来ることや，保育で必要な持ち物をAくんが持って来ないこともあったため，ある日の降園の時間に，担任のC保育教諭がBさんに「どうかされましたか．仕事がお忙しかったり，体調など崩されておられましたか？」などと尋ねたが，Bさんは「ちょっと…」と言葉を濁す場面なども見られた．【本章末ワーク2に取り組んでみよう】

事例の整理

　Bさんは，認定こども園にAくんを預けながら仕事を続け，Aくんを1人で育てているものと考えられる．Bさん自身もAくんと同様に，認定こども園の利用が初めてということもあり，一定の戸惑いや不安があるものと予想される．このなかで，連絡帳のやり取りがうまくいかないことや，保育時間の遅刻，持ち物の不備などが見られている．このような様子について，保育者は“困った親”という判断ではなく，そのように至っている原因などについてAくんやBさんの様子などから捉え，それらの対応策を含めて考えていくことが専門職としての支援の一歩として必要である．

2　子どもと保護者の個別支援の展開について

●**事例（場面その3）**〈支援の内容〉

　Aくんと母親のBさん（32歳）の様子が気になった担任の保育者であるC保育教諭（勤務2年目）は，認定こども園の主任教諭であるDさんにこれらのやり取りについて相談していた．D主任は，日頃のAくんやBさんの様子を踏まえた上で，今後のAくんの保育場面での配慮やBさんに対する支援の必要性の有無を判断するため，家庭での生活の様子などをさらに具体的に聞くことが必要ではないかと助言した．そうして，6月にある保護者懇談会にBさんに参加するように誘うことと，Bさんが懇談会に参加した際にはBさんの同意を得た上で，担任のC保育教諭に加えD主任も同席して話を聞くことを提案した．

　さっそく担任のC保育教諭は，母親のBさんに保護者懇談会の開催を口頭で伝え，ぜひ参加してほしいと言葉をかけた．Bさんは最初，「忙しいので……」と言い，参加を渋る様子がみられたが，Cさんの勧めから参加することを決意してその日は帰った．

　保護者懇談会は，同じクラスの保護者が集まる全体会と，その後にある個別面談会の2部制となっている．保護者懇談会の当日，Bさんは約束どおり認定こども園に来て，全体会に参加した．全体会開始前に他の保護者は参加者同士で会話する様子があったが，Bさんはその会話の輪に入ろうとせず，心なしか暗い表情がみられていた．

　Bさんの個別面談の時間になった際に，担任のC保育教諭はBさんに「今日はお忙しいところお越し

いただきありがとうございます．来ていただいてとてもうれしいです」とねぎらいの言葉をかけた．そうして，主任のDさんの同席をしてもよいかをBさんに聞くと，Bさんは「どちらでも」と回答したため，個別懇談ではDさんを交えて3名で話をしていった．そうしてCさんはBさんに「園の生活などのAくんのことで，特にお聞きになりたいことはありますか」と聞くと，Bさんは「別にありません」と口数少なく答えた．このためCさんはまず，認定こども園でのAくんの様子などを伝えるところから話題を進めた．この時には，Bさんは少し貧乏ゆすりをするなど，落ち着きがない様子が見られていた．

その後に，主任のDさんは，Bさんに家庭での親子での生活の様子に話題を展開していった．そうすると，最初Bさんは無言のあと，いきなり泣き始めた．DさんはBさんに「お母さん，大丈夫ですよ．何でもお話ししてください．私たちも一緒に考えさせていただきます」と促すと，Bさんは涙を浮かべながら「すべてがうまくいかなくて」と語りはじめた．そしてCさんとDさんはBさんの話を丁寧に聴きながら，その内容を整理していった．

事例の整理

AくんとBさんの担任であるCさんは，勤務2年目ということもあり，Cさん自身の知識や経験では適切な支援を進められるか分からないと判断し，上司かつ先輩であり，保育のキャリアと専門知識を持つ主任のDさんに相談していった．このようなやりとりをソーシャルワークではスーパービジョンという．この場面でのスーパービジョンの内容とは，主任のDさんは，CさんのこれまでのAさんとBさんへの対応について支持的に聞いたこと（支持的機能）と，個別面談の方法についての指導（助言）することが該当する（教育的機能）．

そうしてBさんとの個別面談の際に，Cさんがねぎらいの言葉をかけたことは，その後の会話の展開を促進する意図と，Bさんが当初に個別面談に対して消極的な様子があった中で，決意して面談に参加したことの謝意と寄り添いの態度を示す意味を持っている．

その後，Bさんの気持ちが乗らない様子がみられたが，このBさんについて保育者はどのように捉えて判断するかが重要である．この判断をするためには，これまでの過程とその場の状況を含めた客観的な事実に基づいてアセスメントすることが必要である．今回は，Bさんが子育てについて意識や余裕がないという保育者の思い込みや偏った見方ではなく，多様な可能性を考えながら語りかけることが求められる．

そして保育者から働きかけをされたBさんは，自らの心を開き，気持を伝えようとして泣いた場面について，保育者はBさんの話や気持ちをていねいに聴く姿勢が大切である．つまり，バイステックの7原則にある「受容」の姿勢を示しながら，Bさんがありのままの気持ちを吐露することができるように「意図的な感情の表出」が可能となるようなかかわり，どのような内容をBさんから伝えられたとしても支援者である保育者自身が判断しない「非審判的態度」などを意識してかかわることが求められる．このほかに，保育者が話の展開や結論を急ぎすぎることがないように，Bさんのペースにあわせることも必要である．

●事例 （場面その4）〈支援の内容〉

個別面談で母親のBさん（28歳）の話から，Aくんに関する内容としては自閉的傾向があったこと，Bさん自身の自閉的傾向が気になっていたがどのように向き合えばよいのかが分からなくなっていたことや，Aくんの言動に対するBさんの気持ちに余裕がなくなっていたことなどが明らかとなった．

このほか，Bさんに関する内容としては，Bさんのこれまでの生活歴から，幼少期から頻繁に些細なミ

第8章　多様なニーズを抱える子育て家庭への支援力を高める事例　　*279*

スのくり返しや集中力が欠けることなどもあり，以前勤務していた仕事も契約更新されずに退職せざるを得なくなったこと，その退職後に経済的な課題から何とか仕事を見つけたいという思いから現在の内職にたどり着いたということが明らかとなった．一方でBさん自らの特性について自身でも気にはなっていたものの，自分で認めたくなく，同時に障がい等の診断を受けることに対する不安や恐怖感もあるとのことであった．

　また，保育の場面でみられた，Aくんの保育時間に遅れてしまうことがあったことについては，気がつくと遅刻していたということが分かった．そして，連絡帳のやりとりが滞っていたことについては，自分の気持ちを文字にして手書きすることについての苦手意識から書けなかったということが分かった．

　個別面談でBさんの状況が会話の全体を通して，担任のC保育教諭と主任保育教諭のD教諭は，Bさんが話をされた内容について受容と共感的態度でかかわった．そしてC保育教諭は最後に「お話しくださってありがとうございました．私たちはAくんの保育と，お母さんの子育てを応援し，お手伝いしていきたいと考えています．今日お話しいただいたお困りになっていることを，これからどのように解決に向けて進めていくことができるかこれからも一緒に考えさせてください」と伝えた．その言葉を聞いてBさんは再び涙ぐみ，「ありがとうございます．これまで誰にも気持ちを伝えることができずにいて，聞いていただけたことだけでホッとしました．これからも相談してもいいのですか？」と伝え，C保育教諭とD主任は「もちろんです」と答えると，Bさんの安堵した様子でその日の面談を終えた．

　個別面談の終了後に，C保育教諭とD主任，園長の3人で今後の対応について検討していった．そうして，①Aくんの日常の保育の中での支援の工夫，②Bさんの子育てを含めた生活支援を認定こども園のみでなく，専門機関の窓口に関する情報提供などができるように，連携先の情報収集を行うこと，③AくんとBさんの家庭での関係性などがよりよいものとなるように双方に働きかけること，の3つの方向性を確認し，現状に対応して具体的に今後どのような支援が可能かについての計画を立てていくこととなった．

事例の整理

　ここまでのBさんとのやり取りの中で，Bさん自身のこれまでの生活歴などであった生活のしづらさなどがあったが，障がいがあるかもしれないという不安感が大きく，必要な診断や支援を希望する機会がなかったことが明らかとなった．

　この個別面談を終えた保育者の見立てとして，Aくんには自閉症スペクトラムの傾向が見られること，またBさんにはADHD（注意欠陥・多動性障害）の可能性があるのではないかと捉えている．ただし，これらの発達障がいなどの診断は，当然ながら保育者が行うのではなく，専門医などにより行われる．そうして，これらの診断を受けることによって，その後の治療や適切な支援内容について計画を立てることができる．一方で，保育者に障がい等の一定の知識がなければ，支援が必要な段階であるかの判断や，それぞれの特性にあわせた個別のかかわりが困難であるため，保育者の専門性として障がいについての正確な知識や対応のスキルが求められる．

　なお，事例での現時点ではBさん自身が障がいに対する不安感が見られることから，その不安の要因を探る必要がある．具体的には障がいやその後の支援等についての正しい知識が不足していることや，BさんやAくんの状況についての客観的な整理ができていないこと，障がいについて受容できる状況ではない，などいくつもの要因が想定される．

　ただ，今回の認定こども園でのBさんに対するかかわりから，Bさんの気持ちに少しずつ変化が見られる様子もあることから，今回の認定こども園の面談に立ち会った担任のC保育教諭や主任のD主任教諭との関係性をもとに，Bさんの気持ちを共有し，Bさん自身が今後の支援希望や内容を選

択することができるように働きかけていくことが重要である.

なお,C保育教諭とD主任は,認定こども園としてどこまでの支援が可能であるのかについて園内で調整することが求められる.特に認定こども園では対応が困難な内容については,秘密保持に留意しながら,必要な支援に関する情報提供ができるように,発達障害者支援センターや市町村の保健福祉部局に対して必要な相談や連携を行い,Bさんに正確な情報を提供し,必要な支援を受けることができるように準備を進めることなども期待される.

《まとめ》

今回の事例は,認定こども園を利用している子どもとともに,その保護者に対する支援の内容が含まれている.このような子どもの対応のほか,保護者や家庭についての課題などの対応が,保育の支援として存在している.このため保護者や家庭の課題についても捉え,その上で子どもの福祉を重視した保護者支援を進めることが必要である.

このことに関連し,2018(平成30)年に改訂された保育所保育指針解説書では,「第4章 子育て支援」の項で「保育所における子育て支援に関する基本的事項 2 保育所を利用している保護者に対する子育て支援」において,保護者の状況に配慮した個別の支援の必要性について示されている.その内容として,「外国籍家庭や外国にルーツをもつ家庭,ひとり親家庭,貧困家庭等,特別な配慮を必要とする家庭では,社会的困難を抱えている場合も多い」と指摘している.なお,ここにある「特別な配慮を要する家庭」とは,あくまでも例示であり,本章の事例で取り上げたような,例示されていない多様な家庭についても特別な配慮が必要であると考えられる.このように,子どもや保護者,家庭の生活課題を捉えることが求められる保育者には,ソーシャルワークの知識・技術を用いた多様な支援を考えることのできる専門性がますます求められるものといえる.【ワーク3に取り組んでみよう】

ワーク1

ここまでの段階で,Aくんに対して保育者が気になる点とはどのようなところであるか,整理してください.

第8章　多様なニーズを抱える子育て家庭への支援力を高める事例　*281*

ワーク2

　ここまでの段階で，Bさんに対して保育者が気になる点とはどのようなところであるか，整理してください.

ワーク3

　保育所などの保育施設では，保護者や家庭の状況に応じた個別の支援が求められています．それでは，この中で特別に配慮が必要な家庭とはどのような家庭があげられるでしょうか．また，それらの家庭での生活や発達に関する課題と，その課題の対応に向けてどのように対応していくことが必要かについて，下記の表に書いてください.（保育所保育指針・保育所保育指針解説書の「第4章　子育て支援」の内容も参考にしてください）

配慮が必要な家庭	生活や発達上の課題	保育者の対応 （支援方法・連携先など）
（例）保護者に障がいがある	子育てや子どもとの関係がうまく取れない	保護者との関係づくりを行い，必要に応じて医療機関や相談機関について知らせる

（吉田祐一郎）

資　　料

国際ソーシャルワーカー連盟（IFSW）のソーシャルワークの旧定義

（2000年7月27日モントリオールにおける総会において採択，日本語訳は日本ソーシャルワーカー協会，日本社会福祉士会，日本医療社会事業協会で構成するIFSW日本国調整団体が2001年1月26日決定した定訳である.）

定　義

　ソーシャルワーク専門職は，人間の福利（ウエルビーング）の増進を目指して，社会の変革を進め，人間関係における問題解決を図り，人びとのエンパワーメントと解放を促していく．ソーシャルワークは，人間の行動と社会システムに関する理論を利用して，人びとがその環境と相互に影響し合う接点に介入する．人権と社会正義の原理は，ソーシャルワークの拠り所とする基盤である.

解　説

　さまざまな形態をもって行われるソーシャルワークは，人びととその環境の間の多様で複雑な相互作用に働きかける．その使命は，すべての人びとが，彼らのもつ可能性を十分に発展させ，その生活を豊かなものにし，かつ，機能不全を防ぐことができるようにすることである．専門職としてのソーシャルワークが焦点を置くのは，問題解決と変革である．従ってこの意味で，ソーシャルワーカーは，社会においての，かつ，ソーシャルワーカーが支援する個人，家族，コミュニティの人びとの生活にとっての，変革をもたらす仲介者である．ソーシャルワークは，価値，理論，および実践が相互に関連しあうシステムである.

価　値

　ソーシャルワークは，人道主義と民主主義の理想から生まれ育ってきたのであって，その職業上の価値は，すべての人間が平等であること，価値ある存在であること，そして，尊厳を有していることを認めて，これを尊重することに基盤を置いている．ソーシャルワーク実践は，1世紀余り前のその起源以来，人間のニーズを充足し，人間の潜在能力を開発することに焦点を置いてきた．人権と社会正義は，ソーシャルワークの活動に対し，これを動機づけ，正当化する根拠を与える．ソーシャルワーク専門職は，不利益を被っている人びとと連帯して，貧困を軽減することに努め，また，傷つきやすく抑圧されている人びとを解放して社会的包含（ソーシャル・インクルージョン）を促進するよう努力する．ソーシャルワークの諸価値は，この専門職の，各国別並びに国際的な倫理綱領として具体的に表現されている.

理　論

　ソーシャルワークは，特にソーシャルワークの文脈でとらえて意味のある，地方の土着の知識を含む，調査研究と実践評価から導かれた実証に基づく知識体系に，その方法論の基礎を置く．ソーシャルワークは，人間と環境の間の相互作用の複雑さを認識している．そして，人びとの能力が，その相互作用に対して働く様ざまな力―それには，生体・心理社会的要因が含まれる―によって影響を受けながらも，同時にその力を

変えることができることをも認識している．ソーシャルワーク専門職は，複雑な状況を分析し，かつ，個人，組織，社会，さらに文化の変革を促すために，人間の発達と行動，および社会システムに関する理論を活用する．

実　践

　ソーシャルワークは，社会に存在する障壁，不平等および不公正に働きかけて取り組む．そして，日常の個人的問題や社会的問題だけでなく，危機と緊急事態にも対応する．ソーシャルワークは，人と環境についての全体論的なとらえ方に焦点を合わせた様ざまな技能，技術，および活動を利用する．ソーシャルワークによる介入の範囲は，主として個人に焦点を置いた心理社会的プロセスから社会政策，社会計画および社会開発への参画にまで及ぶ．この中には，人びとがコミュニティの中でサービスや社会資源を利用できるように援助する努力だけでなく，カウンセリング，臨床ソーシャルワーク，グループワーク，社会教育ワークおよび家族への援助や家族療法までも含まれる．ソーシャルワークの介入には，さらに，施設機関の運営，コミュニティ・オーガニゼーション，社会政策および経済開発に影響を及ぼす社会的・政治的活動に携わることも含まれる．ソーシャルワークのこの全体論的な視点は，普遍的なものであるが，ソーシャルワーク実践での優先順位は，文化的，歴史的，および社会経済的条件の違いにより，国や時代によって異なってくるであろう．

資　料　*285*

ソーシャルワーク専門職のグローバル定義

　ソーシャルワークは，社会変革と社会開発，社会的結束，および人々のエンパワメントと解放を促進する，実践に基づいた専門職であり学問である．社会正義，人権，集団的責任，および多様性尊重の諸原理は，ソーシャルワークの中核をなす．ソーシャルワークの理論，社会科学，人文学，および地域・民族固有の知を基盤として，ソーシャルワークは，生活課題に取り組みウェルビーイングを高めるよう，人々やさまざまな構造に働きかける[2]．[1]

　この定義は，各国および世界の各地域で展開してもよい[3]．

....

注　釈

　注釈は，定義に用いられる中核概念を説明し，ソーシャルワーク専門職の中核となる任務・原則・知・実践について詳述するものである．

中核となる任務

　ソーシャルワーク専門職の中核となる任務には，社会変革・社会開発・社会的結束の促進，および人々のエンパワメントと解放がある．

　ソーシャルワークは，相互に結び付いた歴史的・社会経済的・文化的・空間的・政治的・個人的要素が人々のウェルビーイングと発展にとってチャンスにも障壁にもなることを認識している，実践に基づいた専門職であり学問である．構造的障壁は，不平等・差別・搾取・抑圧の永続につながる．人種・階級・言語・宗教・ジェンダー・障害・文化・性的指向などに基づく抑圧や，特権の構造的原因の探求を通して批判的意識を養うこと，そして構造的・個人的障壁の問題に取り組む行動戦略を立てることは，人々のエンパワメントと解放をめざす実践の中核をなす．不利な立場にある人々と連帯しつつ，この専門職は，貧困を軽減し，脆弱で抑圧された人々を解放し，社会的包摂と社会的結束を促進すべく努力する．

　社会変革の任務は，個人・家族・小集団・共同体・社会のどのレベルであれ，現状が変革と開発を必要とするとみなされる時，ソーシャルワークが介入することを前提としている．それは，周縁化・社会的排除・抑圧の原因となる構造的条件に挑戦し変革する必要によって突き動かされる．社会変革のイニシアチブは，人権および経済的・環境的・社会的正義の増進において人々の主体性が果たす役割を認識する．また，ソーシャルワーク専門職は，それがいかなる特定の集団の周縁化・排除・抑圧にも利用されない限りにおいて，社会的安定の維持にも等しく関与する．

　社会開発という概念は，介入のための戦略，最終的にめざす状態，および（通常の残余的および制度的枠組に加えて）政策的枠組などを意味する．それは，（持続可能な発展をめざし，ミクロ－マクロの区分を超えて，複数のシステムレベルおよびセクター間・専門職間の協働を統合するような）全体的，生物—心理—社会的，およびスピリチュアルなアセスメントと介入に基づいている．それは社会構造的かつ経済的な開発に優先権を与えるものであり，経済成長こそが社会開発の前提条件であるという従来の考え方には賛同しない．

原 則

　ソーシャルワークの大原則は，人間の内在的価値と尊厳の尊重，危害を加えないこと，多様性の尊重，人権と社会正義の支持である．

　人権と社会正義を擁護し支持することは，ソーシャルワークを動機づけ，正当化するものである．ソーシャルワーク専門職は，人権と集団的責任の共存が必要であることを認識する．集団的責任という考えは，一つには，人々がお互い同士，そして環境に対して責任をもつ限りにおいて，はじめて個人の権利が日常レベルで実現されるという現実，もう一つには，共同体の中で互恵的な関係を確立することの重要性を強調する．したがって，ソーシャルワークの主な焦点は，あらゆるレベルにおいて人々の権利を主張すること，および，人々が互いのウェルビーイングに責任をもち，人と人の間，そして人々と環境の間の相互依存を認識し尊重するように促すことにある．

　ソーシャルワークは，第一・第二・第三世代の権利を尊重する．第一世代の権利とは，言論や良心の自由，拷問や恣意的拘束からの自由など，市民的・政治的権利を指す．第二世代の権利とは，合理的なレベルの教育・保健医療・住居・少数言語の権利など，社会経済的・文化的権利を指す．第三世代の権利は自然界，生物多様性や世代間平等の権利に焦点を当てる．これらの権利は，互いに補強し依存しあうものであり，個人の権利と集団的権利の両方を含んでいる．

　「危害を加えないこと」と「多様性の尊重」は，状況によっては，対立し，競合する価値観となることがある．たとえば，女性や同性愛者などのマイノリティの権利（生存権さえも）が文化の名において侵害される場合などである．『ソーシャルワークの教育・養成に関する世界基準』は，ソーシャルワーカーの教育は基本的人権アプローチに基づくべきと主張することによって，この複雑な問題に対処しようとしている．そこには以下の注が付されている．

　　文化的信念，価値，および伝統が人々の基本的人権を侵害するところでは，そのようなアプローチ（基本的人権アプローチ）が建設的な対決と変化を促すかもしれない．そもそも文化とは社会的に構成されるダイナミックなものであり，解体され変化しうるものである．そのような建設的な対決，解体，および変化は，特定の文化的価値・信念・伝統を深く理解した上で，人権という（特定の文化よりも）広範な問題に関して，その文化的集団のメンバーと批判的で思慮深い対話を行うことを通して促進されうる．

知

　ソーシャルワークは，複数の学問分野をまたぎ，その境界を超えていくものであり，広範な科学的諸理論および研究を利用する．ここでは，「科学」を「知」というそのもっとも基本的な意味で理解したい．ソーシャルワークは，常に発展し続ける自らの理論的基盤および研究はもちろん，コミュニティ開発・全人的教育学・行政学・人類学・生態学・経済学・教育学・運営管理学・看護学・精神医学・心理学・保健学・社会学など，他の人間諸科学の理論をも利用する．ソーシャルワークの研究と理論の独自性は，その応用性と解放志向性にある．多くのソーシャルワーク研究と理論は，サービス利用者との双方向性のある対話的な過程を通して共同で作り上げられてきたものであり，それゆえに特定の実践環境に特徴づけられる．

　この定義は，ソーシャルワークは特定の実践環境や西洋の諸理論だけでなく，先住民を含めた地域・民族固有の知にも拠っていることを認識している．植民地主義の結果，西洋の理論や知識のみが評価され，地域・

資　料　*287*

民族固有の知は，西洋の理論や知識によって過小評価され，軽視され，支配された．この定義は，世界のどの地域・国・区域の先住民たちも，その独自の価値観および知を作り出し，それらを伝達する様式によって，科学に対して計り知れない貢献をしてきたことを認めるとともに，そうすることによって西洋の支配の過程を止め，反転させようとする．ソーシャルワークは，世界中の先住民たちの声に耳を傾け学ぶことによって，西洋の歴史的な科学的植民地主義と覇権を是正しようとする．こうして，ソーシャルワークの知は，先住民の人々と共同で作り出され，ローカルにも国際的にも，より適切に実践されることになるだろう．国連の資料に拠りつつ，IFSW は先住民を以下のように定義している．

・地理的に明確な先祖伝来の領域に居住している（あるいはその土地への愛着を維持している）．

・自らの領域において，明確な社会的・経済的・政治的制度を維持する傾向がある．

・彼らは通常，その国の社会に完全に同化するよりも，文化的・地理的・制度的に独自であり続けることを望む．

・先住民あるいは部族というアイデンティティをもつ．

http : ifsw.org/policies/indigenous-peoples

実　践

　ソーシャルワークの正統性と任務は，人々がその環境と相互作用する接点への介入にある．環境は，人々の生活に深い影響を及ぼすものであり，人々がその中にある様々な社会システムおよび自然的・地理的環境を含んでいる．ソーシャルワークの参加重視の方法論は，「生活課題に取り組みウェルビーイングを高めるよう，人々やさまざまな構造に働きかける」という部分に表現されている．ソーシャルワークは，できる限り，「人々のために」ではなく，「人々とともに」働くという考え方をとる．社会開発パラダイムにしたがって，ソーシャルワーカーは，システムの維持あるいは変革に向けて，さまざまなシステムレベルで一連のスキル・テクニック・戦略・原則・活動を活用する．ソーシャルワークの実践は，さまざまな形のセラピーやカウンセリング・グループワーク・コミュニティワーク，政策立案や分析，アドボカシーや政治的介入など，広範囲に及ぶ．この定義が支持する解放促進的視角からして，ソーシャルワークの戦略は，抑圧的な権力や不正義の構造的原因と対決しそれに挑戦するために，人々の希望・自尊心・創造的力を増大させることをめざすものであり，それゆえ，介入のミクロ－マクロ的，個人的－政治的次元を一貫性のある全体に統合することができる．ソーシャルワークが全体性を指向する性質は普遍的である．しかしその一方で，ソーシャルワークの実践が実際上何を優先するかは，国や時代により，歴史的・文化的・政治的・社会経済的条件により，多様である．

　この定義に表現された価値や原則を守り，高め，実現することは，世界中のソーシャルワーカーの責任である．ソーシャルワーカーたちがその価値やビジョンに積極的に関与することによってのみ，ソーシャルワークの定義は意味をもつのである．

※「IFSW 脚注」

　2014 年 7 月 6 日の IFSW 総会において，IFSW は，スイスからの動議に基づき，ソーシャルワークのグロー

バル定義に関して以下の追加動議を可決した.

IFSW 総会において可決された，ソーシャルワークのグローバル定義に関する追加動議

　「この定義のどの一部分についても，定義の他の部分と矛盾するような解釈を行わないものとする」

　「国・地域レベルでの『展開』は，この定義の諸要素の意味および定義全体の精神と矛盾しないものとする」

　「ソーシャルワークの定義は，専門職集団のアイデンティティを確立するための鍵となる重要な要素であるから，この定義の将来の見直しは，その実行過程と変更の必要性を正確に吟味した上ではじめて開始されるものでなければならない．定義自体を変えることを考える前に，まずは注釈を付け加えることを検討すべきである.」

==

2014年7月メルボルンにおける国際ソーシャルワーカー連盟（IFSW）総会及び国際ソーシャルワーク学校連盟（IASSW）総会において定義を採択．日本語定義の作業は社会福祉専門職団体協議会と（一社）日本社会福祉教育学校連盟が協働で行った．2015年2月13日，IFSW としては日本語訳，IASSW は公用語である日本語定義として決定した.

　　社会福祉専門職団体協議会は，（NPO）日本ソーシャルワーカー協会，（公社）日本社会福祉士会，（公社）日本医療社会福祉協会，（公社）日本精神保健福祉士協会で構成され，IFSW に日本国代表団体として加盟しています.

　注
　1）「地域・民族固有の知（indigenous knowledge）」とは，世界各地に根ざし，人々が集団レベルで長期間受け継いできた知を指している．中でも，本文注釈の「知」の節を見ればわかるように，いわゆる「先住民」の知が特に重視されている.
　2）この文の後半部分は，英語と日本語の言語的構造の違いから，簡潔で適切な訳出が非常に困難である．本文注釈の「実践」の節で，ここは人々の参加や主体性を重視する姿勢を表現していると説明がある．これを加味すると，「ソーシャルワークは，人々が主体的に生活課題に取り組みウェルビーイングを高められるよう人々に関わるとともに，ウェルビーイングを高めるための変革に向けて人々とともにさまざまな構造に働きかける」という意味合いで理解すべきであろう.
　3）今回，各国および世界の各地域(IFSW/IASSW は，世界をアジア太平洋，アフリカ，北アメリカ，南アメリカ，ヨーロッパという5つの地域＝リージョンに分けている)は，このグローバル定義を基に，それに反しない範囲で，それぞれの置かれた社会的・政治的・文化的状況に応じた独自の定義を作ることができることとなった．これによって，ソーシャルワークの定義は，グローバル（世界）・リージョナル（地域）・ナショナル（国）という3つのレベルをもつ重層的なものとなる.

〈http://www.jacsw.or.jp/06_kokusai/IFSW/files/SW_teigi_japanese.pdf〉（2019年2月1日確認）.

全国保育士会倫理綱領

　すべての子どもは，豊かな愛情のなかで心身ともに健やかに育てられ，自ら伸びていく無限の可能性を持っています．

　私たちは，子どもが現在（いま）を幸せに生活し，未来（あす）を生きる力を育てる保育の仕事に誇りと責任をもって，自らの人間性と専門性の向上に努め，一人ひとりの子どもを心から尊重し，次のことを行います．

　　私たちは，子どもの育ちを支えます．

　　私たちは，保護者の子育てを支えます．

　　私たちは，子どもと子育てにやさしい社会をつくります．

（子どもの最善の利益の尊重）

1．私たちは，一人ひとりの子どもの最善の利益を第一に考え，保育を通してその福祉を積極的に増進するよう努めます．

（子どもの発達保障）

2．私たちは，養護と教育が一体となった保育を通して，一人ひとりの子どもが心身ともに健康，安全で情緒の安定した生活ができる環境を用意し，生きる喜びと力を育むことを基本として，その健やかな育ちを支えます．

（保護者との協力）

3．私たちは，子どもと保護者のおかれた状況や意向を受けとめ，保護者とより良い協力関係を築きながら，子どもの育ちや子育てを支えます．

（プライバシーの保護）

4．私たちは，一人ひとりのプライバシーを保護するため，保育を通して知り得た個人の情報や秘密を守ります．

（チームワークと自己評価）

5．私たちは，職場におけるチームワークや，関係する他の専門機関との連携を大切にします．

　　また，自らの行う保育について，常に子どもの視点に立って自己評価を行い，保育の質の向上を図ります．

（利用者の代弁）

6．私たちは，日々の保育や子育て支援の活動を通して子どものニーズを受けとめ，子どもの立場に立ってそれを代弁します．

　　また，子育てをしているすべての保護者のニーズを受けとめ，それを代弁していくことも重要な役割と考え，行動します．

（地域の子育て支援）

7．私たちは，地域の人々や関係機関とともに子育てを支援し，そのネットワークにより，地域で子どもを育てる環境づくりに努めます．

（専門職としての責務）

8．私たちは，研修や自己研鑽を通して，常に自らの人間性と専門性の向上に努め，専門職としての責務を果たします．

社会福祉法人　全国社会福祉協議会

全国保育協議会

全国保育士会

おわりに

　保育士養成課程のカリキュラムの変更が2011（平成23）年4月から行われ，「社会福祉援助技術」の科目が「相談援助」「保育相談支援」の2科目へと変更されると同時に，内容に関しても"子どもたちに対する援助"だけでなく，"保護者に対する支援""虐待を受けた子どもへの援助""障がいのある子どもや特別な配慮が必要な子ども等に対するソーシャルワークの技術の向上"が求められることとなった．そうした新しい保育者養成に対応することを目指して，2011（平成23）年5月に『保育における相談援助・相談支援〜いま保育者に求められるもの〜』を出版，次に2013（平成25）年4月に改訂版となる前書『保育現場で役立つ相談援助・相談支援』を出版，続いて2015（平成27）年4月に再改訂版となる『保育の質を高める相談援助・相談支援』を出版，さらには2017（平成29）年4月に再々改訂版となる前書『保育実践を深める相談援助・相談支援』を出版させていただいた．

　前書の発刊より2年が過ぎ，保育現場や保育研究領域での「保育ソーシャルワーク」への関心がますます高まり，同時に2019（平成31）年からの保育士養成カリキュラム改正に伴い，これまでの「相談援助」「保育相談支援」「家庭支援論」の3科目の内容に，関係機関・施設・専門職との協働の重要性やカウンセリングマインドやスキル等の内容が加重され，「子ども家庭支援論」「子育て支援」「子ども家庭支援の心理学」の3科目再編された．新カリキュラム導入に当たって，「手に取る学生の経済負担軽減」や「教授する分野の内容を網羅」ということを念頭に置き，学生や現場の保育者が分かりやすく，より実践的で系統的な学びを得られる内容の書籍にしたいという思いから，「子ども家庭支援論」「子育て支援」「子ども家庭支援の心理学」を1冊にまとめ，本書が完成したのである．

　これまでの書籍に引き続き，本書『保育者の協働性を高める「子ども家庭支援」「子育て支援」』の刊行に当たっては，西尾祐吾先生に監修の重役をご承引いただき，『保育実践を深める相談援助・相談支援』でも執筆をご担当いただいた先生方に加え，大学・短期大学・専門学校等において専門職養成に携わっている先生方や保育現場でご活躍の先生方にも，新たに執筆を依頼した．さらには，いつも暖かいご助言やご教示を与えてくださる監修者の西尾祐吾先生を始め，ご執筆いただいた諸先生方にも多大なご意見やご指導を賜り，無事に本書が上梓されることを心から感謝している．

　2015（平成27）年4月からは「子ども・子育て支援新制度」が施行され，従来の保育所や幼稚園に加えて，多くの"幼保連携型こども園"が誕生すると共に，特例制度となる「保育教諭（保育士資格＋幼稚園教諭免許）」が施行されてきた．その中で，保育現場における子どもや保護者のニーズが非常に多様化・複雑化し，地域における子育て支援が保育者に求められる状況を鑑みれば，今後ますます"保育ソーシャルワーク"が必要な社会となっていくだろう．そのため，保育者養成教育において，実践的な「子ども家庭支援論」「子育て支援」「子ども家庭支援の心理学」をしっかり学修できる環境や教授法を担当教員が担うべきなのは言うまでもないだろう．その際，本書が一助を担えれば幸いである．

　末筆になるが，本書の出版に際して，ご倍旧のご支援をいただいた晃洋書房の植田実社長，そして不慣れな私たち編者を支えて，校正から編集，出版に至るまで多大な労を惜しまずにご尽力いただいた編集部部長の西村喜夫氏，福地成文氏，野田純一郎氏に心からの感謝の意を表したい．

　2019年4月1日

編者　立花直樹・安田誠人・波田埜英治

参 考 文 献

IASSW・IFSW・日本社会福祉教育学校連盟（2009）『ソーシャルワークの定義　ソーシャルワークの倫理：原理についての表明　ソーシャルワークの教育・養成に関する世界基準』相川書房.

IFSW（2001）「国際ソーシャルワーカー連盟（IFSW）のソーシャルワークの定義」IFSW 日本国調整団体訳，日本社会福祉士会.

相澤譲治（2006）『ソーシャルワーク・スキルシリーズ　スーパービジョンの方法』相川書房.

相澤譲治（2016）「スーパービジョンを現場で活かす――職員育成につなげるために――」『月間福祉』（9）全国社会福祉協議会.

秋田喜代美・馬場耕一郎監修，矢萩恭子編著（2018）『保育士等キャリアアップ研修テキスト6　保護者支援・子育て支援』中央法規出版.

秋山博介（2008）『相談援助演習』弘文堂.

足立叡・佐藤俊一編著（1996）『ソーシャル・ケースワーク　対人援助の臨床福祉学』中央法規出版.

新瑞福祉会編（2013）『まあるくなれわになれ』ひとなる書房.

荒牧重人・半田勝久・吉永省三編（2016）『子どもの相談・救済と子ども支援』日本評論社.

猪飼道夫・須藤春著（1968）『教育学叢書第17巻教育生理学』第一法規.

伊藤篤編著（2018）『MINERVA はじめて学ぶ保育12　子育て支援』ミネルヴァ書房.

伊藤嘉余子（2013）『子どもと社会の未来を拓く　保育相談支援』青踏社.

伊藤嘉余子（2013）『子どもと社会の未来を拓く　相談援助』青踏社.

伊藤嘉余子・野口啓示編著（2017）『MINERVA はじめて学ぶ子どもの福祉10　家庭支援論』ミネルヴァ書房.

伊藤良高（2011）「保育ソーシャルワークの基礎理論」伊藤良高・永野典詞・中谷彪編『保育ソーシャルワークのフロンティア』晃洋書房.

伊藤良高（2014）『教育と福祉の課題』晃洋書房.

伊藤良高・永野典詞・三好明夫・下坂剛編（2014）『新版子ども家庭福祉のフロンティア』晃洋書房.

伊藤良高編著（2018）『教育と福祉の基本問題』晃洋書房.

稲川登史子（2018）「増える共働き世帯と増大する保育需要」全国保育団体連絡会・保育研究所編『保育白書2018年版』ひとなる書房.

今井章子（2009）『事例から学ぶ――子どもを育む母親援助の実際――』保育出版社.

井村圭壯・相澤譲治編（2014）『保育と社会的養護』学文社.

井村圭壯編（2005）『児童福祉分析論』学文社.

岩川淳・杉村省吾・本多修・前田研史（2000）『子どもの発達臨床心理』昭和堂.

岩崎久志（2011）「スーパービジョン・エンパワーメントの重要性」『保育における相談援助・相談支援』晃洋書房.

岩間伸之（2005）『援助を深める事例研究の方法　第2版――対人援助のためのケースカンファレンス――』ミネルヴァ書房.

岩間文雄編（2006）『ソーシャルワーク記録の研究と実際』相川書房.

ヴァーガス，M. F.（1987）『非言語コミュニケーション』石丸正訳，新潮社.

ウィニコット，D. W.（1993）『ウィニコット著作集　第1巻　赤ん坊と母親』岩崎学術出版社.

植田章（1999）「ケースワークの過程」岡村正幸・川田誉音『個別援助の方法論――ケースワークを超えて――』みらい.

植田寿之（2005）『対人援助のスーパービジョン――よりよい援助関係を築くために――』中央法規出版.

植田寿之（2015）『日常場面で実践する　対人援助スーパービジョン』創元社.

台利夫（1986）『講座サイコセラピー第9巻　ロールプレイング』日本文化科学社.

エムディ，R.（2018）『精神分析と乳幼児精神保健のフロンティア』金剛出版.

エリクソン，E. H.（1982）『アイデンティティ――青年と危機――』岩瀬庸理訳，金沢文庫.

大阪府社会福祉協議会・児童施設部会援助指針策定委員会（2012）「児童福祉施設援助指針――「育て」と「育ち」を支えるために――」.

大島恭二・金子恵美編（2011）『相談援助』建帛社.

大竹智・倉石哲也編（2008）『保育士養成テキスト②　社会福祉援助技術』ミネルヴァ書房.

太田義弘（1992）『ソーシャル・ワーク実践とエコシステム』誠信書房.

太田義弘（2002）「社会福祉実践方法のパラダイム変遷」仲村優一・窪田暁子・岡本民夫・太田義弘編『講座　戦後社会福祉の総括と二一世紀への展望　Ⅳ実践方法と援助技術』ドメス出版.

岡村重夫（1983）『社会福祉原論』全国社会福祉協議会.

岡本民夫（1988）『福祉職員――研修のすすめ方――』全国社会福祉協議会.

小川雄二編著（2016）『子どもの食と栄養演習』〔第3版〕建帛社.

小口将典（2013）「保護者への保育指導」西尾祐吾監修，立花直樹・安田誠人編『保育現場で役立つ相談援助・相談支援』晃洋書房.

奥山眞紀子（2010）「マルトリートメント（子ども虐待）と子どものレジリエンス」『学術の動向』第15巻第4号，日本学術協力財団.

小田兼三・宮川数君編（2010）『社会福祉援助技術論　相談援助の基盤と方法』〔第2版〕勁草書房.

越智あゆみ（2011）『福祉アクセシビリティ――ソーシャルワーク実践の課題――』相川書房.

加地伸行（1990）『儒教とは何か』中央公論社.

柏女霊峰（2008）『子育て支援と保育者の役割』フレーベル館.

柏女霊峰・橋本真紀（2010）『保育者の保護者支援――保育相談支援の原理と技術――』〔増補版〕フレーベル館.

柏女霊峰監修，西村真実・橋本真紀編（2010）『保護者支援スキルアップ講座　保育者の専門性を生かした保護者支援――保育相談支援（保育指導）の実際――』ひかりのくに.

門田光司・鈴木庸裕編（2012）『学校ソーシャルワーク演習』ミネルヴァ書房.

金子恵美（2010）『保育所における家庭支援――新保育所保育指針の理論と実践――』〔増補〕全国社会福祉協議会.

ガルブレイス，J.（1973）『横断組織の設計　マトリックス組織の調整昨日と効果的運用』梅津祐良訳，ダイヤモンド社.

川村隆彦（2003）『事例と演習を通して学ぶソーシャルワーク』中央法規出版.

川村隆彦（2006）『支援者が成長するための50の原則――あなたの心と力を築く物語――』中央法規出版.

岸本美紀・武藤久枝（2014）『保護者が望む保護者支援の在り方――幼稚園と保育所との比較――』岡崎女子短期大学.

北川清一・相澤譲治・久保美紀監修，相澤譲治（2006）『スーパービジョンの方法』相川書房.

北原歌子・加藤忠明編（1996）『絆――学際的親子関係の研究――』メディサイエンス社.

教育と医学の会編（2002）『こころの発達をはぐくむ』慶應義塾大学出版会.

京極高宣監修（1993）『現代福祉学レキシコン』雄山閣.

空閑浩人（2016）『シリーズ・福祉を知る2　ソーシャルワーク』ミネルヴァ書房.

窪田暁子（1975）「社会福祉の方法・技術」一番ケ瀬康子・真田是編『社会福祉論』有斐閣.

窪田暁子（2013）『福祉援助の臨床——共感する他者として——』誠信書房.

久保美紀・林浩康・湯浅典人（2013）『相談援助』ミネルヴァ書房.

倉石哲也・伊藤嘉余子監修，伊藤嘉余子・野口啓示編著（2017）『MINERVA はじめて学ぶ子どもの福祉10　家庭支援論』ミネルヴァ書房.

黒沢幸子編（2012）『ワークシートでブリーフセラピー』ほんの森出版.

現代社会福祉辞典編集委員（1998）『現代社会福祉辞典』〔改訂新版〕全国社会福祉協議会.

厚生労働省（2017）『保育所保育指針』フレーベル館.

厚生労働省編（2018）『保育所保育指針解説書』フレーベル館.

河野雄二（2011）「ニーズ」成清美治・加納光子『現代社会福祉用語の基礎知識』〔第10版〕，学文社.

神戸賢次編（2009）『新選・児童福祉』みらい.

小関康之・西尾祐吾編著（1997）『臨床ソーシャルワーク論』中央法規出版.

小林育子（2010）『演習　保育相談支援』萌文書林.

小林育子・民秋言（2009）『園長の責務と専門性の研究——保育所保育指針の求めるもの——』萌文書林.

才村純・芝野松次郎・松原康雄編著（2015）『MINERVA 社会福祉士養成テキストブック13　児童や家庭に対する支援と子ども家庭福祉制度』ミネルヴァ書房.

榊原洋一・今井和子（2006）「乳児保育の実践と子育て支援」ミネルヴァ書房.

佐々木正美（2011）「完　子どもへのまなざし」福音館書店.

佐藤豊道（2001）『ジェネラリスト・ソーシャルワーク研究　人間：環境：時間：空間の交互作用』川島書店.

汐見稔幸・無藤隆監修，ミネルヴァ書房編集部編（2018）『保育所保育指針　幼稚園教育要領　幼保連携型認定こども園教育・保育要領解説とポイント』ミネルヴァ書房.

塩村公子（2000）『ソーシャルワーク・スーパービジョンの諸相』中央法規出版.

ジャーメイン，C., 小島蓉子（1992）『エコロジカルソーシャルワーク　カレル・ジャーメイン名論文集』小島蓉子編訳・著，学苑社.

社会福祉士養成講座編集委員会編（2015）『新・社会福祉士養成講座6　相談援助の基盤と専門職』〔第3版〕中央法規出版.

社会福祉士養成講座編集委員会編（2015）『新・社会福祉士養成講座7　相談援助の理論と方法Ⅰ』〔第3版〕中央法規出版.

社会福祉士養成講座編集委員会編（2015）『新・社会福祉士養成講座8　相談援助の理論と方法Ⅱ』〔第3版〕中央法規出版.

社会福祉士養成講座編集委員会編集（2016）『新・社会福祉士養成講座15　児童や家庭に対する支援と児童・家庭福祉制度』〔第6版〕中央法規出版.

社会福祉の動向編集委員会（2013）『社会福祉の動向　2013』中央法規出版.

小六法編集委員会編（2014）『保育福祉小六法　2014年版』みらい.

ジョンソン，L. C. /ヤンカ，S. J.（2012）『ジェネラリスト・ソーシャルワーク』山辺朗子・岩間伸之訳，ミネルヴァ書房.

白石大介（1991）『対人援助技術の実際』創元社.

白澤政和・渡辺裕美・福富昌城編（2002）『福祉キーワードシリーズ　ケアマネジメント』中央法規出版.

新保育士養成講座編集委員会編（2018）『児童家庭福祉』全国社会福祉協議会.

杉本敏夫監修，豊田志保編（2012）『考え・実践する保育相談支援』保育出版社.

助川征雄・相川章子・田村綾子（2012）『福祉の現場で役立つスーパービジョンの本――さらなる飛躍のための理論と実践例――』河出書房新社.

須永進編（2013）『事例で学ぶ保育のための相談援助・支援――その方法と実際――』同文書院.

全国保育士会（2009）「実践から学ぶ保育所保育指針」全国社会福祉協議会.

全国保育士養成協議会（2014）『保育士資格取得特例教科目〈２〉――相談支援――』.

全国保育団体連絡協議会・保育研究所編（2014）『保育白書2014』ひとなる書房.

「相談支援」編集委員会編（2014）『相談支援』みらい.

園山繁樹（2010）「福祉心理学研究における単一事例研究法の活用」『福祉心理学研究』第６巻第１号.

高辻千恵・山縣文治編著（2016）『新・プリマーズ／保育／福祉　家庭支援論』ミネルヴァ書房.

高橋重宏他編（1996）『子ども家庭白書』川島書店.

武田建（2010）『やる気を育てる子育てコーチング』創元社.

武田建・荒川義子編（1991）『臨床ケースワーク――クライエント援助の理論と方法――』川島書店.

立花直樹（2013）「相談援助者になるために３（基本的態度，コミュニケーションスキル）」佐藤信隆・中西遍彦『学ぶ・わかる・みえるシリーズ　保育と現代社会　演習・保育と相談援助』みらい.

立花直樹（2013）「保育相談援助における面接技術」西尾祐吾監修，立花直樹・安田誠人編『保育現場で役立つ相談援助・相談支援』晃洋書房.

辰己隆（2000）「21世紀に向けて児童養護施設が求めている人材」『聖和大学論集』第28号.

伊達悦子・辰己隆編集（2014）『保育士をめざす人の社会的養護』みらい.

田中浩司・高橋実・田丸尚美（2012）「地域における障がい児保育の支援システムの研究（その２）加配保育士に着目した職員連携の実態と課題」『福山市立女子短期大学研究教育公開センター年報』９，79-86.

谷村和秀（2015）「保育相談援助で役立つ面接技術」西尾祐吾監修，立花直樹・安田誠人・波田埜英治編『保育の質を高める相談支援・相談援助』晃洋書房.

谷村和秀（2017）「保育相談援助で役立を高める面接技術」立花直樹・安田誠人・波田埜英治編『保育実践を深める相談援助・相談支援』晃洋書房.

民秋言編（2014）『幼稚園教育要領・保育所保育指針の変遷と幼保連携型認定こども園教育・保育要領の成立』萌文書林.

千葉茂明編（2013）『児童・家庭福祉論』みらい.

鶴宏史（2009）『保育ソーシャルワーク論――社会福祉専門職としてのアイデンティティ――』あいり出版.

寺井文平「保育における親理解」名倉啓太郎監修，寺見陽子編（2004年）『子ども理解と援助――子ども・親とのかかわりと相談・助言の実際――』保育出版社.

東京都社会福祉協議会（2012）『障害者自立支援法とは』〔改訂第10版〕東京都社会福祉協議会.

徳田克己・田熊立・水野智美（2010）『気になる子どもの保育ガイドブック――はじめて発達障害のある子どもを担当する保育者のために――』福村出版.

ドラッカー，P. F.（1995）『［新訳］創造する経営者』上田惇生訳，ダイヤモンド社.

中井俊樹編著（2015）『シリーズ大学の教授法３　アクティブラーニング』玉川大学出版部.

中垣昌美（1970）「施設の中の人間関係」『近代化研究24』大阪府社会福祉協議会.

中島朋子（2002）「オクタヴィア・ヒルと現代」和洋女子大学紀要家政系編・発行『和洋女子大学紀要』第

42集.

中野由美子・佐藤純子編著（2018）『コンパクト版　保育者養成シリーズ　新版　家庭支援論』一藝社.

仲村優一（1980）『ケースワーク』〔第2版〕誠信書房.

仲村優一・岡村重夫他編（1988）『現代社会福祉事典』全国社会福祉協議会.

奈良県社会福祉協議会編（2000）『ワーカーを育てるスーパービジョン──よい援助関係をめざすワーカートレーニング──』中央法規出版.

成清美治（1997）「ケースワークの内容」西尾祐吾・相澤譲治『ソーシャルワーク──基礎知識と事例による展開──』八千代出版.

成清美治・吉弘淳一編著（2011）『児童や家庭に対する支援と児童・家庭福祉制度』学文社.

新村出編（2018）『広辞苑』〔第七版〕岩波書店.

西尾祐吾・橘高通泰・熊谷忠和編著（2005）『ソーシャルワークの固有性を問う──その日本的展開を目指して──』晃洋書房.

西尾祐吾・末廣貴生子編（2008）『社会福祉援助技術──保育・介護を学ぶ人々のために──』晃洋書房.

西尾祐吾監修, 立花直樹・安田誠人編（2013）『保育現場で役立つ相談援助・相談支援』晃洋書房.

西尾祐吾監修, 立花直樹・安田誠人・波多埜英治編（2015）『保育の質を高める相談援助・相談支援』晃洋書房.

西尾祐吾監修, 立花直樹・安田誠人・波田埜英治編（2017）『保育実践を深める相談援助・相談支援』晃洋書房.

西尾祐吾監修, 安田誠人・立花直樹編（2011）『保育における相談援助・相談支援』晃洋書房.

西川麦子（2010）『フィールドワーク探求術──気づきのプロセス, 伝えるチカラ──』ミネルヴァ書房.

二宮祐子（2018）『子育て支援　15のストーリーで学ぶワークブック』萌文書林.

日本総合愛育研究所編（2006）「子どもの心」『母子健康情報』第54号, 恩賜財団母子愛育会.

日本保育ソーシャルワーク学会編（2018）『保育ソーシャルワークの世界──理論と実践──』〔改訂版〕晃洋書房.

野崎和義監（2014）『ミネルヴァ社会福祉六法　2014』ミネルヴァ書房.

野﨑瑞樹（2015）「対人交流とコミュニケーション」社会福祉士養成講座編集委員会『新・社会福祉士養成講座　第2巻　心理学理論と心理的支援』〔第3版〕中央法規出版.

野中猛・野中ケアマネジメント研究会著（2014）『他職種連携の技術　地域生活支援のための理論と実践』中央法規出版.

野村豊子（2013）「介護場面における利用者・家族とのコミュニケーション」介護福祉士養成講座編集委員会『新・介護福祉士養成講座　コミュニケーション技術』〔第2版〕中央法規出版.

バーガー, P. L.（2003）『現実の社会的構成──知識社会学論考──』山口節郎訳, 新曜社.

バーグ, I. K.（2007）『家族支援ハンドブック』磯貝希望久子監訳, 金剛出版.

バートレット, H. M.（2009）『社会福祉実践の共通基盤』小松源助訳, ミネルヴァ書房.

バイステック, F. P.（1996）『ケースワークの原則──援助関係を形成する技法──』尾崎新・福田俊子・原田和幸訳, 誠信書房.

バイステック, F. P.（2006）『ケースワークの原則──援助関係を形成する技法──』〔新訳改訂版〕尾崎新・福田俊子・原田和幸訳, 誠信書房.

橋口茜（2007）「父子世帯における社会化過程に関する研究」『文京学院大学人間学部研究紀要』Vol. 9, No. 1, pp. 163-175.

橋本真紀・山縣文治編（2015）『やわらかアカデミズム・〈わかる〉シリーズ　よくわかる家庭支援論』〔第2版〕ミネルヴァ書房.

林邦雄・谷田貝公昭監修，高玉和子・和田上貴昭編著（2012）『相談援助　保育者養成シリーズ』一藝社.

ブーバー，M.（1978）『我と汝・対話』田口義弘訳，みすず書房.

福山和女（2005）『ソーシャルワークのスーパービジョン——人の理解の研究——』ミネルヴァ書房.

プルスアルハ（2015）『子どもの気持ちを知る絵本3　発達凸凹なボクの世界：感覚過敏を探検する』ゆまに書房.

別府悦子（2006）『「ちょっと気になる子ども」の理解，援助，保育——LD，ADHD，アスペルガー，高機能自閉症児——』ちいさいなかま社.

堀建治（1998）「保育者養成における「国際理解」教育について」『保母研究』全国保母養成協議会，第14号，pp. 39-49.

本郷一夫（2006）『保育の場における「気になる」子どもの理解と対応——特別支援教育への接続——』ブレーン出版.

前田敏雄監修，佐藤伸隆・中西遍彦編（2011）『演習・保育と相談援助』みらい.

前田敏雄監修，佐藤伸隆・中西遍彦編（2014）『演習・保育と相談援助』〔第2版〕みらい.

牧野桂一（2012）「保育現場における子育て相談と保護者支援のあり方」『筑紫女学園大学・筑紫女学園大学短期大学部紀要』7巻.

益川弘如（2016）「知識構成型ジグソー法」溝上慎一監修，安永悟・関田一彦・水野正朗編『アクティブラーニング・シリーズ第1巻　アクティブラーニングの技法・授業デザイン』東信堂.

松井圭三・小倉毅編著（2015）『相談援助』大学図書出版.

松井圭三編著（2015）『相談援助概説』ふくろう出版.

松岡千代（2000）「ヘルスケア領域における専門職間連携　ソーシャルワークの視点からの理論的整理」『社会福祉学』40（2），17-37.

松尾峰雄（2003）『保育士のための社会福祉の方法　社会福祉援助技術』建帛社.

眞鍋穰（2009）『食物アレルギー除去と解除の基本』芽ばえ社.

眞鍋穰（2015）『食物アレルギー事故の対応と予防』芽ばえ社.

マレービアン，A.（1986）『非言語コミュニケーション』西田司・津田幸男共訳，聖文社.

水口和江・中野菜穂子編（2009）『子ども家庭福祉の扉——子どもと家庭の未来を拓く——』学文社.

向山徳子・西間美馨・森川昭廣監修（2006）『食物アレルギーハンドブック——保護者ならびに医療スタッフの方々へ——』協和企画.

無藤隆・藤崎眞知代（2005）「保育ライブラリ　子どもを知る　発達心理学」北大路書房.

無藤隆・汐見稔幸編著（2017）『イラストで読む！　幼稚園教育要領　保育所保育指針　幼保連携型認定こども園教育・保育要領はやわかりBOOK』学陽書房.

森岡清美・望月嵩（1993）『新しい家族社会学』培風館.

森上史朗・柏女霊峰（2010）『保育用語辞典』ミネルヴァ書房.

森田汐生（2010）『気持ちが伝わる話しかた——自分も相手も心地いいアサーティブな表現術——』主婦の友社.

谷田貝公昭・石橋哲成監修，高玉和子・千葉弘明編著（2018）『保育者養成シリーズ　児童家庭福祉論』一藝社.

柳澤孝主・坂野憲司編（2009）『相談援助の基盤と専門職』弘文堂.

山縣然太朗（2013）「ライフサイクルと虐待の世代間連鎖」『母子保健情報』第67号，恩賜財団母子愛育会．

山縣文治（2018）『子ども家庭福祉論』ミネルヴァ書房．

山縣文治・柏女霊峰編（2010）『社会福祉用語辞典』〔第 8 版〕ミネルヴァ書房．

山辺朗子（1994）「ケースワークの援助過程」大塚達雄・井垣章二・沢田健次郎・山辺朗子『ソーシャルケースワーク論　社会福祉実践の基礎』ミネルヴァ書房．

山本伸晴・白幡久美子編（2011）『保育士をめざす人の家庭支援』みらい．

横井一之・吉弘淳一編（2004）『保育ソーシャルカウンセリング』建帛社．

吉澤英子・小舘静枝編（2008）『児童福祉』ミネルヴァ書房．

吉田輝美（2016）「感情労働の視点から福祉で働くことを考える——感情コントロールの重要性——」『月間福祉』（ 9 ）全国社会福祉協議会．

吉弘淳一・横井一之編著（2015）『事例で学ぶスーパービジョン——対人援助の基礎知識・技術を通して——』建帛社．

リーマー，フレデリック　G.（2001）『ソーシャルワークの価値と倫理』秋山智久監訳，中央法規出版．

リッチモンド，V. P. ＆マイクロスキー，J. C.（2006）『非言語行動の心理学——対人関係とコミュニケーション理解のために——』山下耕三訳，北大路書房．

若尾良徳・岡部康成（2010）「発達心理学で読み解く保育エピソード」北樹出版．

和田光一監修，田中利則・横倉聡編（2014）『保育の今を問う保育相談支援』ミネルヴァ書房．

Baker, Robert L., (1987) *The Social Work of Dictionary*, NASW.

Barker, Robert L. (1991) *The Social Work of Dictionary*, NASW (Second Edition).

Belsky, J., (1980) Child maltreatment : an ecological integration, *Am Psychol*, 35（ 4 ）.

Birdwhistell, R. L. (1970) *Kinesis and Context : Essays on Body Motion Communication*, University of Pennsy lvania Press.

Hindley, N., Ramchandani P. G., and Jones D. P., (2006) Risk factors for recurrence of maltreatment : a systematic review, *Arch Dis Child*, 91（ 9 ）.

Havens, L. (1986) *Making Contact : Uses of Language in Psychotherapy*. Harvard University Press. 山下晴彦訳『心理療法におけることばの使い方——つながりをつくるために——』誠信書房，2001年.

Mehrabian, A, (1972) *Nonverbal communication*, Aldine-Atherton.

WHO（2006）Preventing Child Maltreatment : a guide to taking action and generating evidence.

Benesse 教育研究開発センター「若者の仕事生活実態調査報告書」2006年〈berd.benesse.jp/koutou/research/detail1.php?id＝3175〉.

京都新聞.（2013）「大津市いじめ第三者委報告〈要旨〉」〈http://kyoto-np.co.jp/kp/topics/kanren/ijimehoukokusyo/index.html〉（2018年10月 1 日確認）.

厚生労働省（2008）「保育所保育指針」〈https://www.mhlw.go.jp/bunya/kodomo/hoiku04/pdf/hoiku04a.pdf〉.

厚生労働省（2011）「平成21年度　全国家庭児童調査結果の概要」〈https://www.mhlw.go.jp/stf/houdou/2r9852000001yivt.html〉.

厚生労働省（2012）「児童福祉法の一部改正の概要について」〈https://www.mhlw.go.jp/bunya/kodomo/fukushi-kaisei-gaiyou.html〉.

厚生労働省（2014）「児童虐待防止対策」〈http://www.mhlw.go.jp/stf/seisakunitsuite/bunya/kodomo/kodomo_

kosodate/dv/index.html/〉（2016年11月1日確認）．

厚生労働省（2015）「児童養護施設等入所児童等調査結果の結果（平成25年2月1日現在）」〈https://www.mhlw.go.jp/stf/houdou/0000071187.html〉．

厚生労働省(2015)「「人口減少社会に関する意識調査の結果を公表します」〈https://www.mhlw.go.jp/stf/houdou/0000101729.html〉また，以下を参照．厚生労働省（2015）「少子高齢社会等調査検討事業報告書」〈https://www.mhlw.go.jp/file/04-Houdouhappyou-12601000-Seisakutoukatsukan-Sanjikanshitsu_Shakaihoshoutantou/002_1.pdf〉．

厚生労働省(2017)「平成28年　国民生活基礎調査の概況」〈https://www.mhlw.go.jp/toukei/saikin/hw/k-tyosa/k-tyosa16/dl/16.pdf〉（2018年9月26日確認）．

厚生労働省(2018)「平成29年　国民生活基礎調査の概況」〈https://www.mhlw.go.jp/toukei/saikin/hw/k-tyosa/k-tyosa17/dl/10.pdf〉（2018年9月26日確認）．

厚生労働省　新たな社会的養育の在り方に関する検討会（2017）「新しい社会的養育ビジョン」〈https://www.mhlw.go.jp/stf/shingi/other-kodomo_370523.html〉．

厚生労働省　子ども家庭局家庭福祉課「平成29年度　児童相談所での児童虐待相談対応件数(速報値)」〈https://www.mhlw.go.jp/stf/houdou/0000173365_00001.html〉（2018年10月1日確認）．

厚生労働省「子ども虐待対応防止の手引き」(平成25年8月改正版)〈https://www.mhlw.go.jp/seisakunitsuite/bunya/kodomo/kodomo_kosodate/dv/dl/120502_11.pdf〉（2018年10月13日確認）．

厚生労働省　雇用均等・児童家庭局総務課（2013）「児童家庭福祉の動向と課題（平成25年4月23日）」．

厚生労働省　雇用均等・児童家庭局総務課（2014）「平成25年度の児童相談所での児童虐待相談対応件数等」．

厚生労働省　雇用均等・児童家庭局長（2010）「要保護児童対策地域協議会設置・運営指針について」（雇児発0331第6号平成22年3月31日）．

厚生労働省　雇用均等・児童家庭局総務課「平成27年度　児童相談所での児童虐待相談対応件数（速報値）」〈http://www.mhlw.go.jp/stf/houdou/0000132381.html〉（2016年11月1日確認）．

厚生労働省「児童虐待の定義と現状」〈http://www.mhlw.go.jp/stf/seisakunitsuite/bunya/kodomo/kodomo_kosodate/dv/about.html〉（2018年10月1日確認）．

厚生労働省　児童養護施設等の社会的養護の課題に関する検討委員会・社会保障審議会児童部会社会的養護専門委員会とりまとめ概要（2011）「社会的養護の課題と将来像（概要）」〈https://www.mhlw.go.jp/stf/shingi/2r9852000001j8sw-att/2r9852000001j8xy.pdf〉．

厚生労働省　社会保障審議会児童部会児童虐待等要保護事例の検証に関する専門委員会（2013）「子ども虐待による死亡事例等の検証結果等について（第9次報告）」〈https://www.mhlw.go.jp/bunya/kodomo/dv37/index_9.html〉．

厚生労働省　社会保障審議会児童部会児童虐待等要保護事例の検証に関する専門委員会（2016）「子ども虐待による死亡事例等の検証結果等について（第12次報告）」〈https://www.mhlw.go.jp/stf/seisakunitsuite/bunya/0000137028.html〉．

厚生労働省　社会保障審議会児童部会児童虐待等要保護事例の検証に関する専門委員会（2018）「子ども虐待による死亡事例等の検証結果等について（第14次報告）」〈https://www.mhlw.go.jp/stf/seisakunitsuite/bunya/0000173329_00001.html〉．

厚生労働省　社会保障審議会児童部会社会的養護専門委員会（2012）「児童養護施設等の小規模化及び家庭的養護の推進のために（概要）」〈https://www.mhlw.go.jp/seisakunitsuite/bunya/kodomo/kodomo_kosodate/syakaiteki_yougo/dl/working4.pdf〉．

厚生労働省「生活困窮者等の自立を促進するための生活困窮者自立支援法等の一部を改正する法律案の概要」〈https://www.mhlw.go.jp/topics/bukyoku/soumu/houritu/dl/196-06.pdf〉(2018年10月13日確認).

厚生労働省　政策統括官付参事官付社会統計室「平成29年社会福祉施設等調査の概況」〈https://www.mhlw.go.jp/toukei/saikin/hw/fukushi/17/index.html〉(2018年10月1日確認).

厚生労働省「平成24年度　福祉行政報告例の概況」〈https://www.mhlw.go.jp/toukei/saikin/hw/gyousei/12/index.html〉(2018年10月1日確認).

厚生労働省「平成26年度　福祉行政報告例の概況」〈http://www.mhlw.go.jp/toukei/saikin/hw/gyousei/14/〉(2016年11月1日確認).

厚生労働省「平成28年度　福祉行政報告例の概況」〈https://www.mhlw.go.jp/toukei/saikin/hw/gyousei/16/index.html〉(2018年10月1日確認).

厚生労働省「平成29年　児童相談所での児童虐待相談対応件数」〈速報値〉〈https://www.mhlw.go.jp/content/11901000/000348313.pdf〉(2018年10月13日確認).

厚生労働省「平成29年度国民生活基礎調査概況」〈https://www.mhlw.go.jp/toukei/saikin/hw/k-tyosa/k-tyosa17/index.html〉(2018年10月13日確認).

厚生労働省 (2018)『保育所保育指針解説』https://www.mhlw.go.jp/file/06-Seisakujouhou-11900000-Koyoukintoujidoukateikyoku/0000202211.pdf (2018年9月6日確認).

厚生労働省「保育所保育指針解説書」〈www.mhlw.go.jp/bunya/kodomo/hoiku04/pdf/hoiku04b.pdf〉(2016年12月1日確認).

厚生労働省HP〈http://www.mhlw.go.jp/bunya/kodomo/dv12/11.html〉(2016年12月1日確認).

真田美恵子「第84回　幼児に, "多様な人と関わる機会"を――「第5回　幼児の生活アンケート」より, 幼児の成育環境の20年間の変化――」ベネッセ教育総合研究所〈https://berd.benesse.jp/jisedai/opinion/index2.php?id=4775〉(2018年9月11日確認).

社会福祉専門職団体協議会・日本社会福祉教育学校連盟「ソーシャルワークのグローバル定義 (最終案日本語版)」日本社会福祉士会, 2014年〈http://www.jacsw.or.jp/06_kokusai/IFSW/files/07_sw_teigi.html〉(2018年10月1日確認).

社会福祉専門職団体協議会・日本社会福祉教育学校連盟 (2014)「ソーシャルワークのグローバル定義 (最終案日本語版)」日本社会福祉士会〈http://www.jacsw.or.jp/06_kokusai/IFSW/files/07_sw_teigi.html〉(2016年12月1日確認).

社会福祉法人全国社会福祉協議会全国保育士会 (2017)『保育士・保育教諭として, 子どもの貧困問題を考える　質の高い保育実践のために』〈http://www.z-hoikushikai.com/about/siryobox/book/hinkon.pdf〉(2018年9月26日確認).

社会保障審議会　生活困窮者自立支援及び生活保護部会(第8回)資料1　2017年10月12日〈https://www.mhlw.go.jp/file/05-Shingikai-12601000-Seisakutoukatsukan-Sanjikanshitsu_Shakaihoshoutantou/0000169130_8.pdf〉(2018年10月13日確認).

全国社会福祉協議会・全国児童養護施設協議会 (2008)「子ども家庭福祉・社会的養護に関する制度のあり方検討特別委員会　報告書　平成20年5月8日」全国社会福祉協議会〈http://www.zenyokyo.gr.jp/yougoiken/01.pdf〉.

全国社会福祉協議会HP〈http://www.shakyo.or.jp/business/pamphlet.html〉(2016年12月1日確認).

全国保育士会『全国保育士会倫理綱領』〈http://www.zenhokyo.gr.jp/hoikusi/rinri.htm〉(2018年9月6日確認).

総務省(2010)「『児童虐待の防止などに関する意識等調査』結果等報告書(平成22年12月)」〈http://www.soumu.go.jp/menu_news/s-news/38031.html〉.

内閣府 (2018)『平成30年版 子供・若者白書』〈http://www8.cao.go.jp/youth/whitepaper/h30honpen/pdf_index.html〉(2018年9月26日確認).

内閣府子ども・子育て支援新制度施行準備室 (2014)「子ども・子育て支援新制度について (平成26年5月)」.

内閣府「子ども子育て新制度の概略」『子ども子育て支援新制度』内閣府子ども・子育て新制度, 平成28年11月 〈http://www8.cao.go.jp/shoushi/shinseido/outline/pdf/setsumei.pdf〉(2016年12月1日確認).

内閣府「平成28年度子どもの貧困状況と貧困対策の実施状況」〈http://www8.cao.go.jp/kodomonohinkon/taikou/pdf/h28_joukyo.pdf〉(2018年10月13日確認).

内閣府『地域子ども・子育て支援事業の内容』〈http://www8.cao.go.jp/shoushi/shinseido/faq/pdf/jigyousya/handbook7.pdf〉.

内閣府・文部科学省・厚生労働省(2014)「なるほどBOOK すくすくジャパン(平成26年9月改訂版)」〈http://www8.cao.go.jp/shoushi/shinseido/event/publicity/pdf/naruhodo_book_2609/print-a4.pdf〉.

日本自動車連盟 (JAF)「交通安全とエコ『車内温度』」〈http://www.jaf.or.jp/eco-safety/safety/usertest/temperature/index.htm〉(2016年10月1日確認).

日本ソーシャルワーカー協会 (2005)『倫理綱領』http://www.jasw.jp/about/rule/ (2018年9月6日確認).

文部科学省「家庭・地域の教育力の向上に関する特別委員会」配布資料〈http://www.mext.go.jp/b_menu/shingi/chukyo/chukyo2/003/siryou/06061407/001/004.htm〉(2018年9月11日確認).

文部科学省「子どもを取り巻く環境の変化を踏まえた今後の幼児教育の在り方について」〈http://www.mext.go.jp/b_menu/shingi/chukyo/chukyo0/toushin/05013102.htm〉(2018年9月11日確認).

文部科学省 生涯学習政策局政策課 (2015)「平成27年度学校基本調査 (確定値) について」〈http://www.mext.go.jp/b_menu/toukei/chousa01/kihon/kekka/k_detail/1365622.htm〉(2016年11月1日確認).

文部科学省 生涯学習政策局政策課(2016)「学校基本調査:平成27年度(確定値)結果の概要」13, 2016〈http://www.mext.go.jp/b_menu/toukei/chousa01/kihon/kekka/k_detail/1365622.htm〉(2016年11月1日確認).

文部科学省 生涯学習政策局政策課「平成30年度学校基本調査について (報道発表)」2018〈http://www.mext.go.jp/b_menu/toukei/chousa01/kihon/kekka/k_detail/1407849.htm〉(2018年10月1日確認).

文部科学省 生涯学習政策局政策課「学校基本調査——平成30年度結果の概要——」2018〈http://www.mext.go.jp/b_menu/toukei/chousa01/kihon/kekka/k_detail/1407849.htm〉(2018年10月1日確認).

文部科学省 初等中等教育局児童生徒課 (2014)「平成25年度『児童生徒の問題行動等生徒指導上の諸問題に関する調査』について」〈http://www.mext.go.jp/b_menu/houdou/26/12/1354076.htm〉(2018年10月1日確認).

文部科学省 初等中等教育局児童生徒課 (2015)「平成26年度『児童生徒の問題行動等生徒指導上の諸問題に関する調査』における『いじめ』に関する調査結果について」〈http://www.mext.go.jp/b_menu/houdou/27/10/1363297.htm〉(2016年11月1日確認).

文部科学省 初等中等教育局児童生徒課 (2016)「平成27年度『児童生徒の問題行動等生徒指導上の諸問題に関する調査』(速報値) について」〈http://www.mext.go.jp/b_menu/houdou/28/10/1378692.htm〉(2016年11月1日確認).

文部科学省 初等中等教育局児童生徒課 (2016)「平成26年度『児童生徒の問題行動等生徒指導上の諸問題に関する調査』(確定値) について」〈http://www.mext.go.jp/b_menu/houdou/28/03/1367737.htm〉(2018年10月1日確認).

文部科学省　初等中等教育局児童生徒課「平成28年度児童生徒の問題行動・不登校等生徒指導上の諸課題に関する調査について」2018〈http://www.mext.go.jp/b_menu/houdou/30/02/1401595.htm〉（2018年10月1日確認）.

文部科学省　初等中等教育局児童生徒課（2018）「平成29年度『児童生徒の問題行動等生徒指導上の諸問題に関する調査』（確定値）について」〈http://www.mext.go.jp/b_menu/houdou/29/02/1382696.htm〉（2018年10月1日確認）.

ユニセフ・イノチェンティ研究所（2007）『ノチェンティ　レポートカード7：先進国における子どもや若者を取り巻く状況に関する研究報告書）』〈https://www.unicef.or.jp/library/pdf/labo_rc7.pdf〉.

ユニセフ・イノチェンティ研究所, 国立社会保障・人口問題研究所（2013）『ノチェンティ　レポートカード11：先進国における子どもの幸福度──日本との比較──』〔特別編集版〕〈https://www.unicef.or.jp/library/pdf/labo_rc11ja.pdf〉.

《執筆者紹介》

《執筆者紹介》

執筆順，＊は監修者，編者

担当章は以下のように示す．例：第1編第1章＝1−0−1，第2編第1部第1章＝2−1−1

＊西尾祐吾	日本ソーシャルワーカー協会理事	1−0−1
＊立花直樹	関西学院　聖和短期大学	1−0−1，1−0−5，4−0−3，4−0−4
中　典子	中国学園大学	1−0−2
＊安田誠人	大谷大学	1−0−3，3−1−2
木村淳也	会津大学短期大学部	1−0−4
楳原直美	日本メディカル福祉専門学校	1−0−6
谷村和秀	愛知学泉短期大学	1−0−7
渡邊慶一	京都文教短期大学	2−1−1
藪　一裕	プール学院短期大学	2−1−2
明柴聰史	富山短期大学	2−1−3
佐々木勝一	神戸女子大学	2−1−4
津田尚子	関西女子短期大学	2−1−5
小山　顕	関西学院　聖和短期大学	2−1−6
青井夕貴	仁愛大学	2−1−7
河野清志	大阪大谷大学	2−2−8
堀　建治	ユマニテク短期大学	2−2−9
福嶋正人	立命館大学非常勤講師	2−2−10
上續宏道	四天王寺大学	2−2−11
森合真一	姫路市教育委員会，神戸学院大学・姫路獨協大学非常勤講師	2−2−12
＊波田埜英治	関西学院　聖和短期大学	2−2−13，3−2−9
吉弘淳一	福井県立大学	3−1−1
森　孝子	近松保育園主任保育士，滋賀短期大学非常勤講師	3−1−2
小口将典	関西福祉科学大学	3−1−3
今井慶宗	関西女子短期大学	3−1−4
牛島豊広	中村学園大学短期大学部	3−2−5
丸目満弓	大阪城南女子短期大学	3−2−6
矢ヶ部陽一	中九州短期大学	3−2−7
竹下　徹	尚絅大学短期大学部	3−2−8
山野栄子	ユマニテク短期大学	4−0−1
西川友理	京都西山短期大学	4−0−2
岩本華子	大阪府立大学客員研究員	4−0−5
藤原範子	社会福祉法人みおつくし福祉会　西六保育園　園長	4−0−5
松浦満夫	大阪城南女子短期大学	4−0−6
藤田　了	大阪国際大学	4−0−7
吉田祐一郎	四天王寺大学	4−0−8

《監修者紹介》

西尾祐吾（にしお ゆうご）
1958年　関西学院大学文学部社会事業学科卒業
元　福井県立大学大学院教授
現　在　日本ソーシャルワーカー協会理事
最近の主な研究業績
『ソーシャルワークの固有性を問う』（共編著）晃洋書房
『臨床ソーシャルワーク論』（共編著）中央法規出版
『社会福祉の動向と課題』中央法規出版，その他多数

《編者紹介》

立花直樹（たちばな なおき）
1994年　関西学院大学社会学部卒業
　　　　企業，社会福祉施設，社会福祉協議会等での勤務を経て
2007年　関西学院大学大学院社会学研究科博士課程前期修了
現　在　学校法人関西学院 聖和短期大学保育科准教授
　　　　大阪地域福祉サービス研究所研究員

安田誠人（やすだ よしと）
1993年　三重大学大学院教育学研究科修士課程修了
　　　　一宮女子短期大学（現 修文大学短期大学部），
　　　　びわこ学院大学等での勤務を経て
現　在　大谷大学教育学部教育学科教授

波田埜英治（はたの えいじ）
1984年　佛教大学社会学部社会福祉学科卒業
　　　　社会福祉施設，聖和大学短期大学部の勤務を経て
現　在　学校法人関西学院 聖和短期大学保育科准教授

保育者の協働性を高める
子ども家庭支援・子育て支援
──「子ども家庭支援論」「子ども家庭支援の心
理学」「子育て支援」を学ぶ──

2019年4月10日　初版第1刷発行		＊定価はカバーに 表示してあります

監　修　西尾祐吾©

　　　　立花直樹
編　者　安田誠人
　　　　波田埜英治

発行者　植田　実
印刷者　藤森英夫

発行所　株式会社　晃洋書房

〒615-0026　京都市右京区西院北矢掛町7番地
電話　075(312)0788番(代)
振替口座　01040-6-32280

装丁　尾崎閑也　　　　印刷・製本　亜細亜印刷㈱
ISBN 978-4-7710-3181-4

JCOPY 〈㈳出版者著作権管理機構 委託出版物〉
本書の無断複写は著作権法上での例外を除き禁じられています.
複写される場合は，そのつど事前に，㈳出版者著作権管理機構
（電話 03-5244-5088, FAX 03-5244-5089, e-mail: info@jcopy.or.jp）
の許諾を得てください.